近世大名金融史の研究

賀川隆行著

吉川弘文館

目次

表目次

序章　三井の大名貸——研究史と本書の課題

近世都市社会において、両替商と町人間の金融貸借関係では、都市によって多少慣例の差があるとはいえ、滞りとなった場合に民事訴訟制度が存在したために、(1)両替商の信用は保証されていた。幕府直轄地の三都では、各町奉行所が金銀貸借関係に滞りがあるとの出訴があった場合に裁判にあたり、あるいは慣例としての内済が行われた。ところが町人と大名との金融関係においては、それらはどのように機能したであろうか。あるいはその両者の金融関係にはどのような信用の保証があったであろうか。近世社会の法体系が領主階級の利益を守るためのものであり、身分的性格の強固なものであることはいうまでもないが、民事訴訟制度においても、町人と大名が利害を争うことになった場合、その身分的性格が表れてくるであろう。両替商と大名との金融関係の現場を明らかにしようということが本書をまとめるにいたった端緒的な問題関心である。それは町人と大名という諸身分間の関係の一端を明らかにすることでもある。大名と町人との金融関係といっても、領内町人の場合と、大坂、京都町人の場合とでは全く事態が異なるであろうし、また大坂町人にとっても相手が大名の場合と幕府の場合とでは全く異なってくる。それらの事柄について具体的に歴史事実の中から大名金融の個別な経緯を明らかにすることを課題とする。

本書で扱うのは、近世最大の豪商であった三井の大名貸の事例である。昭和一四年に文部省が編纂した『維新史』においても「三井家が大名貸を殆んど行はず、禁裏御所御掛屋御用と幕府の金銀御為替御用達とを勤め、越後屋呉服店と飛脚問屋に事業を拡張したに過ぎないのは、永く巨商の地位を保持した所以であった」(2)と記している。飛脚問屋というのは誤りであるが、三井が大名貸を行わなかったというのは定説となっていたのであろう。三井家は『町人考見録』を著した家として、その家法にあたる『宗竺遺書』(3)で、出身地松坂の領主にあたる紀州藩と恩顧のある笠間藩牧野家以外には大名への貸付を禁止しているのである。しかし鴻池善右衛門家などの大坂両替商のような大名貸を基本的な業務とはしなかったが、三井が大名貸を行わなかったというのは虚説である。三井は直接的かつ間接的に大名への貸出を行っていたのである。三井の大名貸には紀州藩や笠間藩の場合のように、明確な意図をもって藩役人と直接行うことがあり、ことに大坂城代に就任した譜代大名には貸出を行った。そこには幕府御用商人としての立場を補強しようという三井の意図がみられるのではあるまいか。老中職を勤める家格の譜代大名への貸出には損得抜きのものがみられる。他方で、間接的に蔵元の町人や大名金融業者に対して家屋敷を担保として貸出を行うこともある。大坂の両替商は大名への貸付を富の蓄積の一つの手段としてきたが、大名の出金の要請は際限なく大きなものとなり、自己資金のみでは対応できなくなって、外の銀主から資金を借り入れて大名金融に対応するようになる。三井が家法でもって大名金融を禁止しながらも、蔵元や大名金融を行う両替商には大量の貸出を行ったのは、その所持する家屋敷を担保とすることができたからである。三井両替店は基本的に町人金融から利潤を得ているのであり、延為替貸付とか家質貸、質物貸というかたちで大坂の町人に貸出をしているのである。しかし町人金融といってもそれが必ずしも純粋な意味での商業金融を意味する訳ではない。大名の蔵元や立入を勤める町人への貸出が一定の割合を占めているのである。大坂の蔵元を勤める町人にはいくつもの藩の蔵元を勤める場合があり、特定の藩と限定することができないこともあるが、一つの藩に特定される蔵元の場合には三井としてもその藩を目当てとして間接的に貸し出したことになる。担保が十分な間は三井はその貸付から利潤を吸収したが、大名の出金要請には限度がなく、貸出高が大名金融業者の持つ家屋敷の担保限度を越えることにもなり、債権保護の点からも大名金融業者の担保の管理が必要になってくる。そして貸出先の町人が破産すると、予期せずして三井にその大名の借状が流れ込むことがある。その場合には三井とその大名との直接的な関係になることがある。そのような借状は利子付きというよりも、「お断り」のものであることが多いのである。

本書では三井の大元方、京都両替店の行う大名貸を扱う第一部と、大坂両替店が行う大名貸を扱う第二部とに分かれる。そのように分けたのは京都と大坂という店舗が異なるにとどまらず、その貸付の性格を若干異にするからである。第一部で扱うのは紀州藩、笠間藩、小浜藩、高崎藩、仙台藩の事例である。仙台藩の事例を除き、三井はその藩の依頼により、明確な意図をもって直接貸し出しているのである。小浜藩や高崎藩の事例で明らかとなるが、三井の京都での大名への貸付開始の契機としては大坂城代への就任があげられる。(4) 三井が小浜藩主酒井讃岐守への貸出を開始したのは宝暦二年（一七五二）であったが、酒井讃岐守は当時大坂城代在任中であった。同じように高崎藩の松平右京大夫への貸出の開始は宝暦四年二月であったが、藩主松平輝高も大坂城代在任中であった。そのほかに磐城平藩主の井上河内守に五〇〇両の貸出を開始したのは宝暦七年一二月であり、岡崎藩主松平周防守と西尾藩主松平和泉守に貸出を開始したのもそれぞれ宝暦一二年一二月と明和元年一二月であったが、それらの藩主はいずれも大坂城代在任中であった。また忍藩主阿部飛驒守に一三〇〇両を貸し出したのは明和二年一二月であったが、飛驒守は宝暦一二年に大坂城代となり、明和元年に京都所司代に転任していた。福山藩主阿部伊予守に貸出を開始したのは宝暦一一年四月であったが、宝暦一〇年一二月に伊予守は寺社奉行から京都所司代となっていた。このように一八世紀半ばに三井大元方は頻繁に譜代大名への貸出を行うことになるが、そのほとんどが大坂城代、もしくは京都所司代への貸出であった訳である。関東地方もしくは中部地方の譜代大名は、それらの役職に就任することによって大坂周辺に領地を得ることができ、それが借入を可能とする条件となったのであるが、他方でそれらの役職をもつ大名には、三井にとってはなんらかの強制力として認識させるものがあったのであろう。

第二部で扱うのは加賀藩、龍野藩、仙台藩への貸出である。これらの事例では三井大坂両替店は最初はそれらの藩に対して直接貸し出してはいない。玉屋清蔵、嶋屋市兵衛、平野屋又兵衛といった大坂両替商に貸し出した訳であるが、その貸付けが行き詰まり、大名借状が流れ込んで大名への直接的な貸出となったのである。そして龍野藩の場合は利子付で大名金融が継続され、加賀藩、仙台藩の場合は全くお断りの状態となった。

そして、それらのいずれの場合においても三井は大名貸の滞りに直面する。各藩では藩政改革として借財の整理を実施し、債務返済お断りを打ち出すことがあり、その借財切り捨て政策は欠年と表現される。欠年として有名なものには、松江藩や佐賀藩の場合があり、また借財を長期間の年賦償還仕法を立てて返済しようとする場合として、薩摩藩の調所広郷による五〇〇万両の二五〇年賦償還も有名である。大名の借財切捨てや長年賦償還仕法は三井の経営に打撃を与えるが、大名金融では滞りを訴えても身分違いであるために、民事訴訟制度の枠外に置かれた。大名金融の長期的な経緯は、貸出開始、利足収取、行き詰まり、お断り、年賦償還、破綻が絡み合った駆引きの繰返しであったが、両替商は実質的な意味で公的な保護を受けることはなかった。三井にとっては大名金融は富の蓄積の手段とはならなかったのである。

大名金融史の研究領域は両替金融研究と大名財政研究との接点にあるが、両替商のみに限られることなく江戸時代の商人は、その営業規模が一定程度に大きいと認識されるようになると、それを業務にすると否とにかかわらず、大名とのあいだで金融関係をもつことを免れることはできなかった。そのような理由で大名金融の課題は近世社会に普遍的な意味をもつ。幕藩体制のもとでの、大名の財政的意味での脆弱性は本来的かつ構造的なものであるが、このような分野の古典的業績として土屋喬雄『封建社会崩壊過程の研究』があり、諸侯の財政窮乏として問題とされている。松好貞夫、飯淵敬太郎、作道洋太郎など金融史家や、野村兼太郎など経済史家が大名貸について触れているが、大名金融を主題として一冊にまとめたのは森泰博『大名金融史論』が最初であろう。鴻池両替店の大名金融の研究であるが、三井の大名貸の事例は鴻池の事例とは随分異なることになる。三井は大名金融を本業としなかったばかりか、貸付業務の負の結果として集積することになったものが多いからである。森泰博氏の研究以後は、数年前までは県史、市町村史のなかの記述を除いて大名金融に関する研究はほとんどなされていないといってもよいであろう。また最近新たな研究がなされ始めているようにも見受けられる。近世の三井経営史研究においては大名貸の研究は全くの空白域であった。その空白域を埋めるという意味で、本書は昭和六〇年に刊行した『近世三井経営史の研究』の続編にあたるものである。

本書のもとになった論文はすべて『三井文庫論叢』に所載されたものであるが、各章ごとの論文名と号数、およびその梗概とを次に示す。

第一章「三井の藩債処分」（「三井の紀州藩大名貸と藩債処分」『三井文庫論叢』二〇号、昭和六一年）、第一章「藩債処分と新旧公債」。

本書の第一章では、明治政府によって行われた、大名金融の終着駅ともいうべき藩債処分(6)について三井の事例から検討する。明治政府に引き継がれた藩債のうち弘化元年から慶応三年までのものには旧公債、明治元年以降のものに新公債が交付されたのであるが、額面に比して流通価格が非常に低かったために豪商によって買い集められていった。三井の場合は新旧公債を廉価で買い入れ、それを抵当として官金を預かる立場として研究されてきた。三井は明治七年、八年に各店で新旧公債を大量に買い入れている。明治八年末の大坂店、西京店、横浜店、松阪店の新公債所有高は二九万五七〇〇円、旧公債所有高は一五万三〇〇円である。(7) その代価はそれぞれ一六万九一九八円八二銭、二万七〇〇三円四〇銭である。なお、また明治八年の東京店の新公債所有高は一三三万〇一五〇円、旧公債所有高は九九万五四七五円で、その代価はそれぞれ九三万一一〇五円、二四万八八六八円であった。(8) これらはほとんどが買い入れたものであるが、東京店においてはその額は著しく高額となっている。しかし三井の場合も諸藩への貸付金に対して新旧公債を交付されているが、明治四年の京都府への報告書でも、三井では三六万両ほどの貸付金のうち公債交付の対象とならないものが大半を占め、新旧公債の割合は二割に満たない五万五〇〇〇両ほどで、藩債処分によって三井は大坂両替商と同様に大きな打撃を受けたことは間違いないのである。

第二章「紀州藩への大名貸」（「三井の紀州藩大名貸と藩債処分」『三井文庫論叢』二〇号、昭和六一年）、第二章「紀州藩への大名貸」。

三井は同族一一家のうち九家が京都に居住して京都町奉行支配下にあり、御為替三井組としては勘定奉行支配下にあった。しかし同族のうち二家は紀州藩領の松阪に居住し、しかも松阪が三井家の出身地であったために、三井は政治的には幕府と紀州藩との二重支配下にあった。享保七年に著された『宗竺遺書』においては「紀州御屋敷者手前一家之地頭也、いつ迄も御大切に可相心得候」(9) と記されていて、三井は大名貸を禁じている中でも紀州藩には元禄期末ごろから貸出をしていたのである。しかもそれはかなりの高額となっていき、紀州藩が明和期に藩全体で一七二万両の返済お断りを打ち出した時には、三井にとっても存亡の危機となるほどに経営を大きく揺るがすものとなった。その後も貸出は何度も繰り返され、三井は講金の調達にもあたったのであるが、幕末期の長州藩征討の際には紀州藩の軍事費調達にもあたった。

第三章「笠間藩牧野家への大名貸」（「三井の笠間藩牧野家への大名貸」『三井文庫論叢』二一号、昭和六二年）。

『宗竺遺書』において、「牧野御屋敷者紀州とハ又わけ違候、大夢公様御懇意を請候事、随分是迄御屋敷へ無如在相勤来り候」(10)と特別の間柄であることが記されていて、三井の笠間藩への貸出には、牧野家への恩顧に報いるという性格がみられる。大夢公とは牧野家第二代の成貞で、第五代将軍綱吉が館林藩主のころから家老を勤め、綱吉が将軍になるにともない、延宝八年一〇月より初代の御側御用人を勤めていた。天和三年には下総関宿に新封となった。三井が牧野成貞の恩顧を受けるのは貞享四年（一六八七）である。三井より牧野家役人に渡した書状の写しには次のように記されている。(11)

東光院様大在世、私方現銀売呉服店本町ニ有之候処、町内同商売人ゟ彼是と相妨申筋御座候ゆへ、駿河町へ引越呉服物下直ニ売弘メ申候ニ付、本町と違、格別人入多繁昌仕候ニ随ひ、同商売其外ゟ色々と悪説申成シ、心遣仕候折節、現銀安売之儀東光院様達御聞、阿部豊後守様へ被仰、御公儀御益ニも可罷成間、越後屋儀御吟味之上御用可被仰付と御意被下候而、不存寄御納戸御用被為仰付、冥加相叶偏東光院様御目出シ被為成下候御影と難有仕合誠新規ニ御納戸御用蒙仰候儀不思儀之御事と世上之唱、夫ゟ同商売等之悪念も相止、商売相続安堵仕候段難有奉存候

東光院とは牧野成貞の法号である。三井の越後屋は現銀掛値なしの新商法を始めたために、江戸本町の呉服屋から様々の妨害やいやがらせを受けてきたが、牧野成貞の口添えにより三井は幕府の御納戸呉服御用を引き受けることになり、その幕府の権威を借りることで呉服屋の妨害もおさまることになった訳である。成貞の生存中より三井の牧野家への貸出が始まり、その没後も牧野家への貸出金には成貞の恩顧に対するものとしての性格は引き継がれていった。牧野家(12)では六代貞長が老中となるなどの家柄であり、大名貸は継続されていったが、財政難に陥ることによって行き

詰まっていき、三井の牧野家への大名貸は、当初の成貞の恩顧に報おうとする観念が次第に希薄になっていくにともない、性格が変化していったとみることができる。

第四章「小浜藩への大名貸」（「三井両替店と小浜藩」『三井文庫論叢』二三号、平成一年）。

小浜藩酒井家は酒井忠勝を初代藩主とする譜代大名で、五代藩主忠音は享保期に老中となり、七代藩主忠用は宝暦期に京都所司代にまで昇進し、一〇代藩主忠進は文化一二年に老中にまで昇進している。一二代藩主忠義は天保～嘉永期と安政～文久期に京都所司代となり、幕府政治に参画した。藩主が幕府の重臣として政治、軍事を担当したことは藩財政の負担を増大させた。三井が酒井家に貸し出すのは七代藩主忠用のころで、幕府官僚として昇進の途上にあった。その意味で三井の老中の家柄の大名への貸出は幕府御用商人としての立場を補強するものであった。ただし牧野家のような特別な恩顧といったものはなく、当初はそれ自身が大名貸として相当の利潤をもたらすものであった。三井両替店の小浜藩への貸出高はそれほど高額という訳ではないが、第一に宝暦、明和期の貸出と滞り、安永期の処分まで、第二に寛政期の貸出の再開と年賦償還まで、第三に年賦償還の滞りと幕末期の貸出までと三つほどの段階がみられる。小浜藩の財政の特徴として、大津の蔵屋敷で米切手を発行し、それを金融の手段としていることがあげられる。小浜藩では累積した藩債の償還に難儀し、一〇〇〇年賦を打ち出すが失敗し、元利返済の据置きとするなど試行錯誤を繰り返す結果となる。

第五章「高崎藩への大名貸」（「高崎藩の大名金融と融通御貸付銀」『三井文庫論叢』二八号、平成六年）、第一章「三井と高崎藩」。

三井の高崎藩への貸出は大元方が行った。藩主松平輝高の大坂城代就任を契機として貸出が始まり、それは平均的な利潤をもたらすものであった。しかし大名金融の常で、それはまもなく行き詰まり、明和期と安永期の二度の年賦償還仕法を立てることになるが、天明期には浅間山の噴火による直接的な被害も受け、それも停止することになる。その後も貸出金は増加していき、文化八年には高崎藩は貸出金の元利返済の一〇年間の据置きを打ち出すとともに、大坂、京都の町人を対象に年賦調達講を組織するが、それも一四年後には破綻し、据置きも無期限で延長されることになる。

第六章「仙台藩と大文字屋嘉右衛門」（「三井両替店と仙台藩」『三井文庫論叢』二二号、昭和六三年）、第一章「京都両替店と大文字屋嘉右衛門」。

三井京都両替店は享保期ごろから仙台藩蔵元の大文字屋嘉右衛門に延為替銀を貸し出していた。大文字屋は伊達政宗のころから仙台藩の蔵元を勤めていた。延享二年の「改正増補京羽二重大全」[13]では松平陸奥守の用達として下長者町釜座角、大文字屋嘉右衛門の名が記載されている。明和五年の「京羽二重大全」、および天明四年の「天明新増京羽二重大全」[14]でも同様である。仙台藩では領内産出の米のうち年貢以外に農民の手元に残った米を買い上げて江戸に廻送して販売する買米制[15]を財政政策の特徴としていて、初期には任意で供出し、無利足で前渡金が渡されていたが、享保期以降に強制買上げを行うようになり、天明期以降には現金買入れを行うようになった。ここで取り上げる大文字屋嘉右衛門は享保期から買米金を仙台藩に調達するようになり、その意味で三井は間接的に買米資金を仙台藩に貸し出したことになる。宝暦期ごろに買米制が破綻するようになり、財政は銀主からの借入金に依存するようになると、三井の大文字屋への貸出も行き詰まるようになった。安永三年ごろに三井から大文字屋への延為替貸銀一一六五貫二五〇目が滞りとなったのである。その後長年をかけて返済のための交渉を行い、三井と大文字屋とは何度も相対証文を作成しているが、寛政一一年に大文字屋が仙台藩に召し抱えられるようになり、三井は新たな困難に直面することになり、結局返済されることなく終わったのである。

第七章「加賀藩の借蔵破綻一件」（「三井両替店の大名金融」『三井文庫論叢』一九号、昭和六〇年）、第一章「加賀藩の米質貸と延為替」。

三井大坂両替店は加賀藩の蔵元玉屋清蔵に対して米質貸、延為替貸付というかたちで貸し出していた。ともに正米を担保としていた。ところが加賀藩役人が借蔵の錠を破り、担保米を持ち出して売り払うという事件がおこった。それを機会に総ての貸出金が滞りとなったのである。その返済を求める交渉は難航したが、安永年間に年賦償還仕法が立てられている。しかも加賀藩は天明六年と天保四年に年賦返済仕法を一方的に改変し、三井は苦境に陥ることになる。

第八章「龍野藩と嶋屋市兵衛」（「三井両替店の大名金融」『三井文庫論叢』一九号、昭和六〇年）、第二章「龍野藩の御屋敷貸」。

三井大坂両替店は大坂両替商の嶋屋市兵衛と手代の善助の連名宛に延為替銀を貸し出していた。しかしそれは善助が市兵衛に無断で借り入れていたものであった。その手代善助の謀判事件の裁判の経過を経て、龍野藩の嶋屋市兵衛への借状が三井の手に入り、三井両替店が龍野藩への貸出を継続することになり、立入となったのである。それは利子付きの貸出であったが、次第に無利足の年賦貸となっていった。

第九章「仙台藩と平野屋又兵衛」（「三井両替店と仙台藩」『三井文庫論叢』二二号、昭和六三年）、第二章「大坂両替店と平野屋又兵衛」。

三井と仙台藩との関係の第二は、三井大坂両替店が大坂町人平野屋又兵衛へ貸し出していた延為替貸付金が滞りとなり、訴訟の結果、平野屋又兵衛は身代限りとなり、仙台藩の平野屋への借状が三井に流れ込んだことである。平野屋又兵衛は延享五年の「難波丸綱目」では笠間藩、高知藩、桑名藩の蔵元として名があがっていて、大名との関係が特定されている訳ではないが、安永四年と天明元年の「大坂武鑑」では松平陸奥守の名代として長堀富田屋町の平野屋又兵衛の名が用達の仙台屋三郎兵衛の名とともに記載されている。仙台藩が一八世紀半ばに大坂両替商からの借入金に依存する財政的体質を帯びるようになると、平野屋又兵衛は大坂両替商の仙台藩への金銀融通の中心的な立場にあった。しかし平野屋又兵衛のような他人資金を借り入れて大名貸を行う大名金融業者は、大名のお断りと銀主の元利支払いを求める訴訟との間で倒壊する。担保としていた借状が流れ込むと、三井と仙台藩との直接的な貸出となったのであるが、その証文は返済お断りのものであったために、交渉は難航した。年に僅かずつでも元利返済金を受け取るために、年賦による償還を求めて交渉に苦心することになる。

注

（1）拙著『近世三井経営史の研究』（吉川弘文館、昭和六〇年）。

（2）『維新史』第一巻（維新史料編纂事務局、昭和一四年）。

（3）『三井事業史』資料編一（三井文庫、昭和四八年）。

（4）三井家大元方の行う大名金融については本書で扱っている諸藩の外に、主な事例としては沼田藩土岐家、忍藩阿部家、西尾藩松平家、紀州藩付家老水野家の場合がある。土岐丹後守頼稔が大坂城代となったのは享保一五年であったが、その在任中の享保一六年に四貫五六〇目を貸し出したのが三井の土岐家への貸出の最初であった。寛保二年に頼稔は沼田城主となり、その年に四貫五〇〇目はいったん「浮有帳」に転記されて大元方勘定目録からは消されるが、同年に二五五〇両を貸し出している。その後、延享期までは五〇〇〇両規模で貸出金と預り金とが記載されている。宝暦期から明和期には五〇〇両と五〇貫目ほどであったが、寛政期の八〇貫目程度から文化期の一五〇貫目程度へと徐々に増加していった。沼田藩の場合も貸出金が滞って年賦償還となることは例外ではなく、天明期に九二貫目が無利足で年賦償還となり年に三貫三一二匁ずつ償還されることになったが、償還高が減少していき、文化七年には償還が停止している。その外の小口の貸出金も文化初年までは利足支払いもなされていたが、文化七年に滞りとなり、わずかに一二貫目の貸金に対して六パーセントで年に七二〇匁ずつ土岐山城守様利足積として「大元方勘定目録」の預り方に記載されることになったが、それも文化一二年までの四回だけで終わっている（「出入寄」三井文庫所蔵史料　続五五四八〜続五七〇九）。

阿部家の場合は明和二年一二月に初めて一三〇〇両を貸し出し、安永三年までに二二〇〇両にまで増えているが、安永三年の三井大元方の組織分割による不良資産の整理の際に「浮有帳」に転記されて大元方勘定目録からは消却されている。ところが、三井と忍藩藩庁との協議の結果、天明二年になり忍藩の旧貸金にその利足を加えて年賦償還方法を立てた。明和七年までの貸金の合計は二七〇〇両であったが、それの天明二年一二月までの未払利足は一六八五両一歩余であったため、それを合計すると四三八五両一歩余りとなるが、同年に一五両一歩余を返して、元金を四三七〇両と計算し、再度大元方勘定目録の貸し方に記載した。それを無利足二三年賦と定めたのである。一カ年の償還高は一九〇両となる。それは天明六年まで五回だけ償還された。さらに天明六年には四〇〇両と四五〇両の二口の貸出がなされている。しかし年賦償還仕法が立てられたにもかかわらず、文化三年には返済の見込みの立たないものとして扱われ、再度「浮有帳」に転記されている。なお阿部家からは毎年、代銀はその都度変わるが、合力米として二〇石分が三井に渡されている（「阿部能登守様土岐美濃守様御用留」三井文庫所蔵史料　本一九四）。

西尾藩松平和泉守には明和元年一二月から貸出を開始し、大元方勘定目録では大坂両替店拠金のなかに記載されている。同じく安永三年の不良貸付の整理の際には松平和泉守の一七〇〇両が「浮有帳」に移されている。大元方勘定目録の京都両替店拠金に松平和泉守への貸出が再度記入されるのは寛政四年からで、六年には一五〇〇両となっている。明和期の貸出金を再確認したものであった。しかしその金高は京両替店拠金の内訳のわかる天保一二年まで変わらず、滞り貸しのままであった。

福山藩の阿部伊予守と平藩、浜松藩の井上河内守への貸出高は、安永三年に「浮有帳」に転記されて大元方勘定目録から消された時には一一五〇両と八〇〇両であったが、その後は大元方勘定目録には二度と記載されることはなかった。

（5）　大名金融の研究は藩債の研究でもあるが、その代表的なものとして次のものがあげられる。土屋喬雄『封建社会崩壊過程の研究』（弘文堂書房、昭和二年）、野村兼太郎『徳川封建社会の研究』（日光書院、昭和一六年）、遠藤正男『九州経済史研究』（日本評論社、昭和一七年）、森泰博『大名金融史論』（大原新生社、昭和四五年）、安岡重明『財閥形成史の研究』（ミネルヴァ書房、昭和四五年）、作道洋太郎『近世封建社会の貨幣金融構造』（塙書房、昭和四六年）、中部よし子『近世都市社会経済史研究』（晃洋書房、昭和四九年）、長野暹『幕藩制社会の財政構造』（大原新生社、昭和五五年）。

（6）　藩債処分に関する研究・文献として次のものがあげられる。大蔵省理財局『国債沿革略』、明治財政史編纂会『明治財政史』第

八巻、大蔵省『明治大正財政史』第一一巻、藤田武夫『日本資本主義と財政』(実業之日本社)、宮本又次「明治維新と升屋」(『近世日本の経済と社会』有斐閣)、池田浩太郎「旧藩債処分と新旧公債の発行」(『財政学の基本問題』千倉書房)、関順也『明治維新と地租改正』(ミネルヴァ書房、昭和四二年)、藤村通『明治前期公債政策史研究』(大東文化大学東洋研究所)、千田稔「藩債処分と商人資本」(『経営史学』一五巻一号)、千田稔「藩債処分と商人資本」(『一橋論叢』八三巻五号)、千田稔「藩債処分と商人・農民・旧領主」(『社会経済史学』四五巻六号)、楠本美智子「藩債処分と日田・千原家」(『史淵』一二一輯)。

(7) 「各店所有物調并概表」(三井文庫所蔵史料　別二三〇三—一)。

(8) 「各店所有物調」(三井文庫所蔵史料　別二三〇〇—二)。

(9) 『三井事業史』資料編一(三井文庫　昭和四八年)。

(10) 同右。

(11) 「延岡用談留」(三井文庫所蔵史料　続一四一二)。

(12) 笠間藩牧野家についての研究として、森康博『大名金融史論』、小室昭「笠間藩の化政改革」(『茨城県史研究』七号)などがある。牧野家の所領と系図については『牧野家・武藤家文書目録』「解説」にもとづいている。

(13) 三井文庫所蔵。

(14) 早稲田大学図書館所蔵。

(15) 仙台藩の買米制についての研究として、土屋喬雄『封建社会崩壊過程の研究』、近世村落研究会『仙台藩農政の研究』、難波信雄「仙台藩の寛政改革」(『東北文化研究所紀要』五号)などがある。

第一部　大元方・京両替店の大名貸

第一章　三井の藩債処分

第一節　旧諸藩貸金調

廃藩置県を断行した明治政府は旧藩の債務を引き受ける方針を明らかにした。それに先立ち、明治三年（一八七〇）九月に政府は藩債支消の目途を立て年賦償還することを命じたが、諸藩は巨額の負債を一度に償還することは不可能であり、大量の藩債が明治政府によって引き継がれていったのである。政府はまず銀主に大名への貸出金の調査を提出させることに着手した。

三井では京都府に対して明治四年一〇月に「旧諸藩貸金調御届書」を提出した。次にその写しを引用する。「御府へ差出し候本紙之写なり」と朱書されているため、金高は本証文と等しいと考えられる。

旧諸藩貸金調御届書(1)

本証文金高之写

「御府へ差出し候本紙之写なり」（朱書）

覚

明和七年寅正月

朱「〇 一 金弐拾五万三千七百五拾四両壱歩　　若山御藩
銀六百五拾四貫九百拾匁

同年寅正月

朱「〇 一金弐万両　　右御同所様

文化五年辰二月

朱「〇 一金壱万両　　右御同所様

文化五年辰七月

朱「〇 一銀四百拾壱貫弐百目　　若山御藩
内七拾四貫目元済

引残
銀三百三拾七貫弐百目

嘉永五年子十一月

朱「五十一 金五千両　朱「明治七年戌二月十四日御下ケ渡」　右御同所様

慶応元丑年十二月

一金四千両　朱「済　右御同所様

朱「同
内弐千両元済
引残
金弐千両
朱「明治七年戊十二月
大坂ニ而御下ケ渡
下ゲ札「

下ゲ札「此廉於大坂表三井元之助ゟ彼地御政府江元高之儘書上ケ候段申越、不都合之次第奉恐入候、依之御当地ニ而猶又元済之訳奉申上候義ニ御座候、此段御断奉申上候、以上
慶応三卯年七月
一金八千両　済
朱「同
内五千四百六拾壱両元済
引残
金弐千五百三拾九両
朱「明治七年戊三月
大坂ニ而御下ケ渡
右御同所様
下ゲ札「

下ゲ札「此廉前同様大坂御政府江書上ケ候ニ付此段御断奉申上候
慶応三卯年七月
一金壱万三千両
朱「五十
内五千百両元済
引残
下ゲ札「「明治七年戊十二月
若山御藩

金七千九百両　朱「大坂ニ而御下ケ渡

下ゲ札
「此廉前同様大坂御政府江書上ケ候ニ付此段御断奉申上候

明治元辰年十二月

一金壱万両　済　右御同所様

朱「二十五　朱「明治六年酉　月御下ケ渡

安政二年卯十二月

朱「五十一金百両　朱「明治七年戌二月十四日御下ケ渡　右御同所様

右同年同月

朱「同　一金百両　済　朱「右同断　右御同所様

安政三年辰三月

朱「同　一金百両　済　朱「右同断　右御同所様

慶応二年寅二月

朱「同　一金百両　済　朱「右同断　右御同所様

慶応二年寅二月

朱「同　一金百両　済　朱「右同断　若山御藩

弘化二年三月

一金五千両　朱「済　右御同所様

朱［五十　内四千六百両元済

引残　朱［明治七年　月御下ケ渡

金四百両

下ゲ札
［此分間違也皆済

嘉永二年酉八月

一金五千両　朱［済

右御同所様

朱［同

朱［右同断

下ゲ札
［内金五百両元入
改元四千五百両也

〆金三拾壱万七千九拾三両壱歩

銀九百九拾弐貫百拾匁

明治四年未六月

一金三万両　済

金沢御藩

朱［五十　内壱万両元済

引残　朱［明治六年酉　月御下ケ渡

金弐万両

明治三年午正月

下ゲ札

下ゲ札

一金千弐拾四両　済　　高知御藩
朱〔二十五　内百四拾六両元済
引残
金八百七拾八両
朱〔明治七年戌　月　御下ケ渡〕
右同断
一金五百両　済　　右御同所様
朱〔同　内百両元済
引残
金四百両
朱〔右同断
安政四年巳四月　　三州豊橋
一金四百両　朱〔済　　松平伊豆守様
朱〔五十　内弐百六拾両　元済
引残
金百四拾両
朱〔明治七年戌　月　御下ケ渡　呉服店分〕
宝暦十年辰六月　　遠州浜松
朱〔〇　一金五百両　　井上河内守様
同年七月
朱〔〇　一金三百両　　右御同所様

宝暦十二年午十二月　備後福山

朱［○　一金八百両　阿部伊予守様

右同年

朱［○　一金百五拾両　右御同所様

宝暦十四年申四月

朱［○　一金弐百両　右御同所様

天明元年丑五月　下総関宿

朱［○　一金百五拾両　久世出雲守様

安政五年午五月　三州岡崎

一金弐百両　本多美濃守様

朱［五十　内三拾五両元済

引残

金百六拾五両

朱［明治七年戌二月十四日
御下ケ渡］

慶応三年卯三月　城州淀

一金千両　稲葉美濃守様

朱［同　内二百両元済

引残

金八百両　朱［右同断

内五百両　慶応三年卯三月　右稲葉様ゟ私方江御預ケ高

出入差引

残金三百両

宝暦六年子十二月

朱［○　一金四千八百八拾六両壱歩　若州小浜

酒井若狭守様

明和六年丑十二月

朱［○　一金弐百四拾壱両　右御同所様

右同年

朱［○　一金千弐百両　右御同所様

明和七年三寅月

朱［○　一金二百両　右御同所様

金三拾四万七千六百三両弐分

惣〆　銀九百九拾弐貫百拾匁

右之通御座候、則別紙証札之写差上此段奉申上候、以上

明治四年辛未十月　①

三井元之助　印

三井次郎右衛門　印

三井三郎助　印

三井八郎右衛門　印

②

京都御政府

①

内

金セシウ（二十九）万セ仙マ舟チシイ（二千三百八十一）両セ（二）分

ウ舟ウシセ〆舟シ、（九百九十二貫百十匁）　御取消

ツ（四）万マ仙ウ舟ツシツ（三千九百四十四）両　五十ケ年賦

②

金イ（一）万イ仙セ舟エシチ（二千二百七十八）両　二十五ケ年賦

〆

外金イ仙舟（一千百）両　若州藩二十五ケ年賦

右之通証札写二通り相認未十月九日源右衛門様御政府江御持参之事

但本紙みの穴打認

この「旧諸藩貸金調御届書」には後に「下ケ札」で追加記入され、朱書されているため新旧公債受取りのための台帳としても用いられたと考えられる。下ケ札において、三四万七六〇三両二歩、銀九九二貫一一〇目の諸藩貸金のうち、二九万二三八一両二歩と銀九九二貫一一〇目が債権取消しとなり、四万三九四四両に旧公債が認められ、一万一二七八両に新公債が認められたのである。金高の上に〇印で朱書されたものが取消しであり、五〇の朱書が旧公債、二五の朱書が新公債である。「明治七年戌二月十四日御下ケ渡」などと朱書されていて、これらは新旧公債交付の後

に書き込まれたことが明らかである。

「旧藩々負債償還処分方」が布告されたのは明治六年三月であり、そこでは（1）天保一四年以前の藩債には公債を交付しない、（2）弘化元年から慶応三年までの藩債には公債を交付し、無利足五〇年賦で償還する、（3）明治元年から四年七月までの藩債には公債を交付し、元金を三年間据え置いた上で、年四パーセントの利足を付けて二五年賦で償還する、との方針を立てた。弘化元年から慶応三年までの藩債に対して渡された公債を旧公債と称し、明治元年以降のものを新公債と称した。なお旧幕府への債権は認められなかった。申告された全国の内国債の総額は七四一三万〇八七四円余にも及び、そのうち削除されたものは三九二六万六二九一円余で、三四八六万四五八二円余に公債ないしは現金が渡された。そのなかで新債が一二八二万〇二一六円余、旧債が一一二三万〇八四一円余である。(2)

この三井が京都府に提出した「旧諸藩貸金調御届書」からいくつかの問題を取り上げて検討しなければならない。第一にここに書き上げられた大名への貸出金は、三井のどの部局からの貸出金であろうか。第二にここに書き上げられた貸出金は三井の京都における貸出金のすべてであろうか。第三にここに書き上げられた貸出金は藩債として有効性をもつのであろうか。

「旧諸藩貸金調」を提出した時期には新旧公債発行の条件は立てられていなかったために、宝暦六年（一七五六）の酒井若狭守への貸金など一一五年前のものまで書き上げられている。近世の大名金融においては償還の手段として一五〇年賦、二〇〇年賦といったものであってもとりわけ異常という訳ではない。一一五年前の債権もこの意味では不思議ではない。三井の大名金融の取扱いは安永三年を境として大きく変化している。三井の大名金融は京都両替店が窓口となることはあるが、大元方の資金でもってなされていて、安永三年以降は大元方が解体状況にあったために、京都両替店が大名金融を取り扱い、京本店がその資金を折半して負担したのである。そこでまず安永三年以前のもの

第1－1表　京両替店拠金貸しの内訳と処分（安永3年末）

番号	金銀高		貸出先	処分の仕訳
	両歩	貫匁		
1	金16,700	256,000.0	牧野越中守	正月之口へ出ス
2	金10,500	—	同	同
3	金 624	—	同	同
4	金 4,000	—	同	同
5	金 500	—	同	同
6	金 1,000	—	水野土佐守	同
7	金 800	—	井上河内守	大録ニ而浮有帳へ出ス
8	金 1,150	—	阿部伊予守	同
9	金 150	—	太田播磨守	同
10	金 180	—	石河土佐守	同
11	金 20	—	三宅健次郎	同
12	金 4,886-1	—	酒井修理大夫	同
13	金 1,200	—	同	同
14	金 241	—	同	同
15	金 200	—	同	同
16	金 30	—	鵜飼五郎左衛門	同
17	金 1,000	—	阿部豊後守	同
18	金 1,000	—	同	同
19	金 200	—	同	同
20	金 10	—	神保次左衛門	同
21	金 100	—	片岡藤兵衛 長屋藤左衛門	同
22	—	1,300.0	片岡藤兵衛	同
23	金 100	—	大原彦四郎	同
24	金 30	—	茶屋宗昧	同
25	金 60	—	長谷川備中守	同
26	金 5,775	—	松平右京大夫	正月ノ口へ出ス
27	金 1,500	—	三浦長門守	大録ニ而浮有帳へ出ス
28	金 200	—	山村信濃守	同
29	金 100	—	酒井丹波守	同
30	金 18	—	酒井，家中	同
31	金 720	—	水野土佐守，年賦残	正月ノ口へ出ス
32	金 3,100	—	松平右京大夫	同
33	—	900.0	鵜川筑後守	同
	金56,094-1	258,200.0	合計	

出所）「大元方勘定目録」（三井文庫所蔵史料　続2973-1），「金銀出入寄」（同　続5629）．

についてみてみよう。

　安永三年（一七七四）には安永持分一件と称する、三井大元方が一時的に解体し、同族一一家が本店、両替店、松坂店の三グループに分れる事件がおきた。その際に大元方の資産が三グループに分割されたのであるが、正有銀に不動産価額を加えた銀五万八四七一貫目余の総有物高のうち、銀二万六三九〇貫目余が不良資産と相殺されて消却されたのである。その不良資産には同族借財と紀州藩を中心とする大名貸の塞り貸とがあった。安永三年末の紀州藩貸しを除く大名貸の処分の仕訳を示したのが第1―1表である。五万六〇九四両一歩と二五八貫二〇〇目の京両替店拠金貸し、すなわち京都両替店を経由する大名貸が、「正月之口へ出ス」と「大録ニ而浮有帳ニ出ス」とに仕訳されている。前者は滞り貸とはみなされないで継続される大名貸であり、安永四年以降の「大元方勘定目録」に記されることになる。牧野越中守への貸出を中心として四万二九一九両と二五六貫九〇〇目で京両替店拠金貸しの大半を占めている。他方、「旧諸藩貸金調御届書」に書き上げられた井上河内守、阿部伊予守、酒井若狭守（修理大夫）などは「大録ニ而浮有帳ニ出ス」と記されているのである。内部的には消却されてすでに処理済みであったが、藩債処分の際には書き出してみたのである。貸出先との関係では消却した訳ではないとの表明でもあった。

　安永三年には紀州藩貸出金は三口で二六万四五四一両、六五四貫九一八匁余であったが、そのすべてが「大録ニ而浮有帳ニ出ス」というかたちで処理された。

　安永三年以降の大名貸で、紀州藩以外のものとして、明治三年の高知藩、明治四年の金沢藩、安

第1―2表　明治5年上期の京都両替店の御屋敷貸

名　前	金 銀 高
松平右京亮	金　200両
	8貫目
牧野備前守	金1,500両
	金1,500両
阿部遠江守	10貫目
田村伊予守	金　320両
土岐隼人正	19貫目
	12貫目
	金　400両
本多美濃守	金　200両
牧野越中守	金1,000両
稲葉美濃守	金　800両
合　計	金5,920両
	49貫目

出所）京都両替店「勘定目録」（三井文庫所蔵史料本2088）.

政四年の豊橋藩、天明元年の関宿藩、安政五年の岡崎藩、慶応三年の淀藩が「旧諸藩貸金調」に書き上げられている。参考として明治五年上期の京都両替店の御屋敷貸を第1―2表に示した。そのなかで「旧諸藩貸金調」に書き上げられている名前は、岡崎藩の本多美濃守、淀藩の稲葉美濃守のみである。旧高崎藩（松平右京亮）、旧長岡藩（牧野備前守）、旧沼田藩（土岐隼人正）、旧笠間藩（牧野越中守）など六家四九二〇両、銀四九貫目については報告されていない。

以上のように「旧諸藩貸金調」に記載された貸出金は、安永三年に大元方が消却したものを除いて、京都両替店、越後屋京本店が出金しているが、出所の不明なものもある。さらに明治四年一〇月付で提出された「旧諸藩貸金調」に書き上げられた大名貸は当時の旧諸藩への貸出金のすべてではなく、書き上げられていない貸出金がかなり存在する。しかも書き上げられた中には自ら請求権を放棄した、債権としての有効性に疑わしいものも含まれているのである。

注

（1）「旧諸藩貸金調御届書」（三井文庫所蔵史料　追五三八―一）。
（2）「藩債輯録」（『明治前期財政経済史料集成』第九巻、改造社、昭和八年）。

第二節　新旧公債の交付

明治六年三月に「旧藩々負債償還処分方」が出されて、旧藩債に対して新旧公債を交付する方針が確立した。三井でも同年七月から公債を受け取ることができた。

三井組京都店の新旧公債の交付を「新公債証書有帳」と「旧公債証書有帳」とからみてみよう。前者は「明治六年癸酉七月ヨリ」とあり、明治九年二月までの交付と買入れが一件ごとに記され、後者は「明治六年癸酉八月ヨリ」とあり、明治九年三月まで記されている。新公債の有高は明治八年四月には九万三四七五円であった。それまでの交付高と買入高の合計は一〇万〇五〇〇円であったが、他所に譲り渡したものが七〇〇〇円ほどあった。そのうち京都店への交付高は一万九〇二五円であり、大坂店より買入高が二万〇八七五円、敦賀店より買入高が一万五〇〇〇円、他所より買入高が四万〇九二五円、貸金の代わりなど引取高が四六七五円あった。そこで京都店への交付高の内訳を次に引用する。

新公債証有帳(1)

(1)　酉七月四日御下渡し　旧和歌山藩口　丸カ〇(六〇)替

一五百円証　弐拾弐枚

れ
三八四〇番ゟ　八郎右衛門
三八四七番迄　八枚　三　郎　助

ろ
三七四六番ゟ　次郎右衛門　名前
三七五九番迄　拾四枚　元　之　助

高イ(二)万イ仙(二千)円也

同断

一百円証　弐枚

い
三三四三番
三三四四番　右同名

高セ(二百)舟円也

同断

一弐拾五円証　壱枚　右同名

い壱五六

高セシサ(二十五)円也

(2)　酉十二月　日御下渡し　旧高知藩口　丸イ(二〇)番

一三百円証　三枚

三五九六番ゟ　八郎右衛門

れ

三五九八番迄　三郎助

次郎右衛門　名前

高ウ(九百)舟円也　元之助

同断

一百円証　三枚

三五五七番ゟ

と

三五五九番迄　右同名

高マ(三百)舟円也

同断

一五拾円証　弐枚

弐八五四番　　　　右同名

は　弐八五五番

高(百)舟円也

旧和歌山藩の公債が一万一二二五円で、旧高知藩の公債が一三〇〇円であったが、そのほかに旧膳所藩転貸が三〇〇円証が一〇枚、五〇円証が四〇枚、二五円証が六〇枚で合計して六五〇〇円であった。新公債は以上の三種であった。

旧公債の有高は、明治九年（一八七六）四月に八万九四二五円であった。交付高と買入高の合計が九万四一〇〇円であり、他所に譲り渡したのが四六七五円あったのである。それらのうち交付高は四万三二五〇円であり、大坂店より買入高が五四七五円、敦賀店より買入高が二万円、買入高および引取高が二万五三七五円であった。京都店への交付高を引用すると次のとおりである。

旧公債証有帳(2)

（1）　酉八月廿九日御下渡し　　旧金沢藩口　　丸(二一)セイ替立

一三百円証　　六拾五枚

但申年分賦金御下渡無之事

い　三六五弐番ゟ

三七壱六番迄　　亥三月　壱万八千三百三拾円

三郎助名前

丸高イ(一)万ウ(九千五百)仙サ舟円也

(2)　同九月七日御下渡し　旧亀岡藩口　丸セイ（二一）替立

一百円証　弐拾三枚

ろ

三五弐〇番ゟ

三五四弐番迄　亥三月　弐千百六拾弐円

三郎助名前

丸高セ仙マ（二千三百）舟円也

(3)　戌二月十四日御下渡　旧和歌山淀岡崎三藩口　丸イ〇（一〇）替

一三百円証　弐拾壱枚

け

三六三弐番ゟ

三六五弐番迄　亥三月　五千九百弐拾弐円

八郎右衛門

三　郎　助

次郎右衛門　名前

元　之　助

丸高カ仙マ（六千三百）舟円也

右同断

一五拾円証　三枚

弐三九弐番ゟ

に
弐三九四番迄　　亥三月　百四拾壱円

右同名
丸高舟（百五十）サシ円也

旧公債では旧金沢藩が一万九五〇〇円であり、旧亀岡藩が二三〇〇円、旧和歌山、淀、岡崎三藩が六四五〇円、旧和歌山藩加入金が五〇円、旧和歌山藩調達講が四五〇〇円、旧尼崎藩が五五〇円、旧和歌山藩大坂交付が九九〇〇円であった。

新公債および旧公債の交付に関する記録を示すと次のとおりである。

和歌山県(3)

一合金壱万千弐百三拾円七拾六銭九厘

内

金壱万千弐百弐拾五円　証券

残金五円七拾六銭九厘

此現金三円五拾弐銭五厘

右之通御書付を以被仰渡候付、御請書差上候処左之通

御請書

一合金壱万千弐百三拾円七拾六銭九厘

内

金壱万千弐百弐拾五円　　証券

残金五円七拾六銭九厘

此現金三円五拾弐銭五厘

右之通御公債被仰付難有奉存候、依而御請書奉差上候、以上

明治六年六月廿五日

三井八郎右衛門

三　井　三　郎　助

三井次郎右衛門

三　井　元　之　助

代川島弥七　印

京都府知事長谷信篤殿

一万一二三〇円七六銭九厘の和歌山藩藩債に対して一万一二二五円は新公債が交付され、残りの五円七六銭九厘は三円五二銭五厘が現金で渡されている。次は旧公債である。

金沢県(4)

一金壱万九千五百拾三円拾四銭五厘

内

金壱万九千五百円　　証券

残金拾三円拾四銭五厘

此現金弐円八拾六銭七厘
右之通御書付を以被仰渡候付、御請書差上候処左之通

御請書

一金壱万九千五百拾三円拾四銭五厘
内
金壱万九千五百円　　証券
残金拾三円拾四銭五厘
此現金弐円八拾六銭七厘
右之通今般御公債被仰付難有之候奉存候、依而御請書奉差上候、以上
明治六年七月十五日
三井八郎右衛門
三井三郎助
三井次郎右衛門
三井元之助
代川島弥七　印
京都府知事長谷信篤殿

新公債、旧公債ともに五〇〇円、三〇〇円、一〇〇円、五〇円、二五円の五種類があり、二五円に満たない額は現金で渡された。なお現金との換算比率は新公債でほぼ六〇パーセント、旧公債でほぼ二〇パーセントである。

三井組の京都店が交付を受けた新旧公債は以上のようであるが、新公債中の旧膳所藩と旧公債中の旧亀岡藩、旧尼崎藩は旧諸藩貸金調べには記されていない。それらの藩債は郷印貸付の転貸によるものであった。明治六年一〇月一三日に出された布告には「旧藩ニ於テ郷印証文ヲ以金子借入候向有之候処、証文面相対私借ノ体裁ナルヨリ金主其村方へ返済ノ儀督促ノ末、遂ニ相手取及出訴候共、村方ヨリ旧藩へ転貸致シ候証拠有之分ハ直ニ金主へ公債ノ処分可及候条右ノ類ハ金主并村方トモ所持ノ証書写へ勘定書相添へ、至急其官庁へ差出官庁ヨリ添書ヲ以大蔵省へ可差出候、此旨布告候事」(5)と記されている。

郷印貸付で事実上大名へ転貸されたものであれば公債を交付するから証文を提出するようにと督促したものである。京都両替店の郷貸とは御為替銀貸付と同じ形式の証文で、安永七年より山城、大和、近江、丹波四カ国の村々に貸し出したのであるが、尼ケ崎藩への転貸口は、摂州河辺郡尼ケ崎中在家町の泉屋利兵衛外四人の連印証文で、明治元年に六〇〇両を貸し出したものである。三井三郎助は明治六年一一月に京都府七等出仕国重正文に「旧尼ケ崎藩江貸金御負債方之儀ニ付御届願書」(6)を出している。そこでは「今般御旧藩方江郷印私借証文を以貸出金を村方ゟ御旧藩方江転貸いたし候証拠有之分者直々金主江御公債之御取分可被成下旨御布告之趣奉拝戴候、私共ゟ旧尼ケ崎御藩江貸上ケ残金五百五拾円有之、則別紙証文面写幷勘定書之通手続ニ相違無御座候」とある。提出された証文の写しでは、三井三郎助、島田八郎左衛門、小野善助の御為替方三家あてに、「太政官御用途諸国御為替金御手当之内慥ニ預り申処実正也」と記されている。幕府御金蔵銀御為替の名称を変更したものであるが、証文のうしろには「前書之通相違無之候、右期限ニ至り候ハヽ、無滞急度返済可致候」(7)と記され、なお末尾には「本文御為替御手当金取組罷在候内、主人領地収納米之内高弐百石為引宛在所表ニ備置候間万一返済相滞候ハヽ、早速売払金高致都合無相違返済可致候」との記載がある。このように奥書された証文は、郷貸金の領主への転貸は明瞭であり、公債が交付された。この場合は小野善助、島田八郎左衛門より、三井三郎助が一手に貸し出したものであるとの「為取替一札」が用意されていた。明治二年四月の江州滋賀郡膳所伊勢屋町柴屋庄兵衛外三名に五〇〇〇両を貸し出した証文にも、膳所藩会計主事深谷伝次郎ほか六名の奥書が記されている。しかし御為替銀の郷貸証文は実態として領主へ転貸されていても、必ずしも領主の奥書があるとは限らない。むしろ滞りとなり訴訟を想定した場合は、領主への転貸という事実を認める訳にはいかないのである。しかし藩債処分に際しては、村々戸長連印で藩用に借り受けたものであるとの覚書を受け取り、提出したのである。

注

（1）「新公債証書有帳」（三井文庫所蔵史料　別一〇七九）。

（2）「旧公債証書有帳」（三井文庫所蔵史料　続二四八九）。

（3）「勤方」（三井文庫所蔵史料　本四七九）。

（4）同右。

（5）「旧藩調達金証書調方ニ付京都府布告」（三井文庫所蔵史料　追五四〇―四）。

（6）「旧尼ケ崎藩調達金調方書類」（三井文庫所蔵史料　追五三九―三）。

（7）同右。

第二章　紀州藩への大名貸

第一節　享保・安永期の紀州藩への大名貸

『宗竺遺書』[1]にも示されているように、三井では大名貸を極力控えようとした。『町人考見録』を作成した三井高平、高房が目にした京都町人の没落の主要な原因が、大名貸の滞りであったからである。しかし紀州藩と牧野家は特別の関係があったために三井は資金融通の要請に対しては応じていった。三井の紀州藩への貸出金は安永三年（一七七四）を境として明らかに差異が認められる。享保期から明和、安永期にかけては、紀州藩は三井に恣に御用金を賦課し、そのために三井は存亡の危機に立たされることになった。したがって、その歴史的経過についてみてみよう。

紀州藩では早い時期に茶屋、小牧の米問屋が勢州領納金の江戸への送金為替を行っていたが、失敗したためにその後、勢州領納金を和歌山まで現金で運び、和歌山から江戸までも現金を送金していた。それは百姓の難儀ともなったため三井は願い出て、元禄一六年か宝永元年ごろに江戸への送金為替を引き受け、五、六年間ほど行っていた。[2]宝永期には五年ほど、松坂から江戸へ月一五〇〇両ずつで年一万八〇〇〇両の江戸先納為替を三井が取り組み、三カ月ごとに松坂で返済を受ける為替送金を引き受けていた。

第２－１表　大元方の紀州藩貸出高

年	貸出高		年	貸出高	
	両歩	貫　匁		両歩	貫　匁
享保４年	2,450	60,000.00	延享４年	62,275-2	8.75
５年	2,300	60,000.00	寛延元年	63,775-2	8,75
６年	3,150	60,000.00	２年	63,775-2	8.75
７年	2,000	60,000.00	３年	66,245-2	8.75
８年	4,500	60,000.00	宝暦元年	66,275-2	8.75
９年	4,500	60,000.00	２年	62,275-2	8.75
10年	8,790	60,000.00	３年	66,275-2	8.75
11年	8,885	60,000.00	４年	65,275-2	8.75
12年	8,070	60,000.00	５年	64,275-2	8.75
13年	8,655	60,000.00	６年	63,275-2	8.75
14年	10,775	60,000.00	７年	61,975-2	310,008.75
15年	10,857	60,000.00	８年	61,675-2	488,008.75
16年	14,415-2	60,000.00	９年	65,175-2	698,008.75
17年	18,191-2	60,000.00	10年	71,296-3	758,508.75
18年	22,285-2	309,000.00	11年	71,296-3	758,508.75
19年	30,435-2	60,000.00	12年	84,046-3	758,508.75
20年	35,185-2	60,000.00	13年	90,146-3	758,508.75
元文元年	43,085-2	—	明和元年	108,101-3	52,508.75
２年	42,010-1	8.75	２年	157,777-3	52,508.75
３年	41,712-1	8.75	３年	212,740-3	52,508.75
４年	44,900	8.75	４年	261,003-3	52,508.75
５年	43,087-3	8.75	５年	261,003-3	52,508.75
寛保元年	57,775-2	8.75	６年	344,837-3	662,508.75
２年	62,275-2	8.75	７年	264,541	654,918.75
３年	62,275-2	8.75	８年	264,541	654,918.75
延享元年	62,275-2	8.75	安永元年	264,541	654,918.75
２年	62,275-2	8.75	２年	264,541	654,918.75
３年	62,275-2	8.75	３年	264,541	654,918.75

出所）「大元方勘定目録」（三井文庫所蔵史料　続2870～続2973）.

正徳三年（一七一三）の大元方の「出入寄」(3)では宝永元年の四〇〇両の紀州藩上ケ金の年賦残金四〇両、宝永二年の同じく三五〇両の残金五二両二歩、宝永四年の五〇〇両の残金一〇〇両、宝永五年の三〇〇両の残金四二両三歩二朱、合計して二三五両一歩二朱が記されている。それらは正徳五年までに償却された。三井の紀州藩への貸出は宝永、正徳期に断続的になされ、享保初年に中断していたのである。

三井大元方の享保四年（一七一九）から安永三年（一七七四）までの紀州藩への貸出金の概略を第2―1表からみてみよう。享保四年正月に一〇〇両と三〇貫目の貸出を始め、同年末には二四五〇両と六〇貫目の残高となった。享保期には三井大元方の紀州藩貸出金は一四年には一万両を超え、一九年に三万両を超えるなど増加の一途をたどった。寛保二年には六万両を超え、明和期には急速に増加し三四万両を超えたのである。そのように増加した紀州藩貸出金の内容を個別に検討しなければならない。

次に大元方の紀州藩への貸出金にともなう利足の動向の概略を、享保四年から安永三年までの「紀州様年々利足積高」を示した第2―2表からみてみよう。大元方では紀州藩への貸出金の利足を「入方」の収益には含めていない。「預り方」の「紀州様年々利足積高」に積み立てていくのである。京都両替店を経由する大名への貸出金である「京両替店拠金」の場合も同様な処理がされている。享保四年（一七一九）には六〇貫目の利足銀二貫一六〇匁と、七〇〇両の利足金二八両が記された。その後積立高は加速度的に増大していき、享保一〇年以降は年に九〇〇両ほどずつ増大していった。元文期には年に二〇〇〇両前後の規模となったが、寛保三年（一七四三）になり利子の加算はストップしている。寛延期になり再び利足の若干の積立が始まり、明和期になってその積立高は年に一万両以上という規模となったのであるが、明和五年（一七六八）にはストップしたのである。明和七年には利足積高と貸出銀高との相殺がなされている。

第2－2表　大元方の紀州藩年々利足積高

年	利足積高		年	利足積高	
	両歩	貫　匁		両歩	貫　匁
享保4年	28	2,160.000	延享4年	36,286-3	58.496
5年	275	7,929.600	寛延元年	36,286-3	58.496
6年	605	14,193.600	2年	36,540-1	58.496
7年	911-3	19,966.200	3年	37,001-3	58.496
8年	1,190-3	25,736.800	宝暦元年	37,591-2	61.496
9年	1,730-3	31,976.800	2年	37,846-2	61.496
10年	2,199	37,750.600	3年	38,130-2	61.496
11年	3,094-1	43,528.900	4年	38,546-2	61.496
12年	4,029-1	49,779.200	5年	38,834-2	61.496
13年	4,956-1	54,630.000	6年	39,042-2	61.496
14年	5,889	59,931.630	7年	39,114-2	6,571.496
15年	6,719-2	64,737.430	8年	39,114-2	51,511.496
16年	7,621	69,573.330	9年	39,114-2	51,511.496
17年	8,737-1	74,867.830	10年	43,463-3	124,139.136
18年	9,967	79,698.430	11年	43,463-3	124,139.136
19年	11,908	120,470.150	12年	44,279-2	205,111.832
20年	14,424	125,761.750	13年	44,279-2	205,111.832
元文元年	25,262-3	7.430	明和元年	46,591-2	305,845.832
2年	27,169	9.980	2年	56,773-1	319,376.612
3年	29,105	15.896	3年	68,329-2	319,390.412
4年	30,880-3	20.646	4年	85,735	319,391.612
5年	33,217-1	48.776	5年	85,735	319,391.612
寛保元年	36,462-3	58.496	6年	81,363-2	2,893.332
2年	36,462-3	58.496	7年	13,904-2	2,878.722
3年	36,286-3	58.496	8年	14,184-2	2,878.722
延享元年	36,286-3	58.496	安永元年	14,464-2	2,878.722
2年	36,286-3	58.496	2年	14,744-2	2,878.722
3年	36,286-3	58.496	3年	15,024-2	2,878.722

出所）「大元方勘定目録」(三井文庫所蔵史料　続2870～続2973).

第2－3表　三井大元方の紀州藩貸出高と利足高（その1）

期首繰越	貸出・返済	年末残高	内訳		利足		利足内訳
両	両	両			両歩	貫匁	
1,650	—	1,650	享保11年	京都上ケ	171-2	5.70	利子月0.008×13カ月
1,140	△ 1,140	—	5月14日受取		72-3	12.60	利子月0.008×8カ月
貫匁 銀60,000.00	—	貫匁 銀60,000.00		京都上ケ定式		5,760.00	利子月0.008×12カ月
1,500	—	1,500		京都納	144		利子月0.008×12カ月
1,000	—	1,000		臨時定式	96		利子月0.008×12カ月
500	△ 500	—	4月13日受取		69		利子月0.012×11カ月半
1,000	△ 1,000	—	4月13日受取		150		利子月0.0125×12カ月
2,000	—	2,000		京上ケ定式	192		利子月0.008×12カ月
	1,000	1,000	5月2日ゟ	京上ケ臨時			
	500	500	7月30日ゟ	松坂納			
	1,235	1,235	8月20日ゟ	松坂納			
8,790		8,885	享保11年末紀州藩貸残高		895-1	5,778.30	享保11年利足入高
銀60,000.00		銀60,000.00					享保11年末利足積高 3,094両1歩，43貫528匁9分
1,650	—	1,650	享保12年	京都上ケ	184-3	2.90	利子月0.008×14カ月
銀60,000.00	—	銀60,000.00		京都上ケ定式		6,240.00	利子月0.008×13カ月
1,500	—	1,500		京都上ケ	156		利子月0.008×13カ月
1,000	—	1,000		臨時定式	104		利子月0.008×13カ月
2,000	—	2,000		京上ケ定式	208		利子月0.008×13カ月
1,000	△ 1,000	—	5月28日受取	京上ケ臨時	168		利子月0.012×14カ月
500	△ 500	—	4月13日受取	松坂納	}		
1,235	△ 1,235	—	4月13日受取	松坂納	114-1	7.40	

	1,000	1,000	6月22日ゟ	臨時加入筋			
	400	—	7月ゟ	松坂上ケ	(20-1)	(9.00)	利子月0.0085×6カ月（享保13年3月受取）
	1,400	—	9月13日ゟ	松坂上ケ	(47-2)	(6.00)	利子月0.0085×4カ月（享保13年3月受取）
	△ 880	920	12月受取				
8,885		8,070	享保12年末紀州藩貸残高		935	6,250.30	享保12年利足入高
銀60,000.00		銀60,000.00					享保12年末利足積高 4,029両1歩，49貫779匁2分
1,650	—	1,650	享保13年	京都上ケ	158-1	8.70	利子月0.008×12カ月
銀60,000.00	—	銀60,000.00		京上ケ定式		4,800.00	利子月0.008×10カ月
1,500	—	1,500		京都上ケ	144		利子月0.008×12カ月
1,000	—	1,000		臨時定式	96		利子月0.008×12カ月
2,000		2,000		京上ケ定式	176		利子月0.008×11カ月
1,000	△ 1,000	—	6月30日受取	臨時加入筋	144		利子月0.012×12カ月
920	△ 920	—	3月28日受取	松坂上ケ	23-1	12.60	利子月0.0085×3カ月
	500	500	4月朔日ゟ	日光筋臨時			
	500	—	4月朔日ゟ	日光筋臨時	36		利子月0.008×9カ月
	△ 500	—	12月受取				
	1,100	—	6月17日ゟ	松坂上ケ	54	6.96	利子月0.0082×6カ月
	△ 1,100	—	12月受取				
	1,000	1,000	6月30日ゟ	臨時加入筋			
	850	—	8月29日ゟ	松坂上ケ	27-3	7.54	利子月0.0082×4カ月
	△ 850	—	12月受取				
	1,005	1,005	12月ゟ	松坂上ケ			

期首繰越	貸出・返済	年末残高	内訳		利足		利足内訳
両	両	両			両歩	貫 匁	
8,070		8,655	享保13年末紀州藩貸残高		927	4,850.80	享保13年利足入高
貫 匁 銀60,000.00		貫 匁 銀60,000.00					享保13年末利足積高 4,956両1歩，54貫630目
1,650	—	1,650	享保14年	京都上ケ	158-1	8.70	利子月0.008×12カ月
銀60,000.00	—	銀60,000.00		京都上ケ定式		5,280.00	利子月0.008×11カ月
1,500	—	1,500		京都上ケ	144		利子月0.008×12カ月
1,000	—	1,000		臨時定式	104		利子月0.008×13カ月
2,000	—	2,000		京都上ケ定式	192		利子月0.008×12カ月
500	△ 500	—	12月28日受取	日光筋臨時	88		利子月0.008×22カ月
1,000	△ 1,000	—	6月27日受取	臨時加入筋	144		利子月0.012×12カ月
1,005	△ 1,005	—	3月30日受取	松坂上ケ	24-2	12.93	利子月0.0082×3カ月
	975 ⎫	—	4月朔日ら	松坂上ケ	78		利子月0.008×10カ月
	△ 975 ⎭	—	12月受取				
	1,000	1,000	7月朔日ら	臨時加入筋			
	1,000	1,000	8月ら	松坂上ケ			
	1,075	1,075	閏9月ら	松坂上ケ			
	1,550	1,550	閏9月ら	松坂上ケ			
8,655		10,775	享保14年末紀州藩貸残高		932-3	5,301.63	享保14年利足入高
銀60,000.00		銀60,000.00					享保14年末利足積高 5,889両，59貫931匁6分3厘

出所）「出入寄」(三井文庫所蔵史料　続5538～続5545).
注）「貸出・返済」欄の△印は返済を示す.

大名貸の貸出金には利足入がともなうのが通常であるが、三井の紀州藩貸出金は高利足のときもあれば、滞り貸となり無利足のまま返済されることがなくなった時もあり、起伏にとんでいるが、滞り貸は次第に累積されてきており、明和五年には三四万両余と六六二貫目余のすべてが滞りとなったのである。

紀州藩への貸出金をその利足とともにより詳しくみてみよう。享保一一年から一四年までの例で第2―3表からみると、紀州藩への貸出には京都での貸出と松坂での貸出があったことが明らかである。京都での貸出には江戸への送金為替をともなうものもあった。この時期の紀州藩への貸出金はすべて利子付きであった。しかも利子率は月〇・八パーセントから月一・二五パーセントまでで、のちの時期に較べても高利率であり、経営的には充分引き合う貸出金であった。

享保期も末になると紀州藩への貸出金は急増し、それにともない滞り貸も発生してきた。そこで元文二年から寛保元年までの紀州藩への貸出高の内訳を第2―4表からみてみよう。元文元年（一七三六）にそれまで四〇口以上に多くなっていた証文数を松坂上ケ、永上ケ、定式、臨時など六口に集約する形で整理したのである。松坂上ケは無利足の滞り貸である。永上ケも無利足であるが、代わりに米五五〇石を毎年受け取る約束となっている。定式の八三五〇両と臨時の一万三四〇〇両はともに一二年賦で、前者が月〇・六パーセント、後者が月〇・五パーセントの利子付きであるが、ともに一三カ月分の滞り利足を加算した上で一二年賦としたのである。松坂上ケの七三三五両二歩は無利足であるが、享保一五年ころより次第に松坂での貸出金には滞り貸がみえだし、累積してきたのである。そのほかの貸出金は月〇・八パーセントの高利率の利子付きである。同表で示された五年間でも貸出高は一万五〇〇〇両ほど増加し、それにともない利足高も増加していった。寛保元年（一七四一）に新貸出金が増したのである。寛保元年中に一万三〇〇〇両も貸出金が増し、元文四年からの貸出金も含めて証文が改められ、寛保元年末の新納の残高は二万七

第2－4表　三井大元方の紀州藩貸出高と利足高（その2）

期首繰越	貸出・返済	年末残高	内訳	利足（両歩）	利足（匁）	利足内訳
両歩 7,335-2	両歩 △ 48-2	両歩 7,286-3	元文2年　松坂上ケ			無利足
	匁 △ 銀5.00	匁 銀 8.75	〃			
10,000	—	10,000	永上ケ　米550石受取			
8,350	△ 695-3	7,654-1	定式　12年賦	651-1	2.550	利子月0.006×13カ月
13,400	△ 330-3	13,069-1	臨時　12年賦	871		利子月0.005×13カ月
2,000	—	2,000		384		利子月0.008×12カ月
2,000	—	2,000				
43,085-2		42,010-1	元文2年末紀州藩貸残高	1,906-1	2.550	元文2年末利足積高 27,169両，9匁9分8厘
		銀 8.75				
7,286-3	—	7,286-3	元文3年　松坂上ケ			無利足
銀 8.75	—	銀 8.75	〃			
10,000	—	10,000	永上ケ　米550石受取			
7,654-1	△ 695-3	6,958-2	定式　12年賦	551	5.406	利子月0.006×12カ月
13,069-1	△ 1,902-1	11,167	臨時　12年賦	737	.510	利子月0.005×12カ月
2,000		—				
2,000		—				
	750	—	3月朔日ゟ			
	950	—	〃			
	1,600	—	〃			
	△ 1,000	6,300	12月29日受取　当用	648		利子月0.008

42,010-1		41,712-1	元文３年末紀州藩貸残高	1,936	5.916	元文３年末利足積高 29,105両，15匁８分９厘６毛
銀　8.75		銀　8.75				
7,286-3	—	7,286-3	元文４年　松坂上ケ			無利足
銀　8.75	—	銀　8.75	〃			
10,000	—	10,000	永上ケ　米550石受取			
6,958-2	△　695-3	6,262-3	定式　12年賦	501	.690	利子月0.006×12カ月
11,167	△ 1,116-2	10,050-2	臨時　12年賦	670	1.160	利子月0.005×12カ月
6,300	—	6,300	当用	604-3	2.900	利子月0.008×12カ月
	2,500	2,500	12月ゟ　新納			
	2,500	2,500	12月ゟ　新納			
41,712-1		44,900	元文４年末紀州藩貸残高	1,775-3	4.750	元文４年末利足積高 30,880両３歩，20匁６分４厘６毛
銀　8.75		銀　8.75				
7,286-3	—	7,286-3	元文５年　松坂上ケ			無利足
銀　8.75	—	銀　8.75	〃			
10,000	—	10,000	永上ケ　米550石受取			
6,262-3	△　695-3	5,567	定式　12年賦	488-1	14.420	利子月0.006×13カ月
10,050-2	△ 1,116-2	8,934	臨時　12年賦	653-1	1.910	利子月0.005×13カ月
6,300	—	6,300	当用	655	11.800	利子月0.008×13カ月
2,500	—	2,500	新納	270		利子月0.008×13カ月半
2,500	—	2,500	新納	270		利子月0.008×13カ月半
44,900		43,087-3	元文５年末紀州藩貸残高	2,336-2	28.130	元文５年末利足積高 33,217両１歩，48匁７分７厘６毛
銀　8.75		銀　8.75				

期首繰越	貸出・返済	年末残高	内訳	利足		利足内訳
両歩	両歩	両歩		両歩	匁	
7,286-3	—	7,286-3	寛保元年　松坂上ケ			無利足
銀　8.75	—	銀　8.75	〃			
10,000	—	10,000	永上ケ　米550石受取			
5,567	△　695-3	4,871-1	定式　12年賦	400-3	4.360	利子月0.006×12カ月
8,934	△ 1,116-2	7,817-2	臨時　12年賦	536	2,360	利子月0.005×12カ月
6,300		—	当用	604-3	3.000	利子月0.008×12カ月
2,500		—	新納	240		利子月0.008×12カ月
2,500		—	新納	240		利子月0.008×12カ月
	3,000	—	2月朔日ゟ新納	264		利子月0.008×11カ月
	3,000	—	2月朔日ゟ新納	264		利子月0.008×11カ月
	2,500	—	2月半ゟ　新納	210		利子月0.008×10カ月半
	2,500	—	2月半ゟ　新納	210		利子月0.008×10カ月半
	1,000	—	4月朔日ゟ新納	72		利子月0.008×9カ月
	1,500	—	4月朔日ゟ新納	108		利子月0.008×9カ月
	3,000	—	9月18日ゟ新納	48		利子月0.008×2カ月
	3,000	—	10月3日ゟ新納	48		利子月0.008×2カ月
	△30,800	—	極月30日受取			
	1,000	1,000	正月ゟ　新納			
	7,000	7,000	正月ゟ　新納			
	2,000	2,000	正月ゟ　新納			
	1,500	1,500	正月ゟ　新納			
	1,500	1,500	正月ゟ　新納			
	500	500	正月ゟ　新納			

	8,000	8,000	正月ゟ　新納			
	6,300	6,300	正月ゟ　新納			
43,087-3		57,775-2	寛保元年末紀州藩貸残高	3,245-2	9.720	寛保元年末利足積高 36,462両3歩，58匁4分9厘6毛
銀　8.75		銀　8.75				

出所）「出入寄」（三井文庫所蔵史料　続5558〜続5567）．
注）「貸出・返済」欄の△印は返済を示す．

八〇〇両となった。そのため同年中には利足高は三二四五両にものぼった。ところが新納を含めてすべての貸出金が翌寛保二年には滞り貸となったのである。一二年賦の定式、臨時の年賦償還もストップしてしまった。寛保二年に四五〇〇両増して新納は三万二三〇〇両となり、松坂上ケ、永上ケ、定式、臨時は寛保元年のままとなったのである。

元文二年に整理された貸出金のなかで永上ケの一万両は米五五〇石受け取りの約束があり、それが利足の代わりであった。米代金として年に四〇〇両を受け取ったのであるが、大元方ではそれを永印米代積として積み立てたのである。それを安永三年まで示したのが第2―5表である。元文三年（一七三八）の八〇〇両は元文二年と三年の二カ年分である。年利は四パーセントとなる。寛保二年までは四〇〇両単位で加算されていったが、延享元年に一三〇四両一歩と四六匁八分が加算され、寛延二年から明和期にかけては年に五五〇両から一八〇〇両にかけてが加算されていった。明和四年の二万八二〇四両一歩は七〇年分となるのであるが、滞り貸の増加にともなって永印米代積を増加させたと考えられ、宝暦九年以降は、永上ケ・定式・臨時・竹印の五万八四一〇両、五二貫五〇〇目が滞りのまま一紙証文にまとめられた際に、一八〇〇両ずつ年賦償還されることになり、この永印米代積に積み立てられていったのである。

第２－５表　大元方の紀州藩永印米代積高

年	米代積高 両歩	米代積高 匁	年	米代積高 両歩	米代積高 匁
元文３年	800	—	宝暦７年	11,004-1	46.80
４年	1,200	—	８年	12,004-1	46.80
５年	1,200	—	９年	12,004-1	46.80
寛保元年	1,600	—	10年	13,804-1	46.80
２年	2,000	—	11年	13,804-1	46.80
３年	2,000	—	12年	17,404-1	46.80
延享元年	3,304-1	46.80	13年	17,404-1	46.80
２年	3,304-1	46.80	明和元年	21,004-1	46.80
３年	3,304-1	46.80	２年	24,604-1	46.80
４年	3,304-1	46.80	３年	26,404-1	46.80
寛延元年	3,304-1	46.80	４年	28,204-1	46.80
２年	3,854-1	46.80	５年	28,204-1	46.80
３年	4,954-1	46.80	６年	28,204-1	46.80
宝暦元年	5,504-1	46.80	７年	12,004-1	46.80
２年	6,304-1	46.80	８年	12,004-1	46.80
３年	7,204-1	46.80	安永元年	12,004-1	46.80
４年	8,104-1	46.80	２年	12,004-1	46.80
５年	9,004-1	46.80	３年	12,004-1	46.80
６年	10,004-1	46.80			

出所）「大元方勘定目録」（三井文庫所蔵史料　続2905～続2973）.

寛延元年からはそれまでの滞り貸のほかに新たな貸出が始まった。一五〇〇両の貸出であり、月一・三パーセントの高利足付きであった。その後宝暦期に利子付きの貸出金がみられるようになったのであるが、宝暦一〇年（一七六〇）に再度貸出金の整理がなされた。寛保二年に滞りのままであった定式四二七一両一歩、臨時七八一七両二歩、竹印十口三万二三〇〇両、それに永上ケ一万両の合計五万四三八八両三歩が一紙証文に書き改められたのである。その証文の写しを示すと次のとおりである。

覚(4)

合　金五万八千四百拾両
　　銀五拾弐貫五百目　也

是者元文弐巳年ゟ宝暦弐申年迄御借用金六万四千五拾両、銀四拾五貫目借状拾七枚之内御返済残り元幷畳

置利分共

右借状拾七枚此度指上させ一紙証文ニ仕替遣候、本行金銀高之内江年々金千八百両宛利無シ年賦ニ御下ケ有之筈ニ付、当卯年ゟ毎年極月無相違相渡させ可申者也

宝暦九年卯六月　　鈴木四郎兵衛　印判　書判

安　藤　帯　刀　印判　書判

越後屋八郎兵衛殿

証文の文面にある六万四〇五〇両、銀四五貫目のうち九六六一両一歩はすでに年賦償還されていた。したがって五万八四一〇両と銀五二貫五〇〇目に改めたことは、四〇二一両一歩と銀七貫五〇〇目が加算されたことになる。滞り利足が加算されたのである。年に一八〇〇両ずつ償還する約束であり、三三年賦にあたる。その年賦金は第2―5表に示した永印米代積に明和四年まで九年分積み立てされることになった。

三井と同じ宝暦九年六月付で、伊豆蔵五兵衛の年賦証文の写しが残されている。三井八郎右衛門と伊豆蔵五兵衛、河井十右衛門の三人は仲間で紀州藩に用達しており、年賦返済に関しても同じ仕法でなされた。元文二年から宝暦二年までの貸出金六万〇六〇〇両の証文一二枚を、返済高と未収利足とを差引加算して五万四五一〇両として一枚証文に改めたのである。

覚(5)

合金五万四千五百拾両也

是者元文二巳年ゟ宝暦弐申年迄御借用金六万六百両借状拾弐枚之内御返済残り元并畳置利分共

右借状拾弐枚此度指上させ一紙証文ニ仕替遣候、本行金高之内江年々金千七百両宛利無シ年賦ニ御下ケ有之筈ニ付、当卯年ゟ毎年極月無相違相渡させ可申者也

宝暦九年卯六月　　鈴木四郎兵衛　印判　書判

安　藤　帯　刀　印判　書判

伊豆倉屋五兵衛殿

五万四五一〇両に対して毎年一七〇〇両ずつ償還するのであり、ほぼ三二年賦にあたる。また河井十右衛門の次の証文もある。

請取申元金之事(6)

合金千七百両也

右者去ル卯六月一紙御借状被成下候利無シ永年賦筋五万三千三百七拾両之内、当酉年分為御元済請取申所実正ニ御座候、以上

明和弐年酉極月

河井十右衛門
河井十三郎　代
大西猪八〇（印）

三井八郎右衛門殿名代
杉沢十郎右衛門殿

河井十郎右衛門の場合も宝暦九年（卯年）に紀州藩年賦貸を一紙証文にまとめ、五万三三七〇両に対して一七〇〇両ずつ毎年償還する約束で同じように三二年賦となっている。宝暦九年の紀州藩の証文書替高は、三井、河井、鈴木の三家で金一六万六二九〇両、五二貫五〇〇目で、一年の償還高は五二〇〇両となる。しかも受取証文を三井に宛ているように、三井が紀州藩への貸出金の窓口となっていたのである。

宝暦一〇年以降も紀州藩への貸出金は徐々に増加して、利足高も若干増したが、明和期になり貸出金は爆発的に増加したのである。

明和元年にはまた証文の書替えがなされた。宝暦一〇年以降に増加した借用証文を一枚証文に替え改めたのであり、三井への証文は一五年賦で三万九四〇五両の額面であった。次に証文の写しがあるので示す。

覚(7)

合金九万両　　但申正月元利足年八朱

右者就御用御年寄衆御借状を以拾五年賦借用之所実正也、当申年ゟ来戌年迄毎暮元利共無相違松坂役所ゟ可為致返済候、依而証文如件

明和元年申七月

松本甚五左衛門　印

堀　田　藤　十　郎　印

河井十右衛門殿

三井八郎右衛門殿

鈴　木　五　兵　衛殿

河　井　十　三　郎殿

河井、三井、鈴木への九万両の年賦証文である。明和元年（一七六四）七月付であり、利足も年八朱（八パーセント）の一五年賦である。三井、河井、鈴木が共同して紀州藩への調達を請け負っているのであり、三井の三万九四〇五両、河井の三万一二七五両、鈴木の一万九三二〇両の合計が九万両となる。

明和二年から六年までの大元方から紀州藩への貸出高と利足の内訳は第2―6表のとおりである。貸出高は明和二年に五万両弱、明和三年に五万五〇〇〇両、明和四年に五万両弱も増加し、明和六年には八万両と六一〇貫目も増加した。新たな貸付金として明和二年に金五万八〇〇〇両があり、それが明和三年に書き改められて一〇万四七〇〇両

第２－６表　三井大元方の紀州藩貸出高と利足高（その３）

期首繰越	貸出・返済	年末残高	内　訳	利足		利足内訳
両歩	両	両歩		両歩	匁	
7,286-3	—	7,286-3	明和２年　松坂上ケ	—	—	無利足
貫 匁 銀　8.75	—	貫 匁 銀　8.75				
58,410	—	58,410	永上ケ定式臨時竹印四口指引〆	—	—	無利足
銀52,500.00	—	銀52,500.00				
39,405	△　7,724	31,681	15年賦　元高39,405両	5,881-2	20.40	利子年0.08，但し，前年分利足3,152両１歩，９匁を含む
3,000	△　3,000	—	３月受取	36-3	9.00	利子年0.08
	2,700		10年賦　元高3,000両	216	—	利子年0.08
	△　300	2,400				
	12,000		２月ゟ	1,200	—	利子月0.01×10カ月
	23,000		３月ゟ			
	△ 35,000	—	12月受取			
銀	貫 匁 900,000.00		11月ゟ		13,500.00	利子月0.01×１カ月半
銀	△900,000.00	—	12月受取			
	58,000	58,000	翌年正月ゟ			
			内訳不明利足	2,847-2		利子月0.01，内訳665両(元金7,000両，３月15日～12月)，1,053両(元金11,700両，４月～12月)，1,045両(元金11,000両，３月15日～12月)，84両２歩(元金1,300両，６月～12月)
108,101-3		157,777-3	明和２年末紀州藩貸残高	10,181-3	13,529.40	明和２年利足入高

銀52,508.75		銀52,508.75				明和２年末利足積高56,773両１歩， 319貫376匁６分１厘２毛
7,286-3	—	7,286-3	明和３年　松坂上ケ	—	—	無利足
銀　8.75	—	銀　8.75				
58,410	—	58,410	永上ケ定式臨時竹印四口指引メ	—	—	無利足
銀52,500.00	—	銀52,500.00				
31,681	△ 2,437	29,244	15年賦　元高39,405両	2,534-1	13.80	利子年0.08
2,400	△ 300	2,100	10年賦　元高3,000両	192	—	利子年0.08
58,000	—	—	正月ゟ	6,960	—	利子月0.01×12カ月
	18,700	—	３月ゟ	1,870	—	利子月0.01×10カ月
	5,000	—	12月17日ゟ	—	—	
	△ 81,700	—	12月受取	—	—	
	104,700	104,700	翌年正月ゟ	—	—	
	11,000	11,000	翌年正月ゟ	—	—	
157,777-3		212,740-3	明和３年末紀州藩貸残高	11,556-1	13.80	明和３年利足入高
銀52,508.75		銀52,508.75				明和３年末利足積高68,329両２歩，319貫390匁４分１厘２毛
7,286-3	—	7,286-3	明和４年　松坂上ケ	—	—	無利足
匁 銀　8.75	—	匁 銀　8.75				
58,410	—	58,410	永上ケ定式臨時竹印四口指引メ	—	—	無利足
銀52,500.00	—	銀52,500.00				
29,244	△ 2,437	26,807	15年賦　元高39,405両	2,339-2	1.20	利子年0.08
2,100	△ 300	1,800	10年賦　元高3,000両	168	—	利子年0.08

期首繰越	貸出・返済	年末残高	内　　訳	利　　足		利足内訳
両歩	両歩	両歩		両歩	匁	
104,700	△104,700	—	12月受取	13,611	—	利子月0.01×13カ月
11,000	△ 11,000	—	12月受取	1,287	—	利子月0.009×13カ月
	166,700	166,700	翌年正月ゟ	—	—	
212,740-3		261,003-3	明和4年末紀州藩貸残高	17,405-2	1.20	明和4年利足入高
貫　匁 銀52,508.75		貫　匁 銀52,508.75				明和4年末利足積高 85,735両, 319貫391匁6分1厘2毛
7,286-3	—	7,286-3	明和5年　松坂上ケ	—	—	無利足
銀　8.75	—	銀　8.75				
58,410	—	58,410	永上ケ定式臨時竹印四口指引〆	—	—	無利足
銀52,500.00	—	銀52,500.00				
26,807	—	26,807	15年賦　元高39,405両	—	—	無利足
1,800	—	1,800	10年賦　元高3,000両	—	—	無利足
166,700	—	166,700	正月ゟ	—	—	無利足
261,003-3		261,003-3	明和5年末紀州藩貸残高	0	0	明和5年利足入高
銀52,508.75		銀52,508.75				明和5年末利足積高 85,735両, 319貫391匁6分1厘2毛
7,286-3	—	7,286-3	明和6年　松坂上ケ	—	—	無利足
銀　8.75	—	銀　8.75				
58,410	—	58,410	永上ケ定式臨時竹印四口指引〆	—	—	無利足
銀52,500.00	—	銀52,500.00				
26,807	—	26,807	15年賦　元高39,405両	—	—	無利足

1,800	1,800	—	12月，三浦長門守貸となる．	—	—	無利足
166,700	—	166,700		—	—	無利足
	37,500	37,500	前年正月ゟ204,200両のうち	—	—	無利足
	18,000	18,000	前々，12月～前年3月ゟ	—	—	無利足
	銀580,000.00	銀580,000.00	前年正月，2月ゟ	—	—	無利足
	28,134	28,134	正月ゟ	—	—	無利足
	2,000	2,000	5月，7月ゟ	—	—	無利足
	銀30,000.00	銀30,000.00				
261,003-3 銀52,508.75		344,837-3 銀662,508.75	明和6年末紀州藩貸残高	0	0	明和6年利足入高 明和6年末利足積高 81,363両2分， 2貫893匁3分3厘2毛

出所）「出入寄」（三井文庫所蔵史料　続5610～続5619）．
注）「貸出・返済」欄の△印は返済を表す．

と一万一〇〇〇両となり、明和四年にまた書き改められて一六万六七〇〇両となったのである。明和六年には新たに八万五六三四両、銀六一〇貫目の貸出が始まったのである。したがって明和期には利足高も金一万両を超えた。しかし明和五年（一七六八）にはすべての貸出金が無利足となったのである。年賦償還もストップした。利足支払いと返済が確実であれば、危険負担があるとはいえ、貸出金高の増大それ自身に不満はないであろう。三井大元方としても利足収取を求めて紀州藩の借銀要求に応えていったのである。ところが明和五年一二月に紀州藩への貸出金が滞り貸となったことが明らかになった。例年の利足渡しがなかったからである。同月一一日の大元方の記録では「御用達金当暮ハ御高も御下ケ可被成下候と兼而存罷有候所、当年も御不作其上御臨時御入用等夥敷御座候由ニて、当暮御下ケハ一向無御座候上、当冬来年中御入用金御仕送り仕候様ニと御意之御趣、御書付を以厳重被仰聞候付驚入候御事」(8)と記されている。三井大元方ではこの紀州藩一件をめぐって大混乱に陥った。大元方では連日寄合を開いて相談しているが、一二月二六日の記録では次のようである。(9)

キ印御用達金之義、当十一日立会之節相記し通之事故、其後日々参上仕近年不手廻し之段御歎キ申上御免之願混ラ申上候得共、御聞届無御座、同苗一同追々御歎キ申上候得共何分御聞届無御座、彼是数日御掛合致候へ共埒付不申、当暮来正月中江戸御入用調達不仕候而ハ難相済ニ付、無是非御請仕去日漸相済候（中略）、右之通近年難渋之上之大難渋至極ニ付、猶又同苗一統相談之上表向逼塞いたし候

三〇万両以上の紀州藩への貸出金が滞りとなり、利足ばかりか元本返済の目途が立たなくなるようになったのであり、事実上返済のお断りとなった。その場合町人の側は大名を相手として実質的意味で債権を取り戻す手段を持たない。しかも三井の紀州藩への大名貸は無引当であった。紀州藩では全体として一七二万両もの借入金の切捨て策を打ち出したのであった。(10)

第2―6表の示すように、明和六年には新たな八万五六三四両、銀六一〇貫目の貸出が始まっている。最初から無利足である。しかしそれは大元方が無利足の貸出を請け負った訳ではない。二〇万四二〇〇両の証文の写しをみてみよう。

覚(11)

合金弐拾万四千弐百両也

右者為御用借用之所実正也、当子極月元利共無滞可為致返済者也

明和五年子正月　　水野丹後守　印判　書判

三浦長門守　印判　書判

三井八郎右衛門殿

それまでの一六万六七〇〇両に三万七五〇〇両を加えて二〇万四二〇〇両の証文に改めたのである。それは明和五年正月付となっている。京都両替店が明和五年に出金し、大元方が翌六年に引当として京都両替店に出金したのであるが、その時には滞りとなっていたのである。同表に記された明和六年の一万八〇〇〇両以下すべてが京都両替店の振替納の引当として渡されたのである。

第2―1表、第2―2表からも明らかなように、明和七年（一七七〇）に紀州藩への貸出金高と利足積高とが整理されている。貸出金高は三四万四八三七両三歩、六六二貫五〇八匁七分五厘が、二六万四五四一両、六五四貫九一八匁七分五厘となり、八万〇二九六両三歩と七貫五九〇匁が差し引かれたのである。ただし同年に三五〇〇両の新貸付が始まっており、差引きされたのは八万三七九六両三歩と七貫五九〇匁である。それに対して第2―2表、第2―5表から明らかなように紀州様年々利足積より六万七五九六両三歩、七貫五八九匁六分一厘が、紀州様年々永印米代積より一万六二〇〇両が差し引かれた。過去の収益金である利足積立高との相殺で貸出金高が差引きされたにすぎない。

「新貸付」と「松坂上ケ」以外はすべて次のような一紙証文に改めたのである。

覚[12]

金弐拾五万三千七百五拾四両壱歩ト

銀六百五拾四貫九百拾匁也

右者調達筋去秋被仰出候品ニ付御蔵ニ預り置候、下ケ渡候儀追々可及沙汰者也

明和七年寅正月

斎藤勘左衛門　〇（印）

在江戸　東使八太夫

堀田藤十郎　〇（印）

居合不申候　服部八郎右衛門

越後屋八郎左衛門殿（ママ）

この証文高はその後全く返済されたことはなく、明治四年に京都府に提出されたのであるが、公債は取り消され、証文は三井に戻された。

前章の「旧諸藩貸金調」のなかにあった明和七年正月付の二万両は、安永三年に「浮有帳ニ出ス」として整理されたリストの中には含まれてはいない。京都町人河井（井筒屋）十右衛門は、三井八郎右衛門、伊豆蔵五兵衛とともに紀州藩への調達御用を勤めていた。残っている証文の写しでは、河井は明和五年正月には三万両を紀州藩に融通していた。また前述のように明和元年七月には、河井十右衛門、三井八郎右衛門、鈴木五兵衛、河井十三郎が連名で九万両を融通していた。そのうち三万一二七五両が河井の出金高である。三井両替店がこの河井十右衛門に貸し出していたのである。河井への貸出金は明和六年（一七六九）で金一万一〇〇〇両、銀一二三五貫目に及んでいた。河井から紀州藩への調達金が滞りになったことにともない、三井から河井十右衛門への貸出金も明和六年には滞りとなって、三井両替店はその返済をめぐって交渉を重ね、明和七年に決着をみたのである。その内容は三万両分の借用証文を河井から三井に渡すことで落着し、そのうち一万両は河井から三井への家質借用証文であり、二万両が紀州藩から三井への直接的証文に書き替えられたのである。(13)金一万一〇〇〇両と銀一二三五貫目は合計すると金三万一五八〇両にあたり、残りの一五八〇両は用捨したのである。一万両の借用証文の引当として、河井が所持していた京都、大坂の家屋敷と加賀藩からの借用証文が書き上げられた。紀州藩より三井八郎右衛門への預り証文は明和七年正月付であった。この二万両は大元方からの貸出金ではないため安永三年に整理された訳ではないが、全く返済されることはなかった訳である。

注

（1）『三井事業史　資料篇一』資料1。
（2）「紀州様御用筋覚書」（三井文庫所蔵史料　続一三九六—一、『和歌山県史』近世史料一）。
（3）「出入寄」（三井文庫所蔵史料　続五五一九）。
（4）「御借状之控」（三井文庫所蔵史料　続一三九六—三）。
（5）同右。
（6）「年賦元済金請取証文」（三井文庫所蔵史料　続一六〇四—一—一九）。
（7）「御借状之控」（三井文庫所蔵史料　続一三九六—三）。
（8）「寄合帳」（三井文庫所蔵史料　別二六五五）。
（9）同右。
（10）『和歌山市史』第二巻。
（11）「御借状之控」（三井文庫所蔵史料　続一三九六—三）。
（12）「調達金銀預り状」（三井文庫所蔵史料　続一六四八—二）。
（13）「河井十右衛門河井十三郎取組筋一件」（三井文庫所蔵史料　続一四一五—一）。

第二節　文化五年の永上げ切

三井では安永三年（一七七四）に大元方の分割に際して、二六万四五四一両、銀六五四貫目余の紀州藩への貸銀を浮き貸として内部的に消却したのであるが、その四年後の安永七年にはまた紀州藩への貸出が始まった。安永、天明

第2―7表　京都両替店の紀州藩への貸出高（その1）

年	貸出銀	
	両歩朱	貫　匁
天明6年	13,000	30,000.000
7年	13,719	27,700.000
8年	14,719	27,700.000
寛政元年	11,890	—
2年	13,800	—
3年	12,800	—
4年	11,800	—
5年	11,800	—
6年	12,800	—
7年	20,322-1	4.875
8年	25,822-1	4.875
9年	23,236-2-2	1.335
10年	30,236-2-2	1.335
11年	29,700	—
12年	43,700	—

出所）「目録留」（三井文庫所蔵史料　本1763〜本1766）．

期の紀州藩への貸出金には京都藩邸への立用金や江戸藩邸への為替金などがあった。京都両替店の「目録」から天明六年より寛政一二年までの紀州藩への貸出金を示したのが第2―7表である。天明六年の一万三〇〇〇両、三〇貫目は京都での貸出金で、その後寛政六年までは大差はみられないが、寛政七年から金額が増大していく。

天明、寛政期の紀州藩への貸出金の利足についてみると、天明七年ごろから寛政六年までは三井両替店は九〇〇両前後の利足を得ていた。寛政二年までは利足は年八パーセントであったが、三年より六パーセントに下がっている。第2―8表に寛政期の利足内訳が示されている。寛政三年に一万一三〇〇両にまとめられた貸出金のほかに、七年より短期的な貸出高も増えていき利足も倍増しているのである。寛政一二年には三井両替店は三万三七〇〇両の貸出金にたいして二四九四両二朱の利足を受け取るほどになっている。従来の和歌山への調達金利足のほかに、江戸藩邸への為替送金としての短期的な調達が新たに増してきたのである。江戸利足が高利率であるのは為替をともなうからであろうか。三井両替店の紀州藩への江戸為替としての調達がこの時期に定着していったのである。

このように増大してきた調達金の利足負担に対して紀州藩は新たな対応を示してきた。それまでの貸出金を享和元年正月に三万三七〇〇両にまとめ、毎年三三七〇両ずつ返済することにしたのである。その代わりに利足は支払われなくなった。無利足一〇年賦の償還方法である。ところが同年九月に紀州藩では倹約中とのことで償還はされなくな

第2―8表　三井両替店の紀州藩貸出金の利足（その1）

年	利足高		元金と利子率
	両歩朱	貫　匁	
天明7年	346-2-2	2.500	元金4,000両，天明6年12月より7年12月まで13ヵ月間，利子年0.08
	80		元金1,000両，天明7年正月より12月まで12ヵ月間，利子年0.08
		616.000	元銀7貫700目，天明7年正月より12月まで12ヵ月間，利子年0.08
	36-0-2	1,472.770	元金494両，銀20貫目，天明7年2月より12月まで11ヵ月間，利子年0.08
	12		元金200両，天明7年4月より12月まで9ヵ月間，利子年0.08
	60		元金1,000両，天明7年4月より12月まで9ヵ月間，利子年0.08
	90		元金1,500両，天明7年4月より12月まで9ヵ月間，利子年0.08
	30		元金500両，天明7年4月より12月まで9ヵ月間，利子年0.08
	12		元金225両，天明7年5月より12月まで8ヵ月間，利子年0.08
	13-1	5.000	元金250両，天明7年5月より12月まで8ヵ月間，利子年0.08
	13-1	5.000	元金250両，天明7年5月より12月まで8ヵ月間，利子年0.08
	120		元金3,000両，天明7年7月より12月まで6ヵ月間，利子年0.08
	13-1	5.000	元金500両，天明7年9月より12月まで4ヵ月間，利子年0.08
	826-2	2,106.270	合　計
天明8年	877-3-2	5.700	元金10,974両2歩2朱，天明8年正月より12月まで12ヵ月間，利子年0.08
	80		元金1,000両，天明8年正月より12月まで12ヵ月間，利子年0.08
	△40		元金500両，天明8年正月江戸で預り金利足渡す，利子年0.08
	917-3-2	5.700	合　計
寛政元年	911	11.200	元金11,390両，寛政元年正月より12月まで12ヵ月間，利子年0.08
寛政2年	911	12.000	元金11,390両，寛政2年正月より12月まで12ヵ月間，利子年0.08

年	利足高		元金と利子率
	両歩朱	貫　匁	
	53-1	5.000	元金1,000両，寛政2年5月より12月まで8カ月間，利子年0.08
	26-2	10.000	元金1,000両，寛政2年9月より12月まで4カ月間，利子年0.08
	991	12.000	合　計　（金1歩ニ銀15匁の換算済）
寛政3年	813-2	6.000	元金11,300両，寛政3年正月より12月まで12カ月間，利子月0.006
	72		元金1,000両，寛政3年正月より12月まで12カ月間，利子月0.006
	72		元金1,000両，寛政3年正月より12月まで12カ月間，利子月0.006
	957-2	6.000	合　計
寛政4年	881-1	9.000	元金11,300両，寛政4年正月より12月まで閏月とも13カ月間，利子月0.006
	78		元金1,000両，寛政4年正月より12月まで閏月とも13カ月間，利子月0.006
	959-1	9.000	合　計
寛政5年	813-2	6.000	元金11,300両，寛政5年正月より12月まで12カ月間，利子月0.006
	72		元金1,000両，寛政5年正月より12月まで12カ月間，利子月0.006
	885-2	6.000	合　計
寛政6年	881-1	9.000	元金11,300両，寛政6年正月より12月まで閏月とも13カ月間，利子月0.006
	78		元金1,000両，寛政6年正月より12月まで閏月とも13カ月間，利子月0.006
	959-1	9.000	合　計
寛政7年	100		元金3,000両，寛政7年2月より6月まで5カ月間，利子年0.08
	813-2	6.000	元金11,300両，寛政7年正月より12月まで12カ月間，利子月0.006
	72		元金1,000両，寛政7年正月より12月まで12カ月間，利子月0.006
	33-1	5.000	元金5,000両，寛政7年7月の1カ月間，利子年0.08
	40		元金3,000両，寛政7年8月より9月まで2カ月間，利子年0.08

	20	5.955	元金3,014両3歩，銀8匁2分5厘，寛政7年10月の1カ月間，利子年0.08
	80-1	2.865	元金6,022両1歩，銀4匁8分7厘5毛，寛政7年11月より12月まで2カ月間，利子年0.08
	1,159-1	4.820	合　計　（金1歩ニ銀15匁の換算済）
寛政8年	885-2	6.000	元金12,300両，寛政8年正月より12月まで12カ月間，利子月0.006
	321-3	2.190	元金4,022両1歩，銀4匁8分7厘5毛，寛政8年正月より12月まで12カ月間，利子年0.08
	106-2-2	2.440	元金2,000両，寛政8年正月より8月まで8カ月間，利子年0.08
	1,313-3-2	10,630	合　計
寛政9年	959-1	9.000	元金12,300両，寛政9年正月より12月まで閏月とも13カ月間，利子0.006
	314-3	10.906	元金3,936両2歩2朱，銀1匁3分3厘5毛，寛政9年正月より12月まで閏月とも13カ月間，利子年0.08
	259-3	14.988	元金3,000両，寛政8年12月より寛政9年12月まで閏月とも14カ月間，利子年0.08
	160		元金2,000両，寛政9年正月より12月まで閏月とも13カ月間，利子年0.08
	1,693-3	34.894	合　計
寛政10年	140		元金3,500両，寛政10年正月より6月まで6カ月間，利子年0.08
	26-2	10.000	元金1,000両，寛政10年6月より9月まで4カ月間，利子年0.08
	33-1	4.800	元金1,000両，寛政10年6月より10月まで5カ月間，利子年0.08
	40		元金1,000両，寛政10年6月より11月まで6カ月間，利子年0.08
	116-2-2	2.500	元金3,500両，寛政10年7月より11月まで5カ月間，利子年0.08
	20		元金1,000両，寛政10年9月より11月まで3カ月間，利子年0.08
	885-2	6.000	元金12,300両，寛政10年正月より12月まで12カ月間，利子月0.006
	314-3-2	3.410	元金3,936両2歩2朱，銀1匁3分3厘5毛，寛政10年正月より12月まで12カ月間，利子年0.08
	1,576-3	26.710	合　計

出所）「紀州方勘定帳」（三井文庫所蔵史料　本354）．

第2—9表　京都両替店の紀州藩への貸出高（その2）

内　　訳	享和元年	享和2年	享和3年	文化元年
	両	両	両	両
年賦金	33,700	33,700	33,700	33,700
月割金幷寛政12年繰越納1万両共	44,100	53,700	44,100	44,100
(入金)享和元年御下ケ金	△26,500	△26,500	△26,500	△26,500
(入金)享和元年御預ケ金	△ 9,600	△ 9,600	—	—
(入金)江戸御為替御手当当座貸渡	—	△ 5,000	△ 5,000	—
月割金　差引小計	8,000	12,600	12,600	17,600
(入金)文化元年ゟ三拾年賦	—	—	—	△ 1,710
合　　計	41,700	46,300	46,300	49,590

出所）「目録留」（三井文庫所蔵史料　本1767）.

り、その三万三七〇〇両は無利足のまま残ったのである。それを第2—9表の享和期の三井両替店の紀州藩への貸出高をからみてみよう。そこからは享和元年から月割金の形態の紀州藩への貸出金が始まったことがわかる。享和元年には寛政一二年一〇月の一万両を繰り越していたが、それに加えて同年正月から九月まで毎年月割金を貸出して、それが三万四一〇〇両に達していて、合計して四万四一〇〇両となった。月割金は毎月その少しずつが御下ケ金として返済され、九月までに金二万六五〇〇両が返済されていた。この月割金は月〇・六パーセントの利足のはずであったが、最初から破綻し滞り貸となったのである。年末にまとめて返済されることはなかった。享和元年一二月に「江戸為替金御手当之内」として九六〇〇両が紀州藩から預けられ、翌年その同じ額を正月から九月まで分割して納金し、相殺された。月割金の差引と年賦金との合計は享和二年、三年は四万六三〇〇両であったが、文化元年には五万一三〇〇両となった。そこで文化元年（一八〇四）正月になり年賦返済の方針が立てられたのである。三〇年賦償還の方法である。したがって毎年一七一〇両ずつ償還されることになった。文化三年一二月までに三年分の五一三〇両が返済されたのであるが、文化四年になり紀州藩からまた新たな方針が示された。今後三年間は年賦金を償還し、残りの四万一〇四〇両を永上納するようにとの内容である。(1) 同年五月に三井八郎右衛門の名前で永上ケ金赦免の願書を出し、それに対する紀州藩の回答は、三万一〇四〇両を上納し、一万両を御為替の敷金として預り金のままにするとの内容である。文化四年一二月になり三井の嘆願にもかかわらずその通り実施され、一万両が年三パーセントの利子付きで、紀州藩への御為替敷金としての貸出金となり、文化五年二月に三年分の償還金五一三〇両が渡され、残りの三万一〇四〇両の三井の紀州藩への債権は消滅した。

次に文化五年（一八〇八）八月から京都両替店の紀州藩貸のなかに銀四一一貫二〇〇目が記された。それは次のように解説されている。(2)

鈴木五左衛門江御為替銀取組有之候所、文化五辰七月若山表御掛合有之、右同人証文幷沽券状等若山江差上、御同所様ゟ年々銀セ〆ゝ（二貫目）宛被下候筈

三井両替店は鈴木五左衛門に紀州藩の借用証文と沽券状を引当として御為替銀を貸し出していたが、紀州藩が引当の沽券状を受け取り、三井は代わりに次に示す年賦償還の証文を受け取ったのである。(3)

覚

一銀四百拾壱貫弐百目也

右者鈴木五左衛門江先年御為替銀同苗三郎助、次郎右衛門、元之助ゟ取組有之候処、身上追々不如意ニ相成、済方難調及難渋候付、其旨談候処厚御取扱ニ付、五左衛門ニ不拘同人為引当相渡シ置候所持家屋敷沽券状都合六通共被指上慥請取申候、依之右銀高皆済迄銀弐貫目宛毎暮無滞相渡可申候、依一札如件

文化五年辰七月　吉田連蔵　〇（印）

（以下三名略）

三井八郎右衛門殿

第2—10表　京都両替店の紀州藩への貸出高（その3）

年	為替敷金	鈴木五左衛門貸
	両	貫　匁
文化7年	10,000	405,200.00
8年	10,000	403,200.00
9年	10,000	403,200.00
10年	10,000	399,200.00
11年	10,000	397,200.00

出所）「目録留」(三井文庫所蔵史料　本1768).

吉田連蔵は紀州藩の勘定方役人である。鈴木（伊豆蔵）五左衛門の三井両替店への御為替銀借用証文は、紀州藩からの借用証文に書き替えられたのであるが、四一一貫二〇〇目の借用高のうち紀州藩は毎年二貫目ずつ償還するのである。二〇六年賦となる。京都両替店の安永三年（一七七四）上期の「勘定目録」では、鈴木五兵衛（五左衛門の先代）への延為替貸高は四二〇貫目であった。寛政九年の京都両替店の引当不足高の調査では、三貫目が返済されていて、家屋敷六カ所の引当高が三〇貫目、打銀積立高が九貫九四九匁五分あり、差引すれば三七七貫五〇目五分の引当不足となっていた。それには「但紀州様御用達金三万五千七百両余之御借状引当ニ取置候得とも是以不定物ニ御座候、右之外ニ大坂今橋弐丁目表口五間之家屋敷書入引当ニ取置候処、其後家質へ差入候由」(4)という但書きがついていた。三井の紀州藩への二五万両余の貸金が滞りとなったと同様に、鈴木五兵衛の紀州藩への三万五七一七両三歩の貸金も滞りとなって、紀州藩借状は滞り証文となっていた。三井両替店の鈴木五兵衛への御為替銀が滞りとなったのは安永三年一二月である。翌四年より三井両替店と鈴木五兵衛とは交渉を重ね、寛政一〇年からは年に一貫五〇〇目を三井両替店に渡し、そのうち五〇〇目を打銀とし、一貫目を元本返済にすると定められた。少額ずつ償還されて文化四年末には四一一貫二〇〇目の残高になったのであるが、文化五年になり、紀州藩は三井両替店が鈴木五兵衛より引当に取っていた家屋敷の沽券状六通が必要になり、それを受け取って、その代わりに紀州藩が鈴木五兵衛の債務を引き継ぎ、年々銀二貫目ずつ償還することでまとまったのである。(5)引当となっていた家屋敷が紀州藩としては由緒のあるところであったからである。同時に三万五七一七両三歩の紀州藩の借状を鈴木五左衛門に返している。この鈴木五左衛門貸は無利足であるが、文政五年までは銀二貫目ずつ償還され、七年からは銀一貫目ずつの償還に変更された。

京都両替店の「目録留」に記された文化期の紀州藩への貸出金は第2―10表のとおりである。文化七年から一一年までしか明らかでないが、金一万両の為替敷金と年に二貫目ずつ償還される鈴木五左衛門貸のみである。三井両替店が文化期に紀州藩より受け取った利足は、文化八年に文化四年から七年までの金一万両の御為替敷金の年三パーセントの利足一二〇〇両であり、そのうち半分の六〇〇両は越後屋京本店に渡している。

注

(1)「紀印御用立金年賦割済方一件」(三井文庫所蔵史料　続一四五三―一)。

(2)「紀州方勘定帳」(三井文庫所蔵史料　本三五五)。

(3)「鈴木五左衛門江取組為替銀年賦償還一札」(三井文庫所蔵史料　続一六四八―四)。

(4)「永要録」(三井文庫所蔵史料　本一一〇七)。

(5)「伊豆蔵屋五兵衛事五左衛門追々難渋ニ付御為替銀取組高若山表江御引請相成候付年々銀弐貫目宛御下渡被成下候一件之控」(三井文庫所蔵史料　続一四二五)。

第三節　文政・天保期の立用金と講金

三井両替店の紀州藩への貸出金は、文政期になり新たに立用金や講金として増加していった。第2―11表に文政元年(一八一八)から一二年(一八二九)までの京都両替店の紀州藩への貸出金を示した。第2―10表の文化一二年から一四年までは京都両替店の「目録」が欠けているため数値は得られない。文化一一年までは為替敷金と鈴木五左衛門貸の二口にすぎなかったが、文政元年には江戸御広敷御用達金がみられ、文政六年、七年、一〇年に和歌山御広敷

第2―11表　京都両替店の紀州藩への貸出高（その4）

年	為替敷金	鈴木五左衛門貸	江戸御広敷御用達金	江戸御広敷御用達金	和歌山御広敷納金	江戸用達金済残年賦金		福永講	赤坂御講金
	両	貫　匁	両	両	両	匁	両歩朱	貫　匁	両
文政元年	10,000	389,200.00	400	450	―	―	―	―	―
2年	10,000	387,200.00	300	450	―	―	―	―	―
3年	10,000	385,200.00	250	450	―	―	―	―	―
4年	10,000	383,200.00	200	450	―	―	―	―	―
5年	10,000	381,200.00	150	450	―	―	―	―	―
6年	10,000	381,200.00	100	―	3,000	5.14	297-3-2	―	―
7年	10,000	380,200.00	100	―	3,000	5.14	297-3-2	60,000.00	―
8年	10,000	379,200.00	50	―	1,000	5.14	297-3-2	60,000.00	―
9年	10,000	378,200.00	―	―	1,000	5.14	297-3-2	60,000.00	―
10年	10,000	377,200.00	―	―	1,000	5.14	297-3-2	60,000.00	250
11年	10,000	376,200.00	―	―	1,000	1.78	171	60,000.00	250
12年	10,000	375,200.00	―	―	1,000	1.69	162	54,000.00	400

出所）「目録留」（三井文庫所蔵史料　本1769～本1771）．

納金、福永講金、赤坂御講金が始まり、紀州藩は新たな調達金方法を実施していったのである。江戸御広敷御用達金は文化一三年に七〇〇両を、文政元年に五〇〇両を貸し出し、前者は七年間で一〇〇両ずつ返済する仕法で文政五年には償還されるはずであったが、完済されたのは文政九年に至ってからであった。後者は一〇年賦であった。しかし文政元年に五〇両返済されたきりであったため、文政六年にそれまでに受け取った利足と差引きし、二九七両三歩二朱、五匁一分四厘の残高を計算して年賦金とし、年に四五両ずつ返済する仕法としたのである。文政一〇年に一八五

第２－12表　三井両替店の紀州藩貸出金の利足（その２）

年　月	利足高		元金と利子率
	両歩朱	貫　匁	
文政２年正月	8-3	—	江戸御広敷御用達金500両，文政元年６月より12月まで，利子月0.005，半金
６年12月	36-1-2	3.555	江戸御広敷御用達金350両，文政２年より５年まで４カ年，半金
12月	1,950	—	御為替敷金１万両，文化８年より文政６年まで13年間，利子年0.03，半金
７年11月	—	1,384.500	御仕入方福永講60貫目，文政７年２月より10月まで閏月共10カ月，利子年0.06，半金
12月	150	—	御為替敷金１万両，文政７年分，利子年0.03，半金
８年２月	75	—	和歌山御広敷納金3,000両，文政６年12月より７年11月まで１年間，利子年0.05，半金
11月	20-3	5.000	和歌山御広敷納金1,000両，文政８年正月より10月まで10カ月，利子年0.05，半金
12月	—	1,800.000	御仕入方福永講60貫目，文政７年11月より８年10月まで１年間，利子年0.06，半金
12月	150	—	御為替敷金１万両，文政８年分，利子年0.03，半金
12月	37-2	—	和歌山御広敷納金1,500両，文政８年分，利子年0.05，半金
９年正月	30	—	御用達金2,500両，文政８年８月より12月まで，同2,500両，10月より12月まで，利子月0.003，半金
12月	—	1,800.000	御仕入方福永講60貫目，文政８年11月より９年10月まで１年間，利子年0.06，半金
12月	90	—	御用達金5,000両，文政９年分，利子月0.003，半金
10年	25	—	和歌山御広敷御立用金1,000両，文政９年分，利子年0.05，半金
12月	—	1,800.000	御仕入方福永講銀60貫目，文政９年11月より10年11月まで１年間，利子年0.06，半金
12月	97-2	—	御用達金5,000両，文政10年分（13カ月），利子月0.003，半金
11年７月	25	—	和歌山御広敷御立用金1,000両，文政10年分，利子年0.05，半金
12月	90	—	御用達金5,000両，文政11年分，利子月0.003，半金
12月	—	1,800.000	御仕入方福永講60貫目，文政10年11月より11年10月まで，利子年0.06，半金
12月	25	—	和歌山御広敷御立用金1,000両，文政11年分，利子年0.05，半金
12月	26-3	4.600	江戸御広敷御立用金119両２朱，３匁５分５厘５毛，文政６年より10年まで，利子月0.005，半金
12年12月	90	—	御立用金5,000両，文政12年分，利子月0.003，半金
12月	—	1,620.000	御仕入方福永講54貫目，文政11年11月より12年10月まで１年間，利子年0.06，半金

出所）「紀印御利足扣」（三井文庫所蔵史料　別1810）．

両が渡され、そのなかから六七両余を利足として控除し、一一七両余が返済高となったため、残高の一八〇両を元金として一〇年賦で償還されていった。

文政七年（一八三四）に始められた福永講は紀州藩御仕入方大坂役所[1]が国産政策の資金調達のために始めたもので、一〇〇人から一人前六貫目ずつ掛銀を集め、六〇〇貫目を調達することができた。その仕法書を次に引用する[2]。

演舌

一此度因仕法ニ付年賦調達講相企、壱人前銀六貫目懸ケ、都合百人取結、年六朱之利足を加へ一ケ年両度出会致し、一会ニ四人宛鬮当り候面々江三貫目宛、春秋ニ而都合弐拾四貫目利足を加へ相渡し可申、尤鬮当り無之人数江者毎暮利足無相違相渡可申事

一百人集高銀六百貫目之内、十ケ年ニ弐百四拾貫目割渡し、残三百六拾貫目元利共無相違満講之上相渡し可申候、右取結ニ付御出精御調達被下度事

申正月

利足は年六パーセント付きで、一年に二度出会し、振鬮を行い一度に四人ずつ三貫目あて返済しようという仕法である。年に二四貫目ずつ償還されることになる。一〇年間で二四〇貫目を償還し、残りを満講の際に返済するのである。三井両替店は二〇人前加入するように勧められたが、結局一〇人前銀六〇貫目を掛けることになった。文政一二年に鬮当りで一口銀六貫目が償還されたが、天保四年に破講となり残りの五四貫目が返された。文政期にはそのほかに文政六年に三〇〇〇両を和歌山御広敷に貸し出し、文政一〇年に赤坂屋敷に二五〇両を貸し出した。それらを第2—12表の三井両替店の紀州藩貸出高利足から検証してみよう。

利足内訳の「半金」とは、寛政九年より三井の大名への貸出は京都両替店と越後屋京本店とで折半して行っている

ために、受け取った利足も半額ずつ分けているのである。第2―11表の貸出高と照合させてみると、利足付きの貸出金とそうでないものとが明らかとなる。為替敷金は年に三パーセントの利足付きであり、文政六年には一三年分の利足を受け取った。鈴木五左衛門貸は無利足で、江戸御広敷御用達金は利足付きである。文政六、七年に始まる和歌山御広敷御立用金と福永講とはそれぞれ年五パーセントと六パーセントの利足付きである。ところで第2―12表には、第2―11表の貸出金に記載されていない御用達金五〇〇〇両の利足が記入されている。文政八年に永上ケ金五〇〇〇両を上納したが、その利足を年々受取っていたのである。その経緯を次の紀州藩役人井口喜八郎への口上書からみてみよう。(3)

乍恐口上覚

此度江戸表糀町御屋形御普請其外御不時御入箇被為在候ニ付、為冥加永上金之儀委細被為仰下候御趣奉畏候、然ル処近年店方諸向不景気之上主人共之内莫大之内借財仕、家事纏合彼是取扱中ニ而難渋仕候砌、去春江戸表店々又候無間も類焼仕、誠当惑至極奉存候折柄ニ御座候得共、此度適被為仰付候御用之御儀ニ付、金五千両永上御請奉申上候筈ニ御座候処、当時前件奉申上候通難渋始末ニ御座候ニ付、追而ハ永上可仕候得共、暫之処御立用之御積り聊御利足御下ケ被成下候ハヽ、難有奉存候、尤上納之儀も一時ニ相成候而者差支候付、左之通両度ニ上納仕度奉存候、此段御含被成下宜御取扱之程偏奉希上候、以上

酉七月九日

三井八郎右衛門代

浅井分右衛門　印

井口喜八郎様

そして八月と一〇月に二五〇〇両ずつ上納することを記している。紀州藩より普請入用等のために永上納を申し付

第２―13表　京都両替店の紀州藩への貸出高（その５）

年	為替敷金	鈴木五左衛門貸	和歌山御広敷納金	江戸用達金済残年賦金		福永講	赤坂御講金	御仕入方講	大坂幸橋御融通講	京御用所御積立講	立用金	年賦調達講
	両	貫　匁	両	匁	両	貫　匁	両	貫　匁	貫　匁	貫　匁	両	両
天保元年	10,000	374,200.00	1,000	1.69	126	54,000.00	400	25,000.00	—	—	—	—
2年	10,000	373,200.00	1,000	1.69	126	54,000.00	400	22,500.00	—	—	—	—
3年	10,000	372,200.00	1,000	1.69	100	54,000.00	300	22,500.00	—	—	—	—
4年	10,000	371,200.00	1,000	1.69	72	—	200	—	16,000.00	11,430.00	5,000	—
5年	10,000	370,200.00	1,000	1.69	72	—	200	—	38,040.00	22,050.00	5,000	—
6年	10,000	369,200.00	1,000	1.69	54	—	200	—	56,400.00	31,680.00	5,000	—
7年	10,000	368,200.00	1,000	1.69	36	—	200	—	74,280.00	40,612.50	5,000	3,550
8年	10,000	367,200.00	1,000	1.69	18	—	200	—	91,680.00	48,910.00	5,000	3,300
9年	10,000	366,200.00	1,000	—	—	立用金（両）	100	—	73,080.00	56,700.00	5,000	3,050
10年	10,000	365,200.00	1,000	—	—	1,400	—	京御用所御積立講闔当り銀	54,080.00	44,010.00	4,000	2,750
11年	10,000	364,200.00	1,000	—	—	2,800	—		34,880.00	38,709.00	3,000	2,450
12年	10,000	363,200.00	1,000	—	—	4,200	—	26,400.00	34,880.00	20,024.00	2,000	2,200
13年	10,000	362,200.00	1,000	—	—	5,600	—	26,400.00	15,380.00	26,327.75	1,000	1,950
14年	10,000	361,200.00	1,000	—	—	7,000	—	26,400.00	—	19,762.75	—	1,750

出所）「目録留」（三井文庫所蔵史料　本1771～本1773）．

けられ、文政八年四月に三井は二〇〇〇両を永上納すると返答しているが、さらに紀州藩は一万両を永上納するようにと伝えたため金高に折合がつかなかったが、七月になり五〇〇〇両を上納することで一致し、しかも立用金の積もりで利足も渡されることになったのである。八月と一〇月に二五〇〇両ずつを紀州藩の大坂蔵元米屋平右衛門に渡した。一一月に受け取った受取証文には期限の記載はないが「右者就御用当分致立用候、追而返済可申候、已上」(4)と記されていて、返済の旨が明記されている。これは上納金として扱われたが、利足も月三朱（〇・三パーセント）と明記され、実態は貸出金に近いものであった。

次に第2－13表に天保元年（一八三〇）から一四年までの京都両替店の紀州藩への貸出金を示した。天保元年末の為替敷金一万両と鈴木五左衛門貸、和歌山御広敷納金、江戸用達金済残年賦金、福永講、赤坂御講金は文政期から継続した貸出金であるが、新たな貸出金としては天保元年に御仕入方講が始まり、福永講、御仕入方講の掛銀が終了した天保四年から大坂幸橋御融通講と京御用所御積立講が始まり、五〇〇〇両の立用金の融通がなされた。そして天保七年（一八三六）から年賦調達講が始まった。天保一〇年から七〇〇〇両の立用金が始まり、一二年に京御用所御積立講の当たり鬮銀の別途預けを行った。京都両替店の目録に表れた紀州藩への貸出金である講銀と立用金とについて個別にみていくことにする。天保元年一〇月に紀州藩仕入方御用所により調達銀年賦済仕法が示された。それは次のとおりである。(5)

一壱組六拾人と相定、初会御壱人より銀五貫目宛御出銀可被下候、尤返済之儀者年七朱之利足差加へ、毎年十一月振鬮を以四人江相渡可申候、残ル御人数者同様利足差加へ満講之上相渡し可申候

すなわち一組で六〇人より五貫目ずつ集めて三〇〇貫目を調達し、振鬮で年に四人ずつ年七パーセントの利足付きで償還していくのである。一年目には五貫目に三五〇目の利足を加えて償還し、二年目、三年目には七〇〇目、一貫〇五〇目の利足を加えるのである。一〇年目には利足を加えて八貫五〇〇目となる。一〇年目までに四〇人分を償還し、残りの満講時に八貫七〇〇目ずつ返済する仕法である。

紀州藩の仕入方の京都役所は文政八年に設立され、早速資金調達に乗り出したのである。三井両替店は紀州藩より一五枚ほど加入するように催促され、家事難渋を理由に出銀を謝絶したのであるが、紀州藩側が納得せず五枚分銀二

五貫目を掛銀することになった。天保二年には当たり鬮で半枚分二貫五〇〇目とその利足一七五匁を受け取った。ところが天保四年（一八三三）には紀州藩仕入方で新しい積立講を企てたために、この講は破談となり、四月に残りの講銀二二貫五〇〇目と二年半分の利足三貫六七五匁を三井両替店は受け取ることになった。まず天保四年二月に紀州藩御仕入方の大坂幸橋役所から新講加入の話があった。文政七年に始まっていた仕入方の福永講が滞りとなり、七〇人ほどが滞りのままで三井も九人分五四貫目が残銀となっている。新講への加入が不承知であればその残銀は損銀となるであろうが、加入に承知であれば一口が銀一八貫三〇〇目ほどであるから、三口は受け持ってほしいというのである。その演舌書を次に引用する。(6)

演舌書

一幸橋御屋敷湯川吉十郎殿ゟ被仰聞候ハ、先年浅田丈右衛門を以御願申候因講之義、去ル寅年迄ハ無滞相勤来候処、其後会事無之故、度々浅田氏へ御懸合有之段致承知候、右延引之儀ハ懸銀食野次郎左衛門江預ケ置、廻シ方等頼置候外ニ、金五万両若山表ゟ御預ケ有之候処、去ル寅年ニ至り同人方借財出来、利銀等相納不申候ニ付、厳敷懸合早々済方申付候処、在所表之田畑又ハ諸道具、大坂表懸屋鋪、新田等売却候得共、右金ニ而五万両之都合不足ニ付、御地頭岡部様江御願申上拝借出来、昨辰年暮迄ニ右金高ハ皆納ニ罷成候得共、講銀残四百貫目余ハ返納難出来、夫ゟ段々懸合候得共、当時諸道具等も無之、掛屋敷ハ質物ニ差入有之、右済方難致段申出候、右之訳ケ合之儀ハ各方御存無之儀ニ付、損銀相懸ケ候義も難致、仍之色々懸合候而台所廻り諸道具又ハ夜具建具等迄も直立為致候処、凡九拾貫目位之直打有之候得共、売払候而ハ相続難相成亦々御地頭様江御願申上、右品々書入銀高百貫目致拝借、其余ハ難出来ニ付色々致勘弁、不足銀三百貫目者若山表ゟ取出シ末講年限中ニ候得共、当正月迄講銀元利共皆済相渡可申候間、別紙帳面之通改月掛講拾五口御加入御頼申入度候、何卒御聞入

有之候様京都江宜御通達被下度段被聞候
一人数四拾人壱組ニ相定、御屋鋪御出入方限ニ而取組壱人分月銀三百弐拾目ツ、十二月出銀十三ケ月ゟ次第ニ出銀減少ニ相成、六ケ月目急度拾会迄出銀有之、此後出銀ニおよハず拾三会ニ而満講、六ケ月目渡銀鬮取りニ而壱人分返済、次会入札ニ而弐人分返済ニ相成、残ル人数拾三会目壱度返済相成候事
一六ケ月目会毎御壱人前御膳料として金百疋ツ、被下候筈、会席ハ御屋敷ニ而集会之事
一出銀者毎月十七日御屋敷江御差出之事
一御加入之内、銀子御入用之節者出銀高ニ応シ、月七朱之利足ヲ以貸付可申事
一出銀渡銀共左ニ記シ有之、尤手顕手引之事
一入札引銀高江落札ニ相成候事
此引銀半高残ル人数江割符之事

幸橋紀州御屋鋪勘定元

第2—14表　幸橋融通講の出銀高（その1）

会	銀　高	内　　訳
	貫　匁	
1	1,920.00	1カ月320匁ツヽ6カ月分
2	1,920.00	1カ月320匁ツヽ6カ月分
3	1,896.00	1カ月316匁ツヽ6カ月分
4	1,872.00	1カ月312匁ツヽ6カ月分
5	1,848.00	1カ月308匁ツヽ6カ月分
6	1,824.00	1カ月304匁ツヽ6カ月分
7	1,800.00	1カ月300目ツヽ6カ月分
8	1,776.00	1カ月296匁ツヽ6カ月分
9	1,752.00	1カ月292匁ツヽ6カ月分
10	1,728.00	1カ月288匁ツヽ6カ月分
	18,336.00	合　　計

出所）「紀州御用留」（三井文庫所蔵史料　本176）.

紀州藩は福永講掛銀を五万両とともに泉佐野の豪商食野次郎左衛門に預けておいたが、天保元年ごろに食野方で借財ができ、福永講を続けていくことができなくなった訳である。福永講銀四〇〇貫目の返済が困難となったため、食野の台所道具、夜具なども書入して一〇〇貫目を借り入れ、三〇〇貫目が最終的に紀州藩の負担となった。そのようななかで新講を取り立てて調達しようとしたのである。この演舌書について三井両替店の番状では、次のように記されている。(7)

第２－15表　幸橋融通講の出銀高（その２）

会数	渡銀高Ａ	人数Ｂ	出銀高Ｃ	人数Ｄ	一会当り合計Ｅ	残高合計Ｆ
	貫　匁		貫　匁		貫　匁	貫　匁
1	2,000	1	1,920	40	76,800	74,800
2	4,000	2	1,920	39	74,880	141,680
3	6,000	1	1,896	37	70,152	205,832
4	8,000	2	1,872	36	67,392	257,224
5	10,000	1	1,848	34	62,832	310,056
6	12,000	2	1,824	33	60,192	346,248
7	13,600	1	1,800	31	55,800	388,448
8	15,200	2	1,776	30	53,280	411,328
9	16,800	1	1,752	28	49,056	443,584
10	18,400	2	1,728	27	46,656	453,440
11	18,600	1	—	—	—	434,840
12	18,800	2	—	—	—	397,240
13	19,000	22	—	—	—	△ 20,760

出所）「紀州御用留」（三井文庫所蔵史料　本176）．
注）$E=C\times D$，$F'=F+E'-A'\times B'$（但し A'，B'，E'，F'は次会目）．

右新講御仕法帳面ニ而ハ一向利益も相見得不申、加入之儀御迷惑千万被思召候得共、請持不申候時者下地滞講銀御埒合無之様子ニ候得者、無是非加入不致候半而ハ相成間敷、併時節柄ニ候間、何卒於大坂申談候通り、三口ニ而相済候様取計可申、其上強而被申候ハ、今一口相増、都合四口ニ而承知有之候様精々懸合可申旨被仰付

後述するように、出銀者からみると幸橋融通講は非常に低利率であった。出銀者にはそれは明瞭であったが、福永講の掛銀と引替えであったために、仕方のない掛銀であった。しかし出銀は四口までに止めたいとの意向であった。

幸橋融通講の出銀規程を表で示したのが第２－14表である。一人前の場合最初の一二カ月間は月に三二〇匁ずつ出銀し、以後六カ月毎に四匁ずつ出銀高は減少していくが、一〇会五年間に一八貫三三六匁を出銀することになる。五人前では九一貫六八〇匁である。次に幸橋融通講の全体では紀州藩はどれだけを調達することができたであろうか。第２－15表をみてみよう。四〇人一組であり、一会ごとに一人ないし二人が鬮に当たり講銀を受け取り、以後は出銀しないために出銀者

の数は次第に減っていく。紀州藩が幸橋融通講で調達する残高は、一〇会目で最大となり、四五三貫目余となる。一一会、一二会と講銀を渡し、一三会目に残りの二二人に一九貫目ずつ一度に渡すのである。その差引きは二〇貫目余にすぎない。この幸橋融通講ではほかに利子が支払われる訳でもなく、紀州藩にとっては非常に低利で大量の資金を調達することができる有利な方法であった。一〇会目の当たり鬮の場合は一八貫三三六匁を出銀して、一八貫四〇〇目を受け取るにすぎないのである。

三井両替店は天保四年三月に幸橋融通講へ五人前一カ月分の一貫六〇〇目を出銀した。その時には福永講掛銀五四貫目とその二年三カ月分の利足銀七貫二九〇目が返済され、その中から一貫六〇〇目が差し引かれ、残りの五九貫六九〇目が渡されたのである。その後年に二回ずつ出銀し、第2―13表にみられるように天保九年以降に振鬮によって受け取っていった。ところで天保一〇年の一三会で残高すべてが償還されるところを、天保九年八月に仕法替を行い、償還を繰延べして天保一四年まで延長されたのである。天保一〇年には紀州藩としては新たな資金の必要性が生じたからであると考えられる。一四年一一月の決算では、出銀と当たり鬮との差引きで九一貫六八〇匁を出銀し、九五貫九〇〇目を受け取ったにすぎない。そのほかに会合の都度渡される膳料や余銀割戻しが二貫六八八匁三厘と一七両二歩あった。

次に同じく天保四年（一八三三）二月に、三井両替店は紀州藩より京都御用所積立講への掛銀を持ち掛けられた。天保元年から始められた御仕入方の五貫目掛講を破講にするから、新講に加入するようにとの申入れである。幸橋融通講と同様に、五貫目掛講の掛銀との引替えであったために断ることができず、四人半分の掛銀を引き受けたのである。その仕法書によると四九人で一組となり、掛銀は初会が一貫三〇〇目で以後逓減していき、二二会の一一〇匁が最後の掛銀となる。一会に一人ないし二人が鬮に当たることになるが、その後も当たり鬮一人に対して〇・五人の割合で出銀を続けねばならないのである。三井両替店は京御用所積立講を天保四年四月に四人半分の掛銀五貫八五〇目を出銀した。実際には五貫目掛講の二二貫五〇〇目とその二年五カ月分の利足銀三貫六七五匁から積立講の掛銀五貫八五〇目を差引きした二〇貫三二五匁が京都両替店に返却されたのである。以後一〇年、一一年、一二年、一四年に当たり鬮金を受け取っているが、天保一二年には当たり鬮銀の二六貫四〇〇目を利付で預けていた。

天保期には三井両替店は講金のほかに立用金や永納金を出金した。前述した文政八年の五〇〇〇両の永納金は、月三朱（〇・三パーセント）の利足が渡されていたが、うち二〇〇〇両は文政一二年に拝借金として引き継がれ、残りの三〇〇〇両は天保三年五月に実質的に永納された。その際に次の受取証文を受け取っている。(8) 金沢、土生、野間の三人は紀州藩勘定奉行である。

覚

金三千両也

右者此度被致永納請取申候、以上

天保三年辰五月　坂本清左衛門　印

（以下三名略）

金沢弥右衛門　印

土生広右衛門

野間久左衛門

三井八郎右衛門殿

また天保六年（一八三五）三月に紀州藩の江戸赤坂屋敷が焼失したことにともない、天保六年から七年にかけて計

三〇〇〇両を永上納した。次はその際の書状である。(9)

以書附奉申上候

此度江戸赤坂御館被為在御焼失候段、乍恐奉絶言語候、就右御普請万端莫大之御入用可被為在と奉恐察候ニ付、聊為冥加奉報御国恩度、金三千両奉永上度奉存候、此段宜御執合之程奉願上候、以上

未四月　　三井八郎右衛門

書判

井口喜八郎様

前田次左衛門様

湯川善八郎様

天保四年には幸橋御融通講や京都御用所御積立講への出金のほかに、金五〇〇〇両を立用金として融通することになった。最初に立用金として出金することを持ち掛けられたのは同年三月のことである。次のような記録がある。(10)

一此度若山表ゟ御用談之儀ニ付（中略）廿三日幸橋御屋敷江罷出候様被仰下、則罷出候所、金沢様、井口様御逢被仰聞候者、昨年上京之節噂いたし置候通、此度御下屋敷御普請御入用六万両程相懸り、右者二分江御益積金之内ゟ御差出ニ相成候所、右積金之内非常御手当金弐万両御封印附ニ而御金蔵へ相納り、其外御貸付等も有之致不足候付、此度大坂銀主中へ立用相願申候、其方儀久々縺合中ハ差控何等御用も不被仰付、尤夫ニ付彼是御世話も有之、先相納り候ニ付而ハ前々之通取引相願度、且大坂銀主中も其方へ御用不被仰付儀彼是申立候、差支ニも相成旁、此度ハ格別之御用ニ付金イ（一）万サ仙（五千）両月サ（五）朱之利足を以、立用可致旨被仰聞候付、近来莫大之出道而已ニ而心痛仕候趣を以段々御歎申上候得共御聞済無御座

紀州藩では下屋敷の普請入用の調達のために大坂銀主から立用金を借りており、三井も同族間の縺合[11]もおさまってきたので、格別に一万五〇〇〇両の立用金の御用を申し付けるというのである。三井両替店では断り切れないため五〇〇〇両までにしてほしいと返事し、それならば月四朱の利足でもかまわないとした。紀州藩の側では五〇〇〇両だけでもよいから一一月ごろに出金するようにということで決着した。利足は月〇・五パーセントとなった。天保四年（一八三三）一一月一二日に五〇〇〇両の立用金が渡された。紀州藩役人より三井八郎右衛門にあてた証文の写しには「右就御用預り申候、来午十一月元利返済可申候」[12]と記されている。この五〇〇〇両は翌天保五年一一月に返済される約束であった。しかし返済されることはなく、同年一二月に一七五両の利足のみが渡された。六年一一月に一六二両二歩の利足が、七年三月に三カ月分の利足三七両二歩の利足が渡された。

天保八年（一八三七）二月に大坂で大塩平八郎の乱が発生し、越後屋の大坂本店も焼失し、大きな痛手を受けた。三井では店舗普請金の必要が生じ、紀州藩に対して五〇〇〇両の返済の願書を出している。しかしそれは認められず結果として天保八年一二月に五〇〇〇両の出金を継続する旨の証文を三井八郎右衛門あてに書いている。天保九年になり江戸の店舗や抱屋敷が類焼するなど三井の経営事情はさらに悪化した。江戸城西丸が天保九年（一八三八）三月に炎上し、その御手伝として紀州藩は幕府に八万両を上納した。その結果、紀州藩は三井に一万五〇〇〇両を調達するように申し入れてきたのである。来たる天保一〇年より五年賦で返済するとの条件付きであった。一万五〇〇〇両を調達したら、これまでの立用金五〇〇〇両を返済するともいっている。このような条件下で天保九年閏四月に三井八郎右衛門は経営の苦境を並べ立て、新たな立用金の赦免と五〇〇〇両の返納を願い出る歎願書を紀州藩の勘定組頭四人あてに出したのである。ところが紀州藩としてはあくまでも一万五〇〇〇両の出金を求めており、五〇〇〇両は一度に受け取り来年より五年賦で償還し、一万両は五年間にわたって二〇〇〇両ずつ出金し、六年目より元利とも五年賦で償還するというように条件が緩和された。その後折衝を重ね、次のように一万二〇〇〇両で落着した。

覚(13)

一金壱万二千両　　御立用高

内

五千両

当十一月御下ヶ可被下高居置候様可仕候間、来亥年ゟ卯年迄毎暮千両宛五ヶ年賦ニ御下ヶ可被成下候、尤当十一月御証文御書替可被下様

七千両

来亥年ゟ卯年迄五ヶ年之間、毎暮千四百両宛出金可仕候、併操合六ヶ敷御座候ニ付、前文御下ヶ金千両御引継被下度四百両宛相納可仕候間、辰年ゟ申年迄五ヶ年賦毎暮千四百両宛御下ヶ可被成下候

右之通御請申上候、尤御利足者夫々毎暮御下ヶ渡被成下候様奉願上候、以上

戌閏四月

これによると一一月に返却するはずの五〇〇〇両を据え置いて、立用金五〇〇〇両に書き替え、来亥年より五年間に一〇〇〇両ずつ償還する。また来亥年より五年間一四〇〇両ずつ出金し、七〇〇〇両になった翌年から五年間で償還する。償還高と出金高を差引きすると五〇〇〇両をそのまま五年間据え置き、新たに年に四〇〇両ずつ五年間出金するに等しい。このようにしてまとまった結果が第2―13表に表されている。

天保期の京都両替店が行った紀州藩への貸出金を第2―16表の利足内訳から検証しよう。貸出金の半分を京本店から預かっているため、利足も半分渡すことになり、同表の利足は残りの半金のみである。為替敷金の利足は年三パー

第２－16表　三井両替店の紀州藩貸出金の利足（その３）

年　月	利足高		元金と利子率
	両歩朱	貫　匁	
天保元年４月	3-2	6.00	赤坂御講金500両のうち100両，文政10年５月より12年３月まで24ヵ月，利子月0.003，半金
５月	25	—	和歌山御広敷立用金1,000両，文政12年分，利子年0.05，半金
11月	97-2	—	御立用金5,000両，天保元年分（13ヵ月），利子月0.003，半金
２年３月	—	1,620.00	御仕入方福永講54貫目，文政12年11月より天保元年10月まで，利子年0.06，半金
12月	25	—	和歌山御広敷立用金1,000両，文政11年分，利子年0.05，半金
12月	900	—	御為替敷金10,000両，文政９年より天保２年まで６ヵ年，利子年0.03，半金
３年４月	9-0-2	1.50	赤坂御講金100両，文政10年５月より天保３年３月まで閏共61ヵ月，利子月0.003，半金
６月	28-2	—	立用金8,000両17ヵ月利足255両のうち拝借金2,000両33ヵ月分利足198両を差引残，半金
12月	50	—	和歌山御広敷立用金1,000両，天保２年，３年分，利子年0.05，半金
12月	150	—	御為替敷金10,000両，天保３年分，利子年0.03，半金
４年３月	—	3,645.00	御仕入方福永講54貫目，天保元年11月より４年正月まで２年３ヵ月分，利子年0.06，半金
４月	11-0-1	2.25	赤坂御講金100両，文政10年５月より天保４年３月まで74ヵ月，利子月0.003，半金
12月	150	—	御為替敷金10,000両，天保４年分，利子年0.03，半金
５年12月	150	—	御為替敷金10,000両，天保５年分，利子年0.03，半金
12月	175	—	御立用金5,000両，天保４年11月より５年12月まで14ヵ月，利子月0.005，半金
６年２月	50	—	和歌山御広敷立用金1,000両，天保４年，５年分，利子年0.05，半金
11月	162-2	—	御立用金5,000両，天保６年正月より12月まで閏共13ヵ月，利子月0.005，半金
12月	150	—	御為替敷金10,000両，天保６年分，利子年0.03，半金
７年正月	25	—	和歌山御広敷立用金1,000両，天保６年分，利子年0.05，半金
４月	37-2	—	御立用金5,000両，天保７年正月より３月まで，利子月0.005，半金
９月	2-1	—	年賦調達講返済金150両，天保７年３月より８月まで６ヵ月，利子月0.005，半金
12月	150	—	御為替敷金10.000両，天保７年分，利子年0.03，半金

12月	88-3	—	年賦調達講3,550両，天保３年３月より12月まで10カ月分，利子年0.06，半金
8年3月	0-3	—	年賦調達講返済金100両，天保８年正月より３月まで，利子年0.06，半金
9月	3	—	年賦調達講返済金150両，天保８年正月より８月まで，利子年0.06，半金
12月	150	—	御立用金5,000両，天保７年12月より８年11月まで12カ月，利子月0.005，半金
12月	99	—	年賦調達講3,300両，天保８年分，利子年0.06，半金
12月	150	—	御為替敷金10,000両，天保８年分，利子年0.03，半金
9年2月	0-3	—	年賦調達講返済金150両，天保９年正月より２月，利子年0.06，半金
4月	25	—	和歌山御広敷立用金1,000両，天保７年分，利子年0.05，半金
9月	2	—	年賦調達講返済金100両，天保９年正月より８月まで，利子月0.005，半金
9月	20-2	—	赤坂御講金100両，文政10年９月より天保９年９月まで137カ月分，利子月0.003，半金
12月	162-2	—	御立用金5,000両，天保８年12月より９年12月まで，利子月0.005，半金
12月	150	—	御為替敷金10,000両，天保９年分，利子年0.03，半金
12月	91-2	—	年賦調達講3,050両，天保９年分，利子年0.06，半金
10年4月	1-0-2	—	年賦調達講返済金150両，天保10年正月より３月まで，利子年0.06，半金
4月	21-1-2	4.50	赤坂御講金100両，文政10年９月より天保10年３月まで143カ月，利子月0.003，半金
9月	3	—	年賦調達講返済金150両，天保10年正月より８月まで，利子年0.06，半金
12月	150	—	御為替敷金10,000両，天保10年分，利子年0.03，半金
12月	82-2	—	年賦調達講2,750両，天保10年分，利子年0.06，半金
12月	150	—	御立用金5,000両，天保９年12月より10年11月まで，利子年0.06，半金
11年4月	1-0-2	—	年賦調達講返済金150両，天保11年正月より３月まで，利子月0.005，半金
9月	3	—	年賦調達講返済金150両，天保11年正月より８月まで，利子年0.06，半金
12月	73-2	—	年賦調達講2,450両，天保11年分，利子年0.06，半金
12月	162	—	御立用金5,400両，天保10年12月より11年11月まで，利子年0.06，半金
12月	150	—	御為替敷金10,000両，天保11年分，利子年0.03，半金
12年5月	1	—	年賦調達講返済金100両，天保12年正月より４月まで，利子年0.06，半金

年　月	利足高	元金と利子率
天保12年9月	両分 3	年賦調達講返済金150両，天保12年正月より8月まで，利子年0.06，半金
11月	188-2	御立用金5,800両，天保11年12月より12年11月まで13カ月，利子年0.06，半金
11月	150	御為替敷金10,000両，天保12年分，利子年0.03，半金
12月	66	年賦調達講2,200両，天保12年分，利子年0.06，半金
13年3月	0-3	年賦調達講返済金100両，天保13年正月から3月，利子年0.06，半金
9月	3	年賦調達講返済金150両，天保13年正月から8月まで，利子年0.06，半金
11月	186	御立用金6,200両，天保12年12月から13年11月まで，利子年0.06，半金
12月	58-2	年賦調達講1,950両，天保13年，利子年0.06，半金
12月	150	御為替敷金10,000両，天保13年，利子年0.03，半金
14年3月	0-3	年賦調達講返済金100両，天保14年正月より3月，利子年0.06，半金
9月	2	年賦調達講返済金100両，天保14年正月より8月まで，利子年0.06，半金
12月	169	御立用金5,200両，天保13年12月より14年11月まで13カ月，利子年0.06，半金
12月	49	御立用金1,400両，天保13年11月より14年11月まで閏共14カ月，利子年0.06，半金
12月	150	御為替敷金10,000両，天保14年分，利子年0.03，半金
12月	52-2	年賦調達講1,750両，天保14年分，利子年0.06，半金

出所）「紀印御利足扣」（三井文庫所蔵史料　別1810）．

セントと変わらないが、立用金の利足は天保四年以降は年六パーセントとなっている。江戸御広敷立用金は年五パーセントであるが、天保一〇年以降は無利足となった。講金のなかでは福永講と年賦調達講の利足を受け取り、幸橋融通講、京御用所積立講は年度ごとの利足渡しはしない。年度調達講については後述するが、京都両替店が紀州藩への貸出金で受け取った利足は、天保期後半には四〇〇両前後に及んだ。天保期には立用金や講金は三井両替店にとり、なお収益的な意味を失ってはいない。

第２―17表　大元方の紀州藩への貸出金（その１）

年	金壱歩掛講	御仕入方調達銀	御仕入方新入講	紀州御講	年賦調達講	御仕入方講	京都救合倉講
	両歩	貫　匁	貫　匁	両	両	両	貫　匁
天保元年	262-2	25,000.00	—	—	—	—	—
２年	412-2	22,500.00	—	—	—	—	—
３年	549-1	22,500.00	—	—	—	—	—
４年	695-2	—	658.00	—	—	—	—
５年	838-3	—	828.00	300	—	—	—
６年	979	—	910.00	300	—	—	—
７年	1,116-1	—	990.00	300	—	—	—
８年	1,250-2	—	990.00	250	—	—	—
９年	1,381-3	—	1,144.00	250	—	—	—
10年	—	—	1,290.00	250	—	—	—
11年	—	—	1,360.00	200	—	—	—
12年	—	—	1,428.00	100	—	—	—
13年	—	—	1,428.00	300	—	—	—
14年	—	—	1,428.00	250	500	280	—
弘化元年	—	—	1,428.00	250	500	450	6,630.00
２年	—	—	1,428.00	250	500	550	19,542.00
３年	—	—	1,428.00	200	500	650	31,632.00
４年	—	—	1,428.00	200	500	585	43,410.00

出所）「大元方勘定目録」（三井文庫所蔵史料　続3085～続3119）．

京都両替店の御屋敷貸の中には紀州藩の家老・家中への貸付がいくつかみられる。文政元年下期の御屋敷貸では、久野伊織への四〇〇両、三浦長門守への二〇〇両、水野太郎作への四九〇両、森玄蕃への八両があり、合計して一〇九八両である。これら紀州藩家中への貸出は紀州藩への貸出と何ら変わるものではない。しかしそれらは滞りとなることが多かった。水野太郎作と森玄蕃への貸出は文政元年ですでに滞りとなっていた。

久野伊織の場合でみてみよう。京都両替店は文政元年に久野伊織に対して金四〇〇両を貸し出した。八〇両ずつ月六朱の利足を添えて五年間で返済する仕法であったが、三年から五年までの三年間に四〇両ずつ一二〇両が返済されたにすぎなかった。残金二八〇両について、いったんは無利足一五年賦で返済すると定めたが返済はされなかった。久野は紀州藩領のうち勢州田丸領を領していた。その返済について交渉を重ねた結果、文政八年（一八二五）になり、七二〇両を追加して貸し出し、その合計一〇〇〇両に対して年五パーセントの利足を支払い、一〇年目に一〇〇〇両をまとめて返済するという仕法となった。[14] その引当は田丸領土羽村高八三三石余の現米四〇〇石であった。紀州藩への貸出金は無引当であったが、家中貸の場合は引当をとっていたのである。しかし久野への貸出金は幕末期まで償還されることはなく、滞りとなっていた。

安永三年以降は、大元方が紀州藩への融通を行うことはなく、京都両替店が貸出を行い、その貸出高の半分を越後屋京本店が受け持ったのである。ところが天保期になり大元方が紀州藩への貸出を開始し、弘化期からは越後屋京本店も貸出を始めた。紀州藩の講金への出銀に京都両替店のみでは対応できなくなったこととともに、松坂で講金が始められたために、大元方の資金で掛金をしていったのである。天保・弘化期の大元方の紀州藩への貸出金を示したのが第2—17表である。月金一歩掛講と御仕入方講への掛金は天保元年（一八三〇）から始まった。前者については掛金仕法が不明であるが、天保一〇年に全額返済されている。御仕入方調達銀は、第2—13表の京都両替店の掛金と全く同じである。一口銀五貫目の掛銀を五口掛けたのであるが、同様に天保四年に返金された。天保四年には御仕入方新入講も始められた。

天保五年（一八三四）九月の松坂店よりの番状では紀州藩勢州領の講金について次のように記されている。[15]

御勝手御操合ニ付、是迄追々京坂ニ而者御講御取組も御座候由、当地之儀者是迄右等之御取計者無御座候、御為替組中ゟ追々御立用ニ而相済候処、江戸焼失ニ付而者此上取扱も出来兼候趣ニ御座候故、松坂、田丸、白子三御領在町之者共江別帳之通御仕法を以御講御取組被成度趣ニ御座候、（中略）右者惣高凡野（二）万両出来不申候半而者相済不申趣ニ而、則今日ゟ町方并在中共夫々可被仰付趣ニ御座候得共、町在一統之儀ニ御座候得共、昨年来諸色高直ニ而甚難渋之折柄、主中様方始御心痛被思召候儀ニ御座候（中略）八郎右衛門殿幷各方入講無之候半而者外々疑惑出来差支可申候、我等ニも甚心配致候間、此度之儀者何卒加入致呉候様こと無拠趣被仰聞候（中略）御為替組之内長谷川次郎兵衛殿、小津清左衛門殿、長井嘉左衛門殿三軒ニ而凡三拾口、其余御為替組幷同格中五六軒者五口、三口計、大年寄中之内竹内嘉左衛門殿、瀬古喜兵衛殿、先ツ弐口宛、其外長谷川、小津、長井之連家幷相応之筋拾弐三軒者三口或者弐口宛可被仰付趣御座候

勢州では松坂、田丸、白子が紀州藩領で、紀州藩はこれまで松坂の御為替組の商人から立用金の融通を受けてきたが、江戸藩邸焼失のため普請銀が必要となり、その調達額も多くなるので、勢州の紀州藩領で初めて講金を組織し、二万両ほどを調達するという。三井は京都、大坂で講に出金しているため免除されるはずであったが、三井が出金しないと講金の信用に疑惑が生じると言われ、五口くらいなら出金することも仕方がないとしているのである。なお一口は金一〇〇両で、一組は五〇口、五〇〇〇両である。したがって二万両を調達するには四組が必要である。松坂店への返書では、三井八郎右衛門、宗十郎、則右衛門の三名で三口三〇〇両だけ引き受けて、それですまなければ五口までにしたいといい、次のように記している。(16)

京、大坂共御勝手方御講ニハ是迄御加入無之候、御仕入方御講両地とも無拠訳合ニ而先年ゟ御加入有之候

紀州藩の講金に出金しているのは御仕入方に対してばかりであるという。御仕入方とは紀州藩で専売政策を行った役所である。財政部局である御勝手方の講金には一度も出金はしていなかったのである。

一〇月の松坂店よりの番状では、松坂で一組半、松坂領在中で一組、前述した御為替組三軒で一組、田丸在で一組、白子在町で一組半の六組を調達し、三万両を調達することになった。三井は三〇〇両を出金することに決まった。講金の証文写しを次に引用する。(17)

覚

金百両也　但五十人講一組半之内壱口

右者若山講金慥ニ預り申候、然ル上者年六朱之利足を加、一組ニ付春四人江金弐百両、秋四人江金弐百両宛落鬮を以割渡、一ケ年都合四百両宛満講迄、年々当町御為替役所ゟ取出シ無相違相渡可申候、万一差支之品等有之節者銀札方ニ而貸渡させ、迷惑不致様為取計可申候、依而如件

天保五年午十一月　　御勝手方　印

三井則右衛門殿
三井宗十郎殿

右致承知候已上

井口喜八郎　印

三井では松坂での講金が、三井宗十郎、則右衛門の松坂店名儀の出金であるため、大元方から出金することにした。講金は天保一二年までに徐々に返済されてきたが、一三年に再度二〇〇両を出金した。

大元方では天保一四年になり新たな講金への出金があった。同年から五〇〇両と二八〇両の講金がある。前者は後述する年賦調達講の円印に五口分を出金したのである。円印は一口一〇〇両で五〇口五〇〇〇両からなり、一度に二〇〇両ずつ年に春秋二度振鬮により償還されていった。したがって三井八郎右衛門の掛金も安政五年にはすべて償還された。

ここで扶持米についてみてみよう。大名貸には貸出金利足のほかに扶持米を受け取ることがある。扶持米も大名貸の利益と考えられる。三井八郎右衛門も明和六年より紀州藩からの扶持米を受け取っていた。(18) 明和六年には一三〇人

扶持であったが、七年には四〇人扶持となった。四〇人扶持といっても扶持米の石数が一定な訳ではないが、おおむね七〇石八斗であった。その後天明七年から五〇人扶持となった。おおむね八八石五斗となった。そして寛政六年五月一八日より六〇人扶持に変わり、扶持米石数も一〇六石二斗になった。それを売り払うと寛政八年には銀七貫一一五匁四分となった。寛政一〇年からは三井八郎右衛門のほかに「御勝手御用筋相勤候品ニ付」、名代役手代上嶋七郎兵衛に五人扶持、名代役手代林与七に三人扶持、手代半兵衛に三人扶持を与えた。手代三人への一一人扶持は一九石四斗七升にあたった。その後享和三年からは橋井利兵衛、林与七にそれぞれ三人扶持を与え、上嶋七郎兵衛には毎年銀七枚（三〇一匁）を与えることとした。文化六年から一二年までは立用金の御用を勤めたために毎年米四〇石を渡された。これは利足に相当するものと考えられる。文化一二年に八郎右衛門名前が高祐から高雅に譲り替えられたことにともない、八郎右衛門高雅には四〇人扶持、則兵衛には二〇人扶持となった。則兵衛とは高祐のことであり、八郎右衛門の扶持米六〇人分のうち二〇人分を個人で引き継いだのである。三井の受け取った扶持米の代銀は銀一〇貫目から一五貫目にかけてであった。

注

（1）御仕入方は紀州藩の国産政策を実施する役所として各地に設立された。藤田貞一郎『近世経済思想の研究』（吉川弘文館、昭和四一年）。
（2）「演舌」（三井文庫所蔵史料　続一四五三―一〇―二）。
（3）「紀州御用留」（三井文庫所蔵史料　本一七四）。
（4）同右。
（5）「紀州御用留」（三井文庫所蔵史料　本一七五）。
（6）「紀州御用留」（三井文庫所蔵史料　本一七六）。

（7）同右。
（8）「紀州御用留」（三井文庫所蔵史料　本一七五）。
（9）「紀州御用留」（三井文庫所蔵史料　本一七六）。
（10）同右。
（11）八郎右衛門名前と借財をめぐる同族間のもつれあいのこと。『三井事業史』本篇第一巻、第五章第十一節参照。
（12）「紀州御用留」（三井文庫所蔵史料　本一七六）。
（13）「紀州御用留」（三井文庫所蔵史料　本一七七）。
（14）「紀州御用留」（三井文庫所蔵史料　本一七四）。
（15）「紀州御用留」（三井文庫所蔵史料　本一七六）。
（16）同右。
（17）同右。
（18）「紀州御扶持方請取控」（三井文庫所蔵史料　本一八五）。

第四節　年賦調達講

紀州藩の始めた講金のなかで、京都町人より講金を集めた年賦調達講は規模の大きなものであった。三井はそれに掛金をしたのであるが、さらに世話方となって集金、利足払い、返済の業務にあたった。天保六年（一八三五）一二月に紀州藩の勘定組頭中嶋吉兵衛が次の覚書を三井両替店にもたらした。(1)

覚

一壱口銀六貫目調達之事

一右五十口を一株と相定、三株出来之事

一春秋両度ニ振鬮を以、壱口三貫目ツヽ、春四人江拾弐貫目、秋も同断、一ヶ年ニ八人江弐拾四貫目ツヽ相渡、

　一株十二ケ年半ニ而皆済相成候事

一利足年六朱ニ而春秋両度当り鬮之節ニ利分相添相渡し候事、当り鬮無之方江者毎暮利分相渡候事

右之通年賦調達講来申三月頃迄取組申度事

紀州藩では領内の不作などで財政困難となったため、講金を組織して京都町人より資金調達しようというのである。

一一月に京都両替店の重役手代中野勝助と京本店の松山喜十郎が紀州藩の中嶋吉兵衛の旅宿で次のように聞かされている。(2)

御勝手向之儀当年ハ紀・勢共不作ニ而、弐万石余御収納相減、并大風ニ而和州御成道大ニ破損、右御手入も余程之御入用ニ有之、且当春赤坂御館御焼失ニ付、是又夥敷御入箇故何角一時ニ相成、御操合六ヶ敷有之候、尤非常御手当金も有之候得共、是を遣ひ候而ハ御備手薄ニ成候付手を付不申、（中略）巳年御立用之五千両急ニ御返済出来不申、（中略）当地ニ而金高壱万五千両之年賦調達講取立申度、右世話方御願申度、出来候得ハ右高之内五千両御返済申、壱万両ハ此方へ引取融通いたし候積

紀州藩は京都で年賦調達講を組織し、一万五〇〇〇両を調達し、三井の立用金五〇〇〇両をそのなかから返済しようという。中野、松山は「当地者大坂と違不融通之土地故、中々大造之御講出来無覚束候故、取扱之儀御断申上置候」(3)といったん辞退した。にもかかわらず三井は竹原弥兵衛、万屋（小堀）甚兵衛とともに年賦調達講の世話方を勤めることになった。預り証文では紀州勘定元の印が押されているが、三井、竹原、小堀の三軒の世話方が預るとの文言になっているため、三井と竹原、小堀は紀州藩勘定組頭より次の一札を受け取った。(4)

第2—18表　年賦調達講・松印の出金者の内訳

口数	名　前	番　号	備　考
24口	三井八郎右衛門	1番より24番	此方持
3口	越後屋太郎右衛門	25番より27番	此方持
2口	越後屋太右衛門	28番，29番	此方持
2口	越後屋仁右衛門	30番，31番	此方持
3口	越後屋万右衛門	32番より34番	此方持
1口	越後屋嘉右衛門	35番	此方持
2口	越後屋清太郎	36番，37番	此方持
5口	越後屋豊三郎	38番より42番	自分持
1口	越後屋彦十郎	43番	自分持
1口	越後屋弥七	44番	自分持
3口	越後屋宗助	45番より47番	本店持
3口	高嶋屋甚兵衛	48番より50番	葭屋町
50口	合　計	1番より50番	

出所）「紀州様御講銀一件御用留」（三井文庫所蔵史料　続1444）．

一札之事

此度御勝手方為融通、於京都年賦調達銀相企、壱人前銀六貫目掛ケ一株五拾人之積都合三株取結候付、別紙預り通帳表江其許名前世話方ニ書加へ調印相願候処、於其許者大造之銀高不容易儀万一相滞候而者多人数之銀主江不義理者不及申銘々業体差支候義ニ付、達而断被申聞候得共、右集銀者於国許致利倍備置聊間違之儀無之手堅キ筋分而申談候付調印之儀預承知候、然上者年限中済切候迄如何様之取障出来候共、一切差構無之仕法通年々元利無滞相渡急度勘定相立可申候、為後日依如件

天保七年申三月　　中嶋吉兵衛　　印

（以下三名略）

三井八郎右衛門代

中野勝助殿

松山喜十郎殿

年賦調達講では三井が引き受けた五〇口一株を松印と称し、竹原の一株を竹印、小堀の一株を梅印と称した。天保七年（一八三六）三月に掛金は集められた。竹印、梅印では竹原、小堀が自ら出金することはなかったが、松印では三井八郎右衛門が自ら出金した。松印の出金者の名前は第2—18表のとおりである。高嶋屋以外はすべて三井、越後

屋である。三井八郎右衛門から越後屋清太郎までの三七口は此方持と記され、京都両替店が出金した。豊三郎、彦十郎、弥七は自分持である。

第2－19表　年賦調達講金の償還と利足（その1）

年　月	返済金	利足	利　足　内　訳
天保7年9月	600両	18両	年利0.06，3月より8月まで6カ月分
12月	—	720両	残金1万4,400両，年利0.06，10カ月分
8年3月	600両	9両	年利0.06，正月より3月まで3カ月分
9月	600両	24両	年利0.06，正月より8月まで8カ月分
12月	—	792両	残金1万3,200両，年利0.06
9年2月	600両	6両	年利0.06，正月より2月まで2カ月分
9月	600両	24両	年利0.06，正月より8月まで8カ月分
12月	—	720両	残金1万2,000両，年利0.06
10年4月	600両	9両	年利0.06，正月より3月まで3カ月分
9月	600両	24両	年利0.06，正月より8月まで8カ月分
12月	—	648両	残金1万0,800両，年利0.06
11年4月	600両	9両	年利0.06，正月より3月まで3カ月分
9月	600両	24両	年利0.06，正月より8月まで8カ月分
12月	—	576両	残金9,600両，年利0.06
12年5月	600両	12両	年利0.06，正月より4月まで4カ月分
9月	600両	24両	年利0.06，正月より8月まで8カ月分
12月	—	504両	残金8,400両，年利0.06
13年3月	600両	9両	年利0.06，正月より3月まで3カ月分
9月	600両	24両	年利0.06，正月より8月まで8カ月分
12月	—	432両	残金7,200両，年利0.06

出所）「紀州様御講銀一件御用留」(三井文庫所蔵史料　続1444，続1445)，「若山年賦調達銀加入方江割戻元利渡帳」(同　続1709).

三井両替店の年賦調達講への出金高残高は第2－13表にみたとおりである。仕法書では壱口銀六貫目、換算して金一〇〇両で、春と秋の年に二度振鬮を行い、一株では五〇両ずつ四口、二〇〇両ずつ返済し、一二年で皆済して年に六パーセントの利足を払うのである。松竹梅三株合計の年賦調達講の償還と利足を表したのが第2－19表である。年に二度六〇〇両ずつ返済され、利足が払われる。その都度一口に金二〇〇疋ずつの酒飲料も渡されるのである。償還金と利足は世話方が受け取り、出金者に配分されるのである。この年賦調達講は最初に掛金するのみで、前述したような満講の時まで毎年掛金を掛け続ける講金とは方法が異なっている。

第２―20表　三井の年賦調達講への掛銀の償還と利足

年　　月	返済金	利　足	利　足　内　訳
天保７年９月	150両	4両２歩	年利0.06，３月より８月まで６カ月分
12月	―	177両２歩	残金3,550両，年利0.06，10カ月分
８年３月	100両	1両２歩	年利0.06，正月より３月まで３カ月分
９月	150両	6両	年利0.06，正月より８月まで８カ月分
12月	―	198両	残金3,300両，年利0.06
９年２月	150両	1両２歩	年利0.06，正月より２月まで２カ月分
９月	100両	4両	年利0.06，正月より８月まで８カ月分
12月	―	183両	残金3,050両，年利0.06
10年４月	150両	2両１歩	年利0.06，正月より３月まで３カ月分
９月	150両	6両	年利0.06，正月より８月まで８カ月分
12月	―	165両	残金2,750両，年利0.06
11年４月	150両	2両１歩	年利0.06，正月より３月まで３カ月分
９月	150両	6両	年利0.06，正月より８月まで８カ月分
12月	―	147両	残金2,450両，年利0.06
12年５月	100両	2両	年利0.06，正月より４月まで４カ月分
９月	150両	6両	年利0.06，正月より８月まで８カ月分
12月	―	132両	残金2,200両，年利0.06
13年３月	100両	1両２歩	年利0.06，正月より３月まで３カ月分
９月	150両	6両	年利0.06，正月より８月まで８カ月分
12月	―	117両	残金1,950両，年利0.06
14年３月	100両	1両２歩	年利0.06，正月より３月まで３カ月分
９月	100両	4両	年利0.06，正月より８月まで８カ月分
12月	―	105両	残金1,750両，年利0.06
弘化元年５月	100両	2両	年利0.06，正月より４月まで４カ月分
９月	50両	2両	年利0.06，正月より８月まで８カ月分
12月	―	96両	残金1,600両，年利0.06
２年３月	50両	３歩	年利0.06，正月より３月まで３カ月分
９月	50両	2両	年利0.06，正月より８月まで８カ月分
12月	―	90両	残金1,500両，年利0.06
３年４月	100両	1両２歩	年利0.06，正月より３月まで３カ月分
９月	50両	2両	年利0.06，正月より８月まで８カ月分
12月	―	81両	残金1,350両，年利0.06
４年３月	100両	1両	年利0.06，正月より２月まで２カ月分
９月	100両	4両	年利0.06，正月より８月まで８カ月分
12月	―	69両	残金1,150両，年利0.06
嘉永元年３月	50両	2歩	年利0.06，正月より２月まで２カ月分
９月	100両	4両	年利0.06，正月より８月まで８カ月分
12月	―	60両	残金1,000両，年利0.06

嘉永２年３月	100両	1両2歩	年利0.06，正月より３月まで３カ月分
12月	—	54両	残金900両，年利0.06
３年２月	900両	—	皆済

出所）「若山年賦調達加入銀元利請渡押切帳」（三井文庫所蔵史料　続1705）．

年賦調達講は天保一三年末で残高は七二〇〇両となった。三井両替店の出銀高に限って償還と利足を示したのが第2―20表である。三井両替店は天保七年三月に三七口、三七〇〇両の掛金を出金したのであるが、天保四年一一月に上納していた立用金五〇〇〇両が同月に返済されたために、同月は一三〇〇両を受け取ることになったのである。そして第2―20表からはほぼ毎期鬮に当たり少額ずつ償還されていることが明らかである。利足は第2―16表にも記された額と同じである。嘉永三年（一八五〇）二月に残りの九〇〇両が一度に償還されたが、それは天保一三年以降何度か年賦調達講の組織が改編された、その結果であった。

天保一三年九月に紀州藩から、年賦調達講の過半が返金になったから新たに七五口を取り組んでほしいとの申出があった。そして天保一三年一〇月から三井、竹原、小堀の三軒が一人一〇〇両掛で二五口一株ずつの世話方を引き受けることになった。一株二五〇〇両で三株で七五〇〇両である。三井が引き受けた株は福印と称し、竹原、小堀の株はそれぞれ寿印、海印と称した。なお天保一三年末の松竹梅三株の残高が七二〇〇両であったため、松印で新たに三口三〇〇両を加え、合計して一万五〇〇〇両とした。天保一四年（一八四三）三月に三井両替店は紀州藩勘定組頭より次の覚書を受け取った。(5)

覚

金壱万五千両也

右者御勝手方為融通於京都年賦調達金相企、壱人前金百両掛一株弐拾五人之積都合六株取結候付、

別紙預通帳表江其許名前世話方ニ書加調印相願候処、於其許者大造之金高不容易儀、万一相滞候而

者多人数之金主江不義理者不及申、銘々業体差支候義ニ付、達而断被申聞候得共、右集金者於国許致利倍備置聊間違之儀無之手堅筋分而申談候付、調印之儀預承知候、然上者年限中済切候迄如何様之故障出来候共一切差構無之、仕法通年々元利無滞相渡急度勘定相立可申候、為後日依而如件

天保十四年卯三月

松本立助　〇（印）

（以下二名略）

三井八郎右衛門代

市川忠三郎殿

山中伝兵衛殿

三井、竹原、小堀は新しい福印、寿印、海印に自ら出金していない。六株一万五〇〇〇両となった年賦調達講の一度当たりの償還金は従来通り六〇〇両であった。したがって一株当たり一〇〇両ずつ償還され、松竹梅印については最終償還期限は一二年後に延期されることになる。年賦調達講の天保一四年以降の全体の償還について第2－21表からみてみよう。天保一四年三月には六株について六〇〇両が償還されたが、九月に七株について八〇〇両が償還された。天保一四年正月から新しく円印が取り組まれたのである。一人一〇〇両五〇口で一株である。それに対して一度に二〇〇両が償還された。円印は三井八郎右衛門が世話人となり、その中で大元方が三井八郎右衛門の名前で五口五〇〇両を出金した。

弘化元年（一八四四）九月には竹原弥兵衛の引受けで一人一〇〇両五〇口一株の柳印が始められ、八株となった。弘化二年三月からは小堀甚兵衛引受けで同じく一人一〇〇両五〇口一株の緑印が始まり九株となった(6)。柳印、緑印の一度当たりの償還高は二〇〇両である。九株の償還高は一度当たり一二〇〇両となり、弘化元年末の残高は二万七〇

第２―21表　年賦調達講金の償還と利足（その２）

年　　月	返済金	利　足	利　足　内　訳
天保14年３月	―	112両５歩	福印，寿印，海印，2,400両ずつ，松印300両，合計7,500両×年利0.06，３カ月分
３月	600両	9両	年利0.06，正月より３月まで３カ月間，６株(松，竹，梅，福，寿，海印)
９月	800両	32両	年利0.06，正月より８月まで８カ月間，７株(円印が加わる)
12月	―	1,020両	残金１万8,600両，７株，年利0.06，但し，内192両は円印4,800両×８カ月分
弘化元年５月	800両	16両	年利0.06，正月より４月まで４カ月間，７株
９月	800両	32両	年利0.06，正月より８月まで８カ月間，７株
12月	―	1,420両	残金２万7,000両，９株(満印含)，年利0.06，但し，内100両は柳印5,000両×４カ月分
２年３月	1,000両	15両	年利0.06，８株(柳印が加わる)，正月より３月まで３カ月間
９月	1,200両	46両	年利0.06，９株(緑印)，40両は1,000両×８カ月間，６両は緑印200両×６カ月分
12月	―	1,740両	残金２万9,800両，10株(満印含)年利0.06，但内240両は緑印4,800両×10カ月分
３年４月	1,200両	18両	年利0.06，正月より３月まで３カ月間，９株
９月	1,200両	48両	年利0.06，正月より８月まで８カ月間，９株
12月	―	1,644両	残金２万7,400両，10株(満印含)，年利0.06
４年３月	1,200両	12両	年利0.06，正月より２月まで２カ月間，９株
９月	1,200両	48両	年利0.06，正月より８月まで８カ月間，９株
12月	―	1,500両	残金２万5,000両，10株(満印含)，年利0.06
嘉永元年３月	1,200両	12両	年利0.06，正月より２月まで２カ月間，９株
９月	1,200両	48両	年利0.06，正月より８月まで８カ月間，９株
12月	―	1,356両	残金２万2,600両，10株(満印含)，年利0.06
２年３月	1,200両	18両	年利0.06，正月より３月まで３カ月間，９株
９月	1,200両	48両	年利0.06，正月より８月まで８カ月間，９株
12月	―	1,212両	残金２万0,200両，10株(満印含)，年利0.06

出所）「紀州様加入金一件御用留」(三井文庫所蔵史料　続1446)，「若山年賦調達加入銀元利請渡押切帳」(同　続1705～続1707)．

第２―22表　年賦調達講金の償還と利足（その３）

年　　月	返済金	利足	利　足　内　訳
嘉永３年９月	800両	32両	年利0.06，正月より８月まで８カ月分
12月	―	1,230両	残金20,500両，年利0.06
４年３月	1,000両	15両	年利0.06，正月より３月まで３カ月分
９月	1,000両	40両	年利0.06，正月より８月まで８カ月分
12月	―	1,100両	残金18,500両，年利0.06
５年４月	1,000両	15両	年利0.06，正月より３月まで３カ月分
９月	1,000両	40両	年利0.06，正月より８月まで８カ月分
12月	―	990両	残金16,500両，年利0.06
６年４月	1,000両	15両	年利0.06，正月より３月まで３カ月分
９月	1,000両	40両	年利0.06，正月より８月まで８カ月分
12月	―	725両	残金14,500両，年利0.05
安政元年12月	―	725両	残金14,500両，年利0.05
２年12月	―	725両	残金14,500両，年利0.05
３年12月	―	725両	残金14,500両，年利0.05

出所）「和歌山加入金一件御用留」（三井文庫所蔵史料　続1404-7）.

〇〇両となった。この時期に年賦調達講金が急増したのである。弘化元年正月から満印五〇口が始められていた。一口一〇〇両で総額は五〇〇〇両である。それは三井八郎右衛門の取扱いで松居久左衛門、松居久右衛門、松居五郎右衛門、松居太七、須田彦次郎の五人が一〇口ずつ出金していた。以上の一〇株の合計では、嘉永二年末の残高は二万〇二〇〇両である。その内訳は松竹梅福寿海の六株が六六〇〇両、円印が二四〇〇両、柳印が三〇〇〇両、緑印が三二〇〇両で、満印が五〇〇〇両である。

ところで年賦調達講では嘉永二年（一八四九）八月から新たに花印五〇口を組織していたのである。したがって同年一二月には五・五月分の利足一三七両二歩が渡された。残高は二万五二〇〇両となった。そして翌三年に年賦調達講の組織替えがなされた。松竹梅福寿海の六株はいったんすべて皆済されたのである。しかし実際に返済されたのは六六〇〇両のうちで六〇〇両のみで、六〇〇〇両は紅印六〇口として再度組織された。また満印五〇口のうち二五口が一度に返済された。松居久右衛門と須田彦次郎のそれぞれ一〇口、および松居太七の五口である。残りの円印、柳印、緑印、花印の四株でも二〇〇両ずつ八〇〇両が返済された。嘉永三年二月に返済されたのは合計して金三九〇〇両となり、残高は二万一三〇〇両となった。その後の年賦調達講の返済金と利足を示したのが第2―22表である。嘉永三年九月には、円印、柳印、緑印、花印の四株で二〇〇両ずつ八〇〇両が返済され、同年末には残金が二万〇五〇〇両となった。円印、柳印、緑印三株で残金が七四〇〇両であり、それに満印が二五〇〇両、花印が四六〇〇両、紅印が六〇〇〇両である。嘉永四年三月からは紅印の償還も始まり、六年九月までは一度に一〇〇〇両ずつ償還されたのであるが、同年末に年賦調達講の仕法替えがなされた。次は嘉永六年一二月の小堀、竹原、三井の三軒が提出した願書であり、仕法替えの内容が記されている。(7)

口上之覚

当地年賦御調達金御下ケ渡之儀、当年ゟ五ケ年御置居、御利足年弐朱ニ可仕様加入方之者江夫々申諭、御請可申上様委細御諭之趣、且従御国表も銘々共江御書面を以被仰下、具々承知仕候、右者加入方之者江一応申諭御請可申上筈之処、最早月廻ニ相成無程中ゟも加入方之者追々渡し方頼参候折柄、今更右様之儀申聞候而ハ気請不宜、殊ニ多人数之儀ニ付迚も熟談行届兼、若納得不仕候而不都合相成候而ハ御称号之程も被為在奉恐入候間、何卒当年之処ハ是迄通之御利足御下渡不被成下候半ハ不都合御座候旨此段御承知被成下度、猶来春至候ハヽ、精々申諭候様可仕、右等深御賢察被成下、当年義ハ是非共是迄之通早々御下渡被成下候様仕度此段只管奉願上候、右之段宜御執成之程偏奉願上候、以上

十二月十三日

小堀甚兵衛
竹原弥兵衛
三井八郎右衛門

木村条右衛門様

花印		紅印		満印		6株合計	
返済金	利足	返済金	利足	返済金	利足	返済金	利足
3,400両		4,800両		2,500両		14,500両	
両	両歩	両	両歩	両	両歩	両	両歩
—	170	—	240	—	125	—	725
50	136	150	192	150	100	400	580
100	1-2	150	2-1	50	-3	400	6
400	97-2	150	135	—	69	600	411
50	-3	—	—	100	1-2	400	6
50	84	150	130-2	50	66	500	381
100	1-2	200	3	—	—	600	9
100	79-2	200	120	—	64-2	400	348
150	2-1	100	1-2	100	1-2	500	7-2
100	72	400	111	—	61-2	500	321
200	3	200	3	—	—	500	7-2
100	63	100	93	50	61-2	500	291
—	—	200	3	100	1-2	500	7-2
—	—	200	6	100	3	300	9
200	60	100	78	—	54	300	252
400	—	300	—	100	—	1,100	—
700	—	400	—	200	—	1,800	—
700	—	1,800	—	1,500	—	5,200	—

講金返済の五年間の据置と利足の年二朱（三パーセント）への引下げが紀州藩より示され、小堀、竹原、三井の世話方の三軒が今年度はこれまでどおりにしてほしいとの願書を出したのである。その願書の結果、第2－22表に明らかなように利足は安政三年まで年五パーセントの七二五両が渡されることになったが、返済金はなされなかった。この五年間据置は年賦調達講に限られず、紀州藩の借財全体に及ぶものであった。安政元年九月の書状には次のように記されている。(8)

兼々御約定之通、当秋融通講会事可有之処、昨年来異船防禦御備向等之御物入莫太之儀ニ付、今般別格之御倹約御仕法建被仰出候付、是迄諸向ゟ立用筋都而去丑ゟ来巳迄五ケ年之間元金置居、利足者是迄之高下不拘去丑年分ゟ年弐朱ニ取極御渡可相成積、就而者融通講掛込金之儀も同様取計ニも相成兼候品も有之ニ付、於当地厚評義之上、右元

第2―23表　年賦調達講金の償還と利足（その4）

年　　月	円　印		柳　印		緑　印	
	返済金	利　足	返済金	利　足	返済金	利　足
安政3年12月残高	800両		1,400両		1,600両	
	両	両歩	両	両歩	両	両歩
12月年5朱	—	40	—	70	—	80
4年12月春5朱秋3朱	—	32	—	56	50	64
5年7月年3朱	50	-3	—	—	50	-3
12月年3朱	—	22-2	—	42	50	45
6年7月年3朱	—	—	100	1-2	150	2-1
12月年3朱	100	22-2	100	39	50	39
万延元年7月年3朱	100	1-2	100	1-2	100	1-2
12月年3朱	100	16-2	—	33	—	34-2
文久元年7月年3朱	100	1-2	—	—	50	-3
12月年3朱	—	10-2	—	33	—	33
2年7月年3朱	—	—	100	1-2	—	—
12月年3朱	50	10-2	100	30	100	33
3年7月年3朱	100	1-2	100	1-2	—	—
元治元年11月年3朱	—	—	—	—	—	—
慶応元年正月年3朱	—	6	—	24	—	30
2年　　無利足	100	—	100	—	100	—
3年　　無利足	—	—	400	—	100	—
明治7年9月　旧公債	100	—	300	—	800	—

出所）「若山年賦調達加入銀元利請渡押切帳」（三井文庫所蔵史料　続1705～続1708）．

金ハ外と同様去丑ゟ五ケ年置居、利足ハ是迄月五朱之処、年三朱ニ取極ニ成、丑年分ハ近々之内相渡、寅年分ハ当暮相渡可申積、其余年々暮相渡可申積、尤残金之処来午年ニ至、去酉八月ゟ子年迄之滞利足相添一時ニ下ケ渡可相成共、又者講金取結候共其儀ハ未夕決評相成不申旨

嘉永六年（丑年）のペリーの来航にともなう海岸防禦等の費用の増大などで紀州藩は倹約仕法をたてざるをえなかった訳である。幕末期の年賦調達講を第2―23表からみてみよう。安政三年末の年賦調達講六株の残高は一万四五〇〇両である。五カ年据置期間のすぎた翌四年一二月から償還が再開された。

後に記すように安政三年には紀州藩で他国御融通掛が設置され、領外での立用金、

調達金の調査がされるとともに、年賦調達講金については無利足一五カ年賦で償還するとの方針が立てられたのである。その請書を次に引用しよう。(9)

御請書

一金壱万四千五百両也

但小前之者共ゟ口々集金御割済筋

右者春秋両度ニ元金弐千両御利足年六朱之割を以、毎年御下ケ渡之御約定ニ御座候処、去ル丑年御趣意之品被仰出、元金丑年ゟ巳年迄五ケ年置居、御利足年五朱之割を以御下渡被成下候処、猶又今般厚御利解之品御座候付、当巳年ゟ無利足拾五ケ年賦奉畏候、付而者半季毎ニ金五百両宛御下ケ渡被成下候ハヽ、小前之者共江、御議定通難渋不相成候様、利足相添拾五ケ年ニ割済取扱可申儀ニ付、今般新ニ金五千両左之通、大坂御貸方江差加仕可申事

一金三千両　三井八郎右衛門

一金弐千両　竹原屋弥兵衛
　　　　　　万屋甚兵衛

小以五千両也

但御利足年壱歩ツ、之割を以半季毎ニ御下ケ渡被成下、元金之儀者来々未年迄十五ケ年之間御預り置被成下度候事

右之通取扱惣金高壱万四千五百両御皆済相成候様取扱可申見積ニ御座候付、御請書奉差上候事

巳三月　三井八郎右衛門　無印

右之通相認差出申候、尤竹原、万甚名前書加江有之候得共、不残此方引請ニ候、此儀諌川様へ者内々也、且右之趣為心得大坂表へも及通達候

竹原屋弥兵衛　無印
万屋甚兵衛　無印

安政四年（一八五七）三月に一万四五〇〇両の年賦調達講に対して、若干の利足付きで半季ごとに五〇〇両ずつ返済し、その代わりに三井、竹原、万屋（小堀）の三軒が五〇〇〇両を出金する約束となったのである。実際は三井が大元方から五〇〇〇両全部を出金した。したがって安政四年の秋季より利足は年三朱となった。四年の場合は春季が五朱であるため、年を通しては四朱となる。安政四年には四〇〇両が償還され、以後半季ごとに四〇〇両から六〇〇両が償還された。ところが文久三年から年賦償還が滞りはじめ、利足も支払われなくなった。元治元年一一月に三〇〇両が償還されるとともに、慶応元年正月に昨年一年分の利足と三〇〇両が渡された。慶応二年、三年中に合わせて二九〇〇両が返済され、五二〇〇両が紀州藩によって返済されないままに残ったのである。この五二〇〇両は明治七年九月に明治政府から旧公債として認められたのである。[10] 年賦調達講金は京都町人を対象とし、特定の立入を対象としたものではないために、償還と利足払は確実でなければならなかったのであるが、幕末期には無利足で滞りとなったのである。

注
（1）「紀州御用留」（三井文庫所蔵史料　本一七六）。
（2）同右。
（3）同右。

（4）「紀州様御講銀一件御用留」（三井文庫所蔵史料　続一四四四）。
（5）「勝手方融通調達金世話方調印ニ付一札」（三井文庫所蔵史料　続一六四八―七）。
（6）「若山年賦調達加入銀元利請渡押切帳」（三井文庫所蔵史料　続一七〇五～続一七〇七）。
（7）「紀州御用留」（三井文庫所蔵史料　本一七九）。
（8）同右。
（9）「紀州御用留之内金談一巻」（三井文庫所蔵史料　本一八四、『和歌山県史』近世史料一）。
（10）「若山年賦調達加入銀元利請渡押切帳」（三井文庫所蔵史料　続一七〇五～続一七〇八）。

第五節　嘉永六年の五カ年置居仕法

天保中期以降、就中天保改革期以降の三井の経営動向は著しい苦境に陥っていった。他方各藩財政においても苦しいことは同様であり、藩債の長年賦償還などへの切換えが進められていった。銀主と借り主との間での切羽詰ったやりとりが繰り返されていったのである。三井の紀州藩への貸出もそのような局面に立たされていった。弘化期以降の三井の紀州藩への貸出金は、京都両替店だけでなく、大元方や京本店からもなされていった。まず京都両替店の動向からみてみよう。

弘化元年（一八四四）から安政六年（一八五九）までの京都両替店の紀州藩への貸出高を第2―24表からみてみよう。為替敷金の一万両はこの期間を通して変わらない。鈴木五左衛門貸は年に一貫目ずつ償還されている。弘化期から嘉永期前半までに和歌山御広鋪納金や京御用所積立講、年賦調達講、立用金が返済されるが、また新しい立用金が始まるとともに京都、和歌山で救合倉講が始められたことが特徴となる。まず弘化二年に京都で救合倉講が始められた。弘化元年六月に示された救合倉講の仕法書を次に引用する。[1]

救合倉仕法書

第２－24表　京都両替店の紀州藩への貸出高（その６）

年	為替敷金	鈴木五左衛門貸	和歌山御広敷納金	京御用所積立講	年賦調達講	立用金	京都救合倉講	立用金	立用金	和歌山救合倉講
	両	貫　匁	両	貫　匁	両	両	貫　匁	両	両	貫　匁
弘化元年	10,000	360,200.00	1,000	47,190.25	1,600	5,600	—	—	—	—
2年	10,000	359,200.00	—	28,695.25	1,500	4,200	19,032.00	2,500	—	—
3年	10,000	358,200.00	—	15,424.25	1,350	2,800	31,122.00	4,000	—	—
4年	10,000	357,200.00	—	15,424.25	1,150	2,800	42,900.00	4,000	2,500	—
嘉永元年	10,000	356,200.00	—	—	1,000	1,400	54,366.00	3,000	10,000	5,940.00
2年	10,000	355,200.00	—	—	900	—	65,442.00	2,000	8,750	11,592.00
3年	10,000	354,200.00	—	—	—	—	75,816.00	1,000	7,500	17,100.00
4年	10,000	353,200.00	—	—	—	—	84,786.00	—	6,250	18,464.00
5年	10,000	352,200.00	—	—	—	—	91,806.00	—	5,000	22,814.00
6年	10,000	351,200.00	立用金	—	—	—	95,706.00	—	5,000	24,914.00
安政元年	10,000	349,200.00	両 2,000	—	—	—	88,486.00	—	5,000	24,914.00
2年	10,000	349,200.00	2,000	—	—	—	88,486.00	—	5,000	24,914.00
3年	10,000	348,200.00	2,000	—	—	—	88,486.00	—	5,000	22,714.00
4年	10,000	347,200.00	2,000	—	—	—	79,486.00	—	5,000	25,474.00
5年	10,000	346,200.00	2,000	—	調達講	—	79,486.00	—	5,000	41,758.00
6年	10,000	345,200.00	2,000	—	両 250	—	16,486.00	—	5,000	50,920.00

出所）「目録留」（三井文庫所蔵史料　本1774～本1776）．

一人数七拾人壱組と相定、壱軒分三人前持ニいたし、出銀方弐会目ゟ次第ニ減少ニ相成、尤於御用所ニ年両度相勤三拾会迄惣分江割賦銀致し、三拾壱会目残人数江壱度ニ返済ニ相成候事

一会毎ニ割賦いたし候節、三人持一軒前ニ御膳料として金三百疋宛被下候筈

一出銀者弐拾会迄、夫ゟ後者出銀無之事

一御加入之方者御入用之節出銀高ニ応し月七朱之利足ニ而御貸附可申事

紀州御用所　〇（印）

その出銀規程を示すと第2―25表のとおりである。七〇人を一組として年に二度ずつ次第に逓減する方法で出銀し、その中から一度に一人ずつ振鬮で返済するのである。三〇会目まで三〇人に返済し、三一会目に残りの四〇人に一度に返済するのである。第一会、第二会の振鬮に当たった者は五一〇匁、九九〇匁の出銀のみで一貫五〇〇目を手にすることができるが、しだいに利潤の率は低下していくことになる。二〇会までの出銀高合計は七貫四二二匁であり、それに対して八貫目ないし九貫目を受け取るのである。

紀州藩としては一会当たり出銀高の合計と渡し銀との差引きが手持ちの残高であり、最大で三七一貫目余を調達したことになる。三一会目に九貫目を四〇口、三六〇貫目を返済して差引きした八二貫八八八匁が紀州藩の支払う利足の総額となる。この方法は長期的に安定的な資金調達方法ということができる。

三井両替店の場合で、救合倉講への出銀を第2―24表からみると、弘化二年末の一九貫〇三二匁は一三口を三会目まで出銀したことに相当する。その後、年に二回ずつ出銀していき、嘉永六年の九五貫七〇六匁は一九会目までに相当する。安政元年には二〇会目まで出銀したところで振鬮が当たり、八貫目が返済され、安政四年にも九貫目が返済された。安政六年には三一会目をむかえ、残りの全額が償還されるはずであったが、同年には七口分の六三貫目のみ

第２－25表　救合倉講の出銀高

会数	渡銀高A	出銀高B	出銀高累積C	人数D	一会当り合計E	残高合計F
	貫　匁	匁	匁	人	貫　匁	貫　匁
1	1,500.00	510.00	510.00	70	35,700.00	34,200.00
2	1,500.00	480.00	990.00	69	33,120.00	65,820.00
3	1,700.00	474.00	1,464.00	68	32,232.00	96,352.00
4	2,200.00	468.00	1,932.00	67	31,356.00	125.508.00
5	2,500.00	462.00	2,394.00	66	30,492.00	153,500.00
6	3,000.00	456.00	2,850.00	65	29,640.00	180,140.00
7	3,400.00	450.00	3,300.00	64	28,800.00	205,540.00
8	3,900.00	444.00	3,744.00	63	27,972.00	229,612,00
9	4,300.00	438.00	4,182.00	62	27,156.00	252,468.00
10	4,800.00	432.00	4,614.00	61	26,352.00	274,020.00
11	5,200.00	420.00	5,034.00	60	25,200.00	294,020.00
12	5,800.00	408.00	5,442.00	59	24,072.00	312,292.00
13	6,000.00	390.00	5,832.00	58	22,620.00	328,912.00
14	6,500.00	360.00	6,192.00	57	20,520.00	342,932.00
15	6,800.00	330.00	6,522.00	56	18,480.00	354,612.00
16	7,300.00	300.00	6,822.00	55	16,500.00	363,812.00
17	7,500.00	240.00	7,062,00	54	12,960.00	369,272.00
18	7,800.00	180.00	7,242.00	53	9,540.00	371,012.00
19	7,900.00	120.00	7,362,00	52	6,240.00	369,352.00
20	8,000.00	60.00	7,422.00	51	3,060.00	364.412.00
21	8,000.00	—	—	—	—	356,412.00
22	8,200.00	—	—	—	—	348,212.00
23	8,400.00	—	—	—	—	339,812.00
24	8,700.00	—	—	—	—	331,112.00
25	9,000.00	—	—	—	—	322,112.00
26	9,000.00	—	—	—	—	313,112.00
27	9,000.00	—	—	—	—	304,112.00
28	9,000.00	—	—	—	—	295,112.00
29	9,000.00	—	—	—	—	286,112.00
30	9,000.00	—	—	—	—	277,112.00

出所）「救合倉御講仕法書」（三井文庫所蔵史料　続1825-1）.
注）C′＝B′＋C，E＝B×D．F′＝F＋E′－A′（但しA′，B′，C′，E′，F′は次会目）.

第２－26表　三井両替店の紀州藩貸出金の利足（その４）

年　月	利足高 両歩朱	利足高 貫　匁	元金と利子率
弘化元年３月	1	—	年賦調達講返済金100両，弘化元年正月より４月まで，利子年0.06，半金
８月	1	—	年賦調達講返済金50両，弘化元年正月より８月まで，利子年0.06，半金
９月	210	—	御立用金7,000両，天保14年12月より弘化元年11月まで，利子月0.005，半金
９月	150	—	御為替敷金10,000両，弘化元年分，利子年0.03，半金
12月	48	—	年賦調達講1,600両，弘化元年分，利子年0.06，半金
２年３月	-1-2	—	年賦調達講返済金50両，弘化２年正月より３月まで，利子年0.06，半金
４月	—	2,100.00	大坂幸橋融通講，満講徳入
９月	1	—	年賦調達講返済金50両，弘化２年正月より８月まで，利子年0.06，半金
12月	168	—	御立用金5,600両，弘化２年分，利子年0.06，半金
12月	45	—	年賦調達講1,500両，弘化２年分，利子年0.06，半金
12月	150	—	御為替敷金10,000万両，弘化２年分，利子年0.03，半金
３年４月	-3	—	年賦調達講返済金100両，弘化３年正月より３月まで，利子年0.06，半金
９月	1	—	年賦調達講返済金50両，弘化３年正月より８月まで，利子年0.06，半金
11月	236-2	—	御立用金6,700両，弘化２年12月より３年11月まで閏共13カ月，2500両，９月より11月まで３カ月，利子年0.06，半金
12月	150	—	御為替敷金10,000万両，弘化３年分，利子年0.03，半金
12月	40-2	—	年賦調達講1,350両，弘化３年分，利子年0.06，半金
４年３月	-2	—	年賦調達講返済金100両，弘化４年正月２月分，利子年0.06，半金
９月	—	462.00	京御用所積立講預ケ銀13貫200目，弘化３年11月より４年10月まで，利子年0.07，半金
９月	2	—	年賦調達講返済金100両，弘化４年正月より８月まで，利子年0.06，半金
11月	204	—	御立用金6,800両，弘化３年12月より４年11月まで，利子年0.06，半金
12月	150	—	御為替敷金10,000両，弘化３年分，利子年0.03，半金
12月	34-2	—	年賦調達講1,150両，弘化３年分，利子年0.06，半金

嘉永元年3月	-1	—	年賦調達講返済金50両，嘉永元年正月，2月分，利子年0.06，半金
6月	—	269.50	京御用所積立講預ケ銀13貫200目，弘化4年11月より嘉永元年5月まで7カ月分，利子年0.07，半金
9月	2	—	年賦調達講返済金100両，嘉永元年正月より8月まで，利子年0.06，半金
12月	120	—	御立用金4,000両，弘化4年12月より嘉永元年11月まで12カ月，利子年0.06，半金
12月	84	—	御立用金2,800両，弘化4年12月より嘉永元年11月まで12カ月，利子年0.06，半金
12月	81-1	—	御立用金2,500両，弘化4年11月より嘉永元年11月まで13カ月，利子年0.06，半金
12月	56-1	—	御立用金2,500両，嘉永元年3月より11月まで9カ月分，利子年0.06，半金
12月	31-1	—	御立用金2,500両，嘉永元年7月より11月まで5カ月分，利子年0.06，半金
12月	30	—	年賦調達講1,000両，嘉永元年分，利子年0.06，半金
12月	150	—	御為替敷金10,000両，嘉永元年分，利子年0.03，半金
2年3月	-3	—	年賦調達講返済金100両，嘉永2年正月より3月まで，利子年0.06，半金
12月	97-2	—	御立用金3,000両，嘉永元年12月より2年11月まで閏共13カ月，利子年0.06，半金
12月	45-2	—	御立用金1,400両，嘉永元年12月より2年11月まで閏共13カ月，利子年0.06，半金
12月	325	—	御立用金10,000両，嘉永元年12月より2年11月まで閏共13カ月，利子年0.06，半金
12月	27	—	年賦調達講900両，嘉永2年分，利子年0.06，半金
12月	150	—	御為替敷金10,000両，嘉永2年分，利子年0.03，半金
3年2月	4-2	—	年賦調達講900両，嘉永3年正月2月，利子年0.06，半金
12月	60	—	御立用金2,000両，嘉永2年12月より3年11月まで12カ月，利子年0.06，半金
12月	262-2	—	御立用金8,750両，嘉永2年12月より3年11月まで12カ月，利子年0.06，半金
12月	150	—	御為替敷金10,000両，嘉永3年分，利子年0.03，半金
4年12月	30	—	御立用金1,000両，嘉永3年12月より4年11月まで，利子年0.06，半金
12月	225	—	御立用金7,500両，嘉永4年分，利子年0.06，半金
12月	150	—	御為替敷金10,000両，嘉永4年分，利子年0.03，半金
5年10月	187-2	—	御立用金6,250両，嘉永4年12月より5年10月まで閏共12カ月，利子年0.06，半金
12月	150	—	御為替敷金10,000両，嘉永5年分，利子年0.03，半金

出所）「紀印御利足扣」（三井文庫所蔵史料　別1810）.

京都救合倉講	和歌山救合倉講	年賦調達講	紀州赤坂屋敷年賦	年賦調達講	熊野三山貸付所差加金	立用金半高	紀州御講
貫　匁	貫　匁	両	両	両	両	両	両
54,876.00	4,950.00	—	—	—	—	—	—
65,952.00	9,660.00	200	300	—	—	—	—
76,326.00	14,250.00	200	200	—	—	—	—
85,296.00	18,720.00	200	200	—	—	—	—
92,316.00	23,070.00	150	100	600	—	—	—
96,216.00	25,170.00	150	100	450	—	—	200
96,996.00	25,170.00	150	100	450	—	1,000	200
96,996.00	25,170.00	150	100	450	—	1,000	200
96,996.00	29,160.00	150	100	450	—	1,000	200
96,996.00	32,610.00	150	100	450	5,000	1,000	200
96,996.00	35,310.00	150	100	300	5,000	1,000	200
16,996.00	28,590.00	150	100	300	5,000	1,000	200

続2408),「秋金銀出入寄」(同　続5792, 続5796).

が償還され、四口分三六貫目は据え置かれた。文久元年二月に二口分の一八貫目が、二年三月に二口分の一八貫目が割戻された(2)。出銀高の合計九六貫四八六匁と較べて一九貫五一四匁が三井両替店が救合倉講に出銀した最終的な利潤となった。

嘉永元年からは和歌山御仕入方でも救合倉講が始められ、三井両替店も出銀した。和歌山救合倉講の仕法(3)は、七〇人一組で二〇会目まで出銀し、年に二回一度に一人ずつ振鬮と入札で三〇会目まで割賦銀を渡し、三一会目に残りの四〇人に一度に渡すのである。京都救合倉講とほぼ同様の仕法で、出銀高も最初の一口が五一〇匁で二〇会目の六〇匁まで京都の場合と同額で逓減していくが、渡銀高は初会が二貫目で二〇会目が八貫五〇〇目、三〇会目が九貫五〇〇目と京都救合倉講より高額となっている。また三会目以降奇数会には入札によって渡されるため銀高が確定できないことが異なっている。第2―24表の嘉永元年の和歌山救合倉講の五貫九四〇匁は、二会目までの六口分の出銀高である。以後出銀を繰り返し、嘉永四年の八会目に四貫目を振鬮に当たり受け取り、嘉永六年の一一会目に五口分を出銀したのち出銀は一時ストップした。安政五、六年に再度出銀高が増加した。

第２―27表　大元方の紀州藩への貸出金（その２）

年	御仕入方新入講	紀州御講	年賦調達講	御仕入方講
	貫　匁	両	両	両
嘉永元年	1,428.00	150	500	665
２年	1,428.00	150	500	538
３年	1,428.00	150	400	538
４年	1,428.00	100	350	―
５年	1,428.00	100	100	―
６年	1,428.00	100	50	―
安政元年	1,428.00	100	50	―
２年	1,428.00	100	50	―
３年	1,428.00	100	50	―
４年	1,428.00	100	50	―
５年	1,428.00	100	―	松坂役所積立講
６年	1,428.00	100	―	297

出所）「大元方勘定目録」（三井文庫所蔵史料　続3121～続3133，

弘化元年から嘉永五年までの京都両替店の紀州藩への貸出金の利足を第２―26表からみよう。貸出金高を越後屋京本店と折半しているため、同表の利足高は受け取った利足の半分の額となっている。利子率は年三パーセントの為替敷金と年七パーセントの京御用所積立講預け銀を除いて年六パーセントである。為替敷金の一万両は変わりがない。一〇〇両、五〇両の年賦調達講返済金は第２―20表のとおりである。同表には三つの立用金の利足がみられる。それを第２―24表とともにみると、その第一の弘化元年の五六〇〇両から嘉永元年の一四〇〇両まで減少した立用金は、天保一四年の七〇〇〇両を五カ年賦で償還しているものである。第二に弘化二年の二五〇〇両は、弘化二年九月に五〇〇〇両の借用を申し掛けられ、同年一一月と翌年九月に二五〇〇両ずつ納め、その年から一〇〇〇両ずつ五カ年賦で償還することになったのである。

第三の嘉永元年の一万両の立用金は、弘化三年に紀州藩国表で近年物入が続いているからと二万両か一万五〇〇〇両の立用を持ち掛けられ、翌年と翌々年の七月と一一月に二五〇〇両ずつ納めると返事したものである。その償還方法については紀州藩が一二カ年賦を求めたためまとまらず、弘化四年になり、同年一一月と翌年の三月、七月、一二月に分割して二五〇〇両ずつ納め、八カ年賦で償還することでまとまった。したがって嘉永二年の八七五〇両以下年に一二五〇両ずつ償還されていった。嘉永五年（一八五二）一一月に五〇〇〇両の残高となったところで、同月の日

第2—28表　越後屋京本店の紀州藩への貸出金（その1）

年	為替敷金	立用金	年賦調達講	京都御用所講	京都救合倉講	立用金	立用金	和歌山救合倉講
	両	両	両	貫　匁	貫　匁	両	両	貫　匁
弘化元年	5,000	2,800	800	9,834.13	6,630.00	—	—	—
2年	5,000	2,100	750	—	19,032.00	1,250	—	—
3年	5,000	1,400	675	—	31,123.00	2,000	—	—
4年	5,000	1,400	575	—	42,900.00	2,000	1,250	—
嘉永元年	5,000	700	500	—	54,366.00	1,500	5,000	5,940.00
2年	5,000	—	400	—	65,440.00	1,000	4,375	11,592.00
3年	5,000	—	—	—	75,814.00	500	3,750	17,100.00
4年	5,000	—	—	—	84,784.00	—	3,125	22,464.00
5年	5,000	—	—	—	91,804.00	—	2,500	27,684.00
6年	5,000	—	—	—	87,784.00	—	2,500	30,204.00
安政元年	5,000	—	—	—	88,504.00	—	2,500	30,204.00
2年	5,000	—	—	—	88,504.00	—	2,500	30,204.00
3年	5,000	—	—	—	88,504.00	—	2,500	34,992.00
4年	5,000	—	—	—	88,504.00	—	2,500	39,144.06
5年	5,000	—	—	—	70,504.00	—	2,500	42,395.90
6年	5,000	—	—	—	16,504.00	—	2,500	44,207.52

出所）「金銀貸預書抜」（三井文庫所蔵史料　続4111-3〜続4530-3）．

付で四カ年賦の五〇〇〇両の拝借として証文を改めたのである。同月に二〇〇〇両で同じく四カ年賦の証文を作成した。二五〇〇両のうち五〇〇両を償還したところで証文を改めたのである。以上の三つの立用金は利足がすべて年六パーセントであり、第2—26表からも立用金の利足だけで嘉永二年には四六八両に及んでいる。

次に大元方の紀州藩への貸出金についてみてみよう。すでに第2—17表からみたように、弘化元年から大元方は京都救合倉講に出金した。同年には六貫六三〇目の掛金高であり、それは一三口に当たる。さらに第2—27表に嘉永元年以降の大元方の紀州藩への貸出金を記したが、京都両替店と同様に和歌山救合倉講への五口の出金もみられるのである。

嘉永二年五月に紀州藩の江戸赤坂御勘定所に御用達や伝馬町の御為替組、木綿店、「御領分出稼之衆」など三十四、五人を呼び集め、新しく融通金に出金するようにせまった(4)。仕法は文政一〇年の融通講と同じであるという。紀州藩の江戸屋敷が独自に資金を調達しようというのである。一口一〇〇両で一〇〇口一万両を集め、春秋年に二度六〇〇両ずつ、年に一二〇〇両ずつ償還することになり、期間の利子は月〇・五パーセントとなっている。三井には一〇口一〇〇〇両出金するようにとの話であり、いったんは謝絶したが、結局三〇〇両を出金した。文政一〇年の赤坂御講金は京都両替店が出金していたが、嘉永二年からは大元方が出金した。第2―27表では嘉永二年に年賦調達講として二〇〇両が記されている。それは小森屋清次郎名前である。紀州藩の年賦調達講では嘉永二年から花印五〇口五〇〇〇両を組織していた。その中に小森屋清次郎が二口二〇〇両分を加入していたが、三井大元方がその小森屋清次郎分を事実上出金したため新調達講金二〇〇両が同表に記されている。

なお同じく年賦調達講として嘉永五年より六〇〇両が記された。それは木村屋直次郎名前である。同じく年賦調達講の花印の中で山本庄助が一〇口一〇〇〇両を加入していたが、嘉永三年に木村屋直次郎名前に改められ、少しずつ償還され嘉永五年に六〇〇両の残高になったところで三井が立て替えて講金を買い取ったのである。名前は木村屋直次郎名前のままであった。小森屋清次郎名前、木村直次郎名前の年賦調達講花印の講金は償還されていき、それぞれ元治元年、慶応二年には皆済となった。なお安政元年の立用金半高の一〇〇〇両は、京都両替店が貸し出した立用金二〇〇〇両の半分を京本店に代わって大元方が出金したのである。熊野三山貸付所差加金は年賦調達講を償還することと代わりに三井が出金した五〇〇〇両である。

三井京都両替店の紀州藩への貸出金の半分は越後屋京本店から供給されていて、その貸出金の半額が京都両替店の「勘定目録」の「預り方」の「本店引当」に記されるのである。京本店の勘定目録の御屋敷貸の内訳の中に紀州藩への貸出として同様の額が記される。天保期においても鈴木五左衛門貸を除いて、為替敷金、立用金、大坂幸橋融通講金、京都御用所積立講金、年賦調達講金などの半額が記載された。ところが弘化期になり事情が若干異なってきた。

京都両替店の紀州藩貸しのうち、京都救合倉講、和歌山救合倉講については「本店引当」にその半分が記載されることがなくなった。ところが京本店の「御屋敷貸」には別個に京都救合倉講、和歌山救合倉講が記載されている。それを第2―28表からみてみよう。為替敷金、立用金は京都両替店の半額であるが、京都救合倉講では京都両替店および大元方と同額の一三口である。七〇人一組のなかで、京都両替店、京本店、大元方がそれぞれ一三口ずつ、合計三九口を受け持ったのである。和歌山救合倉講にも京本店は六口を出金しており、京都両替店、大元方の出金を合計すると一七口の出金となった。

京都両替店にもどって、嘉永元年から八年賦となっていた一万両の立用金は、嘉永六年（一八五三）には年賦償還されないで五〇〇〇両のまま第2―24表に記されている。年賦調達講に関しては前述したが、嘉永六年には紀州藩において立用金、講金の五カ年間の据置仕法が実施されたのである。その事情を同年一一月の次の紀州藩組頭より三井、竹原、小堀への書状からみてみよう。(5)

一筆申達候、然者御繰合御六ケ敷儀と兼々御承知も被下候通、近年御不幸打続、其上去年、当年違作礑と差支候折柄、此度異国船渡来候ニ付、公辺ゟ厳敷防禦之儀被仰出候ニ付、江戸并紀州、勢州領分共海岸場所夫々厳重備向被仰付、不容易前代未聞之儀（中略）此上御立用之儀ハ得御談申兼候ニ付、其段重役中江申込種々被及評議候得共、如何とも被取計振無之手段尽候付、不得止事、江、勢、上方共都而御立用向当丑年ゟ五ケ年之間利足年弐朱御渡方取計、元銀居置相成候ハヽ、ケ也見詰相立可申、左候ハヽ、年限相立候上ハ是迄之通差引出来候様可相成哉と申談候事ニ候、夫ニ付其春年賦調達金当時済残之分も右同様年弐朱利付、元金五ケ年居置之筈ニ付、夫々加入向江諭方之儀木村条右衛門江申遣候間（中略）右等之趣及御願達可申旨重役中被申聞候、依如斯御座候通、恐惶謹言

十二月

嘉永五年、六年と紀州藩領において凶作となった上に、ペリーの浦賀への来航以後の海岸防禦のための費用が嵩み、しかも新たな立用金を頼むことも難しいため、従来より借りている立用金を嘉永六年より五年間は元銀返済を据え置き、同じく五年間は利足を年二パーセントに引き下げたいとの内容である。三井、竹原、小堀の三軒に渡されたことは、年賦調達講の世話方としてであったが、その五カ年間置居と利足年二パーセントへの引下げは立用金全体にも適用されるものであった。世話方三軒は願書を出して交渉した結果、年賦調達講の利足を年五朱に引き下げることで落着したが、立用金の銀主は五カ年据置きと立用金の利足切下げの紀州藩の意図を覆すことはできなかった。

嘉永六年の五カ年置居仕法は、ペリー来航後の海防費用の増大を契機とする暫定的な対処であった。借財の実態が完全に掌握できない状態で利足支払いばかりが増していき、償還も困難になっていたからである。そこで紀州藩としては借財を統一的に把握する機関が必要となったのである。そこで安政三年に領外での立用金や調達請金を取り扱う機関として他国御融通掛を設置し、安藤飛驒守、水野土佐守、村松郷右衛門の三家老の取扱いとし、諌川三郎平を江戸大坂京都堺大津御寄附金御貸付方頭取・御勘定御勝手方組頭兼大坂御屋敷奉行兼勤・他国御融通掛に任命した。この他国御融通掛の最初の仕事は、領外での紀州藩の借財の調査であった。他国御融通掛設置の前文では次のようにある[6]。

此度於江戸表御政府ゟ被仰出候義者、年来御借財筋相嵩候上、近来異船渡来海岸防禦御備筋武具御手当等御入箇簾々繁多ニて此末迚も御操合セ六ケ敷在之候間、御上向奉始御政府方ゟ御家中方ニ至まて節倹質素被仰出、種々御改革中殊更御融通筋之義、年来御勘定奉行掛りニて兎角見詰無覚束キ金子借入、且者無益之失費も多ク等閑之取計を以過行候ニ付、自然と彼是御差障り簾々出来、全取締不宜敷如斯成行、此姿ニ而者不容易次第旁以今般江

戸表御融通筋之儀者御政府方直々御取扱被仰出候

御仕入方役所が各地に設置され、それらが独自に借り入れているため、紀州藩としては借財の実態を把握することができなかったのである。調査の方法は自らの役所を調査するのではなく、各銀主に対して、立用金の金高とその開始年月、利足、および「暑寒被下もの」、扶持方等を書付にして差し出させたのである。それに応えて三井両替店が書き上げたのは、第一に御為替敷金の一万両、第二に鈴木五左衛門貸の三四九貫二〇〇目、第三に嘉永五年の五〇〇〇両と二〇〇〇両の立用金、そして第四に一万四五〇〇両の年賦調達講である。ただし年賦調達講の一万四五〇〇両は三井、竹原、小堀の世話方が集めた講金で、三井両替店はこの時点では出金はしていなかった。京都や和歌山での救合倉講への掛銀は書き上げられていない。また大元方が出金した紀州藩の講金も書き上げてはいない。

紀州藩が借財の調査を行ったのは、借財高と利子支払高とを統一的に掌握するためであるとともに、それらを整理して新たな借入金の手段を探すためでもあった。

安政三年（一八五六）六月の大坂店よりの書状の中に次のような文がある。(7)

去ル丑年御主法後、若山、江戸表共御倹約厳敷誠恐入候御儀、江戸表御台所近年御定式壱ヶ年金千六七百両御延金相成候趣、万事御倹約専一ニ被遊、異国船渡来、且昨年江戸表大地震臨時御入用御座候得共、御借入無御座御差操御賄被遊候（中略）丑年ゟ無御借入御賄被在候得共、段々押迫当年五月ゟ九月迄之所、御不融通御差支相成候段、若山御勘定御奉行衆ゟ御政府様へ被仰上候間御糺之上無拠次第ニ付、他国融通掛へ調達被仰付候間、帰坂後館入へ談合候事ニ御座候、其御家柄者格別之儀ニ付、御出金高相定御進メ申ニ者無之候得共、此度御政府様御厚配被遊候御儀御恐察被成、何程御出金と申儀御申出候半者、厚御聞取可被遊

嘉永六年の倹約仕法で新たな借入金をしていないが、最近また財政不融通となったために、出金高の指定はしない

が、出金高を申し出れば聞き届けるとの内容である。それに対して三井では謝絶しているが、三井、竹原、小堀の三軒が世話方をしている年賦調達講の償還について相談の過程で、償還と引替えに三井、竹原、小堀の三軒が五〇〇〇両を出金することになった。前述した安政四年五月の「御請書」がその内容を示しており、一万四五〇〇両を一五年賦償還することが条件となった。出金は熊野三山貸付所への差加金としてなされ、実際は三井大元方が一手で出金したのである。第2―27表のとおりである。

安政五年一二月に松坂の三井店と御為替組の二人が呼ばれ、評定所の水野藤兵衛より書付を受け取った。その中に次の条項があった(8)。

一御立用年弐朱ニ而元金五ケ年居置候分、当年ゟ以前之通相渡候筈ニ候得共、追々不時御出方多見詰通主法難相立候付、当年ゟ今五ケ年之間年三朱ニ相増、元金者居置候様致度候、其外年賦御立用元下ケ之儀者是迄之通相替儀無之事

嘉永六年に出された五カ年間据置きの期限がすぎたが、据置きをまた五カ年間延長し、ただし利足は年二朱（二パーセント）から三朱にあげるというのである。年賦立用金は従来どおりであるという。それに対してすぐ三井八郎右衛門は次の願書を他国融通掛に宛てて差し出した(9)。

以書附奉願上候

御立用金七千両之筋、去ル丑年被仰出候御品ニ付、同年ゟ元金五ケ年置居利足年弐朱ニ相成申候、然ルニ最早昨年限ニ而五ケ年相立候付、何卒当年元金御下ケ被成下候様奉願上候、且是迄冬分御下ケ渡被成下候江戸御月割御為替金五千両御操込筋之儀、是又前件被仰出候御品ニ付、其後御沙汰無御座、就右毎度奉歎願候儀ニ御座候、何卒来未年分是迄之通御下ケ渡被成下候様偏奉願上候、尤右丑年被仰出之頃ゟ専ラ異船渡来之説ニ而、世上一般不

景気心配罷在候処、其後打続三都共地震出火ニ而店々幷抱屋敷等類焼相潰候而、不時之入箇差湊候上、兎角異船沙汰ニ而諸向人気不宜候付、商体格外減少仕、何角ニ差響キ不容易損毛相立難渋罷在候処、亦候先月中江戸大火ニ而店々者不及申抱屋敷等数多類焼仕、十方ニ暮当惑至極、天災と者乍申、右様難渋打続一同不大形辛労仕候儀ニ御座候、乍併商店之儀者何角差置早速仮普請不仕候半而者忽渡世難出来、種々差操此節専ラ普請ニ取掛り居候儀ニ御座候得共、何分此末仕入物等ニ差詰り一同歎痛罷在候、兼而右七千両之筋先達而猶又当年ゟ御置居之御沙汰御座候付、乍恐当時御用途多之折柄、此度之天災無之候ハヽ、如何共差操御請可申上心得ニ御座候処、不計右之次第不得止事奉歎願候儀ニ御座候間、右両様格別之御憐愍を以御聞済被為成下候ハヽ、難在仕合可奉存候、此段偏奉願上候、以上

十二月　　　　　　　　　三井八郎右衛門　無印

他国御融通掛

御役人中様

紀州藩の再度の五カ年間据置仕法は、銀主一般に出されたのであるが、三井の場合は五〇〇〇両の償還が嘉永六年にストップし、さらに二〇〇〇両の立用金もあったために、七〇〇〇両について、三井の経営上の苦境をならべたてて年賦での償還を求めたのである。安政六年八月にも再度同じような内容の願書を他国融通掛に出した。その願書の結果、万延元年四月に二〇〇〇両の立用金は返済されたが、五〇〇〇両の立用金が返済されることはなかった。

注

(1)「救合倉御講仕法書」(三井文庫所蔵史料　続一八二五—一)。

(2)「救合倉元帳」(三井文庫所蔵史料　本三四〇)。

(3)「若山御仕入方救合倉仕法書」(三井文庫所蔵史料　別一七三一—四)。
(4)「紀州御用留」(三井文庫所蔵史料　本一七九)。
(5)同右。
(6)「紀州御用留」(三井文庫所蔵史料　本一八〇)。
(7)「紀州御用留之内金談一巻」(三井文庫所蔵史料　本一八四、『和歌山県史』近世史料一)。
(8)「紀州御用留」(三井文庫所蔵史料　本一八〇)。
(9)同右。

第六節　幕末期の紀州藩への大名貸

幕末期から明治初年にかけての三井の紀州藩への大名金融はどのようになされたであろうか。三井両替店が紀州藩への貸出を一手に引き受け、その半分を京本店が負担するという構造は、天保期に大元方が松坂の講金を直接出金してからしだいに崩れていき、京都、和歌山の救合倉講は京都両替店、京本店、大元方がそれぞれ別個に出金するほどになった。安政期には京都両替店の二〇〇〇両の立用金の半分を大元方が受け持ち、熊野三山貸付所差加金を大元方が出金した。幕末期になると三井の紀州藩への新たな貸出金は、京都両替店、大元方、京本店のそれぞれで行われた。それを第2—29表、第2—30表、第2—31表からみてみよう。それらの三表から、京都両替店における三五〇貫目、一〇〇貫目、二〇〇〇両、四〇〇〇両の立用金、大元方における松坂役所積立講と天神橋講、京本店における田丸講が新たな特徴となっている。それらを個別的に検討していこう。

第2—29表には記載されないが、文久二年上期では一〇〇貫目の月割納調達銀があり、三年上期では一〇〇貫目の

への貸出高（その７）

立用金	京都救合倉講	和歌山救合倉講	調達講	立用金	立用金	立用金
両	貫　匁	貫　匁	両	貫　匁	貫　匁	両
5,000	16,486.00	51,340.00	250	—	—	—
5,000	—	51,340.00	950	50,000.00	—	—
	—					
5,000	—	42,240.00	900	350,000.00	—	—
5,000	—	42,240.00	900	350,000.00	100,000.00	—
5,000	—	42,240.00	900	350,000.00	200,000.00	2,000
5,000	—	42,240.00	900	350,000.00	100,000.00	—
5,000	—	42,240.00	900	350,000.00	100,000.00	4,000

5404，続5414，続5428，続5438，続5448，続5458，続5468）．

出金（その３）

和歌山救合倉講	年賦調達講	赤坂屋敷年賦	年賦調達講	熊野三山貸付所差加金	松坂役所積立講	天神橋講	松坂賑民講
貫　匁	両	両	両	両	両歩朱	貫　匁	両歩朱
28,830.00	150	100	300	5,000	568-2-3	—	—
28,830.00	100	100	300	5,000	821-2-3	—	—
28,830.00	100	100	300	5,000	1,031-2	24,300.00	—
28,830.00	100	100	300	5,000	1,204-3	43,700.00	—
28,830.00	—	100	200	5,000	1,338-2	61,700.00	—
28,830.00	—	100	200	5,000	1,429-1-3	78,300.00	—
28,830.00	—	100	—	5,000	1,475-3-3	—	170
28,830.00	—	100	—	5,000	1,488-2-1	—	485-2-2
28,830.00	—	100	—	5,000	1,488-2-1	—	813-2-2
28,830.00	—	100	—	5,000	1,488-2-1	—	971-2-2

続2409～続2418）．

立用銀と二〇〇貫目の月割調達銀があった。

紀州藩の立用金の調達を行う機関である他国融通掛から、万延元年（一八六〇）六月に三井に二〇〇貫目の調達を命じてきた。書状の一部を次に引用する。(1)

今般此方様御慶事ニ付而者多分之御入用金高相嵩候付、則先頃ゟ当御屋敷御出入之町人其外御用達夫々江御用金被仰付候、尤今般御入用高凡エ（七、八）チ万両ニ在之、返済之儀者月七朱之利足を以当年之処者利分計相渡、来酉年より五ケ年ニ割合元利共

第２―29表　京都両替店の紀州藩

年	為替敷金	鈴木五左衛門貸
	両	貫　匁
万延元年	10,000	344,200.00
文久元年	10,000	343,200.00
２年	10,000	
３年	10,000	341,200.00
元治元年	10,000	340,200.00
慶応元年	10,000	339,200.00
２年	10,000	339,200.00
３年	10,000	337,200.00

出所）「勘定目録」（三井文庫所蔵史料　続

第２―30表　大元方の紀州藩への貸

年	御仕入方新入講	紀州御講	京都救合倉講
	貫　匁	両	貫　匁
万延元年	1,428.00	100	16,996.00
文久元年	1,428.00	100	—
２年	—	100	—
３年	—	100	—
元治元年	—	100	—
慶応元年	—	100	—
２年	—	100	—
３年	—	100	—
明治元年	—	100	—
２年	—	100	—

出所）「大元方勘定目録」（三井文庫所蔵史料

無相違皆済返弁可申約定ニ而、此頃外方追々御請高被申出候、就而者其御元ニ而も不外御間柄之儀ニ付同様御用向御勤不被下候半而者難相成候間、何卒銀高セ舟〆ゝ（二百貫目）丈御勤被下度、此段私より及御頼談候様奉行衆申付候間可然御取扱被下候様、尤銀子者只今御差出しニ不及申員数丈ケ御取極置被下候得者宜候旨被申聞候

この文中の慶事とは一三代藩主の慶福が一四代将軍となったことを指すのであろうか。七、八万両の入用高のために館入に御用金を課したのであるが、三井は不景気を理由として出金を謝絶している。この慶事立用金は数度の交渉の結果沙汰止みとなったが、文久元年（一八六二）一一月に三井は紀州藩天神橋役所より月割納金として一〇〇貫目を出金するように命じられ、文久元年一二月に五〇貫目を、二年二月にさらに五〇貫目を出銀した。月〇・七パーセントの利足付きで、文久二年一一月に元利とも返済する約束であった。ところが同月になり、その一〇〇貫目は据え置かれた上に、さらに文久三年一〇月返済の約束で二〇〇貫目を出銀することを求められたため、二〇〇貫目を出銀することになった。利子は同じく月〇・七パーセントであった。一〇〇貫目の月割納金は都合次第返済するといわれたが、文久三年一一月に二〇〇貫目と合わせて、三五〇貫目の証文に書き改められることになる。それは元治元年一

第2―31表　越後屋京本店の紀州藩への貸出金（その2）

年	為替敷金	立用金	京都救合倉講	和歌山救合倉講	田丸講	田丸講久野印
	両	両	貫　匁	貫　匁	貫　匁	貫　匁
万延元年	5,000	2,500	16,504.00	44,573.32	―	―
文久元年	5,000	2,500	―		―	―
2年	5,000	2,500	―	17,673.32	―	―
3年	5,000	2,500	―	17,673.32	―	―
元治元年	5,000	2,500	―	17,673.32	15,300.00	―
慶応元年	5,000	2,500	―	21,673.32	22,900.00	―
2年	5,000	2,500	―	21,673.32	27,000.00	―
3年	5,000	2,500	―	21,673.32	27,000.00	13,200.00
明治元年	5,000	2,500	―	21,673.32	27,000.00	13,200.00
2年	5,000	2,500	―	21,673.32	27,000.00	13,200.00
3年	5,000	2,500	―	21,673.32	27,000.00	13,200.00

出所）「金銀貸預書抜」（三井文庫所蔵史料　続4559-2～続4786-2）.

一月に元利とも返済の約束であったが、紀州藩勘定奉行よりの書状の中で「中納言様御儀、昨年来度々御上京之上、当春以来大坂表御城を初近海岸御守衛被蒙仰、多人数在坂無御滞御勤被成候ニ付、当六月ニ者一ト先御帰国之儀御所表幷江戸表江も御願出、既ニ御聞済ニも可相成処、七月十九日不存寄京都異変ニ付而者、大坂表之儀猶々御守衛向万端手厚取計方行届候様、従御所表被仰出、猶又江戸表よりも同様被仰越、誠以御配慮之御儀申迄も無之儀、御国表ゟ多人数御取寄、当時ニ至屯所初市中おいても日々之失費莫大之儀ニ而、実々御心労被為在候ニ付、今般公辺江御拝借筋御歎願被成、当時御願書ニ有之候得共、差向当時之庭合追々御手支相成、是迄格別御出精御用筋御勤被下候上之儀ニ而、此上可申出筋ニ無之候得共、前件之次第不得止今般御頼談被成度」(2)と記されている。当時は家茂の上洛から禁門の変、第一次長州征討と続く政治情勢の中で紀州藩の財政支出は膨らんでいき、その費用は町人からの借財に頼むほかなかったのである。三井両替店は慶応元年まで二度に分けて二〇〇貫目を出銀した。それは五カ年賦返済の約束で慶応二年にはいったん一〇〇貫目まで返済された。次に慶応元年（一八六五）七月八日付で三井の紀州藩への貸出金の調査があるので記す(3)。

一三百五拾貫目
但去々亥年冬御下渡之処、尚亦去子年元銀置居被仰付、当暮御皆済御下ケ渡被成下置積り、尤此儀於勢州篤ニ郎ゟ御願込奉申上候而、今般御用金四千両御請奉申上候次第御座候故、当冬十一月元利御下ケ渡之儀奉願上候
一弐百貫目
但是者百貫目五ケ年割ニ而御請奉申上候得共、百貫目当七月限御ケ渡之儀、最初御用達之節ゟ奉願上候
一金五千両
但是者元金拾ケ年賦、御利足年弐朱ニ而、矢張是迄之通毎暮元利御下ケ渡奉願上候、
一敷金利分幷御調達講割済筋
当暮御下ケ御沙汰之趣候得共、半季毎ニ金五百両宛御下渡御座候処、一昨亥年九月御上京之節、御直々壱ケ年分御年延御頼談御座候而、其後段々歎願漸昨冬亥年分金千両御下ケ済、全当冬至り候ハヽ、去子幷当丑二ケ年分弐千両御下ケ渡之儀奉願上候
一御貸方加入金五千両利分、是亦一昨亥秋季分去子冬分ニ至り御渡被下、其後何共御沙汰無御座、去子年分丈成とも当盆前ニ御下ケ渡奉願上候

丑七月八日　三井八郎右衛門
名代吹田四郎兵衛

三五〇貫目、二〇〇貫目は上記のとおりである。五〇〇〇両は元金一万両で八年賦であったが嘉永元年より据置きとなったままであった。年賦調達講金も前述のように文久三年より償還が滞りがちとなっていたのである。大元方が出金した熊野三山貸付所差加金の五〇〇〇両は、子年の元治元年から利足払もなくなっていた。文久三年に三井両替

店が紀州藩から受け取った利足は立用金五〇〇〇両の利足金一五〇両（年利三朱）、一万両の為替敷金の利足金二〇〇両（年利二朱）、立用銀二〇〇貫目の文久二年一一月より三年一〇月までの一二カ月分の利足銀一六貫八〇〇目（月利七朱）、立用銀一〇〇貫目の文久三年四月より一一月までの七カ月分の利足銀四貫九〇〇目（月利七朱）があり、大元方の出金した熊野三山貸付所差加金五〇〇〇両の利足金二五〇両（年利五朱）もあった。慶応元年一二月にも立用金五〇〇〇両や為替敷金一万両の利足金二〇〇両と一五〇両とともに、立用銀三五〇貫目の元治元年一一月から慶応元年一一月までの利足銀三四貫三〇〇目と、二〇〇貫目の立用銀の利足一八貫二〇〇目がみられるようになった。

慶応元年（一八六五）になり、紀州藩は新たに松坂の町人を対象として御用金の調達を行った。同年四月に紀州藩の勘定奉行垣屋十郎兵衛が御用向で松坂に赴き、松坂町奉行とともに松坂在住の三井同族である三井篤二郎と則右衛門に対して一万両の立用金を命じてきた。書状中には次のようにある。(4)五年賦返済、利足月五朱の条件であった。

近年来廉々御出道相嵩、且亦此度御用筋不容易御儀ニ而、御書附を以金高イ《（一）》万両調達、尤返済之儀者来寅ゟ五ケ年割済、利足月五朱下ケ渡候様被為仰談候趣

この一万両の出金の命令に対して、三井では三〇〇〇両を引き受けることにし、それでも聞き入れられない場合には五〇〇〇両までなら出金してもかまわないことで対処しようとした。これは四〇〇〇両の出金に応じることで妥結し、六月と九月に二〇〇〇両ずつ出金したが、翌慶応二年になり松坂の二同族は再度二万両の御用金を課せられた。それに対して一万三〇〇〇両を出金することで妥結したが、六月には江戸で松坂立用金のうち三〇〇〇両を軍艦出帆までに出金するように命じられた。同月に第二次長州征討が開始され、明らかに戦費としての調達であった。年内に残りの一万両を分割して出金した。その四〇〇〇両と一万三〇〇〇両の立用金は京都両替店、大元方、京本店のどの勘定目録にも記載されていない。四〇〇〇両の立用金は五カ年割済の約束であったため、慶応二年には八〇〇両が償

還され、明治三年までに再度八〇〇両が償還されて残高は二四〇〇両となった。また一万三〇〇〇両の立用金については、六〇〇〇両と七〇〇〇両に分け、六〇〇〇両を慶応二年より五カ年賦償還とし、七〇〇〇両を慶応三年より五カ年賦償還としたのである。その返済仕法にしたがって慶応二年には一二〇〇両が、慶応三年には二六〇〇両が償還され、残高が九二〇〇両となったところで償還はストップしたのである。紀州藩にとって松坂町人よりの御用金の調達は最後の拠り所となったであろう。この時期の立用金は須く戦費調達としての性格を持たざるをえなかったが、直接的軍備のための貸出にも三井は応じることになった。慶応二年（一八六六）一一月に紀州藩では横浜で二〇〇挺を買い入れるために八〇〇〇両を出金するように三井両替店に申し入れた。四〇〇〇両が鉄砲代金で、四〇〇〇両が備置用であった。京都両替店はそれを引き受けたのである。当時は第二次長州征討も終了していたが、「芸州表御出張」以来藩財政の失費は著しく家中も半知となっていた。そのようななかで武器を充実させるために三井に八〇〇〇両を調達させようとした。備置用を除いて鉄砲代四〇〇〇両を出金したのは慶応三年正月であった。慶応三年九月七日に「紀国様兼而横浜異人江御注文鉄砲タンライス弐千三百挺御買求相成候由」(5)との記事がみられ、三井の出金もそのために用いられたのであろうか。

以上のような紀州藩への立用金に対して三井両替店では年賦返済を求める書状を何度も出しているが、慶応三年七月の勘定組頭に宛てた願書を次に引用する。(6)

乍恐奉歎願候

一去寅十月以来名代共御呼下、御鉄砲代臨時御用被仰付、其砌も奉歎願候通近来八郎右衛門居宅幷京都店々始江戸店類焼仕、既ニ相続仕兼候場合至り候処、去々丑寅両年ニ臨時御立用筋金壱万七千両被仰付、種々御願奉申上候得共御聞済無御座、無拠操合仕漸御請奉相納候義ニ御座候、然ル処尚其上前書之通去寅十月来御鉄砲代金八千両臨時御用被仰付、誠ニ当惑心痛仕其段奉歎願候得共御聞済無御座、段々被為仰談候御趣意外不成御儀、其上強而歎願も奉恐入候ニ付、三都店商用元手金之内ヲ以馳合御用相勤奉相納候儀ニ御座候、然ルニ近来諸色未曾有之高価ニ付、続而歩合も上り候ニ付而者是迄之通り御利分下ケ被成下候義者難有奉存候得共、時節柄立行兼候ニ付甚奉恐入候得共、御利分之外、別段為御手当金百五拾両御下ケ渡被為成下候様伏而奉願上候、何卒格別之御憐愍を以、願之通御聞済被為成下候ハヽ、此上之御厚恩難有仕合奉存候、以上

慶応三卯年七月

三井八郎右衛門名代
吹田四郎兵衛

田中貞輔様

（以下三名略）

紀州藩の立用金調達方法が幕府御用金と同様に強制によるものであることは文中でうかがえるが、ここでは返済要求というよりも別段手当金を求めている。それに対する紀州藩の直接的な返答では「蒸気船一条」(7)を理由として元利返済と別段被下銀については回答を避けている。蒸気船一条とは紀州藩船明光丸と土佐藩の伊呂波丸が衝突し、伊呂波丸を沈没させたために、七万両を賠償するにいたった事件である。

幕末期にはこのような紀州藩の当時の政治情勢の中で軍事費のための立用金のほかに、三井は天神講や田丸講への掛銀を出銀した。

文久二年（一八六二）正月に京都両替店と京本店の手代が諫川三郎平から天神橋講への加入をすすめられた。それは大坂両替店を中心としてすでに組織されていて、文久元年末に満講となっていたのである。文久二年から再講を始めるとのことで、三〇口を組織する計画であった。その仕法は隔月に掛銀を集め、鬮や入札で当たり銀を受け取るの

である。出銀高は、初掛が三貫五〇〇目、その後三貫五〇〇目を五度、最後の一貫五〇〇目まで掛銀は逓減していき合計して二九度で八七貫五〇〇目であった。掛銀無しが二度あり、三一度目の満講で一〇〇貫目を受け取るのである。この天神橋講への加入者は鴻池や加島屋、米屋など大坂両替商が中心で二四人で三〇口となり、三井も一口加入したのである。それは大元方から出銀した。その出銀の経過は第2―30表のとおりである。慶応二年秋には九一貫五〇〇目の掛銀となったところで一一月に満講となり割り戻されたのである。

田丸講への出金は第2―31表にみるように、元治元年（一八六四）から始められた。しかし紀州藩領の勢州田丸城主久野丹波守の家老金森弥一郎はすでに安政三年より講銀を始めていた。田丸修復講と称し、京本店が出金していて安政三年末には八〇〇目にすぎなかったが、文久三年には一六貫五三五匁に達していた。それを三井では金森への講掛銀としていたのであるが、組織替えを行って紀州藩田丸講への掛銀として出銀するようになったのである。

三井では紀州藩への最後の貸出金として明治元年（一八六八）一二月に金一万両を出金した。それに関して明治元年三月に三井八郎右衛門から次の願書が出されている。(8)

書取ヲ以奉願上候

一御復古御一新ニ付、大御変革被為仰出候ニ付而者、乍恐於御館様も御入加筋抜群御差湊御操廻方種々御都合被為在、八郎右衛門義是迄連々御用奉相勤候ニ付、御除外々江種々御熟談候得共、当今形勢ニ而其意御届難被遊無御拠、即今之処操廻シ方之義、種々御利解を以被仰出御尤千万奉恐縮候、早速八郎右衛門始同苗幷重役手代共江、夫々示談仕被仰出御趣意厚相弁、是非相当御用可奉相勤存意ニ御座候得共、追々御歎願奉申上候通、累年難渋筋差湊相続方難行届重々心痛仕居候上、去ル子年御当地大変ニ付、類焼後宅々逼塞未仮住居幷同居等仕居、店々之儀者業体都合も御座候旁、夫々仮家建仕細々業体取繫罷在候処、旧臘已来大御変革ニ付、江戸大坂店之商体休業同様、両替店貸附先々者塞り同様之姿ニ而、日々操廻り融通方差支、苦心仕居候折柄、御所向為御備金莫大之御用金再々被為仰出、誠ニ不容易御事柄、無拠御請奉申上候得共、内手之操廻り差詰り居候折柄ニ付、御用途之御都合も今に難行届、夫是不成抜差仕義実以九死一生之庭合、主従一統嘆息不易寝食日夜苦心而已仕居候、乍恐御賢察可被成下候、就右今般被仰出御一条、誠ニ御出格之御庭合ニ付、丹精可奉相勤本意ニ候得者前件始末ニ而何様ニも操廻り手段無御座何共奉恐入候、依之恐多御願御座候得共、月割御立用御請可奉申上ニ付左之通

一金壱万両也　　一ヶ月壱割御利足

但月々千両之宛来四月ゟ同十二月中　上納

右之通相納候ニ付、乍恐御引当御下ケ渡可被成下候、且御割下ケ之義当今之折柄、融通方ニ重々心痛仕居候間左ニ奉願申上候

一金弐千五百両宛　往六月中

同十一月中

来六月中

同十一月中

右之通四限ニ奉願上候

一金四千両也　去丑年御立用

一金一万三千両也　同寅年御立用

右弐口御約定之通、五ヶ年賦金三千四百両ツヽ、年毎十一月中急度御下ケ渡可被成下候

第２—32表　明治５年上期の京都両替店の紀州藩貸出高

金銀高	内訳
金10,000両	為替敷金
貫 匁 337,200.00	鈴木五左衛門へ御為替銀411貫200目取組，文化５年同人証文幷沽券状を若山表へ差上，同所より下ケ戻残り
金 5,000両	立用金10,000万両のうち嘉永６年より安政４年まで置居
42,240.00	若山救合倉講，嘉永元年より20会目までの掛銀
350,000.00	立用筋　文久３年より
100,000.00	立用筋　慶応３年より
金　800両	調達講８枚分掛金
金 2,000両	元治２年松坂立用金4,000両のうち残り
金 7,900両	慶応２年松坂立用金13,000両のうち残り
金 2,539両	立用筋，赤坂御役所納，鉄砲代，慶応３年4,000両のうち残り
金10,000両	立用筋　明治２年暮より４カ年賦返済之筈
829,440.00 金38,239両	合計

出所）　京都両替店「勘定目録」(三井文庫所蔵史料　本2088).

一金四千両也　　寅年御立用

御鉄砲之代金八千両之内

右之通御立用奉申上候、就而者先々御立用筋、前書之通無御滞御下ケ渡可被成下候様奉願上候、無左候半而者前件御用途納方差支、不得止御歎願奉申上候次第ニ御座候間、何卒御聞届被成下候様、此段為念伏而奉願上候、以上

慶応四年辰三月

三井八郎右衛門代

里田藤兵衛

林寛輔様

紀州藩より三井に立用金の申込みのあったのは三月であり、それからまもなくこの願書を出して、一万両の上納の代わりに松坂立用金の年賦償還と鉄砲代の返済を求め、また立用金の引当を求めたのである。紀州藩貸出金はこれまで無引当であり、三井が引当を求めたこと自体、時代の変化をすでに認識した結果にほかならない。四月には鉄砲代の引当として紀州那賀郡の野上中村と沖野々村の年貢米があてられ、そのな

かから鉄砲代の一〇〇〇両が償還された。(9)明治五年の京都両替店の紀州藩への貸出金を第2―32表よりみると、一万両の立用金がそのままみられるとともに松坂立用金の二口が年賦償還の途中であることがわかる。京都両替店の勘定目録の上では紀州藩への貸出高は八二九貫目余と三万八二三九両である。前章に記した旧諸藩貸金には、第2―32表の三五〇貫目、一〇〇貫目の立用金、八〇〇両の調達講、四二貫目の若山救合倉講は書き上げられていない。

紀州藩は「御三家」として幕府当局の財政援助があり、また「御仕入方」の専売政策の利潤がかなりのものであったといわれるが、(10)藩債処分の結果交付された内国債の多さでは、津藩、秋田藩に次いで第三位の一三三万九二〇〇円であり、ことに旧公債だけでは津藩についで第二位である。(11)それは幕末期に幕府権力の一部として、幕府御用金と同様に三都町人より強制的に借り上げることができたからである。元治元年の一二〇万両余の立用金のうち七九万両余は三都町人からのものである。(12)山口藩、久留米藩、秋田藩、鹿児島藩などに較べて天保一四年以前の藩債である古債が著しく少ないが、(13)紀州藩ではそれらの藩とは異なり、一九世紀の早い時期からの長年賦償還など返済方法を立てて来なかったことを物語っている。

三井の紀州藩への貸出金の推移をまとめると、享保期から明和期までは大名貸は強制的な借上げとして、御用金と類似した形態でなされた。その結果として元利返済のお断りにあい、三井は内部的に債権を整理せざるをえなくなった。安永期に再開された後も文化五年に貸出金を上納金に切り換え、その分の債権は消滅した。しかし文政期以降上納金も何度かあったが、立用金と講金とによる調達金は利足支払いをともなって経営的意味を有する貸出金となった。ことに講金は京都、大坂、松坂の町人を対象に多くの町人から少額ずつ調達する方法をとったため債権は保障されねばならなかった。その後、嘉永期には紀州藩でも元利返済の据置きがみられ、幕末期になり戦時体制に入ることで、諸大名は戦費や武器購入のための資金需要がたかまり、三井はそのための費用を紀州藩に貸し出している。幕末期の紀州藩への貸出は幕府御用金と同様に強制的借上げとなったのである。廃藩置県によって藩債を引き継いだ明治政府は申請された藩債のうち半分以上を取り消し、残りの債権に新公債、旧公債を交付して自ら償還することになったが、公債による長年賦償還方式は、旧藩時代の藩債処分方式の延長線上に位置付けられるものであった。大名への貸出を行っていた町人はそのために経営危機を余儀なくされることになった。

注

(1)「紀州御用留之内金談一巻」(三井文庫所蔵史料　本一八四)。

(2)同右。

(3)「紀州御用留」(三井文庫所蔵史料　本一八二)。

(4)同右。

(5)「紀州御用留」(三井文庫所蔵史料　本一八三)。

(6)「紀州御用留之内金談一巻」(三井文庫所蔵史料　本一八四)。

(7)蒸気船一条について書状で次のように記されている(「紀州御用留之内金談一巻」三井文庫所蔵史料　本一八四)。

一去寅年長防御出陣之節蒸気船壱艘ゟ無之、御不弁理ニ而困り入、夫故広島表ゟ長崎表江蒸気船今壱艘買求ニ遣シ候処、都合能早速有之、時節柄ニ付直打ゟ五割程も高直之船ニ候得共、差当り入用ニ付買求国表江引取一二ケ月相立候処、右船大破損物ニ而色有之候ケ所相顕レ大あか入ニ而乗出シ出来難クニ付、異人江懸合ニ相成、コロマンドル壱艘金拾五万両ニ而致約束あか入之艦戻シ申候由、尤右懸合中拙者義昨年来出坂中ニ而、都而取扱不申処、茂田一次郎扱ニ而右拾五万金手当無之ニ付、当夏茂田右コロマンドル異人江改変ニ罷越候途中、備後鞆之沖ニ而薩州侯御所持之蒸気船土州侯御借受、右船と茂田乗込之コロマンドルと夜中出逢ニ而土州侯船及破船候付、御館之御船ゟ相助ケ人数壱人も怪我無之候得共、破船海中へ追々埋レ、引上ケ方出来不申次第ニ相成、右鉄砲五百挺計積込在之候処、壱挺も上り不申、夫故船代幷鉄砲代として金八万両来ル九月限相渡可申約定一札茂田ゟ土州侯江相渡、甚不都合依田茂田御役御免逼塞被仰付候得共、土州江相渡候金子限月も在之候処、皆無手当無之、且於横浜表予め異人へダイヘリ鉄砲御申付、此節七千挺持付在之、右者一時ニ相成代り金手当無之ニ付段々懸合候処、横浜表其元店請合之一札差入候ハヽ、一ヶ年位者代金相揃呉候様子、鉄砲も此方へ相渡呉候様子右請合ニ相立呉候ハヽ、鉄砲千挺ツヽ追々ニ引取、藩中其外へ相渡当暮御渡米代銀ニ而差引取立可申積、右二ヶ条之儀差当り相談可致方無之候ニ付、八郎右衛門方へ半高相頼、跡半高於大坂石井南方心配被致候様御政府方ゟ被仰付候（後略）

なお『南紀徳川史』第十二冊参照。

（8）「紀州御用留」（三井文庫所蔵史料　本一八三）。
（9）同右。
（10）石塚裕道「明治初期における紀州藩藩政改革の政治史的考察」（『歴史学研究』一八二号）。
（11）『明治財政史』第八巻。
（12）『南紀徳川史』第十二冊。
（13）「藩債輯録」（『明治前期財政経済史料集成』第九巻）。

第三章　笠間藩牧野家への大名貸

第一節　延岡領時代の大名貸

三井家大元方が設置され、最初の「大元方勘定目録」が作成されたのは宝永七年（一七一〇）であり、その時すでに牧野家への貸出がなされていた。牧野家は同年にはまだ三河国吉田城主であり、翌々年に日向国延岡へ所替えとなっている。ここではその数年分を含めて、延享四年（一七四七）に常陸国笠間に所替えとなるころまでの大名貸の在り方を大元方の「出入寄」の数値から検討してみたい。

享保一二年（一七二七）から一五年（一七三〇）までの三井家大元方の牧野家への貸出高と利足高とを第3―1表からみてみよう。継続的に牧野家への貸出がなされたのは享保一二年が最初である。六月朔日に一六〇貫目の貸出がなされ、同月二九日に返済されたが、すぐ七月朔日に一二七貫目が貸し出され、一カ月で二七貫目が返済されたが、八月、一〇月、一一月に、六〇貫目、八〇貫目、四〇貫目が貸し出されたのである。享保一二年末の貸出残高は三七七貫目となり、同年中の利足高は一八貫一八五匁である。利子率は月一パーセントである。享保一三年も同じように短期的な貸出金の組替えで継続されていったが、享保一四年（一七二九）の六月に貸出の方法が変更となった。一五

第３－１表　三井大元方の牧野越中守への貸出高と利足（その１）

期首繰越	貸出・返済	年末残高	内　　訳	利　足	利足内訳
貫　匁	貫　匁	貫　匁		貫　匁	
65,000.00		65,000.00	享保12年　大坂屋敷代	5,915.00	利子月0.007×13カ月
	160,000.00		6月朔日より	1,600.00	利子月0.01×1カ月
	△160,000.00	—	6月29日返済		
	127,000.00		7月朔日より	270.00	利子月0.01×1カ月×27貫目
	△127,000.00	—			
	60,000.00		8月27日より	2,400.00	利子月0.01×4カ月
	80,000.00		10月23日より	1,600.00	利子月0.01×2カ月
	40,000.00		11月27日より	400.00	利子月0.01×1カ月
	100,000.00	280,000.00	127貫目のうち27貫目返済口	6,000.00	利子月0.01×6カ月
	32,000.00	32,000.00	享保12年末より		
65,000.00		377,000.00	享保12年末牧野越中守貸残高	18,185.00	享保12年利足入高
65,000.00	△ 65,000.00	—	享保13年　11月5日返済	4,550.00	利子月0.007×10カ月
280,000.00	△280,000.00	—	7月30日返済		
32,000.00	△ 32,000.00	—	7月30日返済	17,800.00	享保13年盆前利足
	20,000.00		5月1日より		
	△ 20,000.00	—	7月30日返済		
	299,000.00		7月朔日より	17,940.00	利子月0.01×6カ月
	△299,000.00	—	12月30日返済		
	291,500.00	291,500.00	12月30日より		
377,000.00		291,500.00	享保13年末牧野越中守貸残高	40,290.00	享保13年利足入高
291,500.00	△291,500.00	—	享保14年　6月返済	19,239.00	利子月0.011×6カ月

	150,000.00	150,000.00	6月より，10年賦	12,000.00	利子月0.01×8カ月
	170,000.00	170,000.00	6月より，10年賦		
291,500.00		320,000.00	享保14年末牧野越中守貸残高	31,239.00	享保14年利足入高
150,000.00	△ 15,000.00	135,000.00	享保15年10年賦，戌年分請取	16,500.00	利子月0.01×11カ月
170,000.00	△ 17,000.00	153,000.00	10年賦，戌年分請取	1,700.00	利子年0.1×17貫目，済口一割利足
	50,000.00	50,000.00	12月より	600.00	当座貸利足
320,000.00		338,000.00	享保15年末牧野越中守貸残高	18,800.00	享保15年利足入高

出所）「出入寄」（三井文庫所蔵史料　続5540～続5547）．
注）「貸出・返済」欄の△印は返済を表す．

○貫目と一七○貫目の一○年賦償還による貸出金となったのであり、享保一五年に一○分の一ずつが戌年分として償還された。ただし利足支払いの方法が異なっている。元銀一五○貫目は月一パーセントの利子率で支払われているが、元銀一七○貫目は済口一割り利足支払いとなり、償還された銀高につき一○パーセントの利足が支払われているにすぎない。この一○年賦銀は翌一六年に一年分償還され、その後は滞りとなる。

享保一二年以前の三井大元方の牧野家への貸出金を大元方の「出入寄」からみると、最も古い事例では宝永七年（一七一○）三月二日に牧野様入用として金八○両を貸し出し、七月一四日に返済されている。(1) 同年三月二七日に同じく牧野様入用として五○両と七六匁六分五厘が貸し出され、七月一四日に戻っている。また同年五月二一日の一三両を最初として大夢様方入用の貸出が始まり、それらは七月一四日に戻った形をとっているが、同日付で払方＝費用の項目である「仲ケ間出シ切」で九八九両余が支出されており、(2) 貸出金はすべて譲渡されている。なお大夢様とは牧野成貞の剃髪後の名前である。牧野家では元禄八年に三代の成春が、宝永四年に四代の成央が家督を継いでおり、宝

第3－2表　大元方の牧野越中守への貸出高（その1）

年	貸出高		年	貸出高	
	両歩	貫　匁		両歩	貫　匁
享保12年	—	377,000.000	宝暦元年	15,700	256,000.000
13年	—	291,500.000	2年	15,358	256,000.000
14年	—	320,000.000	3年	17,670	256,000.000
15年	—	338,000.000	4年	17,475	256,000.000
16年	—	465,900.000	5年	19,143	256,000.000
17年	—	336,000.000	6年	20,200	256,000.000
18年	2,200	336,000.000	7年	23,870	256,000.000
19年	2,200	313,000.000	8年	19,700	256,000.000
20年	3,200	313,000.000	9年	16,700	256,000.000
元文元年	2,541-1	310,009.000	10年	23,700	256,000.000
2年	3,000	305,000.000	11年	26,700	256,000.000
3年	2,600	277,000.000	12年	27,360	256,000.000
4年	2,200	256,000.000	13年	25,200	256,000.000
5年	2,200	256,000.000	明和元年	28,700	256,000.000
寛保元年	2,200	256,000.000	2年	28,700	256,000.000
2年	5,200	256,000.000	3年	30,200	256,000.000
3年	9,200	256,000.000	4年	20,200	256,000.000
延享元年	12,200	256,000.000	5年	26,200	256,000.000
2年	11,200	256,000.000	6年	30,000	256,000.000
3年	10,200	256,000.000	7年	27,953-1	256,000.000
4年	14,200	256,000.000	8年	27,870-2	256,000.000
寛延元年	14,200	256,000.000	安永元年	31,870-2	256,000.000
2年	15,200	256,000.000	2年	31,824	256,000.000
3年	15,200	256,000.000	3年	32,324	256,000.000

出所）「大元方勘定目録」（三井文庫所蔵史料　続2883～続2973）.

永七年一二月から成央である牧野大学への呉服代滞り銀振りとしての九貫八九三匁一分の貸出金がみられる。越後屋の呉服代銀が大元方に付け替えられたのであり、それは正徳元年（一七一一）末には四〇貫目余、正徳二年には八七貫目余に増加した。牧野成貞は正徳二年六月に没し、七月に牧野家はそれまでの三河国吉田から日向国延岡に所替えとなった。同年に大元方から牧野大学への貸出金が急増し、正徳三年に六八一〇両となり、正徳五年六月に償還されている。牧野家への呉服代滞銀は享保三年には皆済されたが、翌四年には四三〇両と二二貫目余の呉服代滞り銀が大元方に付け替えられ、五年賦で償還されることになった。翌五年には大坂御家屋敷代銀六五貫目が牧野家に貸し出され、一三年一一月に返済されている。

享保一二年以前の三井大元方より牧野家への貸出金は呉服代滞り銀の付け替えが主な内容であり、日向国延岡への所替えにともなう一時的な貸出金がみられるが、長期化することもなく、享保一二年以後の貸出金とは異なっている。

第3－3表　大元方の牧野越中守年々利足積高（その1）

年	利足積高		年	利足積高	
	両歩	貫匁		両歩	貫匁
享保12年	—	18,185.000	宝暦元年	5,781-1	179,432.785
13年	—	58,475.000	2年	6,962-1	179,432.785
14年	—	89,714.000	3年	7,970-2	179,434.465
15年	—	108,514.000	4年	9,108	179,438.465
16年	—	131,419.000	5年	11,297	179,473.465
17年	70	134,218.000	6年	12,597-1	179,516.065
18年	70	135,914.660	7年	14,222-1	179,555.395
19年	70	135,914.660	8年	15,935-1	179,557.395
20年	70	135,914.660	9年	17,501-3	179,557.395
元文元年	—	170,949.310	10年	19,380-3	179,557.395
2年	—	173,091.060	11年	21,277-1	179,580.395
3年	—	177,315.140	12年	23,343-1	179,598.395
4年	—	179,427.785	13年	25,289-1	179,610.395
5年	—	179,427.785	明和元年	25,274-1	179,610.395
寛保元年	—	179,427.785	2年	26,918-2	179,637.395
2年	—	179,427.785	3年	28,610-3	179,642.395
3年	420	179,427.785	4年	32,148-3	179,676.395
延享元年	604	179,427.785	5年	32,088-3	179,676.395
2年	1,540	179,427.785	6年	33,529-1	179,662.395
3年	2,476	179,427.785	7年	35,058-2	179,660.595
4年	4,003-1	179,432.785	8年	38,531-1	179,682.795
寛延元年	5,069-1	179,432.785	安永元年	38,363	179,665.395
2年	5,381-1	179,432.785	2年	38,560-3	179,706.795
3年	5,381-1	179,432.785	3年	38,500-3	179,706.795

出所）「大元方勘定目録」(三井文庫所蔵史料　続2883～続2973).

享保一二年にはそれまでの大名貸の滞り銀の整理がなされおり、一六一二両と一一二貫九〇〇目が整理された。

そこで享保一二年（一七二九）から安永三年（一七七四）までの四八年間の、三井大元方の牧野家への貸出高の推移を第3―2表からみてみよう。安永三年は三井の大元方制度が一時的に解体し、紀州徳川家への大名貸を中心として滞り貸の整理がなされた年である。享保一二年から牧野家への継続的な貸出が始まったが、元文四年に銀高では固定し、金高での貸出が増

第3－4表　三井大元方の牧野越中守への貸出高と利足（その2）

期首繰越	貸出・返済	年末残高	内訳	利足	利足内訳
貫　匁	貫　匁	貫　匁		貫　匁	
120,000.00	—	120,000.00	享保17年　10年賦銀，元高150貫目		無利足
136,000.00	—	136,000.00	10年賦銀，元高170貫目		無利足
160,000.00	△80,000.00	80,000.00	米代銀，12月受取		無利足
49,900.00	△ 4,900.00		正月受取	49.00	利子月0.01×1カ月
	△ 5,000.00		2月受取	100,00	利子月0.01×2カ月
	△ 5,000.00		3月受取	150.00	利子月0.01×3カ月
	△ 5,000.00		4月受取	200.00	利子月0.01×4カ月
	△ 5,000.00		5月受取	250.00	利子月0.01×5カ月
	△ 5,000.00		閏5月受取	300.00	利子月0.01×6カ月
	△ 5,000.00		6月受取	350.00	利子月0.01×7カ月
	△ 5,000.00		7月受取	400.00	利子月0.01×8カ月
	△ 5,000.00		8月受取	450.00	利子月0.01×9カ月
	△ 5,000.00	—	9月受取	550.00	利子月0.01×11カ月
	1,000両		5月29日より	50両	利子月0.01×5カ月
	△ 1,000両	—	9月30日受取		
	500両		8月26日より	20両	利子月0.01×4カ月
	△ 500両	—	12月27日受取		
465,900.00		336,000.00	享保17年末牧野越中守貸残高	70両 2,799.00	享保17年利足入高
120,000.00	—	120,000.00	享保18年　10年賦銀		無利足
136,000.00	—	136,000.00	10年賦銀		無利足

80,000.00	—	80,000.00	米代銀		無利足
	1,500両	1,500両	5月より		
	700両	700両	6月より		
		2,200両	享保18年末牧野越中守貸残高		
336,000.00		336,000.00		1,696.00	享保18年利足入高
120,000.00		120,000.00	享保19年　10年賦銀		無利足
136,000.00		136,000.00	10年賦銀		無利足
80,000.00	△10,000.00	57,000.00	米代銀　9月受取		無利足
	△13,000.00		10月受取		
1,500両		1,500両			無利足
700両		700両			
	200両		5月17日より参府道中用		
	△　200両	—	7月14日受取		
2,200両		2,200両	享保19年末牧野越中守貸残高	—	
336,000.00		313,000.00			

出所）「出入寄」（三井文庫所蔵史料　続5549～続5554）.
注）「貸出・返済」欄の△印は返済を表す.

加していったのである。同年では年末の貸出残高しか明らかにならないので、次に同期間の牧野家への貸出高の利足積高を第3—3表からみてみよう。享保一一年以前では牧野家貸の利足も入方（＝収益）に含まれていたと考えられるが、享保一二年からは入方（＝収益）には含まれず、年々利足積高として「預り方」に積み立てられてきていた。同表では享保一二年から一六年にかけて高額の積立てがなされたが、一八年からは滞り、寛保三年からは再度高水準の積立てがなされるようになっていった。前年度との差額が新たな積立高であり、宝暦・明和期には一〇〇〇両から二〇〇〇両の利足を収取したことになるが、安永期には滞りとなっている。

享保一三年下期の京都両替店の「大福帳」によると牧野家への貸出高残高は三一九貫五〇〇目で、そのうち大元方から牧野越中守貸引当として二九一貫五〇〇目を借り入れている。大元方の牧野越中守への貸出金は京都両替店を窓口として貸し出されていることになる。また享保一七年から一九年までの大元方の牧野家への貸出金と利足を第3―4表からみると、享保一四年からの一〇年賦銀は一五年、一六年の二度償還されたところで滞りとなり、かつ無利足となった。この時期の特徴は利足付の月割銀と米代銀がみられること、それに一五〇〇両、七〇〇両の貸出がみられることである。

享保一八年一二月に牧野家役人に宛てた三井八郎右衛門の書状(3)には、当時の貸出金の内訳が次のように記されている。

覚

一銀高百弐拾貫目

但是者銀高百五拾貫目、去ル戌年ゟ御利足済口ニ一割之利積を以拾年賦致御相対、戌亥両年分相済去子年ハ

御断ニ而相済不申候残銀

一銀百三拾六貫目

但是者銀高百七拾貫目、壱歩之御利付ニ而去ル戌年より拾年賦御相対仕候処、戌亥両年分相済、去子年ハ相

済不申候残銀

一金千五百両

但是者去ル亥年江戸御屋敷御類焼為御入用御直書被成下、江川野右衛門殿御相対仕御取替仕候金子也

一銀八拾貫目
但是者去々亥年大坂ニ而町々家持買米被仰付、私方買米其後売払可申処ニ直段違之損銀相立申候付見合罷有候処、高間伝兵衛儀御屋敷之仕送御断申上、当分御手支之節、幸私方ニ米所持仕罷有候付、買之直段を以利足なしニ子丑両年ニ御返済被下候様御相対仕銀高百六拾貫目分米ニ而御用達子年分御渡シ被下、右八拾貫目者当暮御返済被下候御相対之銀子也

一金七百両
但是者当夏御帰城之御入用、大坂ゟ江戸へ急ニ御仕下シ可被成処、御国之登り銀着不仕御手支ニ罷成、依之御返済之儀御国登り銀着次第御返済被下候筈ニ御相対仕御当用ニ御取替申上候金子也

一銀三拾貫目
但是者大坂表急御入用御他借早速出口無之、毎度御振替御取り被成候節、何かと弐三拾貫目当座之御取替仕候様御役人中御頼被成候付、御当用ニ御取替仕候上早速御返済被下、又々御急用之節ハ何時ニ而も御取替仕候御約束ニ而当分御取替申候所ニ御返済相延御置居之様ニ罷成候

惣辻　金弐千弐百両
　　銀三百六拾六貫目

一二〇貫目、一三六貫目は一〇年賦の残り八年分で、享保一七年に滞りとなっている。一五〇〇両は牧野家江戸屋敷が類焼したための入用金であり、七〇〇両は延岡への帰国のための入用金であった。八〇貫目は享保一六年の公儀買米代上納銀一六〇貫目のうちの残り高である。三〇貫目の当座取替銀は牧野家への京都両替店独自の貸出金と考えられる。

享保一八年（一七三三）には牧野家で借財についての調査を行ったが、償還についての仕法を建ててはいない。藩財政の困窮についての認識は高まっていったが、それは幕府からの買米代金と拝借金の上納がさしせまった事情があったからである。その事情を次の引用文(4)から知ることができる。

牧野様御勝手向次第御借金高嵩、近年御不手廻之処、去秋虫付御領地損毛ニ付、飢人御救夫食従公儀御買米代四百貫目余之内半納相済候残弐百貫目余、当十月ゟ来寅正月皆済被仰出、此春上納虫付ニ付御拝借金七千両来寅ゟ者十年賦御割合御上納之積ニ御座候処、第一御家中当春以来人在顔扶持計御渡置被遊候処、家中御奉公御交代之御供も就難勤、何とぞ知行半減建ニ成共御渡不被遣候而者家中難続御座候ニ付、殿様御儀当丑六月十五日江戸御発駕、同廿八日大坂御着、七月九日ニ延岡御着城以後無御休息御勝手向御直御吟味被遊（後略）

このように家中への知行米も困難となり、藩財政の建直しのために、延岡帰城後も休みなく借入金の全体を調査し、新たな借入先を探さねばならなかった。享保一八年ごろの牧野家の町人よりの借入高は次に記すように一六〇〇貫目から一七〇〇貫目ほどであった。(5)

一当時御借金高元利千六七百貫目計、此内手前分凡五百貫目、大坂浜かり三百弐拾貫目、平野屋次郎右衛門百弐拾貫目、桔梗屋七右衛門七拾貫目、高間伝兵衛年賦百弐三拾貫目、御屋鋪家質九拾五貫目、北脇市兵衛六拾貫目、此外鴻池党之年賦残り幷江戸京大坂所々御かり方〆凡百五七拾貫目計、都合口々千五百貫目余、右去年以来利足御渡シ不相済分百六七拾貫目、惣辻千六百貫目余有之御様子、此外ニ公儀御拝借七千両有之辻、

但浜方御借用之分者一同之御断不及御相対有之積之由

これによると三井よりの借入金が五〇〇貫目、大坂浜方よりの借入れが三二〇貫目、平野屋次郎右衛門より一二〇貫目、桔梗屋七右衛門より七〇貫目、高間伝兵衛より一二〇貫目ないし一三〇貫目、御屋敷家質が九五貫目、北脇市

兵衛より六〇貫目、鴻池一党などよりの借入れが一五〇貫目ないし一七〇貫目となっている。それに利足を加えると一六〇〇貫目ほどとなり、別に公儀拝借金もあった。三井大元方の享保一八年末の牧野家への貸出残高は二二〇〇両と三三六貫目で、金一両六〇匁で換算すると、四六八貫目となりほぼ五〇〇貫目といっても大差はない。そこで牧野家の借入金を金換算すると、二万七〇〇〇両ないし二万八〇〇〇両ということができる。後述する寛政期や文化期と比較しても、まだわずかな額でしかなかった。

ところで、この時期の藩財政の状況を享保一四年（一七二九）の「御成箇荒積御勘定仕立覚」[6]からみると、年貢収入の合計は七万二一五八両二分と九匁余で、そこから江戸御遣金の三万両、延岡御遣金の二万八〇〇〇両を差し引くと残りが一万四一五八両二分となり、それに対して酉年（享保一四年）までの借用高が四万九一三二両二分と二六匁余あり、享保一四年の残高と差引すると、三万四九七四両のマイナスとなるのである。山方よりの出金や家中よりの借用を加えて借財補塡にまわしても二万九八七四両ほどの借財が残るのである。この数値は見積書であって決算高を示すものではないが、通常の財政状態で三万五〇〇〇両程度の赤字となるのである。

享保期の滞り貸はそのままの状態で、第3―2表が示すように寛保二年（一七四二）より三井大元方の牧野家への新たな貸出が始まっている。同年一一月に三〇〇〇両を貸し出し、翌三年末には七〇〇〇両、延享元年には一万両の貸出高となった。そして寛保三年には三〇〇〇両の月一分、一四カ月の利足四二〇両を収取し、延享二年以降には九〇〇両以上の利足を収取することになる。延享二年から寛延元年までの三井の牧野備後守への貸出高を第3―5表からみてみよう。

第3―3表からも明らかなように、延享期には三井大元方は年に金一〇〇〇両前後の利足を収取することになった。二二〇〇両、二五六貫目の滞り貸を抱え込みながらも、月〇・八パーセントの利子付きの貸出金に応じていった訳で

第3－5表　三井大元方の牧野備後守への貸出高と利足（その3）

期首繰越	貸出・返済	年末残高	内　　訳	利　足	利足内訳
1,500両	—	1,500両	延享2年	—	無利足
700両	—	700両		—	無利足
貫匁 120,000.0	—	貫匁 120,000.0	享保15年より10年賦，元銀150貫目	—	無利足
136,000.0	—	136,000.0	享保15年より10年賦，元銀170貫目	—	無利足
10,000両	△10,000両	—	4月3日返済	936両	利子月0.008,7,000両×12カ月(子3月～丑2月),3,000両×11カ月(子4月～丑2月)
	9,000両	9,000両	3月朔日より	—	
	3,000両		5月朔日より	—	無利足
	△ 3,000両	—	12月30日返済		
12,200両		11,200両	延享2年末牧野備後守貸残高	936両	延享2年利足入高
256,000.0		256,000.0			
1,500両	—	1,500両	延享3年 前出	—	無利足
700両	—	700両	前出	—	無利足
120,000.0	—	120,000.0	前出	—	無利足
136,000.0	—	136,000.0	前出	—	無利足
9,000両	△ 1,000両	8,000両	4月28日受取，1,000両ずつ年賦	936両	利子月0.008×13カ月(丑3月～寅2月)
11,200両		10,200両	延享3年末牧野備後守貸残高	936両	延享3年利足入高
256,000.0		256,000.0			
1,500両	—	1,500両	延享4年 前出	—	無利足

700両	—	700両	前出	—	無利足
120,000.0	—	120,000.0	前出	—	無利足
136,000.0	—	136,000.0	前出	—	無利足
8,000両	△ 1,000両	7,000両	2月末日1,000両年賦償還	1,328両	利子月0.008,8,000両×12カ月(寅3月～卯2月),7,000両×10カ月(卯3月～12月)
	700両		5月11日より	23両1歩	利子月0.008, 125日
	△ 700両	—	9月15日返済	5.0匁	
	4,000両		7月15日より	176両	利子月0.008×5カ月半,(7月15日～12月末)
	△ 4,000両	—	12月27日返済		
	5,000両	5,000両	12月より	—	
10,200両 256,000.0		14,200両 256,000.0	延享4年末牧野備後守貸残高	1,527両1歩 5.0匁	延享4年利足入高
1,500両	—	1,500両	寛延元年 前出	—	無利足
700両	—	700両	前出	—	無利足
120,000.0	—	120,000.0	前出	—	無利足
136,000.0	—	136,000.0	前出	—	無利足
7,000両	—	7,000両	月6朱利付	546両	利子月0.006×13カ月(閏月共)
5,000両	—	5,000両	月8朱利付	520両	利子月0.008×13カ月(閏月共)
14,200両 256,000.0		14,200両 256,000.0	寛延元年牧野備後守貸残高	1,066両	寛延元年利足入高

出所)「出入寄」(三井文庫所蔵史料 続5573～続5580).
注)「貸出・返済」欄の△印は返済を表す.

ある。寛延元年の七〇〇〇両と五〇〇〇両の貸出金は、前者については「是者金高壱万両延享元年子ノ三月ゟ御利足月八朱拾年賦ニ御相対、元金丑寅卯三ケ年三千両相済、御利足ハ辰ノ拾月迄相済申候」、後者については「是者延享五年辰正月ゟ同年十二月切御返済之御相対、御利足月壱歩之御積御利足者同年極月迄相済申候」[7]と記され、三井は延享元年より一〇年賦で一万両を、延享五年（寛延元年）に同年末返済の約束で五〇〇〇両を牧野家に貸し出したのである。延享期には三井は牧野家への貸出金でこれまでにないほどの収益をあげることができたが、延享四年に牧野家が延岡から常陸国笠間に所替えとなったために、約束どおり年賦償還されることがなくなり、一時的に滞り貸となったために、貸出金の取扱いをめぐって両者間の取決めが必要となっていった。

注

（1）「金銀出入寄」（三井文庫所蔵史料　続五五一四）。
（2）「大元方勘定目録」（三井文庫所蔵史料　続二八五五。『三井事業史』資料篇一、資料51）。
（3）「《延岡用談留》」（三井文庫所蔵史料　続一四一二）。
（4）同右。
（5）同右。
（6）同右。
（7）同右。

第二節　笠間への所替えと大名貸

牧野家は延享四年（一七四七）三月に日向国延岡から常陸国笠間へと所替えとなり、日向国、豊後国の五万石の所領は常陸国茨城郡、真壁国へと引替えとなった。そして翌々年の寛延二年（一七四九）一二月には河内国、丹波国、近江国、美濃国の三万石の所領が陸奥国磐前郡、田村郡、磐城郡に引替えとなった。このように領地がすべて関東以北に移された牧野家では京都、大坂での大名貸を維持することは困難な状況となったに相違ない。

寛延三年（一七五〇）四月に三井は牧野家家中横田藤蔵より書状を受け取っている。そこでは「去ル卯年西国ゟ関東江城地替被仰出候以来、打続大金之臨時物入有之、第一当領収納方諸小物成山川諸運上類無之ニ付、旧領ニ引合候得者平均一ケ年納銀六百貫目余令相減、右之分毎年不足ニ相成至極及逼迫候、殊更去年関東一統之悪作旁ニ付、無拠去暮返金元利共断申入候」(1)と藩財政の窮状を訴えて、元利返済を断るとともに、その代わりに米一〇〇〇俵をおくるとしている。それに対して同年六月に三井八郎右衛門、八郎次郎連名で返事の書状を牧野家あてに送っているが、そこにそれらの事情と貸出金に対する態度をはっきりと示している。(2)

口上之覚

近年無拠御要用金御取り上、去ル卯年御取替以来臨時御物入、其上当御領御旧領ニ御引合被遊候へハ、平均一ケ年六百貫目余御減少ニ相成候由、殊更去年関東筋悪作ニ付去暮御返金元利共御断被仰下候付、当春ゟ種々御勘弁被遊候へ共、何分急ニ御返金可被下御引当無御座候由、依之今年ゟ二三年之間元利共御延引可被遊由、右ニ付御米千俵宛此已後年々可被下置之旨、尤格別之訳を以御用達候金子之儀ニ御座候へハ、追々御返金可被下之旨委細御書付を以被為仰聞、猶亦御口上之趣承知仕候、殊更御直書奉頂戴冥加至極恐入奉存候

一近年御物入御差湊、其上去秋笠間御領分御損毛旁以御勝手向御手配難被遊段者乍恐奉察上候、乍然私共方之儀前々ゟ御用達者勿論京江戸大坂於三ケ所御当用金其外諸御用等も奉相勤候御事、全家業之外ニ御座候へハ毛頭御如在ニ者被思召被下間敷候へハ、此度之御書付当惑仕候

一先年御用達金銀久々元利共御下ケ不被下迷惑奉存罷有候へ共、故殿様京都御役被為蒙仰候段御家之御規模と乍恐私共迄難有奉存候、為冥加寸志奉相勤度於江戸表庶而申上金高奉調達、其後於京都御用達金被仰掛過分之金高ニ御座候へ共、無拠御儀御請仕御下ケ方之儀堅御相対仕置候所、無間御所替ニ付差当り候御物入乍憚奉察被仰掛も無御座候へ共、是亦庶而格別ニ相働金高奉調達候、其上京都御引払之節も寸志之働彼是以段々相嵩夥敷金高ニ及申候、然ニ外御借用同然之様一通り之被為仰聞方甚迷惑千万奉存候、御存知被下候通商売向猶予を以御用達候所、近来商売方別而不手廻ニ而思召之外難渋心遣仕罷有候時節、右之通御下ケ方元利共御延引之御断被仰下、乍憚私共心底御賢察可被成下候

一享保年中御勝手向御不手廻之由ニ而、御元〆中へ御直々御裁判被為成、御倹約万端御物入御取縮被遊候へ共御賢慮之通ニ参兼候哉、私共ゟ差上置候金子千五百両、銀弐百五拾六貫匁今以御用達ニ相成居申候、然ルニ近年所々御借入高荒増承及候所夥敷御儀、其上年々御物成ニ相違御座候所、二三年過元利共追々之御返済方如何御手段御附被遊候哉、此節御差支被遊候程之御事ニ御座候へハ、此後二三年過候共御返済之御手段乍憚無覚束御儀と奉推察候、然者已来御建方格別ニ御賢慮御附不被遊候而者御内外共尚々御差支可被遊哉、何れ之途二三ケ年過候上之御下ケ方訳御立不被下而者御請仕候趣意も無御座当惑至極仕候、乍恐御家御太切ニ奉存何迄も不相変御出入仕度憚ヲも不顧私共心底之程奉申上候、此趣何分宜御賢慮之上可然御沙汰可被成下候、以上

六月　　三井八郎右衛門

三井八郎次郎

横田藤蔵様

卯年（延享四年）の延岡より笠間への城地替えのために大量の金高が物入となり、さらに新領地では収納高が年に

銀六〇〇貫目ほど、金に換算して一万両も減ることになり、なお近年は関東では悪作であったために元利返済ができなくなり、その代わりとして米一〇〇〇俵を年々下されることになったという牧野家の所替以後の事情を一応は了解しながらも、家業外であるという三井の大名貸に対する考えを明確にし、享保年中からの貸出金についても返済を催促しつつ、二、三カ年の元利返済の繰延べに対して不信感を明らかにしている。三井の側では貸出金の元利返済の方途を建てることを望んでおり、それは宝暦期になり、相対証文を結ぶこととして実現していく。

宝暦期には第3—3表にみられるように年に一〇〇〇両以上ずつ利足積高は加算されていった。宝暦二、三年（一七五二、三）の牧野家への貸出高と利足を第3—6表からみると、一一八一両、一〇〇八両一歩の利足を収取しているのであるが、それは一万三〇〇〇両、七〇〇両の貸出金と、六〇〇〇両の月割金の利足入となったのである。一万三〇〇〇両の貸出金は寛延二年の七〇〇〇両、五〇〇〇両、一〇〇〇両の貸出金を一口にまとめたものであり、七〇〇〇両はそれまで無利子であった貸出金が、宝暦二年に三井と笠間藩が相対証文を作成した際に利子付きに改められたのである。六〇〇〇両の月並金も宝暦二年から始められた。

三井と牧野家とは宝暦二年（一七五二）に相対証文を結んでいるが、それは安永五年の相対証文にそのまま記されている。その最初の数カ条を次に引用する。(3)

証文之事

一先旦那在京之節都合壱万三千両借用有之、宝暦二申正月及相対利足も格別減少年五歩致給、元金者宝暦五亥暮より千両宛相渡可申相対証文差出置候得共、勝手向繰合難成候ニ付、亥より寅まで御用捨之断申達、右金壱万三千両之内亥子両年分弐千両者御頼被申入新借用相改候ニ付、残金壱万千両相成有之引続毎暮千両宛相渡可申之処左之通

第３－６表　三井大元方の牧野越中守への貸出高と利足（その４）

期首繰越	貸出・返済	年末残高	内訳	利足		利足内訳
1,500両 貫　匁 256,000.00	―	1,500両 貫　匁 256,000.00	宝暦２年　享保年中四口ノ高	250両		但し，寛延３年分の牧野越中守貸出金の利足
13,000両	―	13,000両	在京中三口ノ高	650両		利子年0.05
700両	―	700両		42両 △　9両１歩	匁 △5.00	利子年0.06　但し，９両１歩，銀５匁利足戻し出金,
500両				40両		利子年0.08
	450両		２月３日より	33両		利子年0.08　11カ月分
	2,400両		３月４日より	160両		利子年0.08　10カ月分
	150両		３月５日より	10両		利子年0.08　10カ月
	500両		４月朔日より	30両		利子年0.08　９カ月
	450両		５月朔日より	24両		利子年0.08　８カ月
	500両		６月朔日より	23両１歩	5.00	利子年0.08　７カ月
	300両		７月２日より	12両 △　6両		利子年0.08　６カ月分　但し，６両利足戻し出金
	300両		８月２日より	10両		利子年0.08　５カ月分
	450両		９月２日より以上10口 6,000両御用達高	12両		利子年00.8　４カ月分
	△6,000両	―	12月末受取	△100両		但し，預り金2,000両の利足金100両払い，出金
	158両	158両	酉正月より			
15,700両 256,000.00		15,358両 256,000.00	宝暦２年末牧野越中守貸残高	1,181両		宝暦2年利足入高 （宝暦２年末利足積高　6,962両１歩，179貫432匁785）

1,500両	―	1,500両	宝暦3年　享保年中四口ノ高			
256,000.00	―	256,000.00				
13,000両	―	13,000両	御在京中三口ノ高	650両		利子年0.05
700両	―	700両		42両		利子年0.06
158両						
	285両		2月2日より			
	2,126両		3月朔日より			
	467両		4月朔日より			
	313両		5月朔日より			
	300両		5月23日より			
	636両		6月朔日より			
	476両		7月朔日より			
	1,239両		8月～10月　三口分 以上6,000両御用達高			
	△6,000両	―	12月末受取	316両1歩	1.68	利子年0.08
	2,000両	2,000両	戌正月より			
	470両	470両	戌正月より			
15,358両 256,000.00		17,670両 256,000.00	宝暦3年末牧野越中守貸残高	1,008両1歩	1.68	宝暦3年利足入高 (宝暦3年末利足積高　7,970両2歩，179貫434匁465)

出所）「出入寄」(三井文庫所蔵史料　続5586～続5589).
注）「貸出・返済」欄の△印は返済を表す.

一宝暦六子年暮上屋鋪類焼ニ付、翌丑年三月御頼被申入、普請入用金七千両預調達、此返済方同暮より千両宛七年賦ニ相成申筈ニ付、普請金皆済之上者引続前文壱万千両之口千両宛年々相渡可申旨、宝暦七丑年三月相対証

文致添書相渡置候事

一宝暦九卯年暮相対を以右普請金者皆済候得共、又改翌辰年正月金高七千両借用、尤七年賦之積同暮より千両宛相渡候上者、前文壱万千両之内引続千両宛年々相渡可申旨、宝暦十辰年正月相対証文致添書相渡置候事

一右之通申入置候処、右七千両金返済延引相成、明和六丑年春迄残金千五百両有之候、然ル処同丑年正月金高五千両調達之儀御頼被申入、都合六千五百両之借用金同丑年より辰年迄四ヶ年ニ割皆済之上、右壱万千両之口引続千両宛年々可相渡旨同丑年二月相対証文相渡置候事

一右六千五百両之内江、丑寅両年ニ四千両相渡、明和八卯年迄残弐千五百両有之候処、寅年月並金六千両借居ニ致、外ニ四千両都合壱万弐千五百両卯二月新調達御頼被申入、紀州御用向御心痛ミ之折柄ニ候得共、訳而御頼被申入候儀格別ニ預聞届候ニ付、別段添証文等も相渡、此壱万弐千五百両明和八卯年より未年迄五ヶ年之内、弐千両宛翌申年暮弐千五百両相渡六ヶ年ニ無相違皆済之上、右壱万千両之口引続毎暮千両宛相渡可申旨相対証文尚又致添書相渡置候事

一右壱万弐千五百両卯年暮利金相渡、元金弐千両卯年暮相渡候ニ付残金壱万五百両相成候事

その第一条からは次のことが明らかとなる。宝暦二年に相対証文を結び、一万三〇〇〇両の貸出金の利子を年五パーセントに引き下げるとともに、宝暦五年から年に一〇〇〇両ずつの一三年賦の償還としたが、実際は償還されずに、二〇〇〇両を新証文に書き改め、残りの一万一〇〇〇両も年に一〇〇〇両宛償還することとしたのである。第二条からは、宝暦六年に上屋敷が類焼したために、翌七年に七〇〇〇両を借り入れ、年に一〇〇〇両ずつ七年賦で償還し、それが終わった上で一万一〇〇〇両を年に一〇〇〇両ずつ償還することにした。第三条からは、宝暦九年に普請金が皆済となったが、翌一〇年に改めて七〇〇〇両を借り入れ七年賦で償還するとともに、一万一〇〇〇両も引き続き償

還することにした。第四条から七〇〇〇両の借用金は徐々に償還されていき、明和六年には一五〇〇両となったが、同年に新たに五〇〇〇両を借り入れたために、合計して六五〇〇両の証文として四カ年賦で償還することとし、一万一〇〇〇両も引き続いて償還することにした。第五条からは、六五〇〇両のうち明和六、七年に四〇〇〇両償還し、残り二五〇〇両となったが、月並金六〇〇〇両と新調達金四〇〇〇両を加え、明和八年に一万二五〇〇両の証文に改め、同年より五年間二〇〇〇両ずつ、その翌年に二五〇〇両を返済して、その後引き続いて一万一〇〇〇両を償還することとした。第六条からは、一万二五〇〇両は明和八年に二〇〇〇両が返済され一万〇五〇〇両となった。安永五年の相対証文では、宝暦、明和期の牧野家の三井よりの借入金の経緯を以上のように記している。宝暦二年の一万三〇〇〇両は、二〇〇〇両が別証文に書き改められ、宝暦七年までに一万一〇〇〇両となったのみで償還は繰延べされ、宝暦六年の七〇〇〇両の普請金を初めとして、返済と新借用が繰り返されていき、明和六年の三万両まで借入金は増加していったのである。

明和期には三井は牧野家から年に平均して一六五〇両の利足を収取していた。明和七年の例では、年末の貸出残高は二五六貫目と二万七九五三両一歩であったが、二五六貫目と一五〇〇両のみが滞り貸であり、残りの二万六四五三両一分が利子付きの貸出金であった。利子率はほぼ年に五パーセント強であり、恩顧に対する大名貸とはいいながらも、それ自身経営的意味を充分にもっていたということができる。宝暦期から明和期にかけて、年賦金は繰り返されてきたが、利足はしっかり支払われていたのである。ところが、第3―3表に明らかなように、安永期になり牧野家の利子支払いは停止した。

三井の牧野家への大名貸は、安永四年に三井家大元方制度が一時的に解体し、三井家一一家が越後屋、両替店、松坂店に別れて属することになったことによって改編された。京都両替店を経由してなされた大元方の大名貸は、塞り貸として消却されたものと、大元方からこれまでと同じように京都両替店拠金として貸出を継続されたものとは振り分けられ、牧野家への貸出金はそのまま継続された。第3―7表に示されたのは安永三年上期の京都両替店の牧野越中守への貸出高と、それに対する大元方から京都両替店への融通である元方引当であるが、安永四年以降も

第3―7表　京都両替店の牧野越中守への貸出高と元方引当(安永3年上期)

貸　出　高	元方引当高
11,000両	11,000両
1,500 }	1,500 }
銀256貫目 }	銀256貫目 }
2,000両	2,000両
700	700
1,500	1,500
10,500	10,500
624	624
500	—
100	—
銀 30貫目	—
4,000両	4,000
500	500
合計 32,924両 286貫目	合計 32,324両 256貫目

出所）「安永三年正月ゟ七月迄勘定目録」(三井文庫所蔵史料　本1344-1).

大元方からは二万二三二四両と二五六貫目の元方引当分が牧野家に直接貸出を継続されることになった。

ここで安永四年（一七七五）以降の三井大元方の牧野家への年末の貸出金残高を第3―8表からみてみよう。貸出高は安永四年から天明五年まで漸増し、天明八年、寛政元年に若干整理されているが、文化元年には天明八年に整理された金高が再び付け加えられ、文化八年まで再度漸増したのである。

次に第3―9表から同期間の牧野越中守の年々利足積高の推移をみてみよう。安永四、六年に高額の金高が上積みされているが、以後天明八年まで全く加算されず、寛政元年に若干整理され、享和三年、文化元年に再度それが付け加えられ、文化期には若干の利足の積立てがみられる。両方の表において文化九年までしか記されていないのは、貸出高も利足積高も同年より幕末期まで全く変化を示していないからである。以上の表からも天明八年、寛政元年と享和三年、文化元年の二つの画期が考えられる。それらを個別に検討していこう。

第3―3表、第3―9表から明らかなように安永四年には牧野越中守利足が七八〇九両三歩と銀一〇匁六分積み立

てられている。安永元年から四年までの未納利足高が納められたのであり、一万〇五〇〇両の元金の四年分の利足金三三六〇両や、一万一〇〇〇両、二〇〇〇両、七〇〇両、一五〇〇両の元金の四年間の利足金二二〇〇両、八〇〇両、一六八両、三七五両などが積み立てられている。安永六年にも同様に利足金一二〇〇両が積み立てられた。ところが安永四年末の牧野越中守への貸出高の中に七八〇〇両が記載された。これは未収取利足高を一枚の証文としたのである。貸出高と利足積の双方で帳簿上架空の操作を行ったのである。

それで二重記帳によって安永五年までは牧野家より三井に利足が支払われたことになるが、三井の側で安永持分一件など苦境に陥ったために、牧野家との間で年賦償還の方法が話し合われ、安永五年（一七七六）正月にその仕法が立てられることになった。ところが翌六年一二月になり、若干の変更が加えられている。それを第3―7表の貸出高に即してみると次のとおりである。

第3―8表　大元方の牧野越中守への貸出高（その2）

年	貸出高		年	貸出高	
	両歩	貫　匁		両歩	貫　匁
安永4年	38,124	256,000.00	寛政6年	45,417-2	—
5年	38,724	256,000.00	7年	45,417-2	—
6年	38,973-3	256,000.00	8年	45,417-2	—
7年	42,141-2	256,000.00	9年	45,417-2	—
8年	41,101-1	256,000.00	10年	45,417-2	—
9年	40,101-1	256,000.00	11年	45,417-2	—
天明元年	43,031-1	256,000.00	12年	45,417-2	—
2年	44,050-3	256,000.00	享和元年	45,417-2	—
3年	45,128-3	256,000.00	2年	45,417-2	—
4年	47,458-3	256,000.00	3年	54,205-2	—
5年	49,160	256,000.00	文化元年	55,705-2	256,000.00
6年	47,840	256,000.00	2年	56,118-1	256,000.00
7年	46,520	256,000.00	3年	56,528-3	256,000.00
8年	45,020	—	4年	56,987	256,000.00
寛政元年	37,560	—	5年	57,463-1	256,000.00
2年	41,940	—	6年	57,761-1	256,000.00
3年	41,990	—	7年	57,961-1	256,000.00
4年	43,340	—	8年	62,390-3	256,004.80
5年	45,117-2	—	9年	62,390-3	256,004.80

出所）「大元方勘定目録」（三井文庫所蔵史料　続2975～続3049）.

第3－9表　大元方の牧野越中守年々利足積高（その2）

年	利足積高		年	利足積高	
	両	貫 匁		両歩	貫 匁
安永4年	46,310	179,717.395	寛政6年	41,751	179,332.595
5年	46,310	179,717.395	7年	41,751	179,332.595
6年	47,511	179,732.595	8年	41,751	179,332.595
7年	47,511	179,732.595	9年	41,751	179,332.595
8年	47,511	179,732.595	10年	41,751	179,332.595
9年	47,511	179,732.595	11年	41,751	179,332.595
天明元年	47,511	179,732.595	12年	41,751	179,332.595
2年	47,511	179,732.595	享和元年	41,751	179,332.595
3年	47,511	179,732.595	2年	41,751	179,332.595
4年	47,511	179,732.595	3年	51,273-2	179,342.595
5年	47,511	179,732.595	文化元年	52,773-2	435,342.595
6年	47,511	179,732.595	2年	53,003-1	435,360.595
7年	47,511	179,732.595	3年	53,248	435,380.245
8年	47,511	179,732.595	4年	53,507-3	435,400.195
寛政元年	41,751	179,332.595	5年	53,786-3	435,404.095
2年	41,751	179,332.595	6年	54,254-1	435,411.695
3年	41,751	179,332.595	7年	54,254-1	435,411.695
4年	41,751	179,332.595	8年	56,446-3	435,502.995
5年	41,751	179,332.595	9年	56,446-3	435,502.995

出所）「大元方勘定目録」（三井文庫所蔵史料　続2975～続3049）．

第一に一万〇五〇〇両の明和八年までの調達金と四〇〇〇両の安永二年調達金、五〇〇〇両の同三年調達金の合計一万五〇〇〇両と牧野家からの二〇〇〇両の預り金を差引きして、その残高一万三〇〇〇両に対しては、安永五年正月に「此高当申年暮より十三年賦毎暮千両宛相渡可申候、尤年五歩之利付也」[4]と一三年賦に定められたが、翌六年一二月には五〇〇両ずつ二四年賦に変更された。

第二に前述したように安永元年から四年までの利足滞高の九〇〇六両、一三匁六分から預金利足の一一〇〇両二歩、八匁四分、および端数の五両二歩と五匁二分を差し引いた残高七九〇〇両の証文を新たに作成し、年々五〇〇両ずつ償還することにした。さらに前件の一万三〇〇〇両の利足高六五〇両を、元金が年々一〇〇〇両ずつ減少するにもかかわらず渡すことにして、それにともない年々五〇〇両ずつ減少する利足高との差額を七九〇〇両の償還にまわして一一年で皆済することにした。ところが翌六年一二月からは五〇〇両の償還を無利足で年に二五

○両ずつに改められた。

第三に一五〇〇両については「当申年より拾四年目酉年暮相渡皆済可申候」[5]とし、寛政元年にあたる一三年後の酉年に返済することとし、二〇〇〇両について「当申より拾五年目戌年、翌亥年両年ニ千両宛相渡皆済可申候」として、一四、一五年後の寛政二、三年にあたる戌、亥年に一〇〇〇両ずつ返済することにした。さらに一万一〇〇〇両については、「当申より拾五年目戌年、翌亥年両年ニ五百両ツ、此金千両、子より巳迄六ケ年ニ千五百両ツ、此金九千両、午年千両都合拾ケ年皆済可申候」[6]と一〇年賦にした。それら三口については、翌六年一二月に金高の一・五パーセントの利足と一・五パーセントの年賦償還金の三パーセントを年々受け取ることにしたのである。それらは六七年賦に相当する。

第四に六二四両については、年八パーセントの利子付きで年々一〇〇両ずつ元利償還して九年賦としたが、翌六年にもそのまま記された。最後に一五〇〇両と二五六貫目の享保年中借用高については無利足のままで追々利足を払うようにするとしている。以上のように安永五年に償還方法が建てられ、翌六年一二月に若干仕法の手直しがなされている。三井にとっては貸出高の増加傾向に対して、年賦償還方法を示すことで歯止めがかかったことになり、牧野家にとっては利子率の引下げを得ることができた訳である。

安永五年(一七七六)から天明元年までの三井の牧野家への貸出高と、返済高の推移を第3—10表からみてみよう。享保年中四口高は同期間中もそのままであるが、安永七年から天明元年までは前述した仕法にしたがって貸出高の年賦償還がなされている。しかしその他方で新御用達金の貸出がなされたために、天明元年からは一転して増大傾向となった。安永期の牧野家貸金の利足についてみてみよう。

第3—9表から明らかなように安永七年以降には牧野越中守貸高の年々利足積がなされていない。しかしそれは無利足であったことを意味してはいない。大元方の決算方法が異なったからであり、大元方勘定目録の入方＝収益の中に利足入払の項目があり、その中に「牧野越中守様一ヶ年利足」が記されるようになったのである。それを一年ごとの総額で示したのが第3—11表である。一年に平均すると一〇〇〇両前後の利足高であるということができる。しかしその利足の内訳を検討すると、天明六年を境としてその性格が変化していることが明らかになる。第3—10表でみると、一五〇〇両と銀二五六貫目の享保年中貸高、七九〇〇両の安永五年貸高以外はすべて利子付きの貸出金となっている。ただし利子率は非常に低い。安永五年貸高の一万二〇〇〇両については一年の償還高が五〇〇両で利足は三パーセントであり、寛延元年貸高から宝暦九年貸高までの四口は三パーセントを受け取り、原本返済と利足がそれぞれ一・五パーセントずつとなる。それらは安永六年の仕法にしたがい天明五年まで元利の支払いがなされている。天明元年から五年にかけては、年賦償還がされているにもかかわらず、新たな御用達金を融通しているために貸出高も増し、利足も増している。

　そのような経緯を示すなかで、天明六年に三井の牧野家への貸出金は再度整理された。牧野家への大名貸の整理を次の第3—12表からみてみよう。天明五年末で一六口であった貸出金を五口に集約するとともに、そのうち三口については改めて年賦償還の仕法を定めているのである。五七五〇両については年二八七両二歩ずつで二〇年賦となる。三万〇四一〇両については年に二三二両二歩ずつの償還で、一三一年賦である。また八〇〇〇両については年に八〇〇両ずつの償還で一〇年賦である。以上三口で年に一三二〇両ずつ償還されることになる。この仕法替以降は五七五〇両口と三万〇四一〇両口はともに無利足となり、八〇〇〇両口と月並金、ある

天明元年末残高
256貫000匁
両歩 1,500
656-3
1,408
1,877-2
10,327-2
334-2
10,000
6,400
—
—
2,000
6,430
2,097
256貫000匁
両歩 43,031-1

第3—10表　大元方の牧野越中守への貸出高の年賦償還

内訳	安永5年末残高	安永6年末残高	安永7年末残高	安永8年末残高	安永9年末残高
享保年中四口ノ高	256貫000匁 両 1,500	256貫000匁 両歩 1,500	256貫000匁 両歩 1,500	256貫000匁 両歩 1,500	256貫000匁 両歩 1,500
寛延元年貸高	700	700	689-2	678-3	678-3
宝暦5年貸高	1,500	1,500	1,477-2	1,454-2	1,454-2
宝暦9年貸高	2,000	2,000	1,970	1,939-2	1,939-2
宝暦9年貸高	11,000	11,000	10,835	10,667-2	10,667-2
安永2年貸高	624	573-3	519-2	461	461
安永5年貸高	13,000	12,000	11,500	11,000	11,000
安永5年貸高	7,800	7,400	7,150	6,900	6,900
月並金	600	—	4,500	—	—
月並会		2,300	—	3,500	3,500
新御用達			2,000	2,000	2,000
新御用達				1,000	—
新御用達					
合計	256貫000匁 両 38,724	256貫000匁 両歩 38,973-3	256貫000匁 両歩 42,141-2	256貫000匁 両歩 41,101-1	256貫000匁 両歩 40,101-1

出所）「金銀出入寄」（三井文庫所蔵史料　続5633～続5643）.

いは新調達金についてのみ利足が支払われることになった。

天明六年の仕法にしたがって、その後年賦償還がすすめられていった。安永期には藩主牧野貞長が同六年一一月に奏者番から大坂城代となり、それにともない牧野家の陸奥国磐前郡、田村郡、磐城郡の所領三万石を和泉国、河内国、播磨国の三万石と引き替えることができ、翌七年一一月に常陸国の一万五〇〇〇石の所領を河内国、播磨国、美作国と引き替えることができたために、年貢収納も増し、大名金融の上からも有利な条件を得ることができた。したがって年賦償還と利足支払いも可能となったとみることができる。牧野貞長は天明元年（一七八二）閏五月に京都所司代に就任した[7]。しかし天明期以降には領内の損毛高が増大していき、年賦償還も困難となっていった。次の寛政元年の牧野家役人よりの願書をみてみよう[8]。

覚

第3―11表　牧野越中守より利足受取高

年	金銀高 両歩朱	金銀高 匁
安永7年	777-3	9,000
8年	865-3	43.400
9年	1,045-2	69.025
天明元年	933-3	54.025
2年	1,020-1	50.588
3年	1,079-1	48.687
4年	338-2	18.000
5年	2,083	62.175
6年	821	15.000
7年	775-2	30.000
8年	—	—
寛政元年	1,945-1	21.800
2年	556-2-2	2.500
3年	722-2-2	2.500
4年	—	—
5年	1,772-2	22.000

出所）「出入寄」（三井文庫所蔵史料続5636〜続5667）．

一金三百両　　　元高三万八千弐百
　　　　　　　　両之内元入
一金弐百八拾七両弐歩　　元高五千七百五拾
　　　　　　　　両之内元入
一金八百両　　　元高八千両之内元
　　　　　　　　入
〆金千三百八拾七両弐歩　　当酉年分元入辻

右者去ル巳年御頼申入年々元入利足共御勘定相立来候所、近来物入多有之候上、領内凶作打続、去ル午年在所破損所取繕入用彼是夥敷金高差湊、既去春御世話も御頼被申度処、御類焼ニ付申出も難致無理成繰合を以漸可也ニ相凌候得とも追送りニ相成、昨今年別而難渋相嵩、其上当年常州領分旱損所ニ寄半毛ニ不至場有之趣相聞、殊更当暮甚差支相成、不得止事新借御頼も申度候得共、此節御物入も有之中御無心申兼候、乍然如何様ニも差繰難致、依之無拠当酉年分元入年延御頼被申入候、右金利足幷月割元利者勿論御勘定相立可申候間、尚又来戌年月割金去々未年之通三千五百両御出金可被下候、此儀も御頼申候、以上

酉八月　　　　　　　　谷真左衛門

この願書は領内困窮を理由とする月割金三五〇〇両の拝借の願いであるが、元入高と年々償還高は第3―12表の数値とは一致していない。元高五七五〇両と元高八〇〇〇両は第3―12表と同じであるが、元高三万八二〇〇両の数値はどこから来たのであろうか。第3―12表の元高三万〇四一〇両に享保年中借用高の二五六貫目、一五〇〇両を加え

第3―12表　三井大元方の牧野越中守への貸出高（天明6年）

期首繰越	貸出・返済	年末残高	内　　　訳
貫　匁	両歩	貫　匁	
256,000.00	―	256,000.00	享保年中借用高
両歩 1,500	―	両歩 1,500	
2,600			天明5年より
3,150			天明5年より
	△ 287-2	5,462-2	元高5,750両（年に287両2分償還）
261-1			安永2年元高624両
1,300-2			天明元年元高2,097両
9,500			安永5年元高1万3,000両
10,095			宝暦9年元高1万1,000両
1,835-1			宝暦9年元高2,000両
1,376-1			宝暦5年元高1,500両
641-3			寛延元年元高700両
5,400			安永5年元高7,800両
	△ 232-2	30,177-2	元高30,410両（年に232両2分償還）
1,000			天明4年より
1,000			天明4年より
4,000			天明5年より
2,000			天明5年より
	△ 800	7,200	元高8,000両（年に800両償還）
3,500	―	3,500	月並金
256,000.00		256,000.00	天明6年牧野越中守貸残高
49,160		47,840	

出所）「出入寄」（三井文庫所蔵史料　続5652，続5653）．
注）「貸出・返済」欄の△印は返済を表す．

ても一致しない。その差額の七七九〇両は他者の加入銀と考えなければならない。大元方の「出入寄」からは明らかとならないが、その三万八二〇〇両の数値が享和三年の仕法替えまでその基礎的数値として計算されている。

覚書の三万八二〇〇両の利足三〇〇両とは異なり、「出入寄」では一年償還金は二三二両二分となる。天明六年以降三口の年賦金は償還されていき、寛政元年にはそれぞれ、二万九二四七両二歩、四三一二両二歩、四〇〇〇両となり、第3―12表の元高と較べて三口合計して六六〇〇両も償還されている。

三井の牧野家への大名貸は、天

明六年以降年々償還されたが、第3―8表から明らかなように天明八年に一五〇〇両と二五六貫目が減額された。それは享保期以来の滞り貸で、一両につき銀六〇目の交換のもとに第3―9表の利足積立高の五六七〇両、四〇〇目と相殺された上で償還されたのである。同年には大元方では一万貫目弱の不良資産、滞り貸が有銀との相殺で消却されており、その一環であると考えることができる。寛政元年以降も天明六年の仕法に従って年賦償還されていったが、他方で新たな調達金も加わっていったのである。

注

（1）「《延岡用談留》」（三井文庫所蔵史料　続一四一二）。
（2）同右。
（3）「御相対証文両通写」（三井文庫所蔵史料　続四四八―一四）。
（4）同右。
（5）同右。
（6）同右。
（7）三井では牧野家とは縁が深いことを考慮して、天明元年六月に元方係同族四名が次に示す「申渡覚」を認め、同族一一家と越後屋、両替店の手代に示し押印を求めた。その第一条を記すと次のとおりである。

申渡覚

今度牧野越中守様御所司代被為蒙仰、近々御上京被為成候、就夫右御屋鋪之儀者御代々手前一家出入仕候義何方ニ而も能存知居候事ニ候得者、京都御在役中聊少ニ而も御屋敷の御権威を加り申様成儀不仕候様堅相慎可申候（「牧野越中守様京都御在役ニ付被仰渡候書付」三井文庫所蔵史料　続一四八九）

（8）「牧野備後守様御用留」（三井文庫所蔵史料　本一六五）。

第三節　寛政二年以降の大名貸の行詰り

牧野家六代の貞長は天明四年（一七八四）五月に老中となり幕府政治に参画していた。牧野貞長は必ずしも田沼派と目された訳ではなかったが、時はちょうど田沼意次の全盛期であった。田沼意次の老中引退後、天明七年一二月に御勝手掛りを勤めたこともあったが、寛政二年二月に牧野貞長は老中職を辞した。

牧野備後守貞長は寛政元年（一七八九）一二月に松平越中守（定信）、鳥居丹波守（忠孝）、松平伊豆守（信明）、松平和泉守（乗完）の四人の老中に対して、「先達而ゟ疝積気罷在其上足痛差起歩行着座共難儀仕候」(1)を理由として老中職を辞することを申し出ている。それが表向きの理由であることは明らかで、辞表の写しに付随する書面では、「御先代田沼主殿頭様御一同御同列被成御勤候御方者、追々御役儀御願又者御免等ニ而、当時備後守様御壱人御残被成候付、前後之儀被成御勘弁候得者、是又御心遣ニ思召候」とあり、また「万一此以後御首尾合等ニ拘り候而者甚如何成儀、彼是御思慮被成候程至而御不安堵ニ思召候」(2)ともある。田沼意次の政治に列座した牧野貞長は、松平定信の時代となり、このまま現職に留まることによって降り懸かる難儀をも危惧して老中職を退くことを決意したのであった。

老中を辞して四カ月後の寛政二年六月に、牧野貞長が和泉、河内、播磨にもっていた三万石の領地は、陸奥国磐前郡、田村郡、磐城郡の旧領と引替えとなった。牧野家にとり、この領地引替えは大きな痛手であった。この引替えを田沼意次と婚姻関係にある牧野貞長への懲罰的な領地替えと考えても大きな間違いはないであろう。大坂元〆の津久井武兵衛が寛政二年九月に上ケ地の件で上京した際に次のように話した訳である。(3)

京都所司代江相務候節、上方最寄三万石御引替ニ相成、又々笠間城付壱万五千石御引替、都合四万五千石上方ニ而領分ニ相成有之候所、御老中被蒙仰候後壱万五千石御旧領江戻り、此度退役候付三万石旧領江御引替ニ相成候、此儀兼而覚悟之事ニ者候得共、右三万石之内を質地ニ入百姓印形ニ而大坂御役所ゟ銀高弐百四拾八貫目余御借入有之、月五朱之利付ニ有之候所、去年ゟ仕法相改弐朱半之利足ニ而少々宛元江も相納、当時済残弐百三拾九貫目之内、当暮元利江弐拾三貫四百目余相納候之積、右割ニ而当戌ゟ十二年目ニ皆済之積候処、領分旧領江戻り是迄之処御代官支配相成候付、質地ヲ抜不遣候半而者上ケ地ニ差支候、既右村方之内一ケ村右質地御除被下候様大坂御役所へ願出候処、右願書御留置大坂蔵屋敷へ内々ニ而右之趣被仰聞候、地頭を差越候致方不届至極成義、譬退役被致候迚少ハ家規矩も相立申度一統歯ヲ喰候仕合候得共、右質地抜不遣中者致方も無之心外罷過候、其儀者格別御代官江引渡候迄ニ質地抜不申候半而者難相成候得共、兼而御存之工面合銀高都合相立候儀者不致出来、大坂表ニ而も借用之手段迚も一向無之候御代官ニ而内々承合候処、当年中地面引渡不申時者江戸表江申上ニ相成候由、左候時者家之大事ニ相成（後略）

牧野家では畿内領地三万石のうちを質地に入れて百姓印形で大坂御役所より銀二四八貫目余を借り入れており、そのうち若干返済しているが、領地を代官に引き渡すまでにはその銀高を返済して質地を抜いておかなければならなくなっていたのである。同年七月には、河内国の牧野家領分村々から代官に対して、「上知につき質地除かれたき願書」[4]が出されていた。

先に引用した書状は、三井への借用の願書でもあったが、質地を抜く手段として三井に家屋敷を貸すように申し入れてきた。それは「近年松平和泉守殿右体之儀有之、平野屋五兵衛引受自分之抱屋敷質物ニ差入、地面を抜候例有之候間」[5]という例に倣って、三井より家屋敷を借り、それを引当として借銀することを考えた訳であるが、三井としては無償で貸すことを断り、正銀で売り渡すことには応じるとの返事をしている。その対象となったのは三井大坂両替店所持の伏見屋四郎兵衛町の一町一軒の大きな家屋敷で代銀は二五〇貫目であった。それを二二二貫目に引き下げ、そのうち一六六貫五〇〇目を月並金三〇〇〇両を渡すことで当て、残りの五五貫五〇〇目を江戸で質物を入れれば貸すことにし、さらに手元金一〇〇〇両、勘定の際に五〇〇両を渡すこととの話となった。ところが牧野家の側では藩財政の遣繰り上、無理があったためこの件は取りやめとなり、牧野家は別途の借入れにより質地を抜くことができた。

ところで牧野家は三井との側で、畿内領地の所替えの以前から調達金の交渉を行っていた。所替えの覚悟はその時すでに持っていたが、打ち続く凶作などにより財政不如意となったために、一万二〇〇〇両を数年に分けて調達することを頼み込んでいた。数度の交渉の結果、戌年（寛政二年）に四九〇〇両を、亥年、子年、丑年に二二〇〇両ずつ、寅年に五〇〇両を三井が出金することになったのである。

借用申金子之事(6)

金四千九百両也

右者旦那就要用当春中御願被申候通借用申処実正也、返済之儀者年八歩之利足を加、来亥暮ニ至元利之内へ金千五百五拾四両弐分、拾匁返金可申候、相残り候分御相対之通証文認替聊無相違年々返済可申候、為後日仍如件

寛政二庚戌年十二月　　　　　　高谷宗八　　印

（以下二二名略）

三　井　宗　巴殿

三井八郎兵衛殿

三井八郎右衛門殿

三井はまず四九〇〇両を牧野家に貸し出した。翌年には利足の四二四両二歩と元高一一三〇両の合計一五五四両二

歩を返すことになっている。

ところで領地替えは上記のような一時的な問題を生じただけではとどまらなかった。同じ三万石ではあっても、畿内領地と陸奥国の領地とでは明らかに生産力の差異、したがって年貢高の差異が表れることになった。寛政二年（一七九〇）二月の次の書状ではすでにそのことが記されている。(7)

然者兼々厚御世話相成候、勝手向難渋去暮無拠趣御頼被申入候之処、当二月中御出金被下当座之儀者相凌候得共、一体暮方難立行無余儀当夏中御願被申候趣御類焼後難被成中、品能御承知被下先者致安心大慶被存候、（中略）御存之通屋敷替被仰出、一旦中屋鋪江引取候上、当上屋敷江引移候事故、入用も二重ニ有之、殊更大破之屋敷ニ而仮成之取繕も存外ニ手間相懸、長屋数少ニ而家中差置所無之、不得止事跡先不顧新規建継旁入用も相嵩、其上領知御引替被仰付、村方江引合候銀高大造之儀、右不相整候而者郷村引渡不相済、公辺ニ拘り候事ニ而猶予不相成儀、何角捨置甚無理成差繰共於江戸表も可相成丈之金子取集差登候得共不相揃、既重々之儀なから大坂御所持之屋敷御譲りも被下度御頼申候処、不相替御深切之御世話も有之趣具ニ致承知候、其内外ニ手段も出来、漸引渡者相済此儀者御安堵可被下候、然ル処此上拝借金上納之手当も無御座候様相成、剰奥州領地者上方収納ゟ壱万五千俵余相減、夫而已ならす粗御承知も有之候通、海上之廻米数日相掛、近来船数も減候由、摂取不申別而当年者川筋渇水江戸着船無之、米価者不宜一向繰合不相成、旦那にも委達聴候処、甚被致心痛候、此節より若旦那も勝手向之儀被承同様辛労至極被存候、将又其御家数十年来別段之訳者不及申、近来別而御深切御出金之儀共巨細被致承知候、右ニ付而者両旦那共当暮御渡金之儀上納金さへ相済候ハヽ、外々者如何様共御勘定可申旨被致世話候得共、当年臨時可相償手段無御座、暮方元立之収納者春越ニ成候事故、何事共不行届御役被退候後者屋敷替領地替等者可致覚悟儀候得共、全体不如意之上ニ候得者一統十方ニ暮罷在候、（中略）当暮御渡可申分月次御出金元利共来春奥州米等廻着迄被及御断候、何共気之毒千万なから宜御頼可申述旨被申付、（中略）何分此上共当家立行候様御取計被下度呉々頼被存候、（後略）

十二月廿四日

三宅健次郎（以下二名略）

三　井　宗　巴様

三井八郎兵衛様

三井八郎右衛門様

畿内の領地の引替も無事済んだが、奥州の領地は畿内に較べて収納が一万五〇〇〇俵も減ることになり、奥州米の江戸廻送も不便となって財政困難から元利返済の猶予を願い出ている訳である。

牧野家の領地は寛政三年七月に常陸国内部で九〇〇〇石の移動がみられて以降は明治期まで変化していない(8)。生産力の低位および不安定による収納高の減少により、牧野家は以後継続的な財政困難に陥る訳であるが、それは借財の累積に結果していき、早晩財政の建直しが必要となっていく。牧野家ではこの時期三井だけでなく大坂両替商に対しても出銀の依頼をしていた。寛政二年（一七九〇）八月の「大坂町人江書状案」の文中には次のようにある(9)。

将又上方領分奥州旧領江被差戻候、右ニ付、上方領分江去暮用金申付、当年収納を以返済之積ニ候処、領知替ニ付其手段不相成、奥州之儀者未請取も不相済、已前之事ニ候得者右収納差継候事も不相成、此度村方よりハ先納之名目ニ可申出候、左候得者万一公辺ニも抱可申哉と甚令辛労候、依之格段勘弁を以右償方出銀給度候

この書状の控えの宛先には吉田屋喜平治、大庭屋次郎右衛門、炭屋善五郎、近江屋休兵衛、山家屋権兵衛などの大坂両替商の名前が記されている。上方領地の村方への御用金の立替えのための出金であることは三井の場合と同じで

第3－13表　牧野家の大名貸銀一覧（寛政3年）

名　前	銀　高	年　賦　銀	内　訳
	貫　目	貫　目	
鴻池善右衛門	346,920.00	2,000.00	古借
	1,035,944.64	無利足10カ年断延	元高1,285貫目の返済残，古借利銀58貫995匁2分6厘含む
	225,560.00	1,995.00	寛政元年当座借用元高250貫目返済残，利銀25貫560目含む，利子年3朱
	1,608,424.64		合　計
大庭屋次郎右衛門	465,000.00	2,000.00	古借
	513,899.45	無利足10カ年断延	元高594貫目の返済残，古借利銀22貫534匁5分9厘含む
	186,180.00	7カ年借居，利3朱	寛政元年新借，2年月割借用元高166貫目，利銀20貫180目含む
	22,500.00	2,250.00	寛政2年新借，利子年3朱
	1,187,579.45		合　計
近江屋休兵衛	47,042.30	断	古借
	452,062.00	無利足10カ年断延	元高580貫目の返済残，古借利銀16貫662匁含む
	226,095.00	7カ年借居，利3朱	天明8年～寛政2年出銀返済残，利銀24貫595匁含む
	30,000.00	3,000.00	寛政2年新借，利子年3朱
	755,199.30		合　計
炭屋善五郎	296,060.00	無利足10カ年断延	元高394貫目返済残
	148,000.00	7カ年借居，利3朱	寛政元年新借返済残，2年月割借用
	60,000.00	6,000.00	寛政2年当座借用107貫050目返済残，利子年3朱
	504,060.00		合　計
山家屋権兵衛	239,050.20	無利足10カ年断延	元高306貫目返済残，利銀8貫170目2分含む
	161,985.00	7カ年借居，利3朱	元高144貫500目
	15,000.00	1,500.00	寛政2年新借，利子年3朱

	416,035.20		合　計
吉田喜平次	171,642.07	無利足10カ年断延	元高198貫目返済残，古借利銀９貫873匁７分６厘含む
	89,300.00	７カ年借居，利３朱	寛政２年月割借用元高80貫目，利銀９貫300目含む
	60,000.00	6,000.00	寛政２年新借，利子年３朱
	320,942.07		合　計
食野次郎左衛門	318,439.40	断	古借
	239,775.00	無利足10カ年断延	元高228貫900目返済残，古借利銀20貫475匁含む
	60,000.00	７カ年借居，利３朱	寛政元年当座借用
	20,000.00	2,000.00	寛政２年新借，利子年３朱
	638,214.40		合　計
松延亦六郎	123,200.00	無利足10カ年断延	元高108貫目返済残，当座借用80貫目
	50,000.00	2,490.00	寛政２年新借，20年賦利子３朱
	173,200.00		合　計
米屋惣右衛門	121,190.00	無利足10カ年断延	元高108貫目返済残，利銀13貫190目含む
	35,000.00	７カ年借居，年２朱	寛政元年月割借用
	156,190.00		合　計
吹田屋六兵衛	78,539.59	無利足10カ年断延	元高83貫580目返済残，古借利銀４貫406匁６分６厘含む
	20,000.00	1,000.00	当座借用，無利足20年賦
	98,539.59		合　計
泉屋理兵衛	75,125.60	無利足10カ年断延	元高71貫890目，利銀３貫235匁６分含む
	9,533.40	480.00	元銀５貫目返済残，口々利銀５貫033匁４分含む，無利足20年賦
	84.659.00		合　計
丸屋平蔵	79,936.80	無利足10カ年断延	元高77貫970目，利銀１貫966匁８分含む

名　　前	銀　　高	年　賦　銀	内　　　　　　訳
	貫　目	貫　目	
丸屋平蔵	12,274.20	600.00	元高9貫目返済残，口々利銀4貫174匁2分含む，無利足20年賦
	92,211.00		合　計
上田三郎左衛門	54,071.50	断　延	古借
	38,825.28	無利足10カ年断延	元高36貫432匁，利銀2貫393匁2分8厘
	15,757.92	525.00	元高13貫目返済残，口々利銀4貫057匁9分2厘，無利足30年賦
	108.654.70		合　計
平野屋又兵衛	124,397.00	断　延	古借
	40,018.60	180.00	元高36貫160目，利銀3貫858匁6分含む，無利足
	164,415.60		合　計
銭屋権兵衛	22,600.00	750.00	当座借用20貫目，利銀2貫600目，無利足30年賦
安田屋伊兵衛	20,000.00	660.00	当座借用，無利足30年賦
聞名寺	27,360.00	600.00	元銀24貫目，利銀3貫360目，利足600目
杉本久次郎	65,760.00	7カ年借居，年2朱	元銀60貫目，利銀5貫760目
村　方	900,821.40	32,010.00	元高837貫540目，利銀63貫281匁4分
佐藤源兵衛	175,401.60	無利足10カ年断延	古借，元高170貫160目，利銀5貫241匁6分
島屋孫兵衛	48,172.00	元利断延	元銀45貫550目，利銀2貫622匁
湊屋いは	24,408.00	元利断延	元銀22貫600目，利銀1貫808匁
荒木伊兵衛	51,600.00	元利断延	古借
荒木伊左衛門	11,872.00	元利断延	元銀11貫200目，利銀672匁
大木平七，上村嘉内	11,236.00	元利断延	元銀10貫600目，利銀636匁
鴻池屋庄右衛門	12,765.00	元利断延	元銀11貫100目，利銀1貫665匁
鴻池屋栄助	12,756.00	元利断延	元銀11貫100目，利銀1貫665匁
加島屋久左衛門	78,122.86	元利断延	元銀70貫683匁，利銀7貫439匁8分6厘

加島屋作兵衛	66,684.93	元利断延	元銀62貫182匁6分8厘，利銀4貫502匁2分5厘
島屋市兵衛	42,957.99	元利断延	元銀39貫010匁9分5厘，利銀3貫947匁4厘
中津屋喜兵衛	56,273.46	元利断延	元銀50貫826匁9分，利銀5貫446匁5分6厘
合　計	7,937,125.19		

出所）「笠間書状留」（三井文庫所蔵史料　別229）．

ある。ところで当時は大名の借用願いをそのまま大坂両替商が引き受けるような状況ではなく、旧借がある場合には、その償還や利子払いとの兼合いが不可欠であった。

寛政三年三月の記録では「借金高マシ(三十)万両程有之候、其中ニ者手元ゟ出候金子サ(五、七)エ万両も有之候得共、他所ゟ之借金セシ(二十)万両余有之、領地上り高者無数相成、一ヶ年マ(三)万両程之事ニ而何事へも引張足不申、去冬上ケ地何角ニ而大難渋、右借金高旦那江申聞候処シ(十)万両程者可有之被存候所夥敷高ニ而甚驚被申候」[10]とある。牧野家の他所よりの借金高は三〇万両あり、藩主も一〇万両ほどと考えていたが、実態を知って大いに驚いたという話である。藩の収納は三万両[11]ほどでしかなく、その一〇倍の借金をかかえていたことになる。

寛政三年ごろの牧野家の三井以外ではっきりしている借入金を示すと第3―13表のとおりである。[12]借入金は村方を除いて三〇件であり、村方を含めたその総額は七九三七貫目余、金換算すると一三万両余に及んでいる。大坂両替商よりの借入れがそのほとんどを占めている。古借が何年までの借入れか明らかでないが、寛政元年、二年の新借、当座借も一〇〇〇貫目を超えている。借入先の数が多く、可能なところからはどこからでも借り入れていた状況がわかる。古借の一部、および新借では年賦償還がなされているが、鴻池善右衛門の古借は一七三年賦、新借は一一三年賦、大庭屋次郎右衛門の古借は二三三年賦となっている。元利断延が合計して九六〇貫目余りもある。無利足一〇カ年断延となったのが古借利銀も含めて三六四〇貫目余りと四六パーセントもあり、三朱利付の七カ年借居は九七二貫目と一二パーセントになっている。それらの銀高ではすでに過去の利銀が計算され貸出金に加算されているが、前者においては一〇年間は元利返済は行わないのであり、後者にあっては七年間は年三パーセントの利子付きのみで、元本の返済は行わないのである。利子払いは七カ年借居も含めて年三パーセントと低くおさえられている。第3―13表の合計では一年間の元本返済高は全体の〇・八パーセントにあたる六五貫目余で、利足払高は全体の一・三パーセントにあたる一〇四貫目余りとなる。この借入金の仕法建ては寛政二年ごろになされた訳であるが、それ以前に何度か仕法替えがなされたことを知ることができる。すでに年賦償還されていた古借に利銀を加えて再度証文を書き改めた訳であるが、年賦償還の明らかなものである。鴻池善右衛門では元高三〇〇貫目の一〇年賦のうち一二〇貫目が返済され、一八〇貫目が残っていたのである。大庭屋次郎右衛門と近江屋休兵衛の場合は元高一二〇貫目の一〇年賦のうち四八貫目が返済され、七二貫目が残り、炭屋善五郎、山家屋権兵衛、吉田屋喜平次の場合はそれぞれ八〇貫目、六〇貫目、五二貫目のうち、四八貫目、三六貫目、三一貫二〇〇目が残っているのである。また吹田屋六兵衛の場合は九貫目のうち五貫四〇〇目が残っている。一〇年賦金のうち四年分だけ同じように償還されていることは天明五、六年に一〇年賦の貸出が、あるいは証文の書改めがなされていることを意味している。

牧野家は寛政二年に大坂両替商との間で借入金の返済仕法の取決めを行った訳であるが、三井との間では天明五年の仕法どおりで、仕法替えを行ってはいない。三井は寛政三年三月に牧野家から次のような六条からなる覚書を受け取った。同年の三井よりの借用金の内訳と年賦償還方法を記したものである。(13)

覚

一前々借用金三万八千弐百両、天明五巳年ゟ一ケ年三百両宛返済、金五千七百五拾両右同年ゟ一ケ年金弐百八拾

七両弐分宛弐拾ケ年返済之事
一金八千両、天明五巳年ゟ十ケ年賦返済定之内、追々返済残金四千両者去戌暮皆済之筈、去戌七月相定候通返済可申事
一去戌二月借用金千両去暮返済可申処、来ル寅年迄御差延被下候事
一去戌七月及御対談候通、新借金四千九百両戌暮当亥暮ゟ来ル丑暮迄一ケ年金弐千弐百両宛、来ル寅暮金五百両、都合金壱万弐千両御出金被下候事
但右返済方当亥年ゟ来ル申年迄一ケ年金千五百五拾両余宛相渡、酉年皆済之筈御座候
右者戌年御対談相済候
一去戌年月割借用金三千両、去暮返済之筈御座候処、差支ニ付此度御頼被申入、当亥年月割借用金三千両を去暮江繰上ヲ以返済、当亥年三千両者来子年月割借用之内金弐千五百両当暮江繰上借用ヲ以返済、金五百両并三千両之利足者正金ニ而返済可申候、右之通年々金五百両并残り高利足者正金ニ而相渡、不足之分翌年之月割金を繰上致返金候得者、当亥ゟ来ル辰年迄三千両皆済ニ相成候事
一旦那手元金千両御渡申候筈去戌七月申談候処、去暮差支ニ付及御断候分当暮御渡可申事
右者此度御対談申候
右之通御頼被申入候処、御承知被下被致安堵大慶候、然上者年々暮勘定之儀聊無相違返済可申候、尤右ニ記候借用返金相済候迄者、別段御無心堅申入間鋪候、証文之儀者被仰聞次第相認御引合可申候、以上
亥三月　田中丈七

三　井　宗　巴殿
三井八郎兵衛殿
三井八郎右衛門殿
（以下九名略）

第一条は前述した天明五年付の借用金の年賦償還金であり、第二条は天明五年の八〇〇〇両の借用金の残高四〇〇〇両を寛政二年中に皆済のはずであるとのこと、第三条は寛政二年の一〇〇〇両を寅年（寛政五年）まで繰延べするとのことである。第四条では前述した四九〇〇両に続いて、同年末から三年間二二〇〇両ずつ、四年目に五〇〇両の融通を受け、合計して一万二〇〇〇両の拝借に対して、寛政三年から年に一五五〇両ずつ償還するとのこと、第五条は寛政二年に借用した三〇〇〇両の月割金を同年中に返済するはずであったが差支えがあったため、今年分の月割金を繰り上げて返済し、以後二五〇〇両を借り入れて三〇〇〇両を返済する方法をとり六年間で皆済することにすること、第六条は手元金一〇〇〇両を去年七月に渡すはずであったが、今年暮に渡すようにするとのことなどが記されている。右の「覚」に記された内訳を「出入寄」(14)の数値からみると次のとおりである。

寛政二年末の牧野家貸出高の合計は、四万一九四〇両であり、その内訳は二万九〇一五両（天明六年元高三万〇四一〇両より年二三二両二分ずつ六年分償還）、四〇二五両（天明六年元高五七五〇両より年二八七両二分ずつ六年分償還）、一〇〇〇両（寛政二年四月貸出）、四九〇〇両（寛政二年一二月貸出）、三〇〇〇両（月並金）の五口の合計であった。

第一条の年賦金は償還されてきており、第二条の四〇〇〇両は返済されている。「覚」のとおりに三井の貸出金の償還がすすんだが、寛政五年になり若干の手直しがなされた。それは牧野家六代の備後守貞長が家督を七代の備中守貞喜に譲ったことと関係があり、寛政四年より牧野備中守への貸出金も一三五〇両みられたが、貞喜が備中守より日向守になるにともにい、備後守への貸出も引き継いで合算し、かつ新たな貸出金を加えている。翌六年には貸出高は四万五四一七両二分となり、その後は増減もなく、償還されずに、かつ第3—11表にみたように利足の支払いもなく、滞りとなってしまった。したがって、その処理が両者にとって早晩課題とならなければならなかった。

注

（1）「疝気ニ付御役御免口上書並老中聴許付札」（牧野家文書、五〇八。茨城県歴史館マイクロフィルム収集史料）。
（2）同右。
（3）「牧野備後守様御用留」（三井文庫所蔵史料　本一六五）。
（4）『羽曳野市史』第五巻　史料編3。一五六頁。
（5）「牧野備後守様御用留」（三井文庫所蔵史料　本一六五）。
（6）同右。
（7）同右。
（8）高橋実『牧野家・武藤家文書、目録』「解説」（茨城県歴史館）。
（9）「大坂町人江書状案」（牧野家文書　五二二—二）。
（10）「牧野備後守様御用留」（三井文庫所蔵史料　本一六五）。
（11）寛政三年三月に示された牧野家の年貢収納高は、見積もり高であって必ずしも実数どおりを意味しないが、金表示で二万六〇五二両余りである。なお寛政二年五月に記された、奥州への所替え以前の収納見積もり高は金換算すると、三万六二五八両となり、所替えにより一万〇二〇六両ほど収納減となる。
（12）寛政二年での牧野家の大坂銀主からの借財高は第3—13表のとおりであるが、そのうち鴻池善右衛門の内訳を次に示す（「笠間書状留」三井文庫所蔵史料　別二二九）。

鴻池善右衛門

一銀三百四拾六貫九百弐拾目　　古借

朱（右一ケ年弐貫目宛元入

　金三拾三両壱分余

一銀三百弐拾弐貫百七拾目　　元高三百八拾五貫目返済残

一銀四百七拾四貫七百七拾九匁三分八厘　元高六百貫目返済残

一銀百八拾貫目　　元高三百貫目十年賦返済残

一銀五拾八貫九百九拾五匁二分六厘　古借利銀

〆銀千三拾五貫九百四拾四匁六分四厘

金ニ〆壱万七千弐百六拾五両三分

朱（右古借之分当年ゟ無利足十ケ年断延

一銀五拾貫目　　西暮当座借用　元高百貫目之内返済残

　此利銀八貫拾匁　利月九朱

一銀五拾貫目　　西暮当座借用　但月九朱

　此利銀五貫八百五拾匁

一銀百貫目　　月割借用　但月九朱

　此利銀拾壱貫七百目

〆銀弐百弐拾五貫五百六拾目

金ニ〆三千七百五拾九両壱分

朱（右元金七ケ年借居利下ケ年三朱

　金百拾弐両三分

渡金〆百四拾六両

　内三十三両壱分　元入

　　百拾弐両三分　利足

(13)「牧野備後守様御用留」（三井文庫所蔵史料　本一六五）。

（14）「金銀出入寄」（三井文庫所蔵史料　続五六五九）。

第四節　藩政改革と藩債の整理

寛政二年に畿内三万石の所領を陸奥国と引き換えられ、あまつさえ笠間藩の領地では天明の飢饉以降損毛高が一万石以上に及び、藩の財政は困窮していた。天明六年以降の一六年間の損毛高は平均して一万九六七二石に及んだ。そのため天明五年に三井と笠間藩とでそれまでの借財の償還方法について取決めを結んでいたが、そのとおりに進むことはなかった。寛政六年以降元本返済がなされなかったばかりでなく、利足の支払いもストップしたのである。三井内部でも享和二年ごろからその対策が問題となっていった。三井は笠間藩に滞り高を知らせるとともに、笠間藩役人と協議した結果、享和二年（一八〇二）一二月に笠間藩役人渡辺九蔵等より藩の窮状を訴えて、追加出金を求める次の書状が届いている（1）。

数十年来勝手向之儀、御厚志之御世話ニ相成、公務其外無拠要用安危ニ拘り候節、入用迄も相凌取続来候之所、被及御見聞御存之通、当領分地不足等有之、山入之土地故年々作方不熟之場所多、村方及困窮、人少手余荒地次第相増、収納高減亡所ニも可相成ニ付、勝手不如意之中より手宛或者納方用捨申付、人給馬代等貸渡、出生之子供養育之扶助ニ至迄相渡遣候得共、人別年毎ニ相減、就中天明六午年山崩出水後川欠砂入、荒所を以起返不行届損毛弥増、当時定免ニ而六万俵余ならてハ不相納、右之内奥州領分之儀者江戸表江之廻米遠路運送駄送付候、不自由手狭之所ニ付地払ニ而不相捌、尤価当地より過分ニ引合不申無是非相廻候得者運送之入用不少、夫而已ならす海上数度之難破船無益之損失夥敷、縦令無難相廻候共、一ケ年之暮方如何様取縮候而も収納ニ而引足不申、漸

繰合而已ヲ以相続候得共、累年之事故、難渋相募り手段ニ尽果不本意と乍存御店江之御勘定も不埒相成、去ル寅年以来者等閑ニ打過候中、巳年於屋敷不日ニ焼失十方ニ暮、不勘定之儀者差置不顧思召御頼申候処、厚御心入ヲ以御出金、殊材木料等御心配被下、其砌用向相弁仮成ニ上下之住居も相成候様普請致出来候儀御座候、右御出金者分合も格別ニ被減候儀旁以翌午年より寅ニ而此口計者元入利足御渡可申筈候得共、火災後猶以不手廻、先旦那上方御役被仰付候節、両度之拝借幷領分半高余凶作ニ付而之拝借上納高相嵩、右皆納迄御猶予之及御対談候儀も有之候所、上納相済候後も前文之通収納を以暮方不足之事ニ候へ者万端後繰勝ニ而自ら御約定通ニも致兼、然処追々申述候不得止事吉凶入用一概ニ相成、当惑至極其折柄迚も不相替御取計ヲ以、都而返済方昨年暮迄者預御用捨等閑ニ打過候上者如何様ニも御埒合も可申儀候得共、当時難立行程之難渋、公辺勤向且家中扶助迄も差支候仕合、多年御店ゟ之借用金当家之高ニ而者大造之返済方追々御寛メ被下候而も中々返済訳付迚も不致出来、旦那者勿論一統当惑之儀御座候、実意外聞共此通ニ而者不相済旨兼々被申聞、当秋帰城前ニも御疎遠可申儀無之段精々被申付置、猶於在所も役人共江被及其沙汰双方数も掛合及相談候処、斯難渋之上者如何様ニも術計無御座候、此上年を経候程弥不埒を重候より外無之、何共申出候も思召も恥入赤面之至、旦者御一統御気請ニも可相障存候へ共、古借之内元利之不被及御沙汰、誠ニ給意聊宛火災之節御心入之御出金も末長く御請取被下、猶又来亥年より暮方ニ金之内月割御調達被下前々不相替姿ニ御取引も被下度恩を懇返済方相減御出金とハ余り敷申方御座候へ共、打明候処不繰合之事候得者御調達不被下候而ハ返済方之差繰出来兼候、年々入レ金無相違取計候上者、月割増候出金も被下勝手向極難もケ様計ニも有之間敷、領分荒地起返人別相増候手段も此節役人とも専致丹誠候得者、収納相応繰合相成候時節至候ハヽ、返済辻も追々可相増心底御座候、返済方相滞候而も最早来年ニ而十ケ年ニも相成、旦那心痛被存候処も御推察可然御許容可被下候、左候得者江戸在所役人共も被申付候訳も少シ者相立一統置致大

慶候儀御座候、差付上方御主人方当表次郎右衛門殿江及御掛合御頼申候も如何故、先者元意申達候書面之趣を以
近々次郎右衛門殿江及御示談、京都表江も可得御意候、何分宜御取計頼入存候、以上

十二月

渡辺九蔵
大戸源内

野田半次郎殿
桜井与兵衛殿

笠間藩領では近年農村が困窮して、領内の人口も減少していき、天明六年には山崩出水もあって損毛も増していった。奥州領地では江戸への廻米も不便で経費もかかり、さらに江戸屋敷の焼失も加わった。そのため拝借金も嵩んでいって、累年の藩借財の返済高が高額に及んで財政上の遣り繰りが難しくなっている。荒地起返や人口増加の手段が成功すれば年貢収納も増し、返済高も増やすことができるから、藩主の心痛を推察し、月割調達金を下されたいとの文面であった。

このような依頼文にもかかわらず、三井にとっては年賦金の償還の停止と利足支払いの停止はそのまま見過ごすことはできなかった。未収取の利足高を計算し直した上で新たに証文を作成した訳である。享和三年一二月付の次の二通の借用証文を三井は受け取った(2)。

借用申金子之事

金三万九千四百七拾三両

右者旦那就要用、去ル巳寅年借用金返済残此度無拠御頼申入、当亥年ゟ無利足元金之儀者外口々相済候迄返済方

追而御対談可申候、御相対之通証文認替聊相違無御座候、仍而証文如件

享和三癸亥年十二月　新名小左衛門　印

（以下二一名略）

三井八郎右衛門殿
三　井　三　郎　助殿
三　井　八　郎　兵　衛殿

借用申金子之事

金弐万千五百両也

右者旦那就要用、去ル丑年借用金此度無拠御頼申入、右元高年弐分之割を以当亥年ゟ年々四百三拾両宛御渡可申候、右之内利足年壱歩之割引之残元入之積相定、右四百三拾両年四歩之利付ニ而年々手返ニ御出金被下、当亥年ゟ十一ケ年目酉年ゟ正金ニ而御渡金之儀者猶又其砌可及御対談候、御相対之通証文認替聊相違無御座候、仍証文如件

享和三癸亥年十二月　右同断

宛右同断

第一の証文の三万九四七三両は、巳年（天明五年）、寅年（寛政六年）の借用金残りを一枚証文にして、享和三年に無利足貸とし、返済方法について特に定めていないのである。第二の証文の二万一五〇〇両は丑年（寛政五年）証文高に未収取利足を加え、証文を書き替え、元高の二パーセントにあたる四三〇両を年々渡し、そのうち一パーセント

分を利足として残りを元本返済にあてることにしたのである。償還されていけば残高にたいする利足高も減るために元本返済高がそれだけ増す仕組みである。このように享和三年一二月に証文の書替えがなされるに当たり、前年享和二年に次のような取決めがなされていたのである。(3)

覚

天明五巳年正月証文高三万八千弐百両之内寛政七卯年迄返済残
一金三万五千三百両　享保十六亥年より安永四未年迄借用天明五巳年ゟ無利足一ヶ年三百両宛返済定

天明五巳年正月証文高金五千七百五拾両之内寛政五丑年迄返済残
一金三千百六拾弐両弐歩　安永九子年ゟ天明二寅年迄借用同五巳年ゟ無利足弐拾年賦一ヶ年弐百八拾七両弐歩宛返済定

天明（ママ）六寅年証文高
一金五百八拾七両弐歩　右年賦二口寛政五丑年可相渡分新借ニ相直年八分之利毎暮勘定元金者年々証文書替之定

此利足金四百弐拾三両　寛政六寅年ゟ当戌年迄九ヶ年分

元利〆金三万九千四百七拾三両

右者来亥年ゟ無利足元金之儀者外口々相済候上追而御対談申度候

寛政二戌年、同三亥年、同四子年借用、同五丑年十二月証文高
一金壱万弐千五百五拾両　元金寛政八辰年迄置居ニ至返済対談之筈年八分之利年々相渡候定

此利金九千三拾六両　寛政六寅年ゟ当戌年迄九ケ年分

元利〆金弐万千五百八拾六両

右者来亥年ゟ拾六ケ年目来寅年迄無利足置居同年ゟ返済方左之通御頼申度候

内

金八拾六両　来亥年ゟ拾六年目寅年ニ至米ニ有之外口々済寄候付元金之内返済

金弐万千五百両　来亥年ゟ拾七年目卯年より元金之内一ケ年三百両幷済口一割之利金三拾両宛年々御渡可申候

〆

寛政六寅年月割借用

一金弐千両　寅ノ暮年八分之利足加江元利返済定

内

五百両　寅ノ正月請取

五百両　同　二月請取

八百両　同　三月請取

弐百両　同　四月請取

此利金千四百三拾五両壱歩　五匁

寛政六寅年ゟ当戌年迄九ケ年分

元利〆金三千四百三拾五両壱歩　五匁

内

金千両　　御預ケ申置候

此利金七百弐拾両　寛政六寅年より当戌年迄九ケ年分

残金千七百拾五両壱歩　五匁

右之内

金拾五両壱歩　五匁　当戌暮返済

金千七百両　証文相改以来年五分ニ分下ケ御頼申元利之内江一ケ年百五拾両宛相渡来亥年ゟ拾四ケ年目千両之口相済候間翌丑年ゟ百両ツヽ相増皆済可渡候

〆

寛政十午年三月

一金千両　元金午年ゟ拾年賦利足年五分毎暮返済定

此利金百両　去酉年　当戌年分

元利〆金千百両

右之内

金百両　酉戌年分利金当戌暮可相渡候

金百両　来亥年ゟ元利之内江百両宛皆済迄相渡可申候

右口々返済方御頼申度候、然ル上者来亥年月割金五百両、来々子年同千両、翌丑年より年々弐千両宛御調達御頼申候、尤月割御出金之儀者毎暮元利ともニ無相違勘定可相立候、右年限之内ニも勝手繰合相直候歟、領地収納相増候ハヽ、成丈ケ年賦相縮候様可致候、何分御許容被下候様御頼申候、以上

戌十二月

第一に天明五年の証文高三万八二〇〇両のうち、寛政七年までの返済高を差し引いた残りの三万五三〇〇両、天明五年証文高五七五〇両のうち、寛政五年までの返済高を差し引いた残りの三一六二両二歩、それに寛政六年証文高の五八七両二歩にその八パーセントの利足の九年間の未収取分四二三両を加算して三口合計の三万九四七三両を算出したのである。天明五年の時点で三万八二〇〇両と五七五〇両は無利足であったために利足加算はみられない。第二に寛政五年証文高一万二五五〇両に、年八パーセントで九年分の利足九〇三六両を加算し、端数の八六両については返済を受け、二万一五〇〇両を計算し、一七年目より三〇〇両ずつ返済を受けることにした。これについてはその後相談の結果二通目の証文に前述したように元利合わせて四三〇両を受け取ることになる。第三に寛政六年の二〇〇〇両についてはは未収利足を加え、預り金一〇〇〇両とその利足とを差引きして一七〇〇両としている。年五分に利足下げし元利合わせて一五〇両ずつ償還することとした。第四には寛政一〇年の一〇〇〇両に二年分の利足一〇〇両を加え、年五分利付きで年々一〇〇両ずつ渡すこととした。このようにこれまでの借財について証文を書き改め、償還方法についても記すことと引替えに、笠間藩としては新たな月割金調達を求めたのである。

天明五年証文についても仕法高と「出入寄」の数値が一致していないことを記したが、享和三年の証文改めにおい

ても同様に一致していない。そこで「出入寄」の数値を第3―14表に示すことにする。

第3―14表と「覚」との数値の食違いは、第3―14表の天明六年貸高の二万八三一七両二歩と改め高の三万二四九〇両二歩が「覚」と較べてともに六九八二両二歩ずつ少ないことである。それは加入方の貸金と考えることが妥当であろう。「覚」にあった一七〇〇両口および一〇〇〇両口についても第3―14表には記載されていない。

第3―14表では享和三年に利足として九五二二両二分、一〇匁加えられ、第3―11表にあるように牧野様年々利足積に加算された。それは「去ル寅年ゟ亥年迄ノ入」[4]と記されている。寛政六年より享和三年までの未収利足を収取したことになっている。その内訳は五八七両二歩の九年分の利足（年八パーセント）四二三両、一万二五五〇両の九年分の利足（年八パーセント）九〇三六両、二万一五〇〇両の一年分の利足（年一パーセント）二一五両、五〇〇両の八年一一カ月分の利足（年八パーセント）三五六両二分と一〇匁、三〇〇両の八年一〇カ月分の利足（年八パーセント）二一二両の合計から手元金一〇〇〇両の預り金の九年分の利足（年八パーセント）七二〇両を差し引いた数値である。これらは三井大元方が実際に収取した訳ではなく、貸出高に上積みしたことを前述したように、架空の帳簿上の操作にほかならない。文化元年にも一五〇〇両と二五六貫目の天明八年の帳簿上片付高を貸出高と利足積高との双方に再度記載した。

文化元年以降の三井大元方の牧野家への貸出高は第3―8表のとおり、若干ずつ増加して文化八年の六万二三九〇両三歩、二五六貫目に至っている。その内訳を第3―15表に示した。

同表において「享和三年一二月より」の貸高は変わらないが、元金二万一五〇〇両は享和三年より六年分償還されている。二五八〇両口は享和三年より年に四三〇両ずつ六年間貸し出されたもので、一〇〇〇両口も文化二年より年に二〇〇両ずつ貸し出された。享和三年以降は一方で年賦金が償還されていき、他方でそれ以上の金高が新たに貸し

第3−14表　三井大元方の牧野越中守への貸出高と利足（その5）（享和3年，文化元年）

期首繰越	貸出・返済	年末残高	内訳	利足		利足内訳
両歩	両歩	両歩		両歩	貫匁	
12,550	△ 12,550	—	享和3年　寛政5年貸高			
587-2	△ 587-2	—	同上			
500	△ 500	—	同上			
3,162-2	△ 3,162-2	—	天明6年貸高			
28,317-2	△ 28,317-2	—	天明6年貸高			
300	△ 300	—	寛政6年貸高			
	32,490-2	32,490-2		9,522-2	10.0	安永5年より
	21,500 }					
	△ 215 }	21,285				
	430	430				
45,417-2		54,205-2	享和3年末牧野越中守貸残高			享和3年末利足積高51,273両2分，銀179貫342匁595
32,490-2			文化元年			
	1,500 }	33,990-2				
	貫匁 256,000.0 }	貫匁 256,000.0	天明8年帳合片付高	1,500	256,000.0	天明8年帳合片付高
21,285		21,285				
430		430				
54,205-2		55,705-2	文化元年末牧野越中守貸残高			文化元年末利足積高52,773両2分，銀435貫342匁595
		256,000.0				

出所）「金銀出入寄」（三井文庫所蔵史料　続5685〜続5688）．
注）「貸出・返済」欄の△印は返済を表す．

出されていった。文化期初期には二〇〇両から三〇〇両にかけての利足を三井は受け取っていた。

　三井大元方の牧野家への貸出高は第3—15表に明らかなように、文化八年に四四二九両二歩と四匁八分増加している。それは新たな貸出金ではなく、京都両替店の牧野家への貸出金を大元方に付け替えたのである。文化八年一二月調べで京都両替店は同じ金高の牧野越中守への貸出高があった。しかもその半分の二二一四両三歩と二匁四分が京本店から引当として融通されていた。ところが他方で京都両替店では文化元年から六年までの牧野家貸出金の利足金の半分である一〇九六両一歩と銀四五匁六分五厘が積み立てられていた。京都両替店は京本店と合意の上、大元方にこの牧野家貸出金を付け替えることにして、大元方からは一一一八両二歩を受け取り、四三匁二分五厘を大元方に渡したのである(5)。したがって同期に「牧野様年々利足積」も京都両替店と京本店から利足積高が渡されて、二一九二両二歩と九一匁三分が加算された。この利足加算分を除いては、第3—8表に明らかなように、牧野家から三井への利足払は文化六年でストップしている。同年に牧野家から三井に対して利足払ができないと通告があったのである。それは同年から始められた藩政の改革の一環として出されたものであった。

　牧野家では文化六年(一八〇九)から藩政改革にとりかかった。天明、寛政期に笠間藩領で農村荒廃が進行し、年貢収納高も減退して、藩財政が窮乏したからである。笠間藩では専売制として取り立てる産物もなく、都市富商からの借入金に頼ってきたが、それも難

第3—15表　三井大元方の牧野越中守への貸出高
(文化8年)

番号	金銀高	内訳
1	両歩 33,990-2 貫匁 銀 256,000.0	享和3年12月より
2	1,000	文化2年より
3	20,176-3	享和3年より，元金2万1,500両
4	2,580	文化6年より
5	214	月並新調達，文化6年より
6	4,429-2 銀 4.8	文化8年12月両替店より振
	62,390-3 銀 256,004.8	合計

出所)「金銀出入寄」(三井文庫所蔵史料　続5702).

しくなってきていたのである。

『十五年来眼目集』は牧野家の藩政改革の過程を記録した史料(6)であるが、それによると文化六年正月に大奉行格御勝手掛りの須藤文之進を小寄合に引き下げ、谷八郎左衛門、川崎頼母を御勝手掛りに昇格させるなどの数人の人事異動の後に藩政改革に着手している。当時の藩主は貞喜であった。貞喜は寛政五年に奏者番となったが、幕閣としてそれ以上に昇進することはなかった。

どこの藩でも同様であるが、藩政改革にとりかかる契機は藩財政の窮乏である。文化七年には牧野家の借財は二七万五〇〇〇両余りに及んでいた(7)。そのうち二万〇八六〇両が御用銀で二〇年賦で年に一〇四三両の償還となり、五万〇三四五両が御手金で断延となっている。二〇万三七九五両が「三井鴻池其外切金年賦金共」で四〇年賦、年に五〇九四両の償還と記されている。ただ同年に借用金の年賦償還方法が建てられたかは不明であるが、二七万両余りの借財を抱えていれば藩政改革による財政の建直しは必至である。藩政改革の本旨は「郷村御改正」であり、減少した人口を増加させ手余り地を再興し、勧農策をとって年貢収納高を増加させることであるが、他方では倹約策をとって支出を切り詰めることを行った(8)。その開始の際の「御沙汰書取」を次に引用する(9)。

御沙汰書取

此度御建替ニ付、不一方上ニも御心痛被遊、何卒御法之相立候様被遊度思召候、一体笠間表御他借之御融通無之処、近年次第ニ銀主モ衰ヒ、月割金迄も御領分在町小家ノモノ共取集候事故融通相滞、御暮不相立候上、去年之凶作ニ而御収納ハ相減、在方困窮不一ト通、種子夫食ニモ差支候得共、御救之御手段一切無之、御家中ハ飯米衣類ニも差支候者多、当年抔御家中半渡江戸臨時四百両相止候而も御暮向不相立、三分引之御仕法迄も跡戻イタシ御法不相立、然ル上ハ江戸表へ都而割合御断ト計ハ御差図モ被遊カネ、誠ニ笠間表必至ト御差支、何トモ御当惑至極被遊候、右ニ付御役人向江戸表へ成トモ差出、御借財働可被仰付候ヘトモ江戸表御勝手向之銀御借財莫大ニテ、其上ニ愈増候而者利分而已モ相嵩次第ニ御差詰ニ相成候儀眼前ニ思召候

領内農民から笠間藩家中、藩当局まで等しく困窮していたのである。農村の窮乏のために文化初年には借用金なくしては財政が成り立たないようになり、その膨大に膨らんだ借用金の利足払が財政を直接に圧迫していたのである。その利足払が行き詰まったために新たな調達金が困難となったのである。嘉永五年の樋口治郎左衛門の「口上覚」[10]では次のように記されているのである。

延享年中御当地江御得替後、安永之頃迄ハ御収納も宜敷、村々人別も多く御座候処、天明之処大凶歳、其節村々洪水山崩田畑水砂押入、荒地多分ニ出来、作附候儀相成兼、百姓他所稼罷出人別追々相減、従而御収納米永減少仕、文化之初之頃必至と御差詰、御借財ヲ以御凌被成候処、同五辰年ニ至り候而者甚敷御差支ニ而、御領分物持共江御用金被仰付候而、御家中御物成御渡被下置候様相成、実ニ御借財ハ相嵩御難渋相成候付、同六巳年寛信院様深く御心労被遊御政事筋御年功之上御改正被仰出、御他借無之御収納米を以御暮建有之候之様御仕法相成

寛信院は七代貞喜である。文化五年ごろ笠間藩領内では富農、富商に御用金を課して家中に渡すような状況となっていた。財政建直しで理想としたことは、収納米で財政の遣り繰りを行うことであり、借財を整理することであったが、当面の財政上の課題は、借用金の利足払への対策と新たな調達金の工面であった。それと矛盾した内容を持っているが、三都の銀主に対して示した政策は、元利返済の五年間のお断りであった。次の笠間藩より三井に宛てた書状をみてみよう。[11]

旦那勝手向之儀去暮も粗申置候通、従来不如意御存之通御座候上、累年領分高通之物成不相納、村々年増及困窮毎々致手宛捨りニ相成候米金莫大之儀ニ候処、去卯辰年打続凶作収納過分之引方、両年之損亡高五万四千九百石

余御座候、就右可及飢渇者数多相聞得不得止事猶又救方申附、去春ニ至作付村方当荒々地面聊も可起返ニ者無之、下地人少之土地潰竈追々出来、既ニ亡所ニも可相成、左候而者不相済、旦那始心痛至極御座候、去年者世上豊作之様子ニ候得共、領内之儀者卯辰凶作之痛中ヲ以不建直、手余田地弥増、剰旱損有之損亡高壱万九千弐百石余ニ而三ケ年之損亡高合候而者七万四千百石余丸壱ケ年者皆無之仕合ニ而、公務并家中扶持米計も可相渡事さへ届兼候次第ニ可成行、旧冬者川筋凍強渇水廻米遅着、且奥州領分ゟ総州銚子迄相廻り候内、海上ニ而難風ニ逢候船有之、不計損失米価者引下ケ一通りならさる差支ニ付無余儀春中迄及御断候処、難渋御察速ニ御聞請被下一統忝年も越追々至着米候ハ、御約定通ニ者不行届候共、先内勘定成共相立、猶御頼も可申相心得罷在候、然ル所当春奥州ニ而積立候廻米又候同州相馬沖ニおゐて難船積穀海中刎捨、重々之損失案外之事ニ相成、其上前文之通相衰候領分打続候、凶作痛不立戻当春作付之元立手段一切無之何れニも手宛無之候而者第一当秋収納ニ差障候事、的然不捨置歟在所役人共此節出府彼是遂相談候得共、勝手向極難之上之儀、書面ニ者書取兼実々家之安危ニも拘り不立行事ニ可相成不安寝食当惑至極ニ御座候、此上如何様ニも可差繰術計尽、迚も内勘定御頼可申儀ニも不至、返済方五ケ年之間其儘ニ被差置被下候様御頼申候より外無御座候（中略）勝手向極難渋之儀、本書相認候通ニ而借財返済方手段尽果、無拠暫之間勘定年延相頼候外無之、大坂銀主向之儀も去々年月割出銀之勘定仕切不申内去年分操出相頼出銀有之処、是等之返済迚も不行届年来之借用相嵩、都而新古共五ケ年之間不残年延相頼候

同時に他の銀主には出訴をしないように交渉を行っていたのであるが、この元利返済のお断りは藩にとっても危険を伴うもので、非常の際の資金融通の道を途絶させる可能性について藩当局も心配し、同じ文面で次のように書き添えられていた。(12)

当時全収納高六万内外を以如何様ニも暮方相立、仕法通被行候共、借財方一統及断候上者、此上誰一銭之取引い

たし候向無之、万一公務其外廉立候不時非常之儀御座候節、貯者勿論相頼候方無御座、右手宛当惑致心痛罷在候

打顕御頼申候而、此所を何卒御心得置被下候、誠無此上力を得被致安心一統大慶

そして財政見積書を第3―16表のように作成した。常州、奥州の収納米、収納金を一定として計算した推計であるが、五年後に一八五七両二分が残る計算となっている。巳年の二六二一両一歩は「大坂月割出銀之内去辰暮江繰上引残金巳正月ゟ六月迄入用ニ相成候分返済断延候積[13]」であり、大坂月割金の返済断延高であって、五年後の残金もその範囲内でしかない。江戸上方奥州笠間返済辻の主な内容は公金の返済であり、江戸と笠間の「借用方無拠分取扱金」はそれぞれ年に四〇〇両と一〇〇両ずつ計算されているにすぎない。

五年間の元利繰延べの期間のあと、牧野家は借用金をどのように扱ったであろうか。三井以外の銀主の場合はここでは明らかにしえないが、三井の場合はその後も元利返済されることはなかった。「牧野越中守様御用留」の天保元年ごろの記事に過去一〇カ年の年延と、今後一〇カ年の年延との記載がみられる。三井と牧野家とで債権の存在を確認しあいながらも、五年、一〇年の元利返済の年延を幕末期まで繰り返していった。

大元方勘定目録において、牧野家への貸出高を含む「京両替店拠金」の内訳が明らかになるのは天保一三年（一八四二）下期までである。天保一三年上期の牧野越中守への貸出高残高は第3―15表の文化八年の数値と同じであり、文化八年以降には三井の牧野家への貸出高は増減がなく、新たな調達金の依頼に応ずることもなければ、年賦償還もなされていないのである。天保一三年以降も全く償還されていないのであるが、慶応三年一二月の牧野様年々御利足積高は文化八年時と変わらず、文化八年以降利足払は全くなされていないことになる。

そこで最後に扶持米についてみてみよう。大元方の「出入寄」では預り方に、牧野様御扶持方積の項目がある[14]。安永二年下期に一六五両三歩、七匁四分八厘を両替店より受け取ったのが始まりであり、同四年には九九両三歩と一匁

四分五厘を、同六年には二四〇両一歩と九匁四厘を、同七年には一五〇両を受け取り、しばらく中断して天明四年には九貫二六〇匁七分三厘を受け取った。そして文化八年には七七四両一歩二朱、四七貫九八八匁五分三厘の扶持方積高となった。安永期には扶持方もかなりの金高にのぼったが、安永八年から天明三年までは全く渡されず、天明四年から文化八年までの間に四七貫九七〇目余り渡された。扶持方積は慶応三年まで上積みされて二四三三両と一一貫六三六匁四厘となり、文化八年から安政三年までの年平均高は一貫八七八匁余、金にして三一両一歩であったが、安政三年から慶応三年までの年平均高は七貫一五一匁で金にして一一九両となる。幕末期に急増している訳である。

「大元方勘定目録」から幕末期の新たな牧野家への貸出はみられないが、明治三年の大元方並合方の目録[15]には、元治元年四月付で、牧野越中守への一〇〇〇両の調達金を両替店と五〇〇両ずつ折半して貸し出したことが記されている。

廃藩置県の後、旧藩の負債を引き継いだ明治政府が銀主に旧藩への債権を書き出させた際に、三井の東京府へ提出した調査書の控えには次のように記されている[16]。

申年（文化９年）	酉年（文化10年）
金 1,244両１歩	金 1,918両１歩
22,180俵	22,180俵
△12,680俵	△13,080俵
9,500俵	9,100俵
金 3,454両２歩	金 3,309両
19,889俵	19,889俵
△ 850俵	△ 900俵
19,039俵	18,989俵
金 5,945両１歩	金 5,929両２歩
金 4,694両	金 4,694両
金 2,508両	金 2,508両
金17,846両	金18,358両３歩
金13,789両２歩	金14,472両２歩
金 4,056両２歩	金 3,886両１歩
—	—
—	—
金 2,138両１歩	金 2,028両３歩
金 1,918両１歩	金 1,857両２歩

享和三年癸亥十二月　　笠間

一金三万九千四百七拾三両　　牧野越中守様

同断

一金弐万千五百両　　御同所様

同断

一金千七百両　　御同所様

享和三年癸亥十二月

一金千両　　前御同所様

第3—16表　巳年より酉年まで五ヵ年収納を以暮方入用差引積

内　　　訳	巳年(文化6年)	午年(文化7年)	未年(文化8年)
前　年　残　金	—	金 1,600両1歩	金 1,732両2歩
常州収納米	22,180俵	22,180俵	22,180俵
江戸笠間入用米　廻米運賃共	△12,680俵	△13,305俵	△13,705俵
残　　　米	9,500俵	8,875俵	8,475俵
代　　　金	金 3,454両2歩	金 3,227両1歩	金 3,081両3歩
奥州収納米	19,889俵	19,889俵	19,889俵
神谷入用米	△　850俵	△　850俵	△　900俵
残　　　米	19,039俵	19,039俵	18,989俵
代　　　金	金 5,945両1歩	金 5,945両1歩	金 5,929両2歩
常州収納金	金 4,694両	金 4,694両	金 4,694両
奥州収納金	金 2,508両	金 2,508両	金 2,508両
収　納　合　計	金16,601両3歩	金17,974両3歩	金17,945両3歩
江戸笠間入用	金14,725両	金13,789両2歩	金14,472両2歩
残　　　金	金 1,876両3歩	金 4,185両1歩	金 3,473両1歩
大坂月割銀返済改延積	金 2,621両1歩	—	—
合　　　計	金 4,498両	—	—
江戸上方奥州笠間返済辻	金 2,897両3歩	金 2,452両3歩	金 2,229両
残　　　金	金 1,600両1歩	金 1,732両2歩	金 1,244両1歩

出所）「笠間牧野家調達持寄金之覚」（三井文庫所蔵史料　続1975）．

文化四丙卯年二月
一五百両　　　右御同所様
内弐百両者文化三寅十二月出金
三百両者同四卯二月出金
同六年巳正月
一金弐千七百五拾両　　　右御同所様
同断
一金弐千五百八拾両　　　右御同所様
文久二年戌九月
一金千両　　　右御同所様
此利元治二丑年八月迄済　　月七朱
明治三年九月
一金弐千両　　　右御同所様
此利同午年十二月迄済

三井の牧野家への貸出金残高の合計は、七万二五〇三両であった。そのうち六万九五〇三両が大元方よりの貸出金であり、文久二年の一〇〇〇両が京都両替店の貸出金である。前述した並合方の五〇〇両はその半金を京本店に代わり大元方並合方が負担したものである。明治三年の二〇〇〇両は両替店の目録にも大元方の目録にも記載されていない。

東京府への提出書の数値を第3―15表と比較してみると、その内容が必ずしも一致していない。提出書にある三万九四七三両は、前出した借用証文のとおりであるが、加入方の貸出高が含まれていると考えねばならない。一七〇〇両は第3―15表には記載されていないが、提出書に記された享和三年一二月付の四口はすべて享和二年一二月の前出した「覚」のとおりである。二万一五〇〇両はすでに一三二三両一歩が償還されているが、元高のままで提出された。残っていた証文の高をそのまま書き出したものということができる。文化六年の二七五〇両も確認することができない。大元方の牧野家への貸出金は、享和三年付と文化年中のものであるため、天保一四年以前の藩債には公債を交付しないとの方針により、明治政府から債権が取り消され、公債が交付されることはなかった。

近世の大名金融は、大名の側で資金需要が厖大化していったために、長期化し、年賦償還の仕法建てと追加融資の交渉が繰り返されていった。三井の牧野家への大名貸も幾つかの段階に分けることができる。第一は享保期から安永六年まで、第二は安永六年から天明五年まで、第三は天明五年から享和三年まで、第四は享和三年から文化六年まで、第五は文化六年以降である。第一の時期においても元文、寛保期に滞り貸となり、延享期から利子付貸しが増加していったが、宝暦、明和期には相対証文を結んで年賦償還を定めながらも貸出高は事実上増加していき、利足積高も急増していった。第二の時期は安永五年にそれまでの未収利足高を一枚証文として貸出高に加えるとともに、貸出金の年賦償還方法を定め、実施した時期で、他方で新調達金もみられた。第三の時期は天明五年にそれまでの貸出金の年賦償還方法を改めたが、無利足とした。ほかに月並金融通の利足は収取していた。寛政二年の領地替えは笠間藩の収納減少をもたらした。第四の時期は享和三年に、一つは天明五年、六年の証文高から返済高を差し引いて償還方法を定めないまま無利足の一枚証文に書き改め、あとの一つは寛政五年の証文高に未収取利足高を合算して証文を書き改め、一六年間は無利足据置きとしたのである。第五の時期は笠間藩の藩政改革の一環として貸出金の元利返済の五年間の繰延策が出され、その後も五年、一〇年と繰延べが繰り返されたため幕末期まですべての貸出金が返済お断りとなり、滞りとなったのである。牧野家の側の所替えや財政事情によって滞り貸が増していき、相対によって証文が書き改められ、無利足年賦貸が増してきたが、年賦償還方法も建てられなくなる事態に至っている。

文化八年の牧野家への貸出高と利足積高とを金換算すると、前者が六万六六五七両二歩、後者が六万三七〇五両であるが、安永七年から寛政五年までに収取した一万四七四四両三歩の利足を加えれば差引きして一万一七九二両一歩の益ということもできる。最初の牧野成貞の恩顧に報いるための大名貸としての性格は、その額が大きくなっていくにしたがい希薄になっていき、牧野家にとっても財政上不可欠の資金となっていた。しかも牧野家が幕閣から排斥された後は、追加融資には極力応じないようになっていった。文政期以降も三井と牧野家との間では扶持米を受け取ったり、書状の往復などの表面的な関係は継続していたが、資金の融通関係は途絶したままとなった。

注

（1）「牧野越中守様御用留」（三井文庫所蔵史料　本一六七）。
（2）同右。
（3）同右。
（4）「金銀出入寄」（三井文庫所蔵史料　続五六八六）。
（5）「永要録」（三井文庫所蔵史料　本一一〇八）。
（6）「十五年来眼目集」（茨城県歴史館収集史料）。
（7）「以御物成御暮積」（牧野家文書　五三〇―三）。

（8）小室昭「笠間藩の化政改革」（『茨城県史研究』七）。
（9）「十五年来眼目集」（茨城県歴史館収集史料）。
（10）「奉申上候口上書」（牧野家文書　三八九）。
（11）「笠間牧野家調達持寄金之覚」（三井文庫所蔵史料　続一九七五）。
（12）同右。
（13）「笠間牧野家調達持寄金之覚」（三井文庫所蔵史料　続一九七五）。
（14）「金銀出入寄」（三井文庫所蔵史料　続五六二七）。
（15）「明治三年春季並合方勘定目録」（三井文庫所蔵史料　本二〇八四―三）。
（16）「元御藩々調達金しらべ書」（三井文庫所蔵史料　追五三七―一）。

第四章　小浜藩への大名貸

第一節　小浜藩の藩債取調べ

明治政府は廃藩置県後に旧藩の町人や農民からの借財を旧藩に代わって返済する方針を立てた。その明治政府による藩債の処分の方法とその状況をまとめた『藩債輯録』[1]によると、小浜藩の内国債金の合計は四五万七一七〇円六二銭七厘で、削除された分が二三万二〇七九円八八銭八厘、公債が交付された分が二二万五〇九〇円七三銭九厘である。削除された藩債とは天保一四年（一八四三）以前の借財の古債とその滞り利子、幕府からの債務などであり、届出が遅れたものや証文を無くしたものも削除された。公債交付高のうち新債が三万五六三四円六四銭、旧債が一三万五五七八円四二銭一厘である。新債とは明治元年（一八六八）以降の借入金で、年四パーセントの利足付きで二五年間に抽選によって償還され、旧債とは弘化元年（一八四四）から慶応三年（一八六七）までの借入金で、明治五年から無利足で五〇年賦で償還された。

次に小浜県の明治四年（一八七一）九月の「藩債取調帳」を示したのが第4―1表である。そこに示された小浜藩の藩債の総額は三八万二四六五両三歩一朱と米一九三〇俵である。[2]そのほかに鞠山藩分の藩債が五万六四九八両二歩

第4－1表　小浜藩の藩債取調（旧鞠山藩分を除く）

番号	金　高	名　前　お　よ　び　内　容
1	60,000両	御省より明治元年6月以来金札貸下金の3カ年上納残り，明治4年より10年賦の約定
2	2,600両	大坂町人山中善五郎より借入分,明治3年閏10月に年賦証文に切替,明治4年より月0.5%の利足付で10年賦の約定
3	3,400両	山中善五郎より借入古借数口分,明治3年閏10月に一紙証文に切替,明治4年より無利足100年賦の約定
4	1,700両	大坂町人鴻池新十郎より借入分,明治3年閏10月に年賦証文に切替,明治4年より月0.5%の利足付で10年賦の約定
5	790両	鴻池新十郎より借入古借数口分,明治3年閏10月に一紙証文に切替,明治4年より無利足37年賦の約定
6	1,700両	大坂町人長田作兵衛より借入分,明治3年閏10月に年賦証文に切替,明治4年より無利足10年賦の約定
7	1,700両	大坂町人和田久左衛門より借入分，明治3年閏10月に年賦証文に切替，明治4年より無利足10年賦の約定
8	1,000両	大坂町人白山安兵衛より借入分,明治3年閏10月に年賦証文に切替,明治4年より無利足10年賦の約定
9	1,400両	大坂町人住友吉左衛門より借入分，明治3年閏10月に年賦証文に切替，明治4年より無利足10年賦の約定
10	2,400両	住友吉左衛門より明治元年11月に借入分，月1%の利足付で明治4年12月限返済の約定
11	5,000両	住友吉左衛門より借入古借数口分，明治3年閏10月に無利足で元金据置となる，返弁の約定無し
12	1,600両	大坂町人伊丹屋四郎兵衛より借入分，明治3年閏10月に年賦証文に切替，明治4年より無利足10年賦の約定
13	1,064両	伊丹屋四郎兵衛より借入数口分,明治3年閏10月に一紙証文に切替,明治4年より年3%の利足付で10年賦の約定
14	500両	大坂町人原嘉助より借入分，明治3年閏10月に月1%の利足付で翌4年12月限返済の約定
15	228両	大坂町人鴻池伊助より借入分,明治3年閏10月に月0.8%の利足付で翌4年12月限返済の約定
16	300両	大坂元与力寺島藤右衛門，山村与助より古借返済残り分，明治4年に無利足30年賦返済の約定
17	2,000両	西京町人三井三郎助，嶋田八郎左衛門より明治元年4月に借入分1万両のうち返済残り，月1.5%の利足付で明治4年12月限返済の約定
18	1,500両	西京町人河辺九郎三郎より借入分,明治3年閏10月に月0.8%の利足付で翌4年12月限に返済の約定

19	1,200両	西京町人竹原弥兵衛より借入分,明治３年閏10月に月0.9%の利足付で翌４年12月限返済の約定
20	500両	西京町人大嶋徳兵衛より借入分,明治３年閏10月に月0.8%の利足付で翌４年12月限で返済の約定
21	500両	西京町人山田長左衛門より借入分,明治３年閏10年に月0.9%の利足付で翌４年12月に返済の約定
22	1,500両	西京町人小川平右衛門より借入分，明治元年より元利とも据置，返弁の約定なし
23	300両	西京町人大和屋喜之松より預り金，明治３年閏10月に証文切替，無利足３年賦の約定
24	285両	西京町人三木多兵衛より預り金,明治３年閏10月に月0.8%の利足付で翌４年12月限返済の約定
25	1,064両 １歩	西京町人共講金の返済残り，明治４，５年で皆済にならない分
26	700両	大津町人藤井長兵衛より借入分，月0.9%の利足付であったが，明治２年５月より元金据置，利足滞りとなる
27	1,841両	元一橋家村田龍吉郎口入で借入分，明治３年12月に翌４年より無利足７年賦の約定
28	4,750両	静岡県支配士族酒井卯吉より預り金，明治３年12月に翌４年より無利足19年賦の約定
29	600両	東京町人酒井十三郎より預り金，明治３年12月に翌４年より無利足12年賦の約定
30	6,075両	東京町人竹原文右衛門より借入分，明治３年12月に翌４年より無利足28年賦の約定
31	5,100両	東京町人笹屋多兵衛より借入分，明治３年12月に翌４年より無利足31年賦返済の約定
32	950両	東京町人芹川六兵衛より借入分，明治３年12月に翌４年より無利足31年賦返済の約定
33	1,820両	東京町人飯島喜左衛門より借入分，明治３年12月に翌４年より無利足31年賦の約定
34	2,255両	東京町人笹屋善助より借入分，明治３年12月に翌４年より無利足31年賦の約定
35	7,060両	東京町人稲茂登弥一郎より借入分，明治３年12月に翌４年より無利足31年賦の約定
36	1,425両	東京町人政田屋源兵衛より借入分，明治３年12月に翌４年より無利足19年賦の約定
37	300両	東京町人吉川長兵衛より借入分，明治３年12月に翌４年より無利足６年賦の約定
38	250両	東京町人三村清左衛門より借入分，明治３年12月に翌４年より無利足10年賦の約定

番号	金　高	名前および内容
39	400両	東京町人鈴木市兵衛より借入分，明治３年12月に翌４年より無利足８年賦の約定
40	200両	東京町人備中屋幸吉より借入分，明治３年12月に翌４年より４年賦の約定
41	440両	東京伝通院方丈より借入分，明治３年12月に翌４年より無利足18年賦の約定
42	440両	東京伝通院山内浄備寮より借入分，明治３年12月に翌４年より無利足18年賦の約定
43	1,320両	東京伝通院輪番より借入分，明治３年12月に翌４年より無利足18年賦の約定
44	3,100両	東京芝増上寺山内華頂宮御用途金掛より借入分，明治３年12月に翌４年より無利足10年賦の約定
45	1,035両	東京芝増上寺山内心海寮より借入分，明治３年12月に翌４年より無利足18年賦の約定
46	780両	東京芝増上寺山内三大蔵より借入分，明治３年12月に無利足18年賦の約定
47	855両	東京芝増上寺輪番より借入分，明治３年12月に翌４年より無利足18年賦の約定
48	2,010両	東京芝増上寺内締玄寮口入で借入分，明治３年12月に翌４年より無利足18年賦の約定
49	390両	東京芝増上寺内通元院より借入分，明治３年12月に翌４年より無利足18年賦の約定
50	400両	東京蓮照院より借入分，明治３年12月に翌４年より無利足４年賦の約定
51	200両	元田安家今川要作口入で明治２年９月に借入分，明治３年12月に翌４年より無利足２年賦の約定
52	3,000両	当県支配下古河勘三郎より明治元年に借入分，月１％の利足付で明治４年12月限返済の約定
53	4,500両	古河勘三郎口入で明治３年閏10月に借入分，明治４年より月１％の利足付で10年賦返済の約定
54	3,000両	古河勘三郎口入で明治３年閏10月に借入分，明治４年より月１％の利足付で10年賦返済の約定
55	1,400両	古河勘三郎口入で明治４年６月に借入分，月１％の利足付で明治４年12月限返済の約定
56	2,600両	古河勘三郎口入で明治４年８月に借入分，月1.5％の利足付で明治４年12月限返済の約定
57	2,000両	古河勘三郎より明治４年７月に借入分，月1.5％の利足付で明治４年12月限返済の約定
58	14,277両	古河勘三郎より借入返済残り分，明治３年閏10月に無利足元金据

	2歩3朱	置となる
59	500両	古河勘三郎より借入分，明治3年閏10月に月1％の利足付で翌4年12月限返済の約定
60	600両	当県支配下小浜町年寄口入で明治4年正月に借入分，月1％の利足付で明治4年12月限返済の約定
61	5,000両	小浜町年寄口入で明治4年正月に借入分,月1.5％の利足付で同4年12月限返済の約定
62	3,000両	小浜町年寄口入で借入分,明治3年閏10月に月1.5％の利足付で翌4年より15年賦の約定
63	2,000両	小浜町年寄口入で明治4年8月に借入分,月1.2％の利足付で明治5年正月限返済の約定
64	5,675両	小浜町年寄口入で借入分，明治3年閏10月に無利足据置となる
65	1,430両	当県支配下香川寛三郎より借入分，明治2年5月に翌々4年より29年賦となる
66	11,180両 3歩3朱	当県支配下村々より借入分，御一新後無利足元金据置，返済約定無し
67	3,095両 3歩3朱	支配下村々より万延元年4月に借入分，明治4年より年5％の利足付で3年賦返済の約定
68	500両	支配下村々より借入分，明治3年閏10月に無利足で翌4年12月限返済の約定
69	1,600両	支配下町人より当県産物役所へ借入分，役所廃止のため返済の道なく，明治3年閏10月に年5％の利足付で元金据置となる
70	900両	当県支配下敦賀町人西岡林助より借入分，明治3年2月に翌4年より無利足9年賦の約定
71	100両	敦賀気比宮社中より享和元年に預り金，年5％の利足付で明治4年12月限返済の約定
72	500両	気比宮社中より文化2年の預り金，年5％の利足付で明治5年より5年賦返済の約定
73	3,244両 2歩	敦賀町人萩原佐太郎より借入分，明治3年閏10月に無利足元金据置となる
74	500両	萩原佐太郎より借入分，明治3年閏10月に月1％の利足付で翌4年12月限返済の約定
75	9,485両	萩原佐太郎口入にて借入返済残り分，明治3年閏10月に無利足元金据置となる
76	5,000両	敦賀通商会社より明治4年7月に借入分，月1.75％の利足付で明治4年12月限返済の約定
77	5,000両	敦賀通商会社より明治4年8月に借入分,月1.5％の利足付で明治4年12月限返済の約定
78	15,437両 1歩3朱	敦賀町年寄口入で借入分,明治3年閏10月に無利足元金据置となる,返弁の約定なし

番号	金　高	名　前　お　よ　び　内　容
79	3,256両	敦賀町年寄口入で慶応2年に越前山中道普請のための借入分，5年賦返済の約定
80	500両	敦賀町人大和田荘兵衛より明治元年10月に借入分，月1％の利足付で明治4年12月限返済の約定
81	100両	敦賀永建寺より預り金，明治3年閏10月に年5％の利足付で翌4年12月限返済の約定
82	250両	敦賀町人打它平次郎より明治4年8月に借入分，月1.5％の利足付で明治4年12月限返済の約定
83	24,070両	東京町人竹原文右衛門，森川五郎右衛門，三村清左衛門，大橋忠七より借入分，嘉永6年より無利足元金据置となる
84	15,710両1歩	東京町人笹屋多兵衛より借入分，明治元年以後無利足元金据置となる
85	12,035両	東京町人小出三右衛門より借入分，明治元年以後無利足元金据置となる
86	108両	東京町人近江屋彦七より借入分，明治元年以後無利足元金据置となる
87	129両2歩	東京町人仙波太郎兵衛より借入分，明治元年以後無利足元金据置となる
88	277両	東京町人石橋弥兵衛より借入分，明治元年以後無利足元金据置となる
89	110両1歩	東京町人飯島喜左衛門より借入分，明治元年以後無利足元金据置となる
90	47,813両3歩1朱	大坂町人共より古借数口分，明治元年以後支消の道なし
91	11,044両2歩	西京町人より古借数口分，明治元年以後支消の道なし
92	22,607両3歩	大津町人より古借数口分，明治元年以後支消の道なし
93	米1,400俵	当県支配下小浜町辻半三郎より安政3年に借入分，明治2年に無利足30年賦の約定
94	米530俵	当県支配下若狭国遠敷郡奈胡村凶法庫より借入米，明治3年に無利足54年賦で返済の約定
	382,465両3歩1朱 米1,930俵	合　　　　計

出所）「藩債取調帳」（小浜市立図書館所蔵酒井家文書）．

三朱と銀六五貫七一一匁六分二厘ある。小浜藩分と鞠山藩分とを合計すれば『藩債輯録』と似かよった数値となる。まず第4―1表からみて政府から金札貸下金を受け取っているとともに、大坂、京都、東京、大津、小浜、敦賀の町人や支配下村々から借り入れている。

それらを概観すると、第一に幕藩制下および明治初年（一八六八）に無利足元金据置きとなったものがある。第二に明治三年閏一〇月と一二月に据置きとなったもの以外の藩債の整理方法が立てられている。それには年賦償還の方法と四年一二月限り返済の方法とがあった。しかしそれでも償還できない部分もあった。それぞれの借財については、個別ごとの滞りと返済との歴史をもっている。そこで第4―1表の内容を分類すると、第一に元金が据置きとなり返済の約定のないものが二〇万二〇〇六両二歩二朱で五三パーセントと過半を占めている。そのなかでは明治元年に元金が据置きとなったものがほとんどで、お断りとして返済を拒否したものであろう。それ以外のものは貸借関係が継続していた訳であるが、明治三年に返済の方法が立てられず据置きとなったものもある。第二に明治四年一二月限りで、あるいは五年正月限りで返済の約定をしたものが三万八一六三両ある。ほぼ一〇パーセントである。第三に翌四年から、あるいは明治初年から年賦償還の約定のあるものが一四万二二九六両三朱と米一九三〇俵ある。そのなかには二年賦の二〇〇両から一〇〇年賦の三四〇〇両まで格差がみられるが、一〇年賦がもっとも数が多い。九、一〇、一一番の住友吉左衛門の場合のように八八〇〇両を一〇年賦と四年一二月限り返済と無利足元金据置きとに分けられた場合があり、また九〇番の「支消の道なし」の中に山中善五郎の二五七貫目余や鴻池新十郎の一七一貫目余の返済残りが含まれるなど小浜藩の側で個別的に対応していることが明らかである。一一番の住友吉左衛門の五〇〇〇両は無利足元金据置きであるが、天保一二年の五〇〇両の返済残りの一五〇両、天保一三年の三〇〇〇両の返済残りの一五〇〇両、同一三年の三〇〇〇両の返済残りの一五〇〇両、安政三年の一〇〇〇両、安政四年の五〇〇両の合計四六五〇両に滞り利子を加えて五〇〇〇両と記録したのである。

明治三年に二度にわたって償還方法の立てられた小浜藩の債務が、それ以前においてどのように償還されていたかについては明らかでないが、証文の書替えがなされたという事実は重要である。書き替えられた証文の日付が明治元年以降となったということは債権者にとって、のちに明治政府による公債の交付の途を開くものであった。

小浜藩の藩債の年賦償還約定高から講金を除いて一年あたりの償還高を計算すると一万二八二一両余となる。小浜藩の財政との関連についてみよう。年月ははっきりしないが版籍奉還後の小浜藩の財政見積書である「御収納元払凡積」(3)によると、収納高見積は一三万〇一〇二俵三斗七升一合で、そのうち一万三〇一〇俵余が御家様分であり、六万一二〇二俵が士族世禄月給や同心の扶持切米などとなる。そのほかに諸局入用雑入用の一万五〇〇〇俵、百姓町人扶持方仕向米の六〇六〇俵などとともに、御借財取扱宛として一万五〇〇〇俵の支出が計算されている。借財の元利返済にあてる支出と考えられる。これは四万四〇〇〇両前後に相当している。明治四年一二月限り返済部分が三万八一六三両であるため一年の年賦償還高と合計すると五万〇九八四両となり、これに一年の利足払高の七八九一両余を加えると、その差額はさらに増大し、この案は当初からすでに破産している。同じ史料では小浜、敦賀の借財が一七万両、上方の借財が一一万五六〇〇両、東京の借財が一七万三七〇〇両、金札拝借高が六万両で合計して五一万九三〇〇両の借財高と計算されている。上方のうち京都が三万九〇〇〇両、大坂が五万九〇〇〇両、大津が一万三五〇〇両、兵庫が四一〇〇両の内訳である。

『藩債証文写』によると小浜藩の借財のなかで、三井両替店からのものとして一七番と七九番とがある。一七番の証文写しを示すと次のとおりである。(4)

証

金弐千両也　　但金札　一ヵ月壱歩五朱利足定

右者明治元辰年七月訳而及御頼談御調達有之候金壱万両之内、追々及御返済残金高前書之通相違無之候、限月之義者兼而御約束之通当十二月限元利無相違可及御返済候、為後依而如件

明治四辛未年七月

小浜藩会計掛

高田川史生

（以下二名略）

三井三郎助殿

嶋田八郎右《（ママ）》衛門殿

明治元年（一八七一）に三井三郎助と嶋田八郎左衛門とが小浜藩に貸し出した一万両のうち残高の二〇〇〇両を明治四年七月に書き替えたものである。

次に七九番の敦賀町年寄口入の借入金は数口の返済残を一枚証文としたものである。そのもとの証文の一枚に三井両替店の御為替銀貸出があった。三井は御為替銀を敦賀郡山中村と敦賀町人に貸し出したのであるが、それが小浜藩への貸出となったのである。その御為替銀の置手形を次に示す。(5)

御為替御用金置手形之事

従大坂御金蔵江戸江御差下被為成候御為替御用金之内、金高七百両御為替取組、則別紙為替本手形相渡申候、限月之通我々共無拠就要用連印を以改取組候処実正也、尤地頭用ニ而者曾而無御座候、是迄御名目金銀借受銘々所持之家屋敷田畑山林共質物ニ入置候義一切無之候、万一返納及遅滞候ハヽ、所持之家屋敷田畑山林等早速売払、代金を以急度返納可致、勿論右金子取組罷有候内、無御断外之御名目金銀借請家屋敷売払候義者不及申、質物書入

等堅致間敷、若連印之内不慮之故障等有之候ハヽ、限月ニ不拘相残印形之者無違背引請金高都合無相違屹度皆納可致候、為後日日限証文依而如件

慶応二寅年十月

越前敦賀郡山中村
庄屋　伊左衛門
年寄　弥右衛門
問屋惣代　弥四郎

同国敦賀
打它弁次郎
(以下七名略)

大津升屋町
中村五郎兵衛

三井三郎助殿
三井次郎右衛門殿
三井元之助殿

手形の文面には「地頭用ニ而者曾而無御座候」とあるにもかかわらず、この郷貸証文は明らかに小浜藩への貸出であった。明治六年一一月に敦賀郡山中村の元庄屋中原伊左衛門らが敦賀県権令あてに出した願書では、「御旧藩方ニ於テ郷印証文ヲ以、金子借入ニ相成証文面私借之体裁ナルモ、旧藩江転貸仕候証拠有之分ハ直ニ金主江御公債之御処分可被成下旨、今般御布令之趣奉拝戴候、右ニ付私共江西京三井三郎助、三井次郎右衛門、三井元之助方ゟ借入、旧

小浜藩江貸上ケ残金六百円有之、則別紙証文写并ニ勘定書之通り相違無御座候間、乍恐宜敷御取扱之程奉願上候」[6]と記している。三井組からの御為替銀郷貸しが小浜藩への転貸であるとの村方からの願書であったが、すでに小浜藩の書き上げた藩債のなかに含まれていたため下戻しとなった。

注

(1)「藩債輯録」(『明治前期財政経済史料集成』第九巻、改造社、昭和八年)。
(2)「藩債証文写」(小浜市立図書館所蔵酒井家文書)。
(3)「御収納元払凡積」(小浜市立図書館所蔵酒井家文書)。
(4)「藩債証文写」(小浜市立図書館所蔵酒井家文書)。
(5) 同右。
(6)「《旧小浜藩調達金調方書類》」(三井文庫所蔵史料　追五三九—四)。

第二節　宝暦・明和期の小浜藩への貸出

明治政府が藩債処分を行った際に、三井は明治四年(一八七一)一〇月に京都府に「旧諸藩貸金調御届書」[1]を提出している。第一章に記したとおりである。その諸藩貸金の酒井若狭守のものとして、宝暦六年一二月の四八八六両一歩、明和六年一二月の二四一両、同月の一二〇〇両、七年三月の二〇〇両の四件、六五二七両一歩があげられている。これらは小浜藩の「藩債調」には取り上げられていない。それは大元方が京都両替店をとおして貸し出したもので、安永三年の持分一件にともなう大元方資産処分の際には酒井修理太夫への貸出金の六五二七両一歩は「浮有帳へ出ス」と不良資産として消却されている。回収不可能の債権として整理した訳である。三井両替店は明治初年に至る期

第4－2表　三井の小浜藩への貸出金と利足受取

期　　間	貸出金	利足　(利率×月数)
宝暦2年4月～2年12月	1,000両	88両（0.011×8）
3年正月～3年7月	銀100貫目	銀6貫600目(0.011×6)
7月～　12月	2,000両	110両（0.011×5）
8月　～12月	1,000両	55両（0.011×5）
12月～4年7月	2,000両	176両（0.011×8）
4年正月～　7月	1,000両	77両（0.011×7）
7月～	3,000両	(史料欠)
7月～	200両	(史料欠)
(史料欠)		
4年12月～5年7月	600両	46両，銀12匁 (0.011×7)
5年正月～　12月	3,000両	396両（0.011×12）
7月～　12月	800両	52両3歩，銀3匁 (0.011×6)
6年正月～7年正月	3,000両	462両（0.011×14）
正月～6年6月	1,000両	66両（0.011×6）
4月～7年正月	300両	36両1歩，銀3匁 (0.011×11)
7月～7年正月	1,000両	88両（0.011×8）
7年2月～	4,886両1歩	

出所）「金銀出入寄」(三井文庫所蔵史料　続5586～続5595).

間に小浜藩に対して多くの貸出がなされたが、明治四年には六五二七両一歩だけが残ったという認識であった。ところが、その残高自身が長い期間に減額されていて、前記の「御届書」はその減額が検討されないままに提出されたということができる。

京都両替店の目録がこれらの年度は欠けているため、大元方の「出入寄」の数値から検討する。大元方の「出入寄」の京両替店拠金によると、酒井讃岐守への貸出は宝暦二年（一七五二）四月二四日の一〇〇〇両が初出である。[2] 宝暦二年から七年までの貸出金と利足とを第4－2表に示した。その一〇〇〇両は同二年一二月には返されている。八カ月分の利子として八八両を大元方が受け取っている。「京両替店拠金積」へ加算されていくのである。利子は月一・一パーセントである。翌宝暦三年には正月に一〇〇貫目を貸し出し、七月朔日に返済し、同日に二〇〇〇両を、八月朔日に一〇〇両を貸し出し、一二月にそのいずれもが書き替えされている。そして同年には一〇〇貫目の六カ月分の利足六貫六〇〇目と、二〇〇〇両の五カ月分の利足一一〇両と一〇〇〇両の五カ月分の利足五五両を大元方は受け取っている。利子は月一・一パーセントである。宝暦四年も二〇〇〇両と一〇〇〇両の貸出金が七月に三二〇〇両に書き替えられている。二五三両の利足が七月に支払われた。同年秋季の「出入寄」が欠けているが、宝暦五年上期には六〇〇両と三〇〇〇両が前期からの繰越しとなり、七月には六〇〇両が八〇〇両に書き換えられ、一二月に一〇〇〇両に書き換えられて、年末残高は四〇〇〇両となった。宝暦五年中に三〇〇〇両の月一・一パーセントの一二カ月分の利足三九六両と六〇〇両の七カ月分の利足四六両、銀一二匁と、八〇〇両の六カ月分の利足五五両三歩と銀三匁を三井は受け取っている。この時期の三井両替店の小浜藩への貸出は明らかに利足収取を目的としたものとなっている。

宝暦六年（一七五六）になり、前年からの四〇〇〇両の繰越しに、四月に三〇〇両が加わったものが、翌七年二月付で四八八六両一歩に書き換えられた。六年下期には三〇〇〇両の一四カ月分の利足四六二両と一〇〇〇両の八カ月分の利足八八両、および三〇〇両の一一カ月分の利足三六両一歩と銀三匁を受け取っている。この四八八六両一歩が藩債処分の際に取り上げられるのであり、次の証文が残されている。(3)

預り申金子之事

合四千八百八拾六両壱歩

右者酒井讃岐守為入用預り申所実正也、利足之儀者月壱歩一に相定、当子極月ゟ来丑極月迄十三ヶ月分加利足極月中無遅滞可申候、為後日仍而如件

宝暦六丙子年極月

堀口儀大夫　〇（印）

（以下八名略）

三井八郎右衛門殿

この証文は宝暦六年一二月から翌年一二月までの一年間の貸出証文であるが、月一・一パーセントの利子付きであ

第4―3表　三井大元方の小浜藩への貸出金の推移　（年末高）

年	金　高			
宝暦8年	4,886両1歩	500両		
9年	4,886両1歩	500両		
10年	4,886両1歩	500両		
11年	4,886両1歩	200両	300両	
12年	4,886両1歩	150両		
13年	4,886両1歩	450両	100両	
明和元年	4,886両1歩	700両	50両	
2年	4,886両1歩	700両	50両	500両
3年	4,886両1歩	700両	50両	500両
4年	4,886両1歩	700両	50両	500両
5年	4,886両1歩	700両	50両	500両
6年	4,886両1歩	1,200両	241両	
7年	4,886両1歩	1,200両	241両	200両
8年	4,886両1歩	1,200両	241両	200両
安永元年	4,886両1歩	1,200両	241両	200両
2年	4,886両1歩	1,200両	241両	200両
3年	4,886両1歩	1,200両	241両	200両

出所）「金銀出入寄」（三井文庫所蔵史料　続5596～続5629）.

ることが明示されている。ところが「出入寄」の京両替店拠金利足積ではその次の一年間の七〇〇両弱の利足は支払われてはいない。この証文は滞り証文として作成されたのである。この四八八六両一歩の証文の作成に際しては帳簿上の架空の操作がなされている。宝暦六年秋季の「出入寄」では京両替店拠金積のなかで、上記した三口で合計して五八六両一歩と銀三匁の利足高を酒井讃岐守分として受け取り、積み立てるのであるが、同時に三〇〇〇両と三〇〇両、一〇〇〇両の合計して四三〇〇両が四八八六両一歩に書き換えられたのである。利足の五八六両一歩を貸出金高に加算して証文を書き換えたことになる。一年分の滞り利足の証文化がなされたのである。このように帳簿と証文とを操作したにもかかわらず、四八八六両一歩の利足が支払われることはなかった。

宝暦八年には四八八六両一歩の酒井讃岐守への貸出の外に、酒井宮内への五〇〇両の貸出が開始された。小浜藩では京都所司代を勤めていた七代藩主の酒井忠用が宝暦七年に致仕し、酒井忠与が藩主となった。宮内は忠与のことである。

その後宝暦八年（一七五八）以降の貸出金を第4―3表に示す。それによると明和元年から再度三井両替店の小浜藩への貸出金は増加していった。明和二年には四八八六両一歩のほかに五〇両、七〇〇両、五〇〇両の三口となり、その同じ額が無利足のままで継続され、明和六年秋季に証文の書換えがなされた。七〇〇両、五〇〇両、五〇両が一二〇〇両と二四一両に書き換えられたのである。その証文が残されているので次に示す。(4)

預り申金子之事

合金千二百両也

右者酒井修理大夫為入用預り申所実正也、利足之儀者月壱歩ニ相定、当丑十二月ゟ来寅十二月迄閏月共一四ケ月分加利足、寅十二月中無滞返済可申候、為後日仍而如件

明和六己丑年十二月

師岡所右衛門〇(印)

(以下五名略)

三井八郎右衛門殿

明和六年(一七六九)秋季には七〇〇両の貸出金の、明和二年正月から同六年一二月までの六一カ月分の利足四二七両と、五〇〇両の明和二年四月からの五八カ月分の利足二九〇両とを三井両替店は受け取った。ともに月一パーセントの利率である。明和六年には二四一両の貸出金の証文も残されている。明和七年上期には二〇〇両の証文もある。この明和七年以降はこれらの貸出金に対して利足が支払われることはなくなった。

明和七年ごろには小浜藩の財政は危機的な状況にあった。小浜藩組頭役を勤めていた岡新左衛門の明和七年(一七七〇)の口上書でも「大殿様御代已来弥増之御難渋相重ミ、御国財乏ク成来候上、今日生キ居候御借金高幾ント十一万両ニ及、其上町在之疲弊、御家中之困窮、御倉庫之空虚、諸役人之萎靡、風俗之弛緩、ケ様之彼是カケクラベ見候得者、誠ニ以之外之御大事、成程御家御潰レニ被及候御危急之御時節と恐入奉存候」(5)と記されている。大殿様とは酒

井忠用のことと考えられる。小浜藩の借財高は一一万両に及んで、領内と家中は困窮していたのである。借財は増えながらも滞りとなっていったのである。

安永三年には三井の営業組織は本店（越後屋）、両替店、松阪店の三組織に分割され、同族一一家も三つに分割され、大元方も分解した。その時に大元方の大名金融の口座である「京両替店拠金」もそのまま帳面上維持するものと、消却するものとに整理された。小浜藩への貸出は整理されたのである。

明治四年（一八七一）一〇月に三井が小浜藩に提出した、藩債に関する内訳書は次のとおりである。(6)

口上覚

一古証之分調達高左之通

宝暦六子年十二月

明和六丑年十二月　弐口

同　七寅年三月

右四口ニ而

金六千五百弐十七両壱分

右金高御年賦ニ相成、寛政二戌年ゟ同六寅年迄毎暮金三拾両宛御渡、翌卯年ゟ文化五辰年迄ハ半金拾五両宛御渡被下候処、右御渡金御止メニ相成、翌巳年ゟ文政十亥年迄弐拾人御扶持被下、翌子年ニ至り御扶持方御断被仰出御中絶、嘉永四亥年ゟ改弐拾人御扶持、安政元寅年迄猶又御中絶、再文久二戌年ゟ明治二巳年迄被下候儀ニ御座候、此段奉申上候、以上

辛未十月　三井三郎助　店

この内容については後述するが、宝暦、明和期の六五二七両一分の貸出金について三井では大元方の帳簿から消去したが、貸借関係が消滅した訳ではない。小浜藩は寛政二年より同六年まで三〇両の年賦金を返済し、同七年から文化五年までは一五両の年賦金が返済された。または翌文化六年から何度も中絶しながらも二〇人扶持米金を渡すなどの関係が明治二年まで続いたのである。明和期には三井と小浜藩との関係はいったん冷却したが、小浜藩の側で追加融通の必要性から三井に年賦金や扶持関係を申し出て関係を修復しようとしたのである。

注

（1）「旧諸藩貸金調御届書」（三井文庫所蔵史料　追五三八―一）。
（2）「春出入寄」（三井文庫所蔵史料　続五五八六）。
（3）「《酒井讃岐守様金四千八百八拾六両壱歩証文》」（三井文庫所蔵史料　続一九八七―一―一）。
（4）「《酒井修理大夫様金子預り証文》」（三井文庫所蔵史料　続一九八七―一―二）。
（5）「勝手向取直しニ付岡新左衛門口上書」（『小浜市史』藩政史料編二　鈴木重威文書、六六〇頁）。
（6）「酒井修理大夫様御用留」（三井文庫所蔵史料　本一九九）。

第三節　寛政・文化期の米切手引当貸と年賦償還

宝暦、明和期の酒井修理大夫への貸出が不良資産として内部的に処分されてのち、三井京都両替店の小浜藩への貸出はしばらくの間なかったが、寛政五年（一七九三）春季になり、三〇〇両の貸出がみられた。小浜藩家中石原藤左衛門から京都両替店手代への寛政四年一一月の書状では次のようにある。(1)

旦那領分近年打続風水損有之候処、大坂、大津金主へ相頼預出金間ニ合罷在候、乍去借居ニいたし候而者、金主

気受も不宜候、其上当夏大坂火災、金主不残致類焼候付、当冬春之内一先致返済遣度候、御存知之通当地御金主方一統大不埒いたし置候儀ニ付、中々申出も致かたく、申年大変後又々当夏大坂御店御類焼之事ニ御座候得者、御談申兼候得共、年来御懇意之事ニ候得者、何程成共一限御差出被下候義出来申間敷哉御頼申掛候様

第4―4表　三井両替店の小浜藩よりの年賦金の受取

年	金高	備　　考
寛政元年	30両	(寛政2年正月受取)
2年	30両	(寛政3年正月受取)
3年	30両	(寛政4年正月受取)
4年	30両	(寛政5年正月受取)
5年	30両	(寛政6年正月受取)
6年	30両	(寛政7年正月受取)
7年	15両	
8年	15両	
9年	15両	
10年	15両	
11年	15両	
12年	15両	
享和元年	15両	
2年	15両	(享和3年受取)
3年	15両	
文化元年	15両	
2年	15両	(文化3年正月受取)
3年	15両	(文化4年正月受取)
4年	15両	(文化5年正月受取)
5年	15両	(文化6年正月受取)

出所）「酒井修理大夫様御年賦金請取通」(三井文庫所蔵史料　続1674―4).

小浜藩領内で風水害が続き財政困難であるが、大坂や大津の金主には借りたままとなっていて受けが悪く、しかも金主は寛政四年の大坂大火に遭っていて、この際懇意の三井に一度限りで融通してほしいという内容である。それに続けて「思召丈御出金可被下候、長クハ御頼申間敷、一限ニ而返済」と一回限りであることを強調している。それに対して三井両替店では大坂両替店のみならず抱屋敷数カ所も類焼に遭って出金の段ではないと拒否の回答をした。ところが「毎暮マシ《(三十)》金ツ、是迄無相違相渡り、別而近年御取直も出来候様子、去々年当地出金いたし候者へ元利対談通御渡有之由及承候」[2]と、外の金主が元利とも受け取ったとの最近の事例を聞いて、三〇〇両までは出金してもよいと再度回答を寄せたのである。前提となった毎暮三〇両の渡しとは次の第4―4表の示す年賦金の受取りのことである。寛政元年以降しか明らかではないが、安永三年に整理した六五二七両一歩に対して毎年三〇両ずつの年賦金を小浜藩

第4－5表　三井両替店の小浜藩への貸出高（その1）　（期末残高）

年	金高		年	金高		
寛政5年春	300両		寛政11年春	300両	200両	(100両元入)
秋	—		秋	300両	200両	(100両元入)
6年春	—		12年春	300両	200両	500両(230両元入)
秋	200両		秋	300両	200両	(340両元入)
7年春	200両		享和元年春	—		
秋	—		秋	—		
8年春	—		2年春	500両		
秋	—		秋	—		
9年春	—		3年春	500両		
秋	300両		秋	500両	300両	
10年春	300両	200両	文化元年春	500両		
秋	300両	200両	秋	500両	300両	

出所）「目録留」（三井文庫所蔵史料　本1764～本1767）.

から受け取っていたことになる。年賦償還金と考えれば二一八年賦となるが、利子と考えれば年〇・四六パーセントとなる。『御用留』の天明八年の記事に「例年之通年賦金三拾両相渡候間今四時罷出候様申来候付(3)」とあり、それ以前から滞り貸金の年賦金が渡されていたことになるが、いつからかは明らかにならない。以前の貸出金が全くのお断りでなかったことも引き受ける条件となっている。なお年賦金は寛政七年からは半減して一五両となっている。小浜藩では凶作が近年続いているため寛政七年（一七九五）から「来ル酉年迄七ケ年之間倹約被申出ニ付諸事厳敷省略いたし候儀ニ御座候、右ニ付近頃申兼候得共、毎暮古借為内済御渡可申金高当年ゟ半減ニいたし御渡申度候、右年限相済候上者、又々致増金御渡可申候(4)」と小浜藩家中石原藤左衛門の書状にあるように七年間を限って年賦金の半減を申し出たのである。

天明八年四月にも小浜藩内で大風山崩れなどで若州拝領以来の七万石の損亡となり、三井に調達を願い出て謝絶されるという経緯があった。

寛政五年五月に小浜藩役人が三井両替店にあてて出した三〇〇両の借用証文の写しでは、利足は月〇・九パーセントで期間は同年一一月までであるが、引当については記載がない。無引当貸しであったということができる。三井両替店は寛政五年一一月には元金三〇〇両とともに七カ月分の利足一八両三歩、銀六匁を受け取っている。寛政五年から文化元年までの三井両替店の小浜藩への貸出高を期末残高の数値で示したのが第4―5表である。この期間には断続的ではあるが二〇〇両から八〇〇両までの貸出高がみられる。

この時期の小浜藩への貸出の特徴は、寛政一〇年までは無引当であったが、寛政一一年以降に米切手を引当とするようになったことである。しかも大津の小浜藩蔵屋敷の発行した米切手を引当にしている。

寛政一〇年（一七九八）四月から三〇〇両と二〇〇両の五〇〇両を小浜藩に貸し出していたが、寛政一一年一一月に小浜藩から出金の依頼があった。小浜藩役人からの書状には「大津表ニ而毎年三万両程ツヽ調達有之、払米代を以返済いたし、又々手廻し調達有之、例年右之通いたし来候処、御存之通昨年一同不埒成御対談申掛大津表大ニ及縺合候ニ付、矢張埒合是迄之通取計いたし来候得共、一旦不埒申出し候事故、気請あしく相成、迷惑いたし候、夫故此節壱万両見せ金いたし不申候半而者相成不申儀有之、九千両者国元ニ而、今千両之所都合いたし兼、大津表ニ而工面いたし候得共（中略）来ル廿日過ニ者当地ニ而も千金調達之口有之候へ者、無間違御返済申候」(5)という点から臨時の出金の頼みであった。一万両の見せ金をしなければならない事情についてはわからないが、三井では依頼を断ったために小浜藩では米切手を引当とすることを申し出たのである。

米切手を引当とする最初の借用証文を示すと次のとおりである。(6)

預り申金子之事

合金五百両也

右者酒井修理大夫当座為入用預り申所実正也、利足之儀月八朱之定、今日ゟ当月中一カ月分加利足当月中無相違

急度返済可申候、依之大津蔵米引当切手千三百俵分相渡置申候、万一返済遅滞候者、右切手を以米ニ而相渡可申候、為後日仍而如件

寛政十一年未十一月十六日　　　　間宮大次郎　印

三井八郎右衛門殿
三　井　三　郎　助殿
三井次郎右衛門殿
三　井　元　之　助殿

この証文は一カ月限りのものである。しかも一一月付であるから蔵米には裏付けがあると考えられる。その米切手の文面は次のとおりである。(7)

> 高二千六百俵之内
> ○　熊川米弐拾五俵
> 右可相渡
> 己未十一月十五日払
> 干鰯屋忠兵衛売代銀済
> ○
> 壱ノ三
> 若狭倉　□

米切手一枚が米二五俵であるため、一三〇〇俵として五二枚を引当としてとった訳である。干鰯屋忠兵衛売代銀済という文面はほかの場合は売代銀済だけの場合が多い。売代銀済と記されている手形であるため正米と引き替えることも可能となる。大津御用米会所の『要用帳』では出米切手について享和元年の記事で「通用出米切手と申は、米何

拾何匁何分と値段相究買取出米切手請取置候分、米屋共勝手次第に米出し可仕候事に而、通用出米切手に相違無御座候」[8]と記されている。また引当米について同じく「引当米と申は、調達銀拾貫目に米切手五百俵差入、又は金百両に米切手三百俵差入候而御証文付に御借入に相成候類を引当米と申候」と記されている。小浜藩では正米切手を引当とすることで金融の手段としたのである。

大津には寛政期には近江米を中心として、若狭、越前、加賀、美濃、伊賀米や北国米も含めて年間七五万俵ほどの米が入津した。[9]そのうち六〇万俵ほどが京都にのぼせられたのである。七五万俵ほどのうち百姓米が四〇万俵、諸藩蔵米が三五万俵であった。蔵米のなかには二万五〇〇〇俵の幕府米が含まれている。幕府の大津御蔵払米代銀御為替を一手に引き受けた三井両替店が年間六〇〇貫目前後の為替送金を行ったことはそれと照応している。[10]それらの米は大津の米会所が相場を立てて入札で売却した。百姓米は実米で売りさばかれたが、蔵米は蔵米切手で売られた。蔵米のなかでは彦根藩米、小浜藩米、淀藩米、郡山藩米が取扱量が多くなっている。沢米といわれる彦根藩米と、熊川米、小浜米、北方米の三品ある小浜藩米のうちの熊川米とが相場立ての基準となる立物[11]といわれた。取扱量が多く、品質が整っている二品が相場立ての基準となったのである。

彦根藩において大津蔵米を米問屋に米切手で売却するようになったのは安永年中[12]であった。小浜藩の場合は「宝暦十辰年酒井遠江守様御切手御払米壱万三千三百石御渡し方相滞候に付、京都御奉行所様より御添鑑頂戴仕、江戸表御願申上候に付、遠江守様御役人中より御取扱を以御米御渡し方相立無滞相済申候」[13]と大津役所の米切手の滞り事例に関する問いに御用米会所頭取が答えているように、宝暦期以前であって彦根藩よりは早くなっている。また大坂において安永二年に不渡り米切手を官銀で買い上げて蔵屋敷から米穀を取り立てて米切手の乱発を防止し、信用を回復しようとする触が出されたときに「当津之儀は、（中略）大坂表に相准し諸家様御蔵方御米請払大坂表同様に米切手を以取扱仕候に付、何卒右米切手之儀、大坂表同様に御触を以為被出被下候様」[14]と御用米会所では大津役所に願い出ている。大津においても米切手がこの頃定着してきて、大坂と同様に金融の手段となってきたのである。大津御用米会所の『要用帳』では「若狭国より壱ケ年に凡弐三万俵程、毎歳大津表へ廻米御用座候」[15]と記されている。二、三万俵の廻米に相当するだけの米切手が発行されたことになる。

寛政一二年（一八〇〇）五月に三井が小浜藩に五〇〇両を貸し出した時も大津蔵米引当切手一二〇〇俵分を受け取っている。[16]その時は七月までの三カ月の期間の貸出であった。その夏の産米を引当としたものであろう。寛政一一年一一月の時のように一時的な火急の融通というのではなかったが、米切手を引当とすることが慣例化したのである。ところで享和二年（一八〇二）五月に五〇〇両を融通した時は米切手一三〇〇俵を引当としたが、同年一二月までの八カ月間の貸出であり、同三年七月に五〇〇両を融通した時は一〇カ月間の貸出となり、文化元年七月に五〇〇両を融通した時は米切手一五五〇俵を引当として翌年六月までの一二カ月の貸出であった。貸出が次第に長期化していき、三井大坂両替店においても米切手を引当とする貸出で一二カ月というような長期のものはみられない。この米切手は貸出が終了した時点で小浜藩に回収されるものであるため、実質的には蔵米の裏付けについては必ずしも必要とはならず、その意味で貸出が次第に長期化していき、蔵米の内実が形骸化していかざるをえなかった。三井両替店の小浜藩への貸出金のなかで蔵米切手引当であることが確認できるのは、文化四年五月の一〇二五俵の蔵米切手を引当とした三〇〇両の貸出までである。それ以降は史料が欠けるため明らかとならない。

文化六年からは上記した小浜藩からの年賦金は扶持米銀と名称が改められた。第4―6表の示すように三五石五斗代、あるいは八八俵二斗の代銀を受け取ることになった。閏年の有無によって石高が異なってくる。銀二貫目前後は金三〇数両に相当するが、当時の相場で換算されて渡されていた。第4―4表の示す二〇年間で三九〇両、第4―6

第4—6表　三井両替店の小浜藩よりの扶持米銀の受取（その1）

年	銀　高	備　考
文化6年	1貫993匁62	35石5斗代
7年	1貫837匁19	35石5斗代
8年	2貫113匁63	96俵代
9年	1貫599匁95	
10年	2貫322匁24	38石4斗代
11年	2貫145匁71	88俵2斗代
12年	2貫107匁87	88俵2斗代
13年	2貫566匁27	38石4斗代
14年	1貫933匁72	36石代
文政元年	1貫633匁46	35石5斗代
2年	1貫468匁13	38石4斗代
3年	1貫618匁91	88俵3斗代
4年	1貫788匁60	
5年	2貫149匁056	
6年	2貫031匁68	
7年	2貫149匁06	
8年	2貫477匁924	
9年	1貫893匁816	
10年	2貫034匁91	

出所）「酒井修理大夫様御年賦金請取通」（三井文庫所蔵史料　続1674—4）.

表の示す一九年間で三七貫八六五匁余りとなっている。三井京都両替店の目録は数年分欠けているが、文化七年（一八一〇）秋季以降の小浜藩への貸出高を示したのが第4—7表である。一〇〇〇両や五〇〇両の貸出に米切手の裏付けがあるかどうかは明らかではない。寛政期よりも貸出高が増加しているのは明らかである。第一〇代藩主酒井忠進は文化五年に寺社奉行となり、同年一一月に京都所司代に就任し、同一二年まで勤めたため財政負担は増大した。文化一〇年から年賦による償還が始まったことが同表から窺えるとともに、貸出の増加もみられる。次に第4—8表から三井両替店の小浜藩よりの利足受取高をみてみよう。文化六年以降の数値であるが、第4—7表と照応しても概ね利足が支払われていることがわかる。また文化一三年末あるいは文化一四年初めより貸出金の多くが塞り貸となっているのであるが、文化一四年（一八一七）になり、滞り貸の年賦償還方法が立てられた。それを次の弘化三年（一八四七）の「一札之事」からみてみよう。(17)

一札之事

一先年御調達元金千三百両、銀八拾九貫四百四拾四匁、文化十四丑年七拾年賦預御承知、同年ゟ一ケ年金拾八両弐歩、永七拾壱文四分二厘九毛、銀四匁弐分八厘五毛、銀壱貫弐百七拾七匁七分七厘一毛ツヽ御渡可申御約定之処、年延等ニ而天保十二丑年迄十八ケ年分此高金三百三拾三両、銀弐拾三貫七拾七匁八毛相渡、右済残金九

第４－７表　三井両替店の小浜藩への貸出高（その２）　（期末残高）

年季	金銀高						
文化７年秋	1,000両	500両					
８年春	1,000両	500両	500両				
秋	1,000両	500両	300両	40貫目			
９年春	1,000両	500両	500両	40貫目			
秋	2,000両			35貫目	4貫200目		
10年春	1,000両	900両		35貫目	7貫920目		
秋	900両	900両	500両	35貫目	11貫760目		
11年春	900両	800両		5貫目	15貫520目	30貫目	10貫目
秋	800両	800両		25貫目	19貫200目	40貫目	
13年春	700両	700両		25貫目	29貫760目	40貫目	
14年春	600両	700両		25貫目	29貫760目	34貫684匁	

出所）「目録留」（三井文庫所蔵史料　本1768），「大福帳」（同　続940，続942）．

百六拾七両、銀六拾六貫三百六拾六匁九分九厘二毛、猶又此度仕法立及御頼談、当午年ゟ来ル卯年迄十ケ年置居、翌辰年ニ至前書金銀高之内江銀五拾貫目御渡切ニ而年賦証文御返却済切ニ御承知被下候様及御規定候之処実正也、為後証為御取替証文仍而如件

弘化三年午四月

積方　矢代善左衛門

原田尉之助〇（印）

用人　山口治兵衛〇（印）

三井三郎助殿

三井八郎右衛門殿

三井元之助殿

三井次郎右衛門殿

文化一四年（一八一七）にそれまでの貸出金を一三〇〇両と銀八九貫四四四匁の二口にまとめ、それぞれ七〇年賦としたのである。したがって一年に一八両二歩と銀一貫二八二匁五厘六毛ずつを返済することになる。古河家文書では文政元年に「京大坂大津ニテ高廿万両斗七十年賦相対済(18)」と記されている。小浜藩はひとり三井だけでなく京都、

第4—8表　三井両替店の小浜藩への貸出金の利足

	貸出高	期　　間（月年利子率）	利足受取高
1	元金　700両	文化6年10月より7年9月まで12カ月分（月0.007）	29両1歩2朱1匁5分
2	元金　1,000両	文化7年3月より8年5月まで16カ月分（月0.007）	56両
3	元金　500両	文化7年12月より9年4月まで18カ月分（月0.007）	31両2歩
4	元金　500両	文化8年3月より8月まで6カ月分（月0.007）	10両2歩
5	元金　1,000両	文化8年7月より9年5月まで11カ月分（月0.007）	38両2歩
6	元金　500両	文化8年11月より12月半まで1カ月半分（月0.007）	2両2歩2朱
7	元金　300両	文化8年12月より9年5月まで6カ月分（月0.007）	6両1歩3匁
8	元金　500両	文化9年7，8月の2カ月分（月0.007）	3両2歩
9	元金　500両	文化9年5月より12月まで8カ月分（年0.05）	8両1歩5匁
10	元金　1,000両	文化9年6月より10年4月まで11カ月分（年0.05）	22両3歩10匁
11	元金　500両	文化9年9月より12月まで4カ月分（年0.05）	4両　2朱2匁5分
12	元銀　40貫目	文化9年正月より12月まで12カ月分（月0.006）	1貫440匁
13	別御用達銀鬮当	（文化9年12月）	602匁3分
14	同　膳料割出	（文化10年4月）	64匁7分
15	別御用達銀鬮当	（文化10年5月）	277匁
16	同　膳料割出	（文化10年10月）	64匁7分
17	元金　1,000両	文化10年正月より10月まで10カ月分（年0.05）	20両3歩5匁
18	元銀　35貫目	文化10年正月より11年12月まで25カ月分（月0.006）	2貫625匁
19	元金　900両	文化10年5月より11年4月まで1カ年分（年0.05）	22両2歩
20	別御用達銀鬮当	（文化11年5月）	262匁
21	同　膳料割出	（文化11年5月）	64匁7分
22	元金　500両	文化10年12月より11年5月まで6カ月分	10両2歩

		(月0.007)	
23	元銀　30貫目	文化11年6月より8月まで3カ月分 (月0.007)	315匁
24	元銀　10貫目	文化11年7，8月の2カ月分 (月0.007)	70匁
25	元金　900両	文化10年11月より11年10月まで1カ年分 (年0.05)	22両2歩
26	別御用達銀 膳料割出	(文化11年11月)	64匁7分
27	元金　800両	文化11年5月より12年4月まで1カ年分 (年0.05)	20両
28	別御用達銀 膳料割出	(文化12年4月)	64匁7分
29	元金　800両	文化11年11月より12年10月まで1カ年分 (年0.05)	20両
30	別御用達銀 膳料割出	(文化12年10月)	64匁7分
31	元銀　25貫目	文化12年正月より12月まで12カ月分 (月0.006)	900目
32	元金　700両	文化12年5月より13年4月まで1カ年分 (年0.05)	17両2歩
33	別御用達銀 膳料割出	(文化13年5月)	64匁7分
34	元金　600両	文化13年5月より11月まで8カ月分 (年0.03)	5両2歩 2匁3分
35	元金　700両	文化12年11月より13年11月まで14カ月分 (年0.03)	11両1歩2朱 4匁3厘
36	元銀　25貫目	文化13年正月より12月まで12カ月分 (年0.05)	625匁
37	元銀　34貫 684匁	文化12年9月より13年8月まで12カ月分 (年0.05)	867匁1分
38	元銀　40貫目	文化11年9月より12年8月まで12カ月分 (年0.07)	1貫400目
39	元銀　15貫目	文政3年12月より5年11月まで25カ月分 (月0.007)	1貫312匁5分

出所）「牧野備前守様酒井讃岐守様御利足之控」(三井文庫所蔵史料　線1754).

注）1　貸出金の期間や利足の受取期日に関係なく，同じ利率で連続する貸出金ごとの利足高をまとめたものである．

2　京都両替店と京本店(越後屋)とは御屋敷貸高を半分ずつ負担し，利足も半分ずつ受け取っているため，この表の利足受取高は小浜藩より受取高の半分の額となる．

第4－9表　三井両替店の小浜藩への貸出金の年賦償還残高（その1）　（年末残高）

年	年賦償還残高		
文化14年	1,300両	89貫444匁	—
文政元年	1,300両	89貫444匁	—
2年	1,281両2歩	88貫161匁944	—
3年	1,244両2歩	85貫597匁832	15貫000目
4年	1,226両	84貫315匁776	15貫000目
5年	1,207両2歩	83貫033匁720	15貫000目
6年	1,189両	81貫751匁664	15貫000目
7年	1,170両2歩	80貫496匁608	15貫000目
8年	1,152両	79貫187匁552	15貫000目
9年	1,133両2歩	77貫905匁496	15貫000目
10年	1,115両	76貫623匁440	15貫000目
11年	1,115両	76貫623匁440	15貫000目
12年	1,115両	76貫623匁440	15貫000目
天保元年	1,115両	76貫623匁440	15貫000目
2年	1,115両	76貫623匁440	15貫000目
3年	1,115両	76貫623匁440	15貫000目
4年	1,096両2歩	75貫341匁384	15貫000目
5年	1,078両	74貫059匁328	15貫000目
6年	1,059両2歩	72貫777匁272	15貫000目
7年	1,059両2歩	72貫777匁272	15貫000目
8年	1,041両	71貫495匁216	15貫000目
9年	1,022両2歩	70貫213匁160	15貫000目
10年	1,004両	68貫931匁104	14貫698匁5
11年	985両2歩	67貫649匁048	14貫391匁
12年	967両	66貫366匁992	14貫080目
13年	967両	66貫366匁992	14貫080目
14年	967両	66貫366匁992	14貫080目

出所）「目録留」（三井文庫所蔵史料　本1769～本1773），「勘定目録」（同　続4977），「大福帳」（同　続942，続943）.

大坂、大津において二〇万両もの借財を七〇年賦として処分した訳である。二〇万両を単純に七〇年で除しても年に二八五七両となる。第4―9表の小浜藩への貸出金の年賦償還残高からみても、文政三年には二年分の償還がなされ、その後文政一〇年までは規則的に償還されていることがわかる。

ところで文化一四年にまとめられた小浜藩への貸出金とは、六〇〇両と七〇〇両、それに二五貫目、二九貫七六〇目、三四貫六八四匁の五口である。六〇〇両は文化一〇年五月付の元金九〇〇両の証文高から年に一〇〇両ずつの三〇〇両が返済された残りである。七〇〇両は文化一〇年一一月付の九〇〇両の証文高から二〇〇両が返済された残りである。ともに年三パーセントの利子付きであり、文化一三年一一月までは利足が支払われていたのである。二五貫目も元銀は文化一二年証文の三五貫目で返済残りである。三四貫六八四匁も元銀四〇貫目の返済残りである。二九貫七六〇目は文化一三年四月の証文があるが、文化九年から積立ての始まった別調達銀である。

文政一一年（一八二八）からは五年間償還がストップしている。天保四年に再開されてのち、天保一三年には九六七両、六六貫三六六匁九九二の残高で償還がストップした。

ここで講銀と年賦償還の経過についてみてみよう。両替商からの借入に行き詰まった藩では、講銀という形で資金を集めようとすることが多く見られた。特定の町人から高額を調達するのではなく、多くの町人から少額ずつ調達するため容易に多くの資金を手に入れることができた。しかし借入れにあたっては仕法書を明確に作成し、それにしたがって利足をつけて規則的に返済を行う義務があった。懸銀を行うものは必ずしも大名金融を行う両替商人とは限らず、利足収取を期待した町人であったからである。大名の名前で募集するために無事完了させる信用が必要であった。

小浜藩の場合も二百目懸講とか五貫目講とかが実施された。三井両替店でも「文政五午年十二月年賦調達五貫目掛三口合拾五貫目出銀いたし置、右之内壱口元利六貫七百五拾目当十二月鬮当リ有之候趣」[19]と記録されているように、文政五年（一八二二）一二月に五貫目講を三口一五貫目出金している。これは三井両替店では文政六年から年七パーセントの利子付きで振鬮により一〇年賦で償還されることになっている。そして文政一〇年一二月に鬮が当たり、六貫七五〇目となったのである。なお第4―9表では文政三年末から小浜藩に一五貫目を貸し出したことになっている。同年に銀一五貫目を貸し出し、五年に講銀に振り替えられたのである。ところが文政七年一二月に小浜藩から三井両替店に再度講銀への加入の依頼があった。「旦那勝手向従来預御苦労、別而先年永年賦幷一昨年五貫目掛講銀等御加入被下忝致大慶候、然ルニ永々米価下落追々借財相嵩候ニ付、東西共至而倹約年々六七千両計押出シも出来候得共、諸向江割渡も不行届此上御不義理ニ成り候而者不相済、仍之此度仕法相立申度候処、手元無之候ニ付又々五貫目掛講相企候間、弐拾枚分御加入可被下、左候得ハ百貫目之御出銀ニ相成、其内弐拾貫目ハ七拾年賦之口江差入、右御出銀之百貫目ハ年限相定年々振鬮を以御返済いたし候積ニ御座候[20]」と記されている。これも五貫目掛講銀のことで、講銀の償還資金の不足を補塡するために新たに講を組織しようとして一口五貫目で二〇口の追加の出金を求めた訳である。合計で一〇〇貫目に及ぶことになり、三井では断っている。

文政一〇年（一八二七）五月に小浜藩京都屋敷から三井両替店名代に屋敷まで来るようにとの書状があり、そこで「近年作合且臨時物入等ニ而勝手向必至ト手支ニ相成心痛罷在、外ニ手段も無之、是迄仕法相立候上ニ最はや仕法之致方も無之、五貫目講之儀も御約定通相渡不申候半而者難相成、何共赤面之至申入兼候得共、右時体ニ付此度新講相企候間、何卒御加入被下度此段御主人方江宜御頼被下度段[21]」と申し掛けられた。償還のための何の見通しもないままに講銀を組織し、その利足に難儀すると追加出金を求めたり、さらに別の講銀を組織してそれでもって乗り切ろうとする意図であった。それに対して三井両替店では「文化十四丑年調達金銀無利足七十年賦被仰出、難黙止次第ニ而右御年賦御皆済迄当座調達筋不被仰下御議定ニ候ハヽ、御請可申上段及返答候処、決而御頼被成間鋪[22]」と返答している。同年一一月になり、当たり鬮の講銀六貫七五〇目を一日も早く下されるようにと掛け合っている。そのような経過のなかで、小浜藩の借財元利返済猶予策が準備されていった。

古河家文書では文政一〇年（一八二七）一一月に「近年御借金多凡四十万両斗ニ付、冬足立七左衛門上り千年賦ト頼候得共銀主中々不肯候故首尾ニテ帰国仕[23]」と記載されている。このころの借財が四〇万両にも及んでいるのである。また同一一年正月にも「銀主懸り足立七左衛門去冬上り右千年賦頼候得共、迚モ不肯故帰国仕銀主懸り御免ノ願ニ付[24]」とあり、足立七左衛門は銀主との千年賦償還の交渉にあたり、それに失敗して銀主掛りを辞退しているのである。

千年賦の交渉とは薩摩藩の二五〇年賦に比較しても四倍の長さで、当時としても現実離れも甚だしいものであった。松本加兵衛と大谷金治が替わりに銀主掛りとなり、別の政策を打ち出すことになるのである。

文政一一年（一八二八）七月になり、三井の名代はほかの町人とともに小浜藩京都屋敷より呼出しを受けて、借財返済や扶持高の五カ年の年延の申し出を受けた。次はその時の演説書の一部である[25]。

主人勝手向之儀、是迄追々御聞及之通、文化三寅年故若狭守家督始ゟ引続莫大之物入ニ付不得止年々借財相嵩、当惑至極ニ候、是迄各方毎々不一通御厚志預御丹精御蔭ニゟ公務を始メ取続取計候事ニ而、其段御挨拶之儀者難尽筆紙、役人共者不及申当主人ニも委細被致承知厚忝次第ニ被存候、然ル処御承知之通、当早春先主人俄之病気ニ而被致死去候已来、追々差向之物入夥敷皆以難差延事共ニ候得共、右臨時之入箇相弁候手宛も無之、（中略）来丑年国元江初入等之入用を始難差置事共数件有之候得共、右手宛も難相調及時体候段、旦那被致承知候処実ニ進退相究り候儀、別而家督始メ之儀誠ニ不被安寝具食役人共ニ有之候而も心痛難尽申次第ニ候、一体上方筋借財取扱之儀者御承知之通り、是迄夫々掛りも申付被置候得共、先代存寄有之差免候も有之、其後去年中迄右掛り足立七左衛門ニ被申付置候得共、此度都而借財取扱向厳鋪改革之儀被申付候ニ付、是迄之掛り之者とも末々迄不残掛り被差免候事ニ御座候、扨諸借財取調候処、今日ゟ存通し見候得者ケ程度之大借ニ相成不申内何と歟処置も可有御座候処（中略）此節ニ至り数十万之大借ニ相成候上、何を以御返弁可致と申手立も無之、利足而已も数万両ニ及旦那分限を越候事ニ相成、取扱之道更ニ無之、御一統江対し誠ニ面皮も無之儀ニ候、然レ共此上者差当り外ニ取計方も無之ニ付、難申出儀ニ候得共、各方ゟ借り被受候借財并是迄被差出候扶持方仕向米、都而済口利足共五ケ年之間年延之儀御頼申入候、是迄迚も毎々無理成儀御頼申入候上之儀、度々気之毒不義理千万可申様も無之候得共、何分右御断申述候趣御承知被下候様致度幾重ニも御頼申入候、仍之拙者共両人此度御断之為罷出候条、右

御対談之次第御納得之程只管御頼申入候事ニ候

これは三井だけにではなく、京都の小浜藩邸において八人ほど銀主を集めて読み聞かせたもので、小浜藩の財政政策を表していて、すでに前藩主の就封時に莫大な借財が数十万両もあり、利足だけで数万両に及び、その返済の方途をなくしているが、さらに文政一一年正月の藩主忠進の死去による代替わりにともなう臨時の費用や新藩主の初の入国の費用などがあり、借財返済を中心として改革が必要となったというのである。そして借財返済と扶持米銀とを五年間延期することを頼んでいる。上記の演説書の次の項には「前文申述候通、此度改革被申付候ニ付、足立七左衛門始メ金談掛り之者末々迄右掛り筋被差免候間、此後者国元役人共より御掛合可申ニ而御座候、尤此表江も此度新ニ被申付候掛り之小役人共差出置候、此段も御承知被置可被下候、以上(26)」と書かれている。藩政全般についての改革であるかどうかはわからないが、財政の改革であることは間違いなく、担当者も足立七左衛門をはじめ交替させられている。しかし利子負担を軽減させようというきわめて消極的な改革でしかなかった。古河家文書では文政一二年（一八二九）正月に「八九月ゟ冬御借金三十万両余幷ニふち方米一万五六千俵毎年出候分ヲ御断ニ付、京大坂大津其外所々ノ銀主エ相対仕、旧冬程能ク相済帰国仕候ニ付(27)」と記載されていて、文政一一年のお断りが小浜藩全体の政策に伴うものであることが明らかとなる。年賦調達講に関しても次のように記されている(28)。

一年賦調達講之儀、是迄段々預御出精御蔭ニ而相続いたし追々借入等も致来り候処、前文之時体ニ付而者及満講候而も割戻借入等持出し之手宛も無之事ニ候、乍去仕法物之儀別而多人数之事ニ候得者、御断申立候儀も難相成事柄ニ付再講抔と申筋も可有之歟ニ候得共、前条之次第故所詮左様之儀相整可申時体ニも無之候得者、右年限之間ハ御世話方ニ而如何様とも御取計御申延之所前段同様幾重ニも御頼申入候

このように年賦調達講を組織しても割戻金に難儀する結果となり、その調達のために再講を組織することも断念し

て割戻の延期を申し渡す結果となった。文政一一年時点での三井両替店の小浜藩への貸出残高は次の「口上之覚」から明らかになる。[29]

口上之覚

御立用筋御下ヶ幷御扶持方等都而御済口御利足共五ヶ年之間御年延之儀、此度代之者江被為仰聞、尚又御演説書之御趣共具承知仕、乍憚御心痛奉察上於私方も当惑仕候、右者兼而申上候通、諸家様方御立用筋家業ニ不仕候得共、当御屋鋪様ニ者前以奉蒙御懇命候ニ付格別操合出金仕、当時御立用高左之通

宝暦六子年十二月

明和六丑年十二月弐口

同　七寅年三月

右四口ニ而

金六千五百弐拾七両壱歩

右金高御年賦ニ相成、寛政六寅年迄毎暮金三拾両宛御渡、翌卯年ゟ文化五辰年迄者右半金拾五両宛御渡被下候所、右御渡金御止ニ相成、翌巳年より弐十人御扶持被下候御事

文化度五口ニ而

金千三百両

銀八拾九貫四百四拾四匁

右金銀高文化十四丑年無利足七十年賦被仰出御証文一紙ニ御改、右御年賦金銀御渡方一ヶ年後レニ而、丑年分ゟ去々戌年分迄御渡被下候御事

文政五午年十二月出銀
銀拾五貫目
右者翌未年より十ケ年賦、年七朱之御利足御加、御振鬮を以右御年限中毎暮御割渡被下候筈ニ而、私方鬮当り
年左之通
去亥年
　六貫七百五拾目
来々寅年
　七貫八百目
来ル卯年
　八貫百五拾目
右之通御座候処、去亥年分未御渡不被下候御事
右御立用高ニ御座候処、前書之通、追々御仕法別而文化度出金之分、永年賦被為仰出、誠以難渋至極御請難申上奉存候得共、其節之御趣意難黙止、且已来新御立用筋決而不被仰下御趣ニ付、速ニ御請申上候処、其後文政五午年新ニ年賦調達被為仰出、段々御断申上候得共御割済無御相違御約諾ニ而前書之通出銀仕候、然ル処此度都而五ケ年之間御年延被為仰出何共当惑難渋至極奉存候、私方近来不商内之上、江戸表店々抱屋鋪等度々類焼其上内々混雑仕候儀も有之、是以夥鋪出方ニ而必至と差支心痛仕候折柄ニ御座候ニ付、先達而中ゟ右御立用之内前段御下ケ金奉願上度候得共、一旦御請仕候儀故差控不申上候、尤拾五貫目御割済之口者去暮無御相違御渡被下候様去十一月代之者を以御願申上置候処、尓今至御渡不被下難渋仕候、前書ニも申上候通奉蒙御懇命候御儀格別操合御立

用仕、永年賦等も速ニ御請申上候得者外方同様に被為思召、私方難渋之次第御賢察何卒是迄之通御渡被成下、且拾五貫目御割済之口去亥年分早々御渡被下候様奉願上候、尚代之者を以可申上候条何分格別之御取扱偏奉頼上候、以上

子七月

三井次郎右衛門

三　井　元　之　助

三　井　三　郎　助

三井八郎右衛門

松　加兵衛様

大　金次郎様

三井よりの借財は大きく分けて宝暦、明和期の六五二七両一歩と文化期の一三〇〇両、銀八九貫四四四匁の年賦金、文政五年の一五貫目の講金の三つである。新たな調達御用を申し付けないというので、文化期の貸出金の長年賦償還を受け入れたのに、文政五年に講金を開始し、必ず割り戻すというので出金したら五年間の据置きといわれたという不信感を表してこれらの年賦金と講金の返済を求めた。この願書には何の返事もなかった。

注

（1）「酒井修理大夫様戸田因幡守様御用留」（三井文庫所蔵史料　本一九八）。
（2）同右。
（3）同右。
（4）同右。

(5) 同右。
(6) 同右。
(7) 同右。
(8) 『大津市史』下巻、九二頁。
(9) 『大津市史』下巻、八九頁。鶴岡実枝子「近世米穀取引市場としての大津」(『史料館研究紀要』五号)参照。
(10) 拙著『近世三井経営史の研究』(吉川弘文館)。
(11) 『大津市史』下巻、九四頁。
(12) 『大津市史』下巻、九五頁。
(13) 『大津市史』下巻、八一頁。
(14) 『大津市史』下巻、七九頁。
(15) 『大津市史』下巻、九四頁。
(16) 「酒井修理大夫様戸田因幡守様御用留」(三井文庫所蔵史料　本一九八)。
(17) 「酒井若狭守様御用留」(三井文庫所蔵史料　本一九七)。
(18) 『小浜市史』諸家文書編二、三七五頁。
(19) 「酒井若狭守様御用留」(三井文庫所蔵史料　本一九七)。
(20) 同右。
(21) 同右。
(22) 同右。
(23) 『小浜市史』諸家文書編二、三九六頁。
(24) 同右、三九九頁。
(25) 「酒井若狭守様御用留」(三井文庫所蔵史料　本一九七)。
(26) 同右。
(27) 『小浜市史』諸家文書編二、四〇二頁。

(28)「酒井若狭守様御用留」(三井文庫所蔵史料　本一九七)。
(29) 同右。

第四節　幕末期の小浜藩への貸出

文政一一年(一八二八)の小浜藩の年賦金返済と扶持米銀の年延は五年間であったため、天保四年(一八三三)からは年賦金の償還が再開された。第4—9表にみるように三井両替店は一八両二歩と銀一貫二八二匁五厘六毛を受け取ったのである。「国元凶作ニ而下之者松之皮抔を給候程之儀ニ而、救等不出候而者餓死いたし、役人とも一統心配いたし居候趣ニ而、当年之所返金筋都而御断申候」(1)と、天保七年には領内で飢饉となったが、その年を除いて、同じ額を天保一二年まで受け取っている。ただし扶持米銀は渡されなかったため、三井両替店は扶持米銀についての願書を何度も出している。

天保一三年(一八四二)一二月に小浜藩勘定役から「旦那当夏不存寄御役被蒙仰、右ニ付江戸表屋敷取繕等ニ而、多分之入用相懸り、其上壱朱銀御停止被仰出候ニ付而も、国元小前之もの等所持之分取替遣し旁以必至と差支」(2)との理由で当年は年賦金を断る旨を申し渡された。藩主酒井忠義が天保一三年五月に寺社奉行となり、一一月に京都所司代に就任したことが財政負担を増大させ、年賦償還を困難としていったのである。翌天保一四年にもお断りとなっている(3)。第4—10表に弘化元年以降の三井両替店の小浜藩への貸出金残高を示した。同年以降嘉永二年まで年賦償還はなされていない。嘉永三年(一八五〇)になり、一四貫〇八〇目が返済され、四〇〇両が新たに貸し出されている。一四貫〇八〇目は五貫目掛講銀三口の残高であり、財政の倹約によって生じた差額の二〇貫目を京都の借財高一四〇〇貫目に割り振って天保一〇年から一二年にかけて三〇〇目余りずつ返済されていたのである。嘉永三年九月に小浜藩から借銀の依頼があり、講銀三口の返済を条件として来年二月までの期限で、かつ月〇・七パーセントの利足付きで四〇〇両を貸し出したのである。ところで一五貫目の講銀は利足を加えて、六貫七五〇目、七貫八〇〇目、八貫一五〇目の合計して二二貫七〇〇目となったままで滞っていた。したがって同年一二月に二二貫七〇〇目を金換算した三五五両からすでに受け取っていた一五両を差し引いた三四〇両を三井両替店は受け取った(4)。

第4—10表　三井両替店の小浜藩への貸出金の年賦償還残高（その2）

（年末残高）

年	年賦償還残高		
弘化元年	967両	66貫366匁992	14貫080目
2年	967両	66貫366匁992	14貫080目
3年	967両	66貫366匁992	14貫080目
4年	967両	66貫366匁992	14貫080目
嘉永元年	967両	66貫366匁992	14貫080目
2年	967両	66貫366匁992	14貫080目
3年	967両	66貫366匁992	400両
4年	967両	66貫366匁992	—
5年	967両	66貫366匁992	—
6年	967両	66貫366匁992	—
安政元年	967両	66貫366匁992	—
2年	967両	66貫366匁992	1,000両
3年	—	—	1,000両

出所）「目録留」（三井文庫所蔵史料　続1773～続1776）.

そのうえで四〇〇両を貸し出したことになる。差額は六〇両である。

嘉永三年の四〇〇両の貸出に引き続き、嘉永四年四月から六月まで四〇〇両を貸し出し、同四年四月から七月まで三〇〇両を貸し出した。第4—10表には表れないが、短期的な貸出を繰り返し、安政期には一〇〇〇両の貸出に至っている。嘉永三年の貸出の要請にともない、文政一〇年で止まっていた扶持米銀は第4—11表に示されるように嘉永四年から再開された。

ところで弘化三年（一八四六）四月に三井両替店の中野勝助が京都姉小路の小浜藩屋敷をたずねて調達金の返済と「七拾年賦之口是非共当年ゟ御下ケ渡之義分而御願申上候段」(5)と年賦金の返済を催促した。その時に小浜藩では調達講を組織して、その資金で返済したいとの返事があった。それが上記した弘化三年四月の矢代善左衛門等から三井三

郎助等四人にあてた「一札之事」である。それに対して三井両替店は小浜藩に次のような請書を差し出した。(6)

一札之事

一兼而御調達元金千三百両、銀八拾九貫四百四拾四匁、文化十四丑年御仕法建ニ付七拾年賦被仰出、無拠御請申上、同年ゟ一ケ年金拾八両弐歩、永七拾壱文四分二厘九毛、此銀四匁二分八厘五毛、銀壱貫弐百七拾七匁七分七厘壱毛宛年々無御相違御渡可被下御約定之処、御年延等ニ而天保十二丑年迄十八ケ年分、此高合金三百三拾三両、銀弐拾三貫七拾七匁八毛御渡被下、当時残金九百六拾七両、銀六拾六貫三百六拾六匁九分九厘弐毛御座候処、猶又此度御仕法建ニ付、当午年分ゟ来ル卯年迄十ケ年御置居、翌辰年ニ至り前書残金銀高之内江一時ニ銀五拾貫目御渡切被下候筈、然ル上者御年賦御証文返上可仕旨此度御頼談之趣御請申上候付、為後日為御取替証文差上置候処仍如件

弘化三年午四月

三井次郎右衛門　印
三　井　元　之　助　印
三井八郎右衛門　印
三　井　三　郎　助　印

山口治兵衛殿
原田尉之助殿
矢代善左衛門殿

三井両替店では文化一四年（一八一七）以来

第4―11表　三井両替店の小浜藩よりの扶持米銀の受取（その2）

年　月	金　銀　高	備　　考
嘉永4年	2貫700目	36石代(75匁替)
5年	2貫700目	36石代(75匁替)
6年	2貫880目	36石代(80匁替)
安政元年	2貫520目	36石代(70匁替)
2年	—	
3年	—	
4年	—	
5年	—	
6年	—	
万延元年	—	
文久元年	3貫600目	36石代(100匁替)
2年	6貫750目	
3年	84両1歩2朱	
元治元年	10貫125匁	
慶応元年	189両	
2年	31貫500目	
3年		

出所）「酒井修理大夫様御年賦金請取通」(三井文庫所蔵史料　続1674).

の年賦金の返済残高の一〇年間の据置きとその翌辰年に五〇貫目を一時に返済することで、その残高を帳消しにすることを承諾する旨の返書を小浜藩宛て差し出しているのである。

その一〇年間の繰延べの期間中に、嘉永三年から別の調達金があった。嘉永四年より安政二年までの三井両替店の小浜藩よりの利足受取高を示したのが第4―12表である。短期的な貸出であるため第4―10表には表されないが、安政年間に一〇〇〇両規模の貸出となり、そこから若干の利足を受け取っているのである。ところが安政二年七月に小浜藩は調達金一〇〇〇両の元利返済と扶持金二〇人分との五ヵ年間の断延を申し出た。しかし、なお五〇貫目の一時金については約定通りとするとしている。その時の据置きに至る理由として「異船渡来ニ付、海防之儀従公儀被仰出候御主意も有之、大砲初台場等其外海防手当之入箇夥敷事ニ候へ共、不止得事柄前後を不顧入箇取計参候処、昨冬皇都御警衛被仰付、追々人数差登候付陣屋初一時之入箇も不少上、已後人数相詰候ニ付而者年々入箇夥敷事ニ相成、必至と差詰り以後操合方手段も無之」[7]という海防費のための財政困難という状況を示している。

小浜藩と三井両替店との間での、一〇年間の据置きの後の五〇貫目の一時金による済まし切りという弘化三年の協定にある辰年にあたるのが安政三年である。九六七両と銀六六貫三六六匁九九二との年賦金残高は一両＝銀六〇目で換算すると銀一二四貫目余となり、それに対して五〇貫目の一時金とは四〇パーセントにしか当たらない。それでも七〇年賦金よりも一時金による解決を選択して残りの請求権を放棄したのである。安政三年（一八五六）一二月にはその一時金を受け取った。

幕末期になるといずれの藩においても財政支出高は増大していったが、小浜藩の第一二代藩主酒井忠義が安政五年から文久二年六月まで京都所司代を再勤したことも、小浜藩の財政が膨れ上がる要因となった。「於江戸井伊掃部頭殿江狼藉一件ニ付京地御警衛向人数相増、其他御所向隠見廻り、且九条殿江人数差出江戸屋敷へも人数増ニ付」[8]とい

第4—12表　三井両替店の小浜藩よりの利足受取高

日　付	金　銀　高	内　　　訳
嘉永4年　2月	8両1歩2朱 銀1匁5分	元金400両　嘉永3年9月より4年2月まで6カ月分利足（利率月0.007）
6月	4両　2朱 銀4匁5分	元金400両　嘉永4年4月より6月まで3カ月分利足（利率月0.007）
7月	3両2歩2朱 銀3匁	元金350両　嘉永4年5月より7月まで3カ月分利足（利率月0.007）
5年　正月	12両1歩	元金700両　嘉永4年9月より5年正月まで5カ月分利足（利率月0.007）
12月	24両2歩	元金700両　嘉永5年2月より11月まで10カ月分利足（利率月0.007）
6年　10月	28両	元金1,000両　嘉永6年3月より10月まで8カ月分利足（利率月0.007）
安政元年閏7月	21両	元金1,000両　安政元年3月より閏7月まで6カ月分利足（利率月0.007）
2年　3月	42両	元金1,000両　安政元年3月より2年正月まで12カ月分（利率月0.007）

出所）「諸御屋鋪御調達引当利足金銀請取之通」（三井文庫所蔵史料　続1675—2）。

注）1　弘化元年正月から安政6年正月までの期間の史料から酒井修理大夫のものを抜き出したものである。

2　三井京都両替店の御屋敷貸高のうち半分を越後屋京本店が融通しているために，両替店の利足受取高も半分となる。

3　嘉永6年の28両と安政元年の21両は「酒井若狭守様御用留」（三井文庫所蔵史料　本197）から補った。

った政治状況のなかで財政負担が増し、小浜藩では万延元年に京都本両替仲間に年賦調達講を組織することを申し出た。一二人一組で、一人一〇〇両ずつの出金で二組組織して二四〇〇両を調達しようとするものである。返済は年に六パーセントの利子付きで、一五〇両ずつ八年間で完了するというものである。三井では年賦調達講から逃れるよう働きかけ、「貴家分差除候而も講事相整候ハ、子細無之」、「万一外両替仲ケ間承知不存候ハ、乍気之毒御頼談可申哉」[9]というように除外を申し出て、三井に関してはその後沙汰止みとなった。

三井は小浜藩より文久元年（一八六一）一二月から主人共に二〇人扶持を渡すとの通告を受け、重役手代の中村徳兵衛にも三人扶持を渡すと言われた。それに対して京都両替店では「何角気味あしく」と思い、

「当時格別之御用も不奉相勤候処、当季金千両御返済被成下、其上滞利金之内五百両丈ケ年賦ニ而御下ケ渡被成下候段」という状況下で、「幾重ニも御断申上候様」[10]といったんは辞退したが、翌年になり引き受けることになって、第4―11表の示すように文久二年四月に三井は銀三貫六〇〇目を受け取り、重役手代中村徳兵衛も五四〇目を受け取った。同表の示すように嘉永四年から安政元年まで三六石代の扶持米銀を受け取っていて安政二年に調達金の返済と扶持方の五年間の据置きを申し渡されていたという経緯があったが、七年目に再開された訳で、それは新たな借入金の布石に外ならなかった。その扶持米銀が渡されるに先だち、一二月に「何とか工夫いたし、当冬金壱万両程何方ニ而成共調達可致、依之当年之御合力米弐万俵者其方江任せ候間、右を以何分ニも心配いたし候様被仰付」[11]と米二万俵を任せるから一万両を調達するようにと申し付けられていた。それまでの一〇〇〇両は返済し、滞り利足五八八両のうち五〇〇両は一五年賦返済するという条件であった。そこで館入の木薬屋平右衛門に対して木薬屋の居宅と五〇〇〇俵分の米切手を引当として御為替金五〇〇〇両を融通し、間接的に小浜藩に出金するという方法をとったのである。五〇〇両の一五年賦は一年あたり三三両余となり、それが一枚証文となることはなかったが、年々返済されることになる。

小浜藩では一二代藩主酒井忠義が安政五年に再度京都所司代を勤めることになり、和宮降嫁に尽力するなどして役知を一万石ほど加増されたが、京都の政情不安の責任を問われ、文久二年六月には所司代を解任されている。

幕末期の三井と小浜藩との金融関係は第4―13表のとおりである。秋季末の数値であるが、安政二年よりの一〇〇〇両は文久元年秋季にはなくなり、新たに三〇〇〇両の貸出が文久三年より始まっている。文久三年春季末には三〇〇〇両の貸出が見られる。これは四月から六月までの短期間のもので、その後断続的に貸し出されている。扶持米銀も従前の二〇人扶持に一〇人分を加えて三〇人扶持を渡されることになった。

元治元年（一八六四）三月には三井両替店は三〇〇〇両の月〇・七パーセントの六カ月分の利足一二六両として米一八二俵、滞り利足五〇〇両の一年分の利足三三両代として米二二俵の合計して二〇四俵を受け取った。慶応元年五月にも三〇〇〇両の利足として米一八二俵分と、滞り利足五〇〇両の利足として米二二俵分の合計を代銀換算して一六貫三二〇目を受け取っている。[12]慶応二年にもその両者を合計して三〇一両三歩と銀六匁六分三厘四毛を受け取った。さらに明治元年（一八六八）七月一四日に三井両替店は小浜藩より元金三〇〇〇両とその慶応三年正月から明治元年七月まで二〇カ月の利足四二〇両、および元金一〇〇〇両とその慶応三年四月からの一七カ月分の利足一三六両の合計して四五五六両を受け取った。同月一六日には三〇人分の扶持米一三五俵の代金二〇二両二歩と、中村徳兵衛の三人分の扶持米一三俵半の代金二〇両一歩とを三井は受け取った。さらに年賦残高の一八九両二歩二朱を受け取った。[13]これで安永三年に大元方勘定目録から消去された六五二七両一歩を除いて、三井と小浜藩との金融関係は清算されたことになる。

三井両替店の小浜藩との金融関係では、第一に宝暦、明和期の貸出金、第二に寛政、文化期の貸出金、第三に幕末期の貸出金とに分けられる。第一のものは内部的に処理されたが、証文高が減額されることはなく、その後渡されている年賦金や扶持米銀が償還としての意味をもった。証文が残されているため明治政府の藩債処分の際に提出されたが廃棄される。第二のものは貸出残高について文化一四年に年賦償還方法が立てられるが、償還は途中で破綻して

第4―13表　三井両替店の小浜藩への貸出金の推移（年末残高）

年	金高	
安政4年	1,000両	
5年	1,000両	
6年	1,000両	
万延元年	1,000両	
文久元年	—	
2年		
3年	3,000両	
元治元年	3,000両	
慶応元年	3,000両	
2年	3,000両	
3年	3,000両	1,000両
明治元年	—	
2年	—	
3年	—	

出所）「勘定目録」(三井文庫所蔵史料　続5374～続5499).
注）文久2年は数値が得られない.

安政三年にわずかの一時金で清算される。第三のものは高額であったが、明治初年に返済されている。三井と小浜藩との金融関係では、滞り利足を一枚証文に書き改めて、借財が累増されていくということはなく、むしろ滞り利足は切り捨てられていった。

注

(1)「酒井若狭守様御用留」(三井文庫所蔵史料　本一九七)。
(2)同右。
(3)同右。
(4)同右。
(5)同右。
(6)同右。
(7)「酒井修理大夫様御用留」(三井文庫所蔵史料　本一九九)。
(8)同右。
(9)同右。
(10)同右。
(11)同右。
(12)同右。
(13)同右。

第五章　高崎藩への大名貸

第一節　貸付の開始と年賦償還仕法

三井の高崎藩への融通の始まりは宝暦四年（一七五四）二月二三日であった。『松平右京大夫様御用留』[1]によると「右御屋敷ゟ無拠御頼筋有之、八郎右衛門殿江段々御対談申二月上旬竹内文次郎罷登申候、右御対談申上、右御屋敷へ金高佐舟《（五百）》両御用立申積り相成候」と記されている。竹内文次郎は大坂両替店の通勤支配役であったが、二月三日に御用の筋があるとして三井八郎右衛門より京都に呼び出されていて[2]、これが高崎藩との融通の交渉であったと考えられる。三井は二月二三日に一〇月限りで二〇〇両を、一一月限りで三〇〇両を融通したのである。高崎藩への貸付を三井の勘定帳簿からみると、宝暦四年春季の大元方の『出入寄』[3]の貸し方（資産）の「大坂両替店拠金」という項目に戌閏二月三日付として松平右京大夫に五〇〇両の貸出が記載されている。大元方の貸出が一〇日ほど遅れていることになる。三井大坂両替店『目録帳』[4]の宝暦四年上期の貸し方、「御屋鋪貸」の中に二〇〇両と三〇〇両の松平右京大夫への貸出高が記されている。しかし大元方では宝暦六年上期からは「京両替店拠金」という項目に付け替えられている。大坂両替店、京両替店を経由する貸付という意味であるが、大元方の資金で行ったのである。

第5－1表　三井の高崎藩への貸出高（その1）

年　期	貸　出　高	
宝暦4年上期	500両	
下期	500両	
5年上期	600両	
下期	500両	
6年上期	800両	
下期	800両	30貫目
7年上期	1,100両	
下期	1,800両	30貫目
8年上期	1,300両	30貫目
下期	2,100両	
9年上期	2,600両	
下期	2,600両	
10年上期	2,600両	
下期	2,600両	
11年上期	5,600両	
下期	6,600両	

出所）「出入寄」（三井文庫所蔵史料続5590～続5603）.

高崎藩主松平右京大夫輝高は宝暦二年四月より大坂城代を勤めていた。同月に同家の越後国蒲原郡の二万石余りの領地を摂津国の有馬、豊嶋、川辺郡、河内国の茨田郡、播磨国の宍粟、加西郡の各郡に移されていた。大坂城代となった大名がその領地の一部を大坂周辺に移されるのは慣例でもあったが、それによって大坂周辺の新しい領地の年貢米を担保とする金融の途が開かれることになった。ところが三井との関係では担保について記されていない。無担保貸であったのである。しかし三井の場合においても大坂城代となった大名は老中への昇進の途中にあったとの認識から貸付を開始した訳である。松平右京大夫は宝暦六年五月に京都所司代になった。昇進の階段をひとつ上ったことになる。

高崎藩への五〇〇両の貸出金は宝暦四年一一月に元利返済され、一一月に月利一分で一一カ月分の利足五五両を受け取っている。ところが一二月にその五〇〇両を翌年七月までの期限で再度継続して貸し出している。そのうち宝暦五年の六月に二〇〇両が、七月に三〇〇両が返済されたが、同年五月から一二月まで三〇〇両を、八月から一二月まで五〇〇両を貸し出した。その五〇〇両は翌年まで継続された。宝暦六年には四月から三〇〇両の貸出金が加わって八〇〇両となり、八月から銀三〇貫目の貸出金が始まっている。高崎藩への貸出はこのように短期的な貸出の繰返しであるが、宝暦期の三井の高崎藩への貸出高を期末残高の数値で示したのが第5－1表である。それによると貸出高は宝暦七年から九年にかけて徐々に増加していっている。宝暦八年には四通の証文を二一〇〇両の一紙証文に書き改めているが、宝暦九年上期末には五〇〇両の証文貸しを加えて二六〇〇両となり、宝暦一一年三月には三〇〇〇両が、一〇月から一〇〇〇両が新たに貸し出されて、同年末には一口で六六〇〇両の貸出金となった。松平右京大夫輝高は宝暦一一年（一七六一）一二月に老中となっている。三井の高崎藩への貸出高がこの時期に急増しているのはこのことと関係あるのであろうか。その証文の写しを次に示す。(5)

預り申金子之事

金六千六百両也　　但利足年五朱之定

右者松平右京大夫就要用預り申所実正也、来巳十一月無遅滞元利可致返済候、為後日証文仍如件

宝暦十庚辰年十一月　　鈴木斎兵衛　印

深井権左衛門　印

三井八郎右衛門殿

証文の日付は第5―1表とは異なり、宝暦一〇年一一月付となっている。一年ほどの間隔がみられるのは大元方から京都両替店に融資するという形をとっていることによる。翌年返済という文面は型どおりのもので、そのとおり実現されるというものではない。しかし宝暦一〇年一一月には三井は高崎藩から無利足で二〇〇〇両を預かっている。貸し出してはいるが、「公辺江被為掛候御臨用、又者御上屋敷御類焼等も有之候節者一ケ度ニ五分一宛五度之御変事御用ニ差出可申候」(6)と預り証文に記すように、直接渡すことなく、引出しにも注文を付けているのである。

第5―1表に対応する期間の高崎藩よりの利足受取高を示したのが第5―2表である。この利足は大元方の決算では収益にあたる「入方」には記載されないで、大元方の『出入寄』の預り方の「京両替店拠金利足積」に、松平右京大夫よりの利足積高として記載される。当初は月一パーセントの利率であったが、額が増えるとともに利率は月に

第5－2表　三井の高崎藩よりの利足入高（その1）

年　月	利足高	元金　内訳　利率
宝暦4年11月	55両	元金500両　宝暦4年2月より11月まで11カ月分　月利1％
宝暦5年6月	14両	元金200両　宝暦4年12月より5年6月まで7カ月分　月利1％
7月	24両	元金300両　宝暦4年12月より5年7月まで8カ月分　月利1％
11月	20両	元金500両　宝暦5年8月より11月まで4カ月分　月利1％
11月	21両	元金300両　宝暦5年5月より11月まで7カ月分　月利1％
宝暦6年7月	40両	元金500両　宝暦5年12月より6年7月まで8カ月分　月利1％
	24両	元金300両　宝暦6年4月より11月まで8カ月分　月利1％
	20両	元金500両　宝暦6年8月より閏11月まで5カ月分　月利1％
	1貫500目	元銀30貫目　宝暦6年8月より閏11月まで5カ月分　月利1％
宝暦7年4月	6両	元金300両　宝暦7年3月より4月まで2カ月分　月利1％
7月	10両	元金1,000両　宝暦7年7月1カ月分　月利1％
7月	2貫400目	元銀30貫目　宝暦6年12月より7年7月まで8カ月分　月利1％
8月	88両	元金800両　宝暦6年11月より7年閏8月まで11カ月分　月利1％
11月	32両	元金800両　宝暦7年8月より11月まで4カ月分　月利1％
	1貫500目	元銀30貫目　宝暦7年7月より11月まで5カ月分　月利1％
	21両	元金300両　宝暦7年5月より11月まで7カ月分　月利1％
宝暦8年3月	30両	元金1,000両　宝暦7年12月より8年2月まで3カ月分　月利1％
7月	2貫400目	元銀30貫目　宝暦7年12月より8年7月まで8カ月分　月利1％
8月	72両	元金800両　宝暦7年12月より8年8月まで9カ月分　月利1％
10月	20両	元金500両　宝暦8年7月より10月まで4カ月分　月利1％
10月	900目	元銀30貫目　宝暦8年8月より10月まで3カ月分　月利1％
10月	16両	元金800両　宝暦8年9月より10月まで2カ月分　月利1％
12月	27両	元金1,000両　宝暦8年10月より12月まで3カ月分　月利0.9％
宝暦9年4月	13両2歩	元金500両　宝暦9年2月より4月まで3カ月分　月利0.9％
11月	147両	元金2,100両　宝暦8年11月より9年11月まで14カ月分　月利0.5％
11月	27両2歩	元金500両　宝暦9年2月より11月まで11カ月分　月利0.5％
宝暦10年6月	91両	元金2,600両　宝暦9年12月より10年6月まで7カ月分　月利0.5％
11月	50両3歩 5匁	元金2,600両　宝暦10年7月より11月まで5カ月分 (ただし1,800両は年利5%，800両は年利4％)

出所）「出入寄」(三井文庫所蔵史料　続5590～続5603).
注）宝暦4年下期と7年下期は「出入寄」が残されていないが「松平右京大夫様御用留」より補った.

〇・五パーセントへと下がってくるのである。なお『松平右京大夫様御用留』の数値とは若干異なる場合がある。御用留の数値が期間が若干長くなっていて、利足高も多くなっているのである。両替店の貸出への大元方からの融通という形式をとっているため期間が短くなるのであるが、ここでは「出入寄」の数値を示す。

高崎藩は宝暦一三年（一七六三）になると、さらに追加の融通の交渉を開始した。幕府より日光御用を仰せ付けられたため財政が困難になったということを理由としている。また「此度御頼筋鴻池三軒、上田、今壱軒、手前共六軒同様被仰越候由」(8)と記されていて、三井の外に鴻池三家や上田などにも同様の借入れのための交渉をしていた模様である。それらの結果、宝暦一三年下期には六六〇〇両のほかに五〇〇両の追加の貸出が実現している。第5―3表が宝暦一二年から安永二年までの三井の高崎藩への貸出高を示している。六六〇〇両の貸出金が明和五年まで固定されていることと、宝暦一三年の五〇〇両の新たな貸出が明らかである。ただし第5―4表に後述するように、同年に六六〇〇両についての一八カ月分の利足四九五両を受け取ることになっているため、三井は差額の五両のみを差し出している。なお宝暦一三年には摂津、播磨の二万三〇〇〇石

第5－3表　三井の高崎藩への貸出高
（その2）

年　　期	貸　出　高		合　計
宝暦12年上期	6,600両		
下期	6,600両		
13年上期	6,600両		
下期	6,600両	500両	7,100両
明和元年上期	6,600両	500両	7,100両
下期	6,600両	500両	7,100両
2年上期	6,600両	500両	7,100両
下期	6,600両	500両	7,100両
3年上期	6,600両	500両	7,100両
下期	6,600両	500両	7,100両
4年上期	6,600両	500両	7,100両
下期	6,600両	500両	7,100両
5年上期	6,600両	500両	7,100両
下期	6,600両	500両	7,100両
6年上期	7,700両	500両	8,200両
下期	7,315両	500両	7,815両
7年上期	7,315両	1,000両	8,315両
下期	6,930両	1,000両	7,930両
8年上期	6,930両	1,500両	8,430両
下期	6,545両	1,500両	8,045両
安永元年上期	6,545両	2,000両	8,545両
下期	6,545両	2,000両	8,545両
2年上期	6,160両	2,500両	8,660両
下期	5,775両	3,000両	8,775両

出所）「出入寄」（三井文庫所蔵史料　続5604～続5627）.

第５－４表　三井の高崎藩よりの利足入高（その２）

年	利足高	元金　内訳　利率
宝暦12年	130両	元金2,600両　宝暦10年12月より宝暦11年11月まで12カ月分　年利５％
	112両２歩	元金3,000両　宝暦11年３月より11月まで９カ月分　年利５％
	8両１歩5匁	元金1,000両　宝暦11年10月より11月まで２カ月分　年利５％
13年	495両	元金6,600両　宝暦11年12月より13年５月まで18カ月分　年利５％
明和６年	1,035両	元金4,600両　宝暦13年７月より明和４年12月まで４年半分　年利10％
	212両２歩	元金500両　宝暦13年10月より明和４年12月まで４年３カ月分　年利10％
	63両１歩13匁５分	元金6,347両２歩　明和５年分　年利１％
	37両２歩	元金500両　明和６年４月より12月まで９カ月分　年利10％
	77両	元金7,700両　明和６年分　年利１％
7年	50両	元金1,000両　明和７年７月より12月まで６カ月分　年利10％
	73両9匁	元金7,315両　明和７年分　年利１％
8年	112両２歩	元金1,500両　明和８年４月より12月まで９カ月分　年利10％
	69両１歩3匁	元金6,930両　明和８年分　年利１％
安永２年	65両１歩12匁	元金6,545両　安永元年分　年利１％
	116両２歩10匁	元金1,000両　安永元年正月より２年２月まで14カ月分　年利10％
	100両	元金1,000両　安永元年３月より２年２月まで12カ月分　年利10％
	250両	元金2,500両　安永２年分　年利10％
	61両２歩6匁	元金6,160両　安永２年分　年利１％

出所）「出入寄」（三井文庫所蔵史料　続5604～続5627）.

の上方領地のうち、一万三〇〇〇石の播磨の領地が越後国市之木戸に替えられて、借入れの条件は後退している。

第5―4表に宝暦一二年以降の高崎藩よりの利足高を示した。三井は宝暦一二年、一三年には六六〇〇両についての利足を受け取っているが、明和元年以降はしばらく受け取っていない。滞り貸となったのである。明和元年には「旦那方近年段々物入多相続、京、大坂之御役被相勤大物入続之上、江戸御役被相勤段々不存寄もの入多、取続難相成候故各方へ御不沙汰ニ相成候、夫故一両年厳敷倹約被申渡」(9)と記されていて、利足の不払いとしての倹約を実施していた訳であった。大金の貸付金が滞りとなる状況下でも、明和二年ごろから高崎藩の借入金についての働きかけが活発化してきた。明和五年二月には、「御屋敷先年之御用達金一向御不埒ニ付、殿様ニも御気之毒被思召候付、何卒品能御片付被成度彼是御掛合被仰聞候得共、此上新御用達も不致候半而者御埒合御附難成趣ニ付、一向御相談ニも不及打過罷有候、然ル所此間深井権左衛門殿ゟ与兵衛呼ニ参、又々同様之趣被仰聞候」(10)という記録があり、高崎藩側では解決のためには新調達金が必要という姿勢であった訳で、新たな借入れの働きかけは、利足支払いを求める三井とは当然衝突することになる。三井が謝絶するために用いた理由は紀州藩への大金御用による経営逼迫であった。三井の紀州藩への貸出高は明和年間に入って急増し、明和元年末には一〇万両余、二年末には一五万両余、三年末には二一万両余、四年末には二六万両余になるという状況であった。明和五年（一七六八）の高崎藩への書状にも「近年紀州様夥敷御用金被仰付候故於当地家質ニ差出し置候金子さへ取戻シ右御用金ニ差出候程之義、於当地一向遊金と申ハ無御座候」(11)と三井の経済事情を記しているほどであった。別の書状では「御姫様松平美濃守様若殿様江来ル六月御婚礼御座候付御入用金御調達被成候処御不足ニ有之、此方へ御頼被成候御事ハ下地御不埒も有之候付、殿様ニも甚御気毒被思召上候得共、外へ御頼被成候方も無之、乍気毒此方へ御頼被成候間金高曽仙（一千）両当冬迄御用達呉候様」と記されていて、婚礼のための入用金の不足という事情のために高崎藩は一〇〇〇両の新調達金を求めていたのであったが、一時的な不足を補うための調達金ではなかった。明和五年になると、その交渉は煮詰まってきた。明和五年六月に三井八郎右衛門の名前で高崎藩家老に書状を送っていて、その主な部分は次のとおりである。(12)

乍憚口上書

此度同苗元之助、其御地出立仕候節被仰渡候趣一同承知仕難有次第奉存候、早速御請申上度奉存候得共、及御聴被成下候通、紀州様御用向ニ付甚難渋罷有候時節ニ御座候得者御請之義当惑仕候、乍然右者急々之御用ニ而も無御座候間、追々御差繰ニも相成候様勘弁仕可申上旨被仰渡候段誠御懇慮之御程冥加算之至奉存候、依之乍恐御益之筋等聊相考、来春ゟ少々被成候共調達仕度、則別紙書付を以御窺奉申上候、右書面之通是迄御用達置候金子元利相畳候分、御利足之内相減、何れも年金百両ニ付五両宛之積を以、元利金高七千五百両之御証文ニ被成下、来春ゟ年金百両ニ付壱両宛之御利足御差添、弐拾年賦ニ御皆済被遊被下度候、左候ハヽ、右書面之通年々新調可仕候、尤少分之儀ニ御座候得共、弐拾年目ニ者金高壱万両御用達相成申候、且又右新調達金御利足之儀者年金百両ニ付拾両宛之積ニ御座候ニ付、高利成金子ニ御振替被遊候得者余程之御益も可有御座御差繰ニも可被為相成哉と奉存候（後略）

これは高崎藩の貸出依頼への請書であるが、ここで記されているのは、新調達金をそのまま藩財政の支出として用いるのではなく、それを他方に貸出金として高利で運用すれば差額の利足を収取することができるという利殖の意図がみられる。三井としてはこれまでの七五〇〇両を二〇年賦で償還するならば年に五〇〇両ずつの新調達金に応じるという対応を示している。二〇年後には一万両になる。年賦償還仕法はおおむねこの形で実施された。新調達金と年賦償還仕法とが抱き合わせとなっているのである。

年賦償還仕法の元金としては、それまでの未返済高と未払利足高とを合計して計算するのが一般的であるが、第5

—3表に見られるように高崎藩への貸出高が明和六年に前年末の六六〇〇両と五〇〇両の二口より七七〇〇両と五〇〇両の二口に増額されているのは、貸出高残高にそれまで大元方の帳簿に記帳されていない貸出高と未払いの利足とを合算して年賦償還の元金を明確にしたからであり、実際に貸出高が増加した訳ではない。

次の五口の貸出金、御用達金とその利足を合算したものが年賦償還の元金となる。第一に宝暦一一年に固定される結果となった六六〇〇両がある。ところが宝暦一一年三月より二〇〇〇両を高崎藩より預り金として受け入れていたため、それを差引きして四六〇〇両が元金のひとつとなり、それに対する四年半分の利足として一〇三五両を加えることになる。第二に宝暦八年一二月の江戸御用達金二〇〇両とその明和四年末までの九年一カ月分の年五パーセントにあたる利足金九〇両三歩と銀五匁、第三に宝暦九年正月の江戸御用達金五〇〇両とその明和四年末までの九年分の同じく年五パーセントの利足金二二五両、第四に宝暦一〇年九月の江戸御用達金三〇〇両とその七年四カ月分の年に一〇パーセントの利足金の二二〇両、第五に宝暦一三年六月の大坂御用金五〇〇両と四年七カ月分の年に一〇パーセントの利足金二二九両と銀一〇匁である。それらの元金合計は六一〇〇両であり、利足の合計は一八〇〇両である。その合計の七九〇〇両のうち、二〇〇両が明和五年に返済されたために、年賦償還の元金は七七〇〇両となったのである。その二〇年賦の返済高は年に三八五両となり、利足は年一パーセントである。これまで帳簿に記されていない江戸や大坂での御用達金を大元方に付け替えた上で、利足を加えてそれらを年賦償還の元金としたのである。明和六年二月に高崎藩との間で、七七〇〇両の年賦証文を取り交わしたのである。

ところで第5—4表にみられるように大元方は明和六年（一七六九）上期に、四六〇〇両についての宝暦一三年七月から明和四年一二月までの四年半分の利足一〇三五両を受け取ったことになっているが、それは虚偽の収益であり、貸出高に一〇三五両の未収利足を加算して年賦元金を求めたことに対応して、その利足額を収益として計算した会計

第5―5表　新調達金および年賦償還仕法

年	新調達金	年賦償還高	年賦金利足	新調達金利足
丑年(明和6年)	500両	385両	77両	
寅年(明和7年)	1,000両	385両	73両　9匁	50両
卯年(明和8年)	1,500両	385両	69両1歩　3匁	100両
辰年(安永元年)	2,000両	385両	65両1歩　12匁	150両
巳年(安永2年)	2,500両	385両	61両2歩　6匁	200両
午年(安永3年)	3,000両	385両	57両3歩	250両
未年(安永4年)	3,500両	385両	53両3歩　9匁	300両
申年(安永5年)	4,000両	385両	50両　3匁	350両
酉年(安永6年)	4,500両	385両	46両　12匁	400両
戌年(安永7年)	5,000両	385両	42両1歩　6匁	450両
亥年(安永8年)	5,500両	385両	38両2歩	500両
子年(安永9年)	6,000両	385両	34両2歩　9匁	550両
丑年(天明元年)	6,500両	385両	30両3歩　3匁	600両
寅年(天明2年)	7,000両	385両	26両3歩　12匁	650両
卯年(天明3年)	7,500両	385両	23両　6匁	700両
辰年(天明4年)	8,000両	385両	19両1歩	750両
巳年(天明5年)	8,500両	385両	15両1歩　9匁	800両
午年(天明6年)	9,000両	385両	11両2歩　3匁	850両
未年(天明7年)	9,500両	385両	7両2歩　12匁	900両
申年(天明8年)	10,000両	385両	3両3歩　6匁	950両

出所）「松平右京大夫様御用留」(三井文庫所蔵史料　本192).

上の操作によるものである。

新調達金と年賦償還の仕法は第5―5表のような内容となっている。丑年とは明和六年であり、二〇年後の申年とは天明八年にあたることになる。七七〇〇両の二〇年賦であるから、一年の償還高は三八五両となり、未償還高も減ってくるから、その残高への利足も逓減してくるが、他方で新調達金は年に五〇〇両ずつ増加していき、高崎藩は年に一〇パーセントという利率で新調達金の利足を払うことになる。第5―3表と第5―4表からも明らかなように、明和六年から安永二年までは年賦償還と新調達金は規則的に実施され、それらの利足も規則的に受け取っているのである。第5―5表から単純に高崎藩の受取りと支払いとの計算をすると、寅年の明和七年の場合は五〇〇両の新調達金に対して、償還高と二口の利足の合計は五〇八両と九匁となり、高崎藩は八両と九匁の支払いとなるが、辰年の安永元年になればその合計は六〇〇両一歩と一二匁となって、一〇〇両一歩と一二匁の支払

第５－６表　三井の高崎藩への貸出高（その３）

年　　期	貸	出		高	合	計
安永３年下期	5,775両	3,100両			8,875両	
４年下期	5,775両	2,962両			8,737両	
５年下期	5,775両	2,821両	14匁４分		8,596両	14匁４分
６年下期	5,775両	2,677両２歩	9匁９分		8,452両２歩	9匁９分
７年下期	5,775両	2,531両	13匁９厘７毛		8,306両	13匁９厘７毛
８年下期	5,775両	2,381両３歩	5匁５分６厘７毛		8,156両３歩	5匁５分６厘７毛
９年下期	5,775両	2,229両１歩	13匁７分７厘８毛		8,004両１歩	13匁７分７厘８毛
天明元年下期	5,775両	2,074両	4匁１分２厘２毛		7,849両	4匁１分２厘２毛
２年下期	5,775両	1,915両２歩	3匁４毛	200両	7,890両２歩	3匁４毛
３年下期	5,775両	1,915両２歩	3匁４毛	200両	7,890両２歩	3匁４毛
４年下期	5,775両	1,915両２歩	3匁４毛	800両	8,490両２歩	3匁４毛
５年下期	5,775両	1,915両２歩	3匁４毛	800両	8,490両２歩	3匁４毛
６年下期	5,775両	1,915両２歩	3匁４毛	800両	8,490両２歩	3匁４毛
７年下期	5,775両	1,915両２歩	3匁４毛	800両	8,490両２歩	3匁４毛
８年下期				800両	800両	

出所）「金銀出入寄」（三井文庫所蔵史料　続5628～続5657）．

第５－７表　安永４年の年賦償還仕法

年	年　賦　残　高		利　足　高		元　入　高	
未年（安永４年）	3,100両		62両		138両	
申年（安永５年）	2,962両		59両	14匁４分	140両３歩	
酉年（安永６年）	2,813両		56両１歩	6匁	143両３歩	
戌年（安永７年）	2,669両１歩		53両１歩	8匁	146両２歩	7匁
亥年（安永８年）	2,522両２歩		50両１歩	11匁	142両３歩	4匁
子年（安永９年）	2,379両２歩	11匁	47両２歩	5匁６分１厘	152両１歩	9匁３分９厘
丑年（天明元年）	2,227両１歩	1匁６分	44両２歩	2匁７分	155両１歩	10匁３分
寅年（元明２年）	2,071両３歩	4匁３分	41両１歩	11匁１分	158両２歩	3匁９分
卯年（天明３年）	1,913両１歩		38両１歩	9分	161両２歩	14匁１分
辰年（天明４年）	1,751両２歩		35両	1匁８分	164両３歩	13匁２分
巳年（天明５年）	1,586両２歩		31両２歩	13匁８分	168両１歩	1匁２分
午年（天明６年）	1,418両	13匁８分	28両１歩	6匁８分１厘	171両２歩	8匁１分８厘
未年（天明７年）	1,246両２歩	5匁６分２厘	24両３歩	10匁８分	175両２歩	4匁２分
申年（天明８年）	1,071両２歩	1匁４分	21両１歩	10匁８分	178両２歩	4匁２分
酉年（寛政元年）	892両３歩	12匁２分	17両３歩	6匁５分	182両	8匁５分
戌年（寛政２年）	710両３歩	3匁７分	14両	12匁９分	185両３歩	2匁１分
亥年（寛政３年）	525両	1匁６分	10両２歩		189両２歩	
子年（寛政４年）	335両２歩		6両２歩	12匁６分	193両１歩	2匁４分
丑年（寛政５年）	142両	11匁６分	2両３歩	5匁６分２厘	142両	11匁６分

出所）「松平右京大夫様御用留」（三井文庫所蔵史料　本192）．

注）年賦残高と元入高との差引が必ずしも合っていないが，史料の通り．

第5－8表　三井の高崎藩よりの利足入高（その3）

年	利足高	元金	利率
安永3年	300両	元金3,000両	年利10％
4年	62両	元金3,100両	年利 2％
5年	59両 14匁4分	元金2,962両	年利 2％
6年	56両1歩 10匁5分	元金2,821両 14匁4分	年利 2％
7年	53両2歩 3匁1分9厘7毛	元金2,677両2歩 9匁9分	年利 2％
8年	50両2歩 7匁4分6厘	元金2,531両 13匁9厘7毛	年利 2％
9年	47両2歩 8匁2分1厘1毛	元金2,381両3歩 5匁5分6厘7毛	年利 2％
天明元年	44両2歩 5匁3分4厘4毛	元金2,229両 13匁7分7厘8毛	年利 2％
2年	41両1歩 13匁8分8厘2毛	元金2,074両 4匁1分2厘2毛	年利 2％
3年	24両	元金200両	月利 1％
4年	26両	元金200両	月利 1％
5年	20両	元金200両	年利10％
	27両2歩	元金300両（11カ月分）	年利10％
	27両2歩	元金300両（11カ月分）	年利10％
6年	80両	元金800両	年利10％
7年	80両	元金800両	年利10％
8年	80両	元金800両	年利10％

出所）「金銀出入寄」（三井文庫所蔵史料　続5628～続5657）．

いとなる。年を経るごとに高崎藩の支払超過高は増加していく仕組みとなり、あとには高額の借財が残ることになる。三井の側からは、滞った古借財を低利で償還することで、年利一〇パーセントの貸出金として組み直すことになったのである。しかし、その支払いが遅れがちとなっているのは第5－4表のとおりである。

次に第5－6表より安永三年（一七七四）以降の三井から高崎藩への貸出金についてみてみよう。明和六年に始められた年賦償還は、安永二年に五年分を償還したところで取り止められ、年賦金は五七七五両で据置きとなり、(13)年に五〇〇両ずつの新調達金は三〇〇〇両で停止した。安永三年一二月には「右御年賦御取立被下候儀ハ、下地エ仙（七千）両余之御用達永々御沙汰も不被下候ヲ御気之毒ニ被思召、彼是御対談御座候而、御仕方相立私方ゟも年々サ舟（五百）両宛相増新調達仕候儀ニ御座候処、唯今ニ至御不益之様ニ被思召被下候而者最初之御趣意とは相違仕候義ニ御座候間、不相替年々御渡被下候様何分相願候段[14]」と記されていて、高崎藩側の思惑の相違によって年賦償還は破綻したのであるが、五七七五両は滞りのまとして、今度は三〇〇〇両を年賦償還の対象として取決めを行った。三〇〇〇両に安永三年分の利足三〇〇両を加え、同年中に二〇〇両を受け取って、三一〇〇両を年賦元金としたのである。その仕法は第5―7表のとおりである。年に二〇〇両を支払い、そこから年賦金に対して年に二パーセントの利足を差し引き、残りを元入とする方法である。それによると元入の割合が次第に増していき、一九年賦によって皆済されることになる。安永三年以降の三井の高崎藩への貸出による利足受取高は第5―8表に示されている。年賦償還がなされているため受取高も次第に減っていくが、天明二年に高崎藩より一五八両二歩余りの償還金と四一両一歩余りの利足を受け取って、その翌三年になり年賦償還と利足払は滞りとなった。同年には浅間山の噴火の被害が直接高崎藩領を襲ったのである。

注

(1) 三井文庫所蔵史料　本一九二。
(2) 「日記録」(三井文庫所蔵史料　本二一一)。
(3) 三井文庫所蔵史料　続五五九〇。
(4) 三井文庫所蔵史料　本一七五一。
(5) 『松平右京大夫様御用留』(三井文庫所蔵史料　本一九二)。
(6) 同右。
(7) 宝暦一三年に館林藩や津藩などの助役によって日光東照宮の修復が行われた際に、外遷宮の代参のために松平右京大夫は日光に出向いている。
(8) 『松平右京大夫様御用留』(三井文庫所蔵史料　本一九二)。
(9) 同右。
(10) 同右。

（11）同右。
（12）同右。
（13）安永二年付の高崎藩が三井にあてた五七七五両の一五年の年賦証文が残されていて、『群馬県史』資料編一〇巻にも掲載されている。それは高崎藩が年賦返済の度に元の証文と取り替えて新しい証文を渡していたが、滞りとなったために残ってしまったもので、安永二年に一五年賦を取り決めた訳ではない。
（14）『松平右京大夫様御用留』（三井文庫所蔵史料　本一九二）。

第二節　文化八年の因利安年賦調達講

安永三年（一七七四）に始まった年賦金は第5—8表に示されているように、天明二年に八回目の償還を終え、一九一五両二歩と銀三匁四毛となったところで、償還されなくなった。そして年賦金の利足も同年までしか支払われていない。年賦償還が行き詰まるとともに、利足支払いも行き詰まったのである。浅間山の噴火とそれにともなう飢饉が高崎藩領の農村に大きな被害を与えたと一般的にはいうことができる。

ところが天明二年からは三井は別に二〇〇両を高崎藩に貸し出すようになり、その利足を年利一〇パーセントで毎年受け取るようになったのであった。天明三年に二四両、四年に二六両、五年に二〇両を受け取っているのである。同四年になると貸出金が八〇〇両に増加して、六年以降は利足も八〇両となっている。

三井家大元方は安永三年に資産が三分割されて以降は三井家全体の資産統括機構としての役割を喪失していたが、天明八年になると大元方では不良資産の整理を行い、全体で一五万五〇〇〇両弱の不良資産を「大元方勘定目録」[1]の貸し方（資産）から消している。その際に、高崎藩への貸出金である一九一五両二歩と銀三匁四毛の年賦金は、明和六年の五七七五両の年賦金とともに「大元方勘定目録」の「京両替店拠金」(2)の中から消えている。天明八年下期の高崎藩への貸出高は三〇〇両と五〇〇両の二口だけが記載されている。

しかし七六九〇両余りの貸出高が帳面から整理されたことは高崎藩への債権が消滅したことを意味する訳ではない。その後も三井両替店の高崎藩との関係が途絶えた訳ではない。寛政期になりまた貸出が増えていったのである。天明八年の大元方の高崎藩への貸出高の消却が内部的な会計措置で、高崎藩との間では債権の消滅ではないことは次の文化元年の高崎藩への書上げで明らかである。(3)

一金五千七百七拾五両
右者安永二巳年十二月御証文翌午年ゟ十五ケ年賦之御積三百八拾五両幷金百両ニ付金壱両宛之積ヲ以御勘定被下筈

一金千九百拾五両二歩
銀三匁四毛
右者天明二寅年十二月御証文年々金弐百両宛幷年二朱之積を以御勘定被下筈

一金百両
右者寛政七卯年七月十二日御証文同十一月限金百両ニ付金壱両宛之積を以御勘定被下筈

一金八百両
右者寛政八辰年十一月御証文翌巳年十一月限年五朱之積を以御勘定被下筈

一金三百両
右者同年十二月御証文翌巳年十一月限金百両ニ付金壱両宛之積を以御勘定被下筈

第5—9表　三井の高崎藩よりの利足入高（その4）

年	金高	内　訳
寛政元年	80両	元金800両の利足
2年	—	
3年	—	
4年	—	
5年	40両	元金800両の利足
6年	40両	元金800両の利足
7年	40両	元金800両の利足
8年	40両	元金800両の利足
9年	—	
10年	—	
11年	—	
12年	—	
享和元年	—	
2年		
3年	—	
文化元年	—	
2年	—	
3年	—	
4年	—	

出所）「金銀出入寄」（三井文庫所蔵史料続5658～続5694）.
注）—は利足入がなし．空白は不明．

一金五百両
右者寛政十午年十二月御証文翌未年十二月限金百両ニ付金壱両宛之積を以御勘定被下筈
一金七百両
右者寛政十一未年十二月御証文十二月限金百両ニ付金壱両宛之積を以御勘定被下筈
一金三百両
内金百五拾両　八月十三日御内下ケ
右者同年七月十三日御証文同月廿五日限金百両ニ付金壱両宛之積を以御勘定被下筈

以上の八口の貸出金の合計は一万〇二四〇両二歩と三匁四毛であり、そのうち五七七五両と一九一五両二歩、三匁四毛の二口はそれぞれ滞りとなった安永二年と天明二年付の年賦証文を所持しているのである。天明四年よりの貸出金である八〇〇両の証文が寛政八年付のものであるのは同年に滞りとなっているからである。第5—9表に寛政元年以降の高崎藩よりの利足受取高を示した。天明六年より年利一〇パーセントで八〇両の利足を受け取っていて、寛政元年にも八〇両を受け取ったが、寛政二年から四年までは中断し、五年から八年までは年利五パーセントの四〇両が支払われた。高崎藩では寛政二年から勝手向御取直のために倹約を行い借用筋の五年間のお断延を打ち出して、元利ともに五年間の据置きとなった。寛政四年には高崎藩より「去ル卯年（注、天明三年）屋敷難渋之節御厚情ニ預り候御出金都合八百両之方、去ル戌年（注、寛政二年）ゟ元利五ヶ年之間置居之儀御頼申候処、御承知被下候段御深切御事共厚忝、此上不打捨置何卒少々ツヽも年々御渡申上度候心掛候得共年々物入多分其上領分損毛等ニ而」という前書きで、「右八百両戌年分共ニ年五朱之利足ニ御究被下、五ヶ年之間当年ゟ十一月中旬元利返金可致候間、直ニ十二月十日頃迄ニ又候八百両御出金被下度候」[4]という願書が届いている。新たな八〇〇両の出金の願いは実現していないが、半減した形で利足支払いは実施されている。寛政一〇年に高崎藩主松平右京亮が大坂城代になるという事情があり、寛政期になると数口の出金がなされている。第5―10表に寛政元年から文化四年までの三井の高崎藩への貸出高が示されている。ここには五七七五両と一九一五両二歩余りの二口は記されていないが、寛政期以降の貸出金は大元方勘定目録に記帳されている。寛政七、八年の証文高である四〇〇両が寛政一二年より、寛政一〇年一二月と一一年一一月、九月の五〇〇両、七〇〇両、一五〇両の三口が文化二年下期に大元方勘定目録の京両替店拠金に記されるようになった。[5]貸出金の書上げと第5―10表とでは時間的なズレが見られるのは、両替店の貸出が大元方に振り替られるという点にあるからである。文化二年以降には三井の高崎藩への貸出金一万〇二四〇両二歩余りのすべてが滞りとなる状況にあった訳で、これは

第5―10表　三井の高崎藩への貸出高（その4）

年末	貸出高				
寛政元年	800両				
2年	800両				
3年	800両				
4年	800両				
5年	800両				
6年	800両				
7年	800両				
8年	800両				
9年	800両				
10年	800両				
11年	800両				
12年	800両	400両			
享和元年	800両	400両			
2年	800両	400両			
3年	800両	400両			
文化元年	800両	400両			
2年	800両	400両	500両	700両	150両
3年	800両	400両	500両	700両	150両
4年	800両	400両	500両	700両	150両

出所）「金銀出入寄」（三井文庫所蔵史料　続5658～続5694）．

高崎藩の財政運営が行き詰まっている状況に外ならない。

文化八年（一八一一）になると高崎藩では米価安値という状況下で資金調達の方法として因利安年賦調達という調達講を臨時に組織しようとした。調達予定高は三〇〇貫目で、これは調達金をそのまま藩財政に組み入れるというのではなく、講金を貸付け金として運用することで利足を収取し、その利足を借財返済の元手にしようという建前であった。因利安年賦調達仕法の第一条、第二条からその趣旨をみてみよう(6)。

一此度因利安年賦調達仕法相企候之儀者、近年米高下直、其上年々非常莫大之臨用打重り勝手向極難渋ニ付、無拠御不義理合ニ相成、年来之御懇意を失ひ自然と御疎遠ニ成行候姿、慙恥千万歎ヶ敷悼痛之至ニ候、左候得者迚昨年之米価柄ニ而者勝手向規則も誠相立兼、無拠急々御訳立も付兼可申哉、年来之御懇意御因も遠く相成候義、何とも残念之至、尤米直段引立次第新借者勿論古借共ニ是非々夫々訳立いたし候積ニ者候得共、猶又此度左之仕法を以調達銀之内半銀拾ヶ年致利倍、十一ヶ年目ゟ利倍積銀居置年々右利銀五拾五貫目余宛連中古借滞銀之内江永代元入いたし候積、然ル上者後々御勘定合も無滞相済可申、往々信儀を失ひ不申年来之御懇意も永取結ひ候様ニ致度、調達之儀ニ付何分可相成丈御出情御請持被下度御頼申入候事

一調達人数三拾人ニ相定、壱人ニ付銀拾貫目宛御調達惣銀高三百貫目年六朱之利足相加へ、拾ヶ年賦御返済之積、尤一ヶ年春秋両度御因を結ひ御出金を遂ケ、秋御出会之節御返済之御方取極壱人ニ付銀五貫目宛六人分都合三拾貫目宛元利其暮御返済之節証文年々書替御渡申候事

一調達銀高三百貫目之内、百五拾貫目八朱之利付ニ而外江預置、其内を以三拾貫目宛年々御返済、利銀不足之分者左之仕法通り年々屋敷ゟ差加へ候積之事

この内容は、三〇人より一人当たり一〇貫目ずつ調達し、総額の三〇〇貫目は年に六パーセントの利子を付けて一

○年賦で返済する。五五貫目余というのは最初に半額の一五○貫目を領内の身元相応の者に月一パーセントの利子で貸して、その利足を一○年間積み立てて運用していき、一一年目の元利合計銀四六五貫目余を同じ利子率で貸し出した際の利足のことである。一一年目以降はこの五五貫目余を滞り借財の返済にあてるというのである。またあとの一五○貫目を加嶋屋久右衛門に月○・八パーセントの利子付きで預け、そこから年に三○貫目ずつ返済していくという仕法である。五年たったら半分の一五○貫目の償還が終わるが、再度五貫目ずつ調達するという。調達予定先として大坂の両替商の名前が上げられていて、三井八郎右衛門にも一○貫目の出金を求められたが、このような企画書に対して、三井は「前件高崎御屋敷御頼之儀御紙面を以申上候処、御不埒之御屋敷ニ候得者、御断被仰度被思召候得共、左候ニ而者下地御調達金御催促も難被遊様成行可申哉」、「此度御仕法帳ニ十一年目ゟ利銀五拾五貫目余是迄調達連中滞金之内江年々御渡可被成旨御認有之候、右者此方様江一ヶ年何程ツヽ御渡可被成下儀一紙御証文ニ御認被下候ハヽ、猶又御勘弁之上此度御頼調達銀壱人分拾貫目者御出銀可被遊哉ニ被仰候(7)」と書状に記しているように、出金を断ると返済の催促に都合が悪いという理由から一口一○貫目の出金を承諾している。三○人分の講銀出銀者の内訳は第5―11表のとおりである。講銀を運用する蔵元の加嶋屋久右衛門が七人分を出銀している。高崎藩は旧来の借財の元利償還のための資金を作るということを年賦調達講組織化の表向きの理由とし、そのために借財の一○年間の凍結を打ち出したのである。数口の貸出金を一枚証文にまとめた上で、一一年目の巳年より一年当たりの返済

第5―11表　因利安年賦調達講の内訳

寺嶋藤右衛門	2人分
鴻池善右衛門	2人分
加嶋屋久右衛門	7人分
鴻池善五郎	2人分
辰巳屋平三郎	1人分
三井八郎右衛門	1人分
油屋彦三郎	1人分
鉄屋庄左衛門	1人分
綷屋善左衛門	1人分
大鶴屋九蔵	1人分
木屋藤左衛門	1人分
泉屋次郎右衛門	1人分
綿屋市郎兵衛	1人分
綿屋市右衛門	1人分
伊丹屋十郎兵衛	1人分
平野屋四郎五郎	1人分
綿屋吉兵衛	2人分
加嶋屋覚兵衛	1人分
丸屋宇八	1人分
天川屋甚右衛門	1人分
合　　計	30人分

出所）「松平右京大夫様御用留」(三井文庫所蔵史料本192).

高を書き込むことを求めることにしている。文化八年三月の次の高崎藩役人より三井への書状写しから貸出金の全体と滞り利足とが知られる。(8)

添証文之事

安永二年巳十二月
一元金五千七百七拾五両　利足金百両ニ付一ヶ年金壱両宛
　文化七年午十二月迄三拾七ヶ年一ヶ月滞利足
　金弐千百四拾壱両弐歩
　永銀三匁七分五厘
　　山岡官太様（以下五名略）
天明二年寅十二月
一元金千九百拾五両弐歩　利足金百両ニ付年弐歩之積
　元銀三匁四毛
　文化七年午一二月迄廿八ヶ年一ヶ月滞利足
　金千七拾五両三歩弐朱
　銀壱匁五分三厘
　　但此御証文江戸表ニ在之、御連印御名前相知レ不申候ニ付、御証文為差登候上可申上候
寛政七年卯七月
一元金百両　利足金百両ニ付一ヶ月金壱両宛

文化七年午十二月迄閏月共百九拾一ヶ月滞利足
金百九拾壱両
但前同断
寛政八年辰十一月
一元金八百両　　　　　　　　　利足金百両ニ付年五歩之積
文化七年午十二月迄十四ヶ年二ヶ月滞利足
金五百六拾六両弐歩弐朱
銀弐匁五分
但前同断
同年十二月
一元金三百両　　　　　　　　　利足金百両ニ付一ヶ月金壱両宛
文化七年午十二月迄閏月共百七拾四ヶ月滞利足
金五百弐拾五両
但前同断
寛政十年午十二月
一元金五百両　　　　　　　　　利足右同断
文化七年午十二月迄閏月共百四拾九ヶ月滞利足
金七百四拾五両

但前同断

寛政十一年未七月

一元金百五拾両　　　　　　　　　　　利足金百両ニ付一ヶ月金壱両宛

但元金三百両之内百五拾両同年八月御内下ケ有之、依之滞利足勘定左之通

三百両者　寛政十一年未七月ゟ同八月迄二ヶ月分

百五拾両者　寛政十一年未九月ゟ文化七年午十二月迄閏月共百四十ヶ月分

此利

金弐百拾六両

但前同断

同年十一月

一元金七百両　　　　　　　　　　　利足右同断

文化七年午十二月迄閏月共百三拾八ヶ月滞利足

金九百六拾六両

嶋田弥七郎様

（以下三名略）

元

金壱万弐百四拾両弐歩

〆

銀三匁四毛

利

〆　金六千四百弐拾四両
　銀七匁七分八厘

元利

合　金壱万六千六百六拾四両弐歩
　銀拾匁七分八厘四毛

右之通夫々証文相渡置候処、勝手向不操合ニ付元利渡方相滞有之候故、右元利八口当未ゟ来ル辰迄十ケ年無利足置居御差延有之候ハヽ、此度別紙帳面之通、元利済方仕法相立候ニ付、猶又当未三月銀拾貫目調達相頼、則別紙預り証文之通聊無相違相渡可申候、然ル上者、当未ゟ十一年目来ル巳年ゟ前件元利八口之内江一ケ年何程ツヽ急度皆済迄相渡可申候、尤右元利金置居之儀預聞届候上者、右元利済寄候迄者調達之儀一切申入間敷候、為其添証文如件

文化八年未三月

松平右京亮内
　宮入嶋七　印
　山田定右衛門　印

三井八郎右衛門殿
三井元之助殿
三井三郎助殿
三井次郎右衛門殿

第5－12表　三井の高崎藩への貸出高（その5）

年　末	貸	出	高		
文化5年	800両	400両	500両	700両	150両
6年	800両	400両	500両	700両	150両
7年	800両	400両	500両	700両	150両
8年	2,550両	10貫目			
9年	2,550両	10貫目			
10年	2,550両	10貫目			
11年	2,550両	5貫目			
12年	2,550両	10貫目			
13年	2,550両	10貫目			
14年	2,550両	10貫目			
文政元年	2,550両	9貫目			
2年	2,550両	9貫目			
3年	2,550両	8貫目			
4年	2,550両	8貫目			
5年	2,550両	8貫目			
6年	2,550両	8貫目			
7年	2,550両	8貫目			
8年	2,550両	8貫目			
9年	2,550両	8貫目			
10年	2,550両	8貫目			
11年	2,550両	8貫目			
12年	2,550両	8貫目			
天保元年	2,550両	8貫目			
2年	2,550両	8貫目	200両		
3年	2,550両	8貫目	200両		
4年	2,550両	8貫目	200両		
5年	2,550両	8貫目	200両		
6年	2,550両	8貫目	200両		
7年	2,550両	8貫目	200両		
8年	2,550両	8貫目	200両		
9年	2,550両	8貫目	200両		
10年	2,550両	8貫目	200両		
11年	2,550両	8貫目	200両		
12年	2,550両	8貫目	200両		

出所）「金銀出入寄」（三井文庫所蔵史料　続5695～5760）．
注）天保13年下期以降は京両替店拠金の内訳が記載されなくなる．

貸出金の全体は一万〇二四〇両二歩と三匁四毛で、その滞り利足が六四二四両と七匁七分八厘あるため、一紙証文には一万六六六四両二歩と一〇匁七分八厘四毛が記されることになる。元利ともに一〇年間の据置きとなるが、一年あたりの償還高は記されていない。ところが文化八年六月になると、因利安年賦調達講の仕法は一五〇貫目の一〇年間の元利積立てを一五年間の据置きということに改められ、そのため元利金の返済の据置きも一〇年間から一五年間となったのである。「元金八口当未ゟ来ル酉年迄十五ケ年無利足置居御差延有之候ハ、此度別紙帳面之通元金済方仕法相立候ニ付、猶又当未六月銀拾貫目調達御頼則別紙預証文之通聊無相違相渡可申候、然上者当未ゟ十六ケ年目来ル戌年ゟ前段元金八口之内江一ケ年凡銀四貫七百五拾目余宛急度皆済迄相渡可申候」(9)と記されて、三井への一年当たりの返済高は四貫七五〇目となった。元利合計に対しては二一〇年賦となる。『松平右京大夫御用留』には元利を合計した一紙証文が作られたことも、その写しも記されていないため、実際に作成されたかどうかは不明である。三井はこの因利安年賦調達講に一口一〇貫目を出金している。

「大元方勘定目録」に記録されている高崎藩への貸出口座は五口で、合計すると二五五〇両であるが、それは第5―12表に見られるように文化八年より二五五〇両の一口となっている。そして因利安年賦調達講の出金である一〇貫目が新たに加わっている。文化一一年には鬮に当たったため、五貫目となったが、翌一二年には再度五貫目を出金して一〇貫目となった。その後文政元年と三年に一貫目ずつ返済されている。二五五〇両については無利足据置きであるが、一〇貫目の年賦講についてはその利足が大元方の預り方の松平右京大夫様利足積高に積み立てられていく。収益の入方には含まれない。文化八年以降の高崎藩よりの利足受取高は第5―13表のとおりである。講銀一〇貫目について年に六〇〇目の利足であるから、五貫目や八貫目に減ればそれだけ利足も減る。文政六年には二〇〇両の貸出金の利足も受け取っている。文政七年に七貫七六四匁一分の利足となって以降、文政八年にはこの因利安年賦講は滞りとなってしまった。年賦調達講は多くの銀主より少額ずつ集めることが目

第5―13表　三井の高崎藩よりの利足入高（その5）

年	利足高	利足積高
文化9年	600目	600目
10年	600目	1貫200目
11年	600目	1貫800目
12年	300目	2貫100目
13年	600目	2貫700目
14年	600目	3貫300目
文政元年	600目	3貫900目
2年	540匁	4貫440匁
3年	540匁	4貫980匁
4年	480匁	5貫460匁
5年	―	5貫460匁
6年	1貫824匁1分	7貫284匁1分
7年	480匁	7貫764匁1分
8年	―	7貫764匁1分

出所）「金銀出入寄」（三井文庫所蔵史料　続5703～続5728）.

注）文政6年の内訳は因利安年賦講銀利足の480匁と御用達金200両の文政4年12月から5年12月までの14カ月分の月8朱の利足1貫344匁1分の合計である.

的であるため、償還が確実であることが前提であるが、ほかの大名貸と同様に破綻していったのである。天保一三年上期の『金銀出入寄』によると二五五〇両についても「文化八未ゟ十五ケ年置居十六年目ゟ一ケ年ツ〆エ舟サシ入（四貫七百五十匁）宛御渡し有之筈、然ルニ文政八酉年より五ケ年御断延庚寅ゟ御下ケ之筈」[10]と記されている。一六年目となり、さらに五年間の据置きとなったのである。文政八年は文化八年に旧借金の一五年間の据置きが決められた期限となる年度であり、高崎藩は文政八年には再度五年間の延期を銀主に申し出ている。五年間の延期は結局無期限の延期となったのであるが、その延期となった文政八年に講銀利足も滞ったのである。「大元方勘定目録」において「京両替店拠金」の内訳が明らかになるのは天保一三年上期までである。同期の京両替店拠金の中で松平右京大夫への貸高の内訳を見ると、二五五〇両と因利安年賦調達講の八貫目、それに二〇〇両の三口である。二〇〇両は文政六年新調達金と記されているが、天保元年より記帳されている。また「大元方勘定目録」の預り方の「松平右京大夫様利足積高」は七貫七六四匁一分で、文政七年と変わらない。大塩の乱による越後屋大坂本店の火災や、物価引下令による損失、御用金政策による出費などの天保一二年以降の幕府の改革政治によって三井の経営が苦境に陥った際に、高崎藩に旧債の返済を頼み込んでいるが、[11]弘化三年に三〇〇両の返済を得たにとどまった。

大元方の高崎藩への貸出金からの利足受取高の記帳方法としては、第一に宝暦四年より安永二年までで、預り方の京両替店拠金利足積に加えられていく。松平右京大夫様利足としてその内訳は明記されている。第二に安永三年より寛政八年までは高崎藩への貸出金利足は収益に当たる入方の利足入払に記帳される。第三に文化八年以降は講銀利足だけであるが、預り方に松平右京大夫様利足積高として積み立てて、記帳される。三井家大元方の組織編成の在り方に対応しているが、貸出金利足であれば収益の入方に記帳されるはずのものであり、預り方の利足積として処理されているのは、それを収益としてみなすのではなく、内金受取りと認識していることに基づいているのであろう。

以上のように、ここでは三井と高崎藩との金融関係を宝暦四年の貸出開始より天保一〇年代までの九〇年に近い期間でみてみた。その貸出金としての関係は、宝暦期の貸出金の増加と滞り、そして明和六年、安永三年の二度の年賦償還の実施と天明三年の中断、文化八年の年賦調達講の実施と旧債の一五年間の凍結、その後の年賦償還計画の立案、そして文政期の破綻という経緯を示している。

注

（1）「大元方勘定目録」（三井文庫所蔵史料　続三〇〇三）。天明八年上期の二万〇二六八貫目余の資産総額が下期には一万〇〇九〇貫目余となったのであるが、九二八五貫目余が不良資産として償却されたのである。

（2）京両替店の「勘定目録」の数値は天明六年以降に得られるが、貸し方の御屋敷貸の中に松平右京大夫の名前は見られない。高崎藩への貸出は大元方が独自に行っていたことになる。

（3）「松平右京大夫様御用留」（三井文庫所蔵史料　本一九二）。

（4）同右。

（5）京両替店の「目録留」（三井文庫所蔵史料　本一七六六、本一七六七）によると、貸し方の「御屋敷貸」の中で寛政一〇年下期から文化元年下期まで松平右京大夫様貸として五〇〇両が記され、一一年下期からは七〇〇両も記されて、合計して一二〇〇両の貸出高となっている。文化二年以降は史料が欠けていて、文化七年下期の「目録留」には松平右京大夫様貸の記載はない。文化二年に京両替店から大元方に振り替えられたものと考えられる。

（6）「松平右京大夫様御用留」（三井文庫所蔵史料　本一九二）。

（7）同右。

（8）同右。

（9）同右。

（10）「金銀出入寄」（三井文庫所蔵史料　続五七六一）。

（11）「松平右京大夫様御用留」（三井文庫所蔵史料　本一九三）。

第六章　仙台藩と大文字屋嘉右衛門

第一節　大文字屋への貸出の経緯

三井両替店が最初に大文字屋に貸し出した時期は史料上明らかではないが、享保一三年（一七二八）の「大福帳」[1]では三〇〇両の貸出がみられる。その後安永元年（一七七二）の「勘定目録」[2]では、五〇〇〇両、四一〇〇両、八〇〇〇両、八四五〇両の合計二万五五五〇両の延為替貸しがみられる。その間は勘定目録が残っていないために数値は明らかにならないが、明治四年一〇月に大文字屋（猪飼）六兵衛が京都府に提出した「乍恐口上書」[3]に初めのころの経緯が記されている。

乍恐口上書

一私先祖代より仙台様御用達相勤罷在候所、去ル宝暦六年元江戸表御入用ニ付金子用達候様被仰付候ニ付、則新町通六角下ル町三井三郎助方江私始西京元江戸表手代共所持罷在候家屋敷沽券状已上拾八通為引当差入金三万三千六百弐拾六両借請、仙台御屋敷江御用相勤候而、去ル寛政十年金千四百七拾五両元金御返済相成、当節残り高金三万弐千百五拾壱両と相成有之候、右ニ付年々七月利足金仙台御屋敷ゟ三井方手代窪田十郎兵衛と申者へ金百四拾五両宛御下渡罷成候処、去ル元治元年以来御渡無之候ニ付、（中略）去ル辰年後御下渡一切無之候間極々難渋仕、沽券状御用立置候儀ニ有之候間、御返戻シ之儀段々奉願上候得共、是迄御吟味中之由ニ候間、実ニ必至難渋今日を送り兼候場合ニ候処、此度従御政府様従来諸藩様江御用相勤候金高手続合等亦証文之写迄相認差出し候様御沙汰之趣承伏仕、私手元ニ者仙台様より之証札等無之、三井店方江差入置候証文面も私借主ニ有之候得共、前書之仕合ニ付手続之処奉申上候、右之通相違無御座候、以上

明治四年未十月　　　　車屋町竹屋町上ル町

猪飼六兵衛

京都府御庁

大文字屋は宝暦六年（一七五六）に仙台藩に調達する資金を江戸家屋敷を担保として三井から三万三六二六両を借り入れたことが明らかになる。この数値は後記するように文政元年以降のもので宝暦期のものではない。この史料は藩債処分の際の願書で、それをもとに三井も翌年に願書を提出している。また「大文字屋取組之覚書之荒増」[4]を次に示す。

大文字屋取組之覚書之荒増

一宝暦十年辰秋大嘉ゟ申越候者、仙台表段々不作打続、其上度々御不幸御物入多く当分利なし之御断ニ付、打金相渡候義限々ニハ難致候、追々相渡可申越候間暫致延引呉候様申候付段々及催促候事

宝暦十一年巳極月迄滞打高

金マ仙セシチ（三千二十八）両セ（二）分

右之金子辰十二月ゟ未正月迄ニ請取候事

一宝暦十二午年大嘉ゟ左之書付持参ス

覚

寛保四子年ゟ
一金弐千両　打マ（三）朱半
宝暦二申年ゟ
一金五百両　打右同断
一金二千両　打右同断
内
千両者　宝暦五亥七月ゟ
千両者　同年十一月ゟ
同亥十一月ゟ
一金千両　打右同断
同年十二月ゟ
一金二千五百両　打右同断
但証文二通ニ而
同三（ママ）年子正月ゟ
一金三千両　打右同断
同年二月ゟ

一金弐千両　打七朱
同年三月ゟ
一金三千五百両　打右同断
同年四月ゟ
一金三千五百両　打右同断
同年五月ゟ
一金弐千五百両　打右同断
同年六月ゟ
一金三千五百両　打右同断
同年七月ゟ
一金五千両　打九朱
合金三万千両　借用高
内
一五千両

右者宝暦三年ニ主人共居宅并手代とも所持之家屋敷沽券状御渡申候而借用申金子ニ御座候処、右家屋敷御渡申候而ハ差当り銘々居住仕候屋敷無之、然ル時者仙台方御用向も相勤り兼候故、是迄借シ上金御返済も猶更難渋可仕候、左候得者自然と貴家ゟ借用金も不埒ニ相成可申儀ニ御座候間、今暫御用捨を以御借シ延被下候様仕度奉存候、何卒品能相願候而少々宛も御済方金請取次第元入仕度事

但右打金是迄ハ九朱ニ候得共、是迄之通御渡申候而ハ当分主人共相続仕兼候間、右五千両当正月ゟ四朱半ニ御用捨被下度奉願事

一壱万七千五百両余

右者宝暦三年ニ御渡申置候江戸持屋敷十五ケ所を貴家へ御譲りニ仕元金相減候様仕度奉存候

但右取引相済候迄当正月ゟ之打金三朱ニ御用捨被下度奉願候事

残テ八千五百両

右済方者当年ゟ未三ケ年元延ニ被成下、酉ノ年ゟ五ケ年ニ皆済可仕候、尤御屋敷ゟも来ル酉年ゟ無御相違御済方被渡下候筈ニ堅く被仰合ニ候間、貴家へも無遅滞返済可仕候

但右打金者三朱半ニ御用捨被下度奉願候事

五月

右書付持参、中井用蔵、斎藤彦兵衛、庄八兵衛、樋口太兵衛、代り〳〵度々罷越相頼候得共聞届不申、右書付差戻し江戸家屋敷相手次第売払代金を相渡候之様申遣ス

三子年とは六年の誤りである。大文字屋は寛保四年（一七四四）の二〇〇〇両を最初にして宝暦六年までに三万一〇〇〇両を三井より借り入れている。ところが宝暦一〇年には仙台藩領で不作となって、あるいは物入りが多くなり仙台藩は利足の支払いのお断りを通告してきたために、大文字屋は三井への打金の支払いに難儀し繰延べを申し込んできた。三万一〇〇〇両のうち一万七五〇〇両は江戸家屋敷一五カ所を譲り渡すことで代え、八五〇〇両は三年の繰延べののち五年間で年賦返済し、五〇〇〇両は貸延べにしてほしい、また打金の利率を月〇・三パーセントないし〇・四五パーセントに引き下げてほしいとの願書であった。大文字屋は破産に近い状況となって、江戸持ち家屋敷の

売却と五〇〇〇両分の貸延べを願い出たのであるが、三井は江戸の家屋敷を処分してすべてを返済することを求めて大文字屋の願書を拒否している。ところが、その後三井は宝暦一二、一三年に大文字屋が所持していた引当の江戸の家屋敷六カ所を六三〇〇両で処分し、そのうち三〇〇〇両を大文字屋に渡し、三三〇〇両を元本返済に当て元金の三万一〇〇〇両と相殺して元金を二万七七〇〇両に減額させた。(5) 仙台藩への貸出金の返済窓口である大文字屋が破産しては返済金を受け取る途を失うことになるからである。その後明和年間の大文字屋の打金支払いの実態については史料上明らかとはならない。上記したように安永元年には二万五五五〇両の貸出高となっている。

大文字屋は宝暦期以降困窮して蔵元を勤めていくことが難しかったが、その原因の一端は仙台藩のお断りにあり、この時期以降仙台藩の資金調達におもに当たったのが大坂の升屋平右衛門であった。(6) ただし蔵元が大文字屋嘉右衛門から升屋平右衛門に正式に替わったのは寛政一一年である。

大文字屋への貸出は三井両替店の勘定目録の上では安永二年(一七七三)春に滞りとなった。そこで交渉の結果、翌三年二月に大文字屋嘉右衛門、三郎左衛門、六兵衛が三井次郎右衛門等に「相対証文」(7) を差し出している。その内容は「拙者共方江御取組金去春ゟ不埒ニ付追々御催促被仰聞、且為引当相渡置候京、江戸家屋敷売払可相渡旨被仰聞、勿論家屋敷之儀書入証文之通違背可仕義毛頭無之筈ニ御座候処、右家屋敷売払候ては相続ニ相障候筋御座候ニ付」ということで、打金を六月まで差延としたのである。ところが六月にも打金の支払いはなされない。そこで二万五五五〇両の元金の安永二年正月から三年六月までの一九カ月の利足(月利〇・五二五パーセント)をまとめて、二四〇〇両の貸付証文を一枚作成した。二万五五五〇両の元金のうち九一〇〇両は大文字屋嘉右衛門、三郎左衛門、六兵衛宛で無引当であり、一万六四五〇両は大文字屋嘉右衛門、三郎左衛門宛で、引当は京家屋敷二〇カ所と江戸家屋敷一六カ所の合計三六カ所である。

大文字屋への貸出が滞ったのは「仙台様近年打続御不指操ニ付、御仕向ケ之義等閑ニ相成」(8)という理由であった。三井と大文字屋とはその後御為替金の返済をめぐって折衝を繰り返し、その都度大文字屋は「相対証文」を三井に差し出しているのである。その内容から検討してみよう。安永四年三月に大文字屋嘉右衛門等三名は再度「相対証文」(9)を三井に宛てて出している。それを次に示す。

相対証文

一拙者共方江御取組金段々及不埒候ニ付、被為御公訴御取立可被成、勿論去ニ月御相対証文之通京江戸家屋鋪相渡候儀違背致間敷処、左候而者相続之障ニも相成、甚難渋仕候ニ付、江戸家屋敷之内八ケ所其元江御引取被成候様御頼申入、此代金当時直打ゟも直段宜御引取打金も左之通御減少被下、弐千四百両之口も亥年迄ハ是又打金格別ニ御引下ケ被下重畳忝存候

一当未七月ゟ来ル戌六月迄月弐朱半

一来ル戌七月ゟ子六月迄月三朱半

一元金并弐千四百両之口共子年ゟ月五朱

右之通預御了簡候上者、当未七月ゟ之打金六ケ月宛先江御渡可申候、若打金不調達之儀御座候者、其節打金程宛之品引当急度相渡可申候、遅滞之儀有之候者元金御取立可被成旨承知仕候、勿論京江戸家屋敷売払速皆済可仕候、尤打金者相記候通其時々相改無相違相渡可申候、是迄不埒罷在候処、右之通預御聞届候上者、此後不埒之儀御座候者御存念之通如何様共御取計可被成候、其時一言之申分無之候、為其相対証文仍如件

安永四年未三月　大文字屋嘉右衛門　○(印)

大文字屋三郎左衛門　○(印)

大文字屋六　兵　衛　〇（印）

（以下五名略）

三井次郎右衛門殿

三　井　三　郎　助殿

三　井　元　之　助殿

一元金弐千四百両之口当未ゟ亥迄五年之間毎暮金百両宛相渡可申候、此内八拾両者元入、弐拾両者打金ニ御引取可被下候、左候得者右五ケ年ニ四百両之元入相成り、残弐千両子正月ゟ五朱之積打金勘定可致旨被仰聞致承知候、無相違相渡可申候、以上

この「相対証文」では利子の変更を取り決めて、遅滞なく支払うことを確約している。それによると戌年（安永七年）六月までは利子を月二朱半（〇・二五パーセント）に、同七月から子年（安永九年）六月までは利子を月三朱半（〇・三五パーセント）に、子年からは月五朱（〇・五パーセント）にすることになる。大文字屋の利子引下げの求めに応じたものである。二四〇〇両口については年々一〇〇両を渡し、八〇両を元入れに、二〇両を打金にするという。この利足引下げとともに大文字屋は江戸の家屋敷を売り払って代銀を支払っている。安永四年五月に山下町二カ所、桶町二丁目、金六町、深川熊井町、深川永堀町、深川清住町、深川材木町の江戸家屋敷八カ所を七二五〇両で売り払い、打金の支払いに一四五〇両を当て、五八〇〇両を元金返済としたのである。したがって残高は一万九七五〇両となる。(10)

安永八年（一七七九）六月に大文字屋嘉右衛門、三郎左衛門、六兵衛はまた三井に「相対証文」(11)を差し出している。安永四年に「相対証文」を出して以来半期分だけ打銀を払ったが、その後はまたまた滞り、再度折衝の結果、大文字

屋は打銀支払いの確約をしなければならなかった。その内訳は元金一万九七五〇両の口に年々六〇〇両ずつ支払い、そのうち五年間は元金高の月二朱（〇・二パーセント）の額を打金支払いにあて、残りを元本返済とする。六年目からは元金の月二朱半（〇・二五パーセント）を打金支払いにあて、残りを元本返済とすることになる。安永三年の二四〇〇両の証文は打金支払いの滞りのために安永八年に四四八〇両に書き改められていたのであるが、それに対しては年々一〇〇両を支払うことになる。当年は一〇〇両のうち八〇両を元入れに、二〇両を打金支払いとし、来九年より五年間は六〇両を元入れに、四〇両を打金支払いにするというのである。

天明二年（一七八二）三月には、大文字屋善兵衛が家出するという事件がおきている。(12) 大文字屋善兵衛は大文字屋嘉右衛門の手代で、その所持する家屋敷、道具一式は三井に御為替金の担保として入れている。通例では町人が家出した場合にはその家屋敷、家財は町中にお預けとなり、欠所となって処分され、その代金は割合に応じて金主に渡されることになる。そこで主人に当たる大文字屋嘉右衛門、三郎左衛門は善兵衛の家屋敷家財を引き取りたい旨の願書を町奉行所に出している。(13)

乍恐奉願口上書

一私共幷西洞院出水上ル町大文字屋善兵衛連判を以、三井次郎右衛門、三井三郎助、三井元之助引請為御替金六千七百五拾両借り請罷在候而、善兵衛所持之家屋敷も右引当ニ差入有之候処、善兵衛儀先月六日夜家出仕候付、同八日右町分ゟ御訴被申上候処、善兵衛所持家屋敷御改之上、町中江御預ケ被成置候趣承知仕候、右奉申上候通御改家屋敷も引当ニ差入有之候得者、御欠所等ニ被仰付候而者弥以済方之方便を相失ひ、甚以難儀歎敷奉存候付、恐多御願ニ御座候得共、右御改之家屋敷銀方江御下ケ被成下候ハヽ、右御銀済方之方便ニも仕度奉存候間、何卒御慈悲ニ右之趣御聞届被成下、願之通被為仰付被下候ハヽ、難有仕合可奉存候、以上

天明二年寅三月

下長者町新町西へ入町
大文字屋嘉右衛門
煩ニ付代
年寄　五郎左衛門

御奉行様

（以下略）

それに対抗して三井両替店も下げ渡しの願書を出し、西洞院通上増桝屋町東側の三軒役屋敷は三井元之助の所持に帳切された。

大文字屋は天明五年九月に三井に願書を出している。それによれば元金一万九七五〇両、元金二三二〇両の二口の外に、午年（安永三年）正月から巳年（天明五年）までの滞り打金の一万〇八六二両二歩余りを一枚証文として、それらを合わせた三万二九三二両二歩余りのうち、三一二両二歩余りを返済し、二万両を元金にして、一万二六二〇両を「御帳面ニ御消シ被成下度奉願候」[14]と帳消しを願い出たものである。利足については「先年も無利足之義御願申上候得共無利足と申義ハ御家法ニ無之義と分而被仰下候御儀も御座候故、聊之御事ニ御座候得共」として、三年間は一〇〇両につき一カ年一両の利足を支払いたいとしている。さらに同年一〇月には大文字屋は「奉願候口上之覚」[15]を三井に出して、「近年仙台方凶年打続窮迫之上、不存寄旧冬江戸上屋敷類焼等ニ而拙者共江一向手当不被致呉而重畳之困迫」という点から、上記の願書の趣旨を繰り返している。その帳消しの願書が三井に聞き入れられることはなかった。

大文字屋嘉右衛門、三郎左衛門、六兵衛は天明五年（一七八五）一二月に三井に「相対証文」を差し出した。その内容は滞り打金の御用捨の願書への三井の回答に従って記されたものである。それを次に示す。[16]

相対証文之事

一三郎左衛門、嘉右衛門、六兵衛方江御取組金及不埒、安永四年未三月、安永八年亥六月相対証文相渡、元金済方打金等も格別預御減少、去ル午正月ゟ当巳年迄打金凡壱万八百六拾両余相渡可申処、去ル戌二月迄ニ漸金二百四拾八両余掛物弐品此料金六拾四両弐歩、銀拾三匁五分ニ相建相渡候計ニ而、年々不埒ニ付追々御催促被成、時々及御相対候儀者猶更是迄相対証文之筋相立不申候故、無是非被及御公訴御取立可被成旨被仰聞候間、為引当沽券状相渡置候京江戸家屋敷不残売払相渡可申候処、左候而者相続之障り相成、甚歎ケ敷致難渋候ニ付、色々御断申入候処、年々不埒之上御聞届難被成候得共、此後済方之儀堅ク及御議定候ニ付、丑年以来相渡候京都家屋敷代銀も御頼申入候訳を以無拠御聞届、元金打金之内江格別宜御引取、猶又打金も御引下ケ壱万両之方者無利足年賦済被成下、重々忝存候、依之以後済方左之通

一元金弐万両来午未申三ケ年之間打金元金百両ニ付壱ケ年ニ金壱両弐歩宛之積ニ而右三ケ年分来ル申年十二月限金高九百両急度相渡可申候、来ル酉年ゟ三ケ年之間元金百両ニ付壱ケ年金弐両宛之積り、六ケ月目毎ニ半季宛先江無相違相渡可申候、七ケ年目ゟ之儀者来ル亥年ニ至及御相対可申候

一金壱万両来午未申三ケ年置居、四年目酉年ゟ壱ケ年ニ金弐百両之積、毎年七月極月ニ金百両宛急度相渡可申候右之通此度相改相対極メ候上者、聊無相違急度相渡可申候、万一相滞候儀在之候者、別紙書入証文之通、家屋敷不残無違背速ニ売払代銀を以可致皆済候、是迄相対之筋相立不申候ニ付、以後御断ケ間敷儀申入間敷旨当十月三郎左衛門、嘉右衛門ゟ印形書付を以申入置候通相違無之候間、被及御公訴ニ候共、如何様ニも御取計可被成候、其時一言之申分無之候、為後日相対証文仍而如件

天明五年巳十二月　　　　大文字屋三郎左衛門〇（印）

大文字屋嘉右衛門○（印）花押
大文字屋六　兵　衛○（印）花押
（以下七名略）

三井次郎右衛門殿
三　井　三　郎　助殿
三　井　元　之　助殿

安永四年三月、安永八年六月の「相対証文」にもかかわらず、一二年間に支払うべき一万〇八六〇両余りの打金のうち、二四八両余りと掛物二品（六四両二分、銀一三匁余相当）が支払われたにすぎない。そこで二万両口（二万九七五〇両）、一万両口（滞り打金）の元利返済方法を定めた。二万両口は三年間は元利とも一〇〇両に付き一両二歩、すなわち一・五パーセントで三年分の九〇〇両を申年一二月に渡し、四年目から三年間は一〇〇両に付き二両を半年ごとに渡すことにした。一万両口は三年間は据置きとし、四年目から一年に二〇〇両を半年ごとに渡すことにした。一万両口は無利足年賦済ましとしたため、五〇年賦となる。この時の返済仕法はそのとおり実行されたのであろうか。寛政一〇年六月に大文字屋三郎左衛門等は「相対証文」[17]を出しているので、それをみてみよう。

添証文之事

一三郎左衛門、嘉右衛門、六兵衛方江御取組金不埒ニ相成候ニ付、安永四年未三月、安永八年亥六月ニ相成証文相渡置、猶又天明五年巳十二月相対証文相渡、此書面之通り天明八年申十二月ゟ年々打金無相違相渡可申候処、同年火災之砌引当家屋敷致類焼難渋弥増ニ相成、右証文之訳弥相立不申段々被仰聞候趣御尤ニ存候、何卒訳立いたし度候へ共、年々不工面之上右之次第旁一向調達難出来、追々及御断置候儀ニ御座候、左候とて証文類改不申等閑ニいたし置候而者猶更相済不申候儀ニ付、此度天明六午年ゟ当午年迄拾三ケ年分、滞打金高四千九百両相渡可申内、金五拾両者追々相渡、残金四千八百五拾両別紙預り証文指入、此金子者無利足ニ而返済之儀者御為替金皆済之上、年賦済ニ致度候条、何分御聞届被成候而証文類相改申度段御頼申入候処、相対之筋一向相立不申候付御聞届難被成候得共、難渋相重り候段御聞訳、右御頼申候趣御聞届被下忝存候、然ル上者当午極月迄元金済方打金等之儀改及御相談、是迄相渡置候相対証文之表も急度相立候様可致候、其節若御断ケ間敷儀申入候ハヽ、如何様共御取計可被成候、其時一言之申分無御座候、為其添証文仍如件

寛政十年午六月

大文字屋三郎左衛門〇（印）
手代　斎藤又兵衛〇（印）
大文字屋嘉右衛門〇（印）
手代　斎藤彦兵衛〇（印）
同　安達治助〇（印）

三井三郎助殿
三井元之助殿
三井次郎右衛門殿

天明五年の「相対証文」にしたがい返済されるはずであったが、天明八年の京都の大火で引当の家屋敷が類焼する

など難儀して打金を支払えず、天明六年から寛政一〇年までの一三年間の四九〇〇両の滞り打金のうち五〇両の返済金を差し引いた四八五〇両を別の一枚証文として差し出すことにした。

三井京都両替店の「勘定目録」では大文字屋への貸高は、天明六年には五〇〇〇両、七〇〇〇両、八〇〇〇両の合計して二万両となり、一万両口は記されていない。滞り打金の預り証文金高はまだ正式には記帳されないままであった。記帳すれば預り方で架空の操作が必要になるからである。その貸出金高はその後ほとんど減少していかない。

文政期の仙台藩の財政の記録では「徹山様御代初より段々と御難渋相嵩明和之関東河々御普請御用被蒙仰過分之御物入御家中御手伝被召上、其上天明凶歳以後之義は筆紙にも難申尽程と相みへ申候」、「其頃旧御蔵元大文字屋より御借財弐拾万両余、其外大坂平野屋七五郎並江戸海保半兵衛よりも過分之御借財相畳(18)」と記されている。徹山は七代藩主重村で宝暦六年（一七五六）に襲封し、寛政八年（一七九六）に没した。その治世下で藩財政は困窮していき、大文字屋からは二〇万両も借り入れて滞らせるに至った。大坂の平野屋七五郎、江戸の海保半兵衛(19)からも過分の借財をしている。

寛政一二年（一八〇〇）三月になり、大文字屋をめぐる事態は大きく変わった。それを次の寛政一二年一二月の「以口上書御願申候(20)」からみてみよう。

以口上書御頼申候

一拙者共連印証文ヲ以毎度御為替金取組請取罷在候処、先達而ゟ返金之儀度々御催促被仰聞候中、当申三月仙台御屋鋪江拙者共被召抱候ニ付、武家方江御為替金御取組不被成事故、急ニ致返済候様被仰聞候段御尤至極存候、然ニ急ニ済方之手段無之候付、当七月迄御猶予之儀御頼申入預御承知候処相調不申候故、猶更御猶予之儀御頼申候得共、右之通仙台御屋鋪江被召抱候へ者、猶以御承知難成段被仰聞御尤成儀於拙者共方申分も無之候得共、御出訴御取立ニ相成候而者甚難渋ニ付、再応御猶予之儀御頼申入候処、御公儀様へ御届之上当十二月廿日迄御猶予可被下段被仰聞、拙者共致承知罷在、夫迄ニハ急度可致訳立候処、金子才覚難出来候へハ御対談ニおよひ候通、御出訴御取立被成候而も致方も無之候へ共、左候而者一向難立行事共在之弥増致難渋候へ者、此上御了簡ヲ以来酉二月中御猶予被下候様御頼申候、右御断申入候証ニ金弐百両御渡申候間御請取来酉二月中御猶予之儀幾重ニも御頼申入候、二月中ニ無相違訳立可致候、若相済不申候ハヽ、御出訴御取立可被成候、其時一言之申分無御座候、以上

寛政十二年申十二月

大文字屋嘉右衛門事
猪飼嘉右衛門　○(印)
手代斎藤彦兵衛　○(印)
同　安達治助　○(印)
大文字屋三郎左衛門事
猪飼三郎左衛門　○(印)
手代斎藤又兵衛　○(印)

三井三郎助殿
三井次郎右衛門殿
三井元之助殿

大文字屋嘉右衛門と大文字屋三郎左衛門は仙台藩の家中に召し抱えられたのである。それは三井にとり大きな衝撃であった。大文字屋は仙台藩への貸出金が滞ってもその返済を求めて訴えることはできなくなったわけである。大名

は金主を家臣に召し抱えることによって公訴の途を奪うことになる。したがって三井も大文字屋から返済を受けるに際して大きな困難に見舞われることになった。仙台藩が大文字屋から升屋平右衛門に蔵元を移す理由として大文字屋が出金御用を勤められなくなったことと大坂一手に移すことを上げている。(21)すでに食い尽くして困窮してしまった大文字屋を家中に召し抱えて、扶持を与えて救うという意味でもあるが、他方で大文字屋に関わる借財を切り捨てることを意味している。仙台藩が升屋に蔵元を頼むに際して次の九カ条を示している。(22)

一、江戸深川ニ而米売方之節入札触升屋両名前之事
一、常々会所出勤諸事升屋手代立合取計之事
一、升屋納金受取金共ニ升屋一名ニ而引受候事
一、升屋出役手代御取扱振大文字屋同様之事
一、仙台両町両替所升屋手代定居之事
一、御蔵方御用仙台ニ而者升屋引受ニ候事
一、升屋平右衛門御取扱大文字屋両家之通ニ付年始御祝を始都而大文字屋升屋と同様ニ而申合候事
一、金銀調達並ニ米穀受払之義者両御蔵元之外ニ而差略為致間敷之事
一、是迄之調達金大文字屋印形有之分新規ニ升屋印形為致間敷事

一条から八条までは蔵元としての業務に関する規定であるが、最後の項目は大文字屋印形の借状を新蔵元の升屋平右衛門印形の証文に書き改めることを拒否する内容となっている。それは仙台藩として実質的な借状を更新することを拒否することとなる。升屋小右衛門が天保五年(一八三四)に「明和安永天明之頃御難渋と申候も、御借財相募り候より起り候義にて、御借財相嵩み候ては調達御頼み先々御返済は相滞り有之候事に付、誰壱人御相手に成り候もの

も無御座、御蔵元壱人へ御すがりに候とも左様相成り候ては中々壱人や弐人之身代打込み相潰し候ても御間に合可申ものに無御座、素より御蔵元にも加金他借を以御用向相勤居候事に候へは手切は有之ましく、御蔵元ゟ之加金他借先きへ之返済も相滞り有之候へは必定之義」[23]と記しているのは仙台藩と蔵元大文字屋及三井との関係について記している訳である。

注

(1)「大福帳」（三井文庫所蔵史料　続八八五）。
(2)「安永三年正月ゟ七月迄勘定目録写」（三井文庫所蔵史料　本一三四四―一）。
(3)「訴訟留」（三井文庫所蔵史料　別一六九三）。
(4)「大文字屋一件留」（三井文庫所蔵史料　別一三九〇）。
(5)同右。
(6)『宮城県史』第二巻。
(7)「相対証文」（三井文庫所蔵史料　続一九四〇―二）。
(8)「大嘉より引取江戸家屋敷八ケ所一件並金銀入払之控」（三井文庫所蔵史料　別七二）。
(9)「相対証文」（三井文庫所蔵史料　続一九四〇―二）。
(10)「大嘉より引取江戸家屋敷八ケ所一件並金銀入払之控」（三井文庫所蔵史料　別七二）。
(11)「相対証文」（三井文庫所蔵史料　続一九四〇―二）。
(12)御為替金の滞りとなった場合の裁許例を記録した「例書」には次のように記されている（「京都御為替御用留」三井文庫所蔵史料　本二〇〇）。

一下長者町通新町西江入町大文字屋嘉右衛門幷手代善兵衛、下立売通堀川東江入町大文字屋三郎左衛門幷手代金兵衛、連印を以西洞院通出水上ル町善兵衛家屋敷建具共一式引当ニ而沽券状請取、御為替御用金相渡置候処、天明二年寅三月善兵衛致家出候付、家屋敷家財共御改被仰付候故、家屋敷家財等御闕所被仰付候時者御為替金之儀者御欠所之内ゟ御渡被成下候御先例ニ御座候得者、御闕所被仰付候上家代銀之内割合被下置候様相成候而者御用差支奉恐入候間、善兵衛家屋敷家財共御渡被成下候ハ、判人嘉右衛門其外之者江致相対申度奉存候、所詮家屋敷家財ニ而金高引足不申候得とも、残金之儀者右判人共ゟ相立させ申度段相願、同五月右家屋敷幷建具一式被下置候

(13) 「裁許帳」(三井文庫所蔵史料　別一三九七)。
(14) 「大文字屋一件留」(三井文庫所蔵史料　別一三九〇)。
(15) 「借用金返済方猶予願」(三井文庫所蔵史料　続一九四〇―五)。
(16) 「相対証文」(三井文庫所蔵史料　続一九四〇―二)。
(17) 同右。
(18) 「御財用方全体之儀等品々御奉行衆被御聞届取調十ケ条申達候留」(『近世社会経済叢書』第五巻、二八一・二八二頁)。
(19) 海保半兵衛は江戸の両替商で幕府御金蔵銀御為替組の一人であったが、仙台藩に貸し出したために破産した。安永四、七年に三井江戸両替店に海保半兵衛から家質貸が滞りとなり八〇〇〇両もの代金の家屋敷が流れ込んだことは、仙台藩との関係を推測させうると考える(拙稿「三井両替店の御為替銀裁許と家屋敷」『三井文庫論叢』一四号)。
(20) 「御為替金返済方猶予願」(三井文庫所蔵史料　続一九四〇―六)。
(21) 「大文字屋升屋移代留」(宮城県立図書館所蔵)。
(22) 同右。
(23) 同右。末中哲夫『山片蟠桃の研究』著作篇(清文堂出版、昭和五一年)九〇一頁。

第二節　大文字屋六兵衛の償還

寛政一一年に仙台藩の蔵元は大文字屋嘉右衛門から升屋平右衛門に変わった。そして寛政一二年(一八〇〇)三月に大文字屋嘉右衛門、三郎左衛門が仙台藩に一〇〇〇石の禄高で召し抱えられた。そのことは三井にとり、その債権

の保全の上で大きな困難をもたらすことになる。三井ではすぐに大坂町奉行所へ書状を差し出している。それを次に示す。(1)

乍恐以書付奉申上候

一従大坂御金蔵江戸江御差下ニ被為成候御為替御用金之内、下立売通堀川東ヘ入町大文字屋三郎左衛門、下長者町通新町西ヘ入町大文字屋嘉右衛門ヘ去々午年取組候処相滞候付、追々掛合候処、段々日延致呉候様申聞対談仕罷在候内、私方ヘ者何等之沙汰も不仕、当三月右両人松平政千代様御家来ニ相成候趣承知仕候ニ付、右体御大名様御家来ヘ御為替御用金取組置候儀難相成候旨掛合候処、右之者共方ニ調達之心当有之候間当月廿日迄致猶予遣候ハヽ、急度可相渡旨申之候付、右日限ニ至不埒ニ御座候ハヽ、御取立之儀御訴奉申上度段当地十月廿七日書付を以申上候処、御聞置被成下難有奉存候、依之段々掛合候処、今日ニ至金子才覚難出来候得共、御訴奉申上候而者両人共一向難立行事共有之候間、来二月中迄致猶予遣候ハヽ、無相違皆済可致段精々申聞書付差越申候、右申聞候趣相違之儀も有之間敷奉存候ニ付、来二月中迄相待遣申候、猶其節ニ至不埒ニ御座候ハヽ、御取立儀御訴奉申上度奉存候、此段被為聞召置被下候ハヽ、難有可奉存候、以上

寛政十二年申十二月廿三日

三井次郎右衛門
名代
三井元之助
桜井与市
三井三郎助

御

大名家中に御為替御用金を取り組んではならないという点を根拠にして、即刻返済を求めて訴え出て来年の二月ま

での猶予を認めたものである。三井の訴えによって寛政一二年正月には「埒合」となる筈であったが、二月に大文字屋から日延の願書が出され、何の措置も取らないうちに三月になり松平政千代の家来となったと知らされた訳であった。それで大名家中への御為替御用金取組禁止を根拠に返済を催促し、四月に一〇〇日の猶予を認めていたが、同年一〇月に同じ理由で一二月まで猶予するとの書状を大坂町奉行所に出していた。三井の大文字屋への貸出は仙台藩への貸出の名目であったことは明らかであったが、三井と仙台藩との直接の貸出証文とはしなかった。御為替銀の貸出であるという点が崩れてしまうとともに、大名との直接の貸出証文の危険性については三井としては十分熟知していた。そして享和元年（一八〇一）三月に大文字屋嘉右衛門と三郎左衛門から三井に両名の所持していた家屋敷を大文字屋六兵衛へ譲り渡して、六兵衛から御為替金を返済したいとの書状が届き、三井はその旨を大坂町奉行所に届けている。(2) その後享和元年一〇月に大文字屋六兵衛は三井に「相対証文」を差し出した。それを次に示す。(3)

相対証文之事

一大文字屋三郎左衛門、嘉右衛門方江御為替取組、去ル午十二月限ニ金高壱万九千九百七拾両、外ニ無打之金壱万両請取罷在候処、去申三月右両人共、松平政千代様江御召抱ニ相成候ニ付、武家方江御為替金御取組置難被成、急ニ御取立可被成旨被仰聞、色々致工面候得共、去申十二月金二百両、当酉三月金百両、且安右衛門、清蔵地面有之土蔵引払候ニ付、此代金三拾三両相渡、残り金壱万九千六百三拾七両幷金壱万両急速難相調候ニ付、三郎左衛門、嘉右衛門所持家屋敷、六兵衛江譲り請、此沽券状者勿論是迄相渡置候家屋敷沽券状別紙連印証文を以相渡置、右金子拙者共江引請済方致度旨御頼申入候、然レ共元済金之儀当酉年ゟ来ル亥年迄三ヶ年御差延、来ル子年ニ至格別之金高相渡可申旨御頼申入候ニ付預御聞届候、然ル上者来ル子年金高急度相渡可申候、万一及不埒候ハヽ、別紙証文を以為引当相渡置候家屋敷不残売払速ニ代金相渡可申候、若家屋敷売払方等閑致置候ハヽ、其元ゟ右町分江御申出、買入在之次第町分江家持主罷出、売券状江無違背致調印、家代金相渡可申候、尤此度三郎左衛門、嘉右衛門ゟ各江相渡候証文之趣拙者共承届罷在候

一右元金壱万九千九百七拾両之打金、去々未去申両年之分打金百両ニ付壱ヶ年金壱両弐分宛相対ニ付、右打金五百九拾九両六匁可相渡候処、去申春迄金弐拾五両相渡、残り金五百七拾四両、銀六匁も相滞致難渋候ニ付、右御為替金皆済之上、年賦済ニ致度旨御頼申入候処、是以乍御迷惑預御聞届忝存候、御為替金皆済之上者無相違年賦ニ相渡皆済可致候

一前件申十二月、酉三月両度金三百両并土蔵代三拾三両相渡候者元済金ニ御請取被下、残り壱万九千六百三拾七両之打金も百両に付壱ヶ年金壱両弐分宛ゟ御減少難被成候得とも、来ル子年ニ至元済格別之金高相渡可申旨及御儀定候ニ付、壱万九千六百三拾七両之打金之処、当酉ゟ来ル亥迄三ヶ年之間ハ壱ヶ年ニ金百五拾両宛ニ預御了簡、則当酉年分之打金百五拾両当八月ニ相渡、戌亥両年分者戌七月、亥七月ニ金百五拾両宛無遅滞相渡可申候、若此打金相滞候ハヽ、元金も右年限ニ無構前件之通右家屋敷町々御申出家代金御引取被成候様御取計可被成候、其時ニ至聊違背申間敷候、為後日依而如件

享和元年酉十月

京下立売通新町西江入町

大文字屋六兵衛　〇（印）

手代斎藤彦兵衛　〇（印）

（以下一〇名略）

三　井　三　郎　助殿

三井次郎右衛門殿

三井元之助殿

一本文之外ニ御為替金皆済之上年賦済ニ可相渡金高四千八百五拾両も拙者共引請候ニ付、則証文相改申候間、御為替金皆済之上年賦ニ可致皆済候、以上

享和元年酉十月

前書相対証文之通当地子年ゟ格別之金高相渡可申旨御対談申置候処、相調兼候ニ付猶亦当子ゟ寅迄三ヶ年之間為打金百五拾両宛相渡、来ル寅暮ニ至り候ハヽ、格別出情無相違金高相渡可申段御頼申入候処預御聞届忝存候、則当子年分之打金百五拾両当月相渡候、丑寅両年分者七月毎ニ金五拾両宛無遅滞相渡可申候、若相滞候ハヽ、前段ニも認置候通御勝手如何様共御取計可被成候、為後日依而如件

文化元子年八月

京下立売通新町西江入町

大文字屋六兵衛　○（印）

手代斎藤彦兵衛　○（印）

（以下一〇名略）

三井三郎助殿

三井元之助殿

三井次郎右衛門殿

一万九九七〇両と一万両の御為替金のうち、寛政一二年と享和元年に三三三三両の返済があったために、残りが一万九六三七両と一万両となり、酉年（享和元年）から亥年（同三年）まで三年間の返済差延べを聞き届けられたこと、

子年（文化元年）には必ず返済すること、なおざりにした場合には町分に家屋敷の売払いを任せること、一万九六三七両の打金を三年間は一五〇両とすることなどを記している。その二口の貸出金の外に四八五〇両の貸出証文高があった。なお同史料には文化元年八月になお三年間の差延べを記した継ぎ紙がなされている。京都においては大坂のように身代限り処分は稀で、町中が家屋敷の売却を取り扱うのが慣例である。ところが三井がそれまで町中による売却を求めてこなかったのは「主人並手代共居宅迄も売払候而ハ仙台様御勝手御直り被遊候而も先金主阿形同様ニ仙台様より御見捨ニ相成候而者大金御用達置相続も難成」(4)との大文字屋の申し出を認めてきたからであった。(5)阿形屋の見捨の先例を注意してきたからでもあった。しかし大文字屋は阿形屋の二の舞となった訳である。

文化期以降に大文字屋六兵衛の三井への元利返済はどのように実施されたであろうか。「永要録」の文化一四年の記事には次のようにある。(6)

大文字屋嘉右衛門
同　三郎左衛門　連印之所
同　六兵衛

一金弐万五千五百五拾両　大文字屋六兵衛
壱人ニ改り申候

但嘉右衛門、三郎左衛門江、寛政十二申年仙台様ゟ千石宛被下置候ニ付、御勘定御組頭男谷平蔵様御弟男谷鳩蔵様ゟ嘉右衛門、三郎左衛門印形相除、六兵衛一判ニ可成遣旨御内意ニ而、無拠其趣聞届被遣候得共、跡済方も墓々敷無御座候

内

金六千三百四拾八両　　安永三午年ゟ文化十三子年迄四拾三ヶ年之間、家屋敷代金正金元入ニ受取候
残り金壱万九千弐百弐両　　金六拾目替ニ而
代銀千百五拾弐貫百弐拾目
右平蔵様、鳩蔵様も御死去ニ付、文化八未年格別及対談、同十三子年迄ニ元入金四百三拾五両元入金受取、前之内江込り御座候
文化十四丑年ハ仙台様ゟ相渡り不申由ニ而元入金不相渡候

第6―1表　京都両替店の大文字屋六兵衛貸高

年　　期	大文字屋貸高	大文字屋嘉右衛門引当幷打金積
文政元年上期	19,202両	9,335両3歩　123匁97
元年下期	18,202両	9,335両3歩　123匁97
5年上期	18,127両	
12年下期	18,027両	9,335両3歩　123匁97
天保元年下期	17,927両	
2年下期	17,827両	
3年下期	17,727両	
5年上期	17,627両	8,835両3歩　123匁97
6年上期	17,507両	8,715両3歩　123匁97
7年上期	17,387両	8,595両3歩　123匁97
9年上期	17,267両	8,595両3歩　123匁97
10年下期	17,147両	8,595両3歩　123匁97
13年下期	16,727両	7,935両3歩　123匁97

出所）「勘定目録」(三井文庫所蔵史料　続4973～続5220).

安永三年より文化一三年まで四三年間に二万五五五〇両から一万九二〇二両へと六三四八両が元入れとなっている。ところが享和元年の元高は一万九六三七両で、同年までに五九一三両がすでに償還されており、享和元年から文化一三年までに四三五両が返済されたことになる。しかも、それは文化八年から一三年までのことになる。同史料では大文字屋嘉右衛門と三郎左衛門が仙台藩より一〇〇〇石取りとなったことが記されている。同史料には打金滞りの一万両の証文高については触れられていない。文化一四年の「勘定目録」は残されていないために、文政元年（一八一八）上期の「勘定目録」(7)でみると大文字屋六兵衛への貸高は一万九二〇二両で、上記史料と同じである。

そこで第6―1表から文政元年以降の三井両替店の大文字屋へ

の貸出金残高をみてみよう。文政元年下期に一万八二〇二両に、五年に一万八一二七両になり、そして文政一二年から天保一三年まで年に一〇〇両ないし一二〇両ずつ減少していった。天保一三年から明治初年までは変わらない。文政元年から天保一三年までに二四七五両減少したことになる。そのうち一〇〇〇両は文政元年に近江国野洲郡、蒲生郡の仙台藩領の一二カ村の村役人連印による郷貸しに回されたのである。この郷貸しは無利足であった。

大文字屋と三井両替店とは文政元年（一八一八）一〇月に御為替証文の書き改めをしている。それによると一一通の「御為替金請取申手形之事」（本手形）と「御為替金置手形之事」（置手形）とを作成している。その合計は二万八二〇二両で二口の貸出金高と一致する。第6―1表の文政元年の数値と一万両の滞り打金証文との合計である。その一枚を次に示す。(8)

御為替金請取申手形之事

合金弐千五百両

右者従大坂御金蔵江戸江御差下被為成候御用金御為替取組、於京都三井三郎助殿、三井次郎右衛門殿、三井元之助殿ゟ書面之金高慥ニ請取申処実正也、此代り金江戸御金蔵江上納ニ成候条、来ル十二月廿八日限於駿河町右三人中江此手形を以無遅滞御渡シ可被成候、為其依而如件

文政元年寅十月　京釜座通出水上ル町

大文字屋六兵衛

幼年ニ付代

高木安右衛門　〇（印）

花押

手代　与左衛門　〇（印）
花押
同　太兵衛　〇（印）
花押

江戸深川佐賀町
石川善兵衛殿
渡辺平七殿

右之通相認候得共、御指繰之御相対を以、来ル十二月廿八日限御差延被下、打金来ル十二月迄之分相渡置申候以上

同時に作成された「書入証文」[9]では大文字屋六兵衛所持の京都の家屋敷一一カ所が書入されている。大文字屋嘉右衛門、三郎左衛門所持の家屋敷が六兵衛に享和元年に譲り渡されたのである。文政元年一〇月にはその他に二通の預り証文が作成された。四八五〇両と五七四両、銀六匁の預り証文である。それは新たな滞り打金を証文にしたものである。

ところで京都両替店の「勘定目録」の預り方では第6—1表に示したように「大文字屋嘉右衛門引当並打金積」という項目がある。安永期には「大文字屋嘉右衛門引当積」と記され、大文字屋貸しのための積み金であったが、大文字屋からの打金支払高も積み立てるようになったと考えられ、寛政期末には最高九七七〇両三歩、一二三匁九分七厘となっている。安永三年からは六七〇〇両が積み立てられた。それが文政期末から減少していき、しかも天保期には大文字屋への貸出高の減少高とほぼ同額となっている。したがって大文字屋への貸出高の減少は返済されたというよ

第6－2表　大文字屋六兵衛の元入金と打金払高

年	元入金	郷貸元入金	打　金
文化13年	75両	—	145両
14年	—	—	145両
文政元年	—	—	145両
2年	—	100両	145両
3年	—	100両	145両
4年	—	100両	145両
5年	75両	100両	145両
6年	—	100両	145両
7年	—	100両	145両
8年	—	100両	145両
9年	—	100両	145両
10年	—	100両	145両
11年	—	100両	145両
12年	100両	—	145両
天保元年	100両	—	145両
2年	100両	—	145両
3年	100両	—	145両
4年	100両	—	145両
5年	—	—	—
6年	120両	—	175両
7年	120両	—	175両
8年	120両	—	175両
9年	120両	—	175両
10年	120両	—	170両
11年	100両	—	145両
12年	100両	—	145両
13年	100両	—	145両
14年	—	—	—

出所）「大六応対書抜」（三井文庫所蔵史料　続1431—3）.

りも、打金積みを崩したものと考えることも可能であるようにみえる。そこで第6—2表をみてみよう。文化一三年以降しか明らかとはならないが、大文字屋六兵衛から三井への元入高、郷貸元入高、打金高を示したものである。郷貸元入金とは文政元年の郷貸金一〇〇〇両を一〇年賦で償還したものである。打金は年に一四五両ずつ渡されているが、元入金は郷貸元入れが償還されて後、文政一二年から渡されるようになった。したがって大文字屋の貸出高の減少は打金積みの崩しによるとは見ることができない。積金の減少は益金として用いたと考えられる。なお一四五両の打金とは文政元年貸出高の一万八二〇二両を基準としても〇・八パーセントにしかならない。

次に大文字屋六兵衛の三井への利足支払いについて、次の「一札」をみてみよう。[10]

一札

三井為御替方江文化十三年迄者壱ヶ年ニ金弐百弐拾両ツ、相渡候処、臨時大御物入之義有之、一統厳御断ニ付、同十四年ゟ百四拾五両ツヽ相渡、文政三年ゟ下地之通金高可相渡之処、文政元年十二月右為御替金之内金千両江別御領分之内七ヶ村連印ニ而為借受、右為返済壱ヶ年百両ツヽ相渡候ニ付、右千両皆済之上右百両直々相渡、都合弐百四拾五両ツヽ、皆済迄年々無相違可相渡候間、右元入金年々七拾五両相渡候分ハ別段千両皆済ニ成候迄者相延候様相頼懸合相済候間、前文之趣相違無之為後証一札仍而如件

文政五年三月

端庄左衛門 ○（印）

三浦十右衛門 ○（印）

菅原定之助 ○（印）

大文字屋六兵衛殿

前文之通相違無之、仍而奥印如件

同年同月

富田四郎兵衛 ○（印）

これは文政五年（一八二二）三月に仙台藩役人が大文字屋六兵衛へ渡した一札で、文化一三年までは年に二二〇両ずつ三井御為替方へ渡し、そのうち七五両が元入れ、一四五両が打金であったが、同一四年からは一四五両だけとする、ところが文政元年からは一〇〇〇両を近江国仙台藩領七カ村連印での郷貸しに書き改めて、年に一〇〇両ずつ返済するため、郷貸しの皆済までは二四五両となるという。第6―2表を裏付ける内容となっている。この史料はほぼ同じ内容の、大文字屋六兵衛から三井への「一札」に添付されたものである。

仙台藩史料から見ると、「文政六年十月より同七年九月迄御相続引配大図調」[11]では、二八〇両が「大文字屋御蔵元中名題を以京都三井より為御替金借財利足等渡」と記されている。「文政七年十月ゟ同八年九月まで御相続引配大図調」にも二八〇両が「三井方御借財利足等」とある。仙台藩は藩財政支出のうち、二八〇両を三井への利足渡しに当

ていたことが明らかとなる。一四五両との差額はどうなったのであろうか。郷貸元入金もそれに含まれるとも考えられる。文政八年一〇月から同九年九月まで、文政九年一〇月から同一〇年九月まで、文政一〇年一〇月から同一一年九月までの三年度において「京坂御月割三井方御借金元済之分共」として四一四五両が「御遣方」に記載されている。京都月割と大坂月割との合計が三八六五両であったので、いずれの年度においても三井借財利足として二八〇両が渡されたのは明らかである。

第6—3表　大文字屋六兵衛の打金払高

年	打金高
嘉永4年	245両
5年	245両
6年	145両
安政元年	145両
2年	145両
3年	245両
4年	245両
5年	245両
6年	245両
万延元年	245両
文久元年	245両
2年	145両
3年	145両
元治元年	145両

出所）「大六応対書抜」（三井文庫所蔵史料　続1431-3）.

第6—2表から天保五年には「仙台御領地大凶作ニテ」[12]、元入金と打金はともに支払われていない。それを翌年から分割して天保一三年まで支払われた。

嘉永三年（一八五〇）七月には大文字屋六兵衛は「相対証文」[13]を三井に差し出した。元入金一〇〇両、打金一四五両を年々渡してきたが、卯年（天保一四年）から滞りとなり、滞りの打金一〇一五両のうち、一一五両を渡して九〇〇両を年に一〇〇両ずつ九年間で返済したいというのである。嘉永四年以降の打金払高を第6—3表からみてみよう。一四五両の打金に分割した一〇〇両を加えて払われている。その後の三井両替店の大文字屋六兵衛への貸金の推移については勘定目録の上からは全く変わらない。上期した明治四年の史料では元治元年から打金が滞ったとあった。明治四年の藩債処分の際に三井では大文字屋の京都府への口上書をもとに、明治五年七月に「滞金御届書」[14]を京都府に出している。そこでは証拠とした三万二一五一両の証文は文政元年のものであったため、京都府から下戻しとなり公債が交付されることはなかった。

大文字屋嘉右衛門、三郎左衛門が仙台藩に召し抱えられて後の三井両替店の大文字屋六兵衛への貸出金は、享和元年には一万九六三七両と滞り打金の一万両とであった。その後天保一三年までに二九一〇両の返済によって一万六七二七両と一万両までになった。他方で打金については享和元年に一年に一五〇両支払いの約束であったが、一四五両を支払うことになり、第6—2表の示す期間では三九一五両が、第6—3表の示す期間には二〇三〇両が支払われている。仙台藩では文化一四年に大坂の借財二〇万両に対しては三〇カ年賦の返済方法を立てた。[15] 三井両替店の大文字屋への貸出金のすべてを総括することはできないが、享和元年の「相対証文」においても、また嘉永三年の「相対証文」においても、事実上一九〇年以上の年賦となる年一〇〇両の元入以外には明確な年賦償還方法が建てられることもなく、場当たり的に返済の繰延べがなされていた。ただし打金のみが定められて、それが年賦償還に代わるものとしての意味をもった。

注

（1）「裁許帳」（三井文庫所蔵史料　別一四〇一）。
（2）「大文字屋一件留」（三井文庫所蔵史料　別一三九〇）。
（3）「相対証文」（三井文庫所蔵史料　続一九四〇—二）。
（4）「永要録」（三井文庫所蔵史料　本一一〇七）、寛政九年。
（5）阿形屋については「町人考見録」（『近世町人思想』日本思想大系）では「陸奥守どのへ一向うちはまり」、「知行五百石給り、御家中へめし加へられ」と記されている。
（6）「永要録」（三井文庫所蔵史料　本一一〇八）。
（7）「勘定目録」（三井文庫所蔵史料　続四九七三）。
（8）「御為替金請取手形並置手形」（三井文庫所蔵史料　続一九四〇—一九）。
（9）「書入証文」（三井文庫所蔵史料　続一九四〇—一六）。

(10)「一札」（三井文庫所蔵史料　続一九二七―二）。

(11)「御財用方全体之儀品々御奉行衆被御聞届取調十ヶ条申達候留」（『近世社会経済叢書』第五巻）。

(12)「大六応対書抜」（三井文庫所蔵史料　続一四三一―三）。

(13)「相対証文」（三井文庫所蔵史料　続一九四〇―二）。それを次に引用する。

証文之事

一従大坂御金蔵江戸江御差下被為成候御用金之内、大文字屋六兵衛外連印別紙証文ヲ以毎度御為替請取罷在候付、元入金百両、打金百四拾五両都合金弐百四拾五両ツヽ、相渡可申筈之処、去ル卯年ゟ相滞候ニ付、越後屋重郎兵衛ヲ以厳敷被及御掛合是非共御渡可申儀ニ候得共、追々手違之儀出来不埒ニ相成申訳無御座致難渋候、依而種々相談之上滞打金千拾五両之内、此度金百拾五両相渡、残り金九百両之内江毎年六月毎ニ金百両宛差入来ル未年ニ至皆済、且右之外打金百四拾五両宛且又前件同様年々無相違相渡可申候、尤来ル申年ゟ毎年元入金百両、打金百四拾五両ツヽ年々六月毎ニ無相違急度相渡可申旨御頼申入候処、格別之御勘弁を以預御承知忝存候、然ル上者聊無遅滞急度相渡可申候、為後日依如件

嘉永三年戌七月

京釜座通出水上ル町所持家屋敷有之、
当時室町通下立売下ル町借宅罷在候
大文字屋六兵衛〇（印）
（以下三名略）

三井元之助殿
三井次郎右衛門殿
三井三郎助殿

(14)「訴訟留」（三井文庫所蔵史料　別一六九三）。

(15)「御財用方全体之儀品々御奉行衆被御聞届取調十ヶ条申達候留」（『近世社会経済叢書』第五巻）。

第二部　大坂両替店の大名金融

第七章　加賀藩の借蔵破錠一件

第一節　宝暦期の大坂両替店の米質貸

加賀藩の米質貸の前提として、宝暦、明和期の大坂両替店の質物貸の内容についてみてみよう。質物貸は、延為替貸付や家質貸とは異なり、商品を担保とした貸付である。しかも米や大豆など蔵物を担保とするため、大名金融としての性格の強い貸付である。この時期の質物貸の担保としては、正米切手と米との場合がある。正米切手は蔵屋敷が売り出す切手であり、それ自身売買の対象となっている。米を質物とする場合は、正米を引き取った上で借蔵に保存しておくものである。

「大福帳」の残存する時期に限って、宝暦期の正米切手入替えを抜き出したのが第7―1表である。宝暦六年（一七五六）一二月に二〇三貫五〇〇目が、宝暦八年一一月、一二月に一四〇七貫目

引当内訳
正米切手入替　千石分
正米切手入替　千石分
正米切手入替　千三百石分
正米切手入替　七千百俵分
正米切手入替　六千八百俵分
加州切手入替　六百俵分
正米切手入替　七千七百俵分
正米切手入替　五千百俵分
正米切手入替　七千七百俵分
正米切手入替　五千四百俵分
正米切手入替　四千六百俵分
正米切手入替　五千俵分
正米切手入替　八千五拾俵分
正米切手入替　四千九百俵分
正米切手入替　七千九百俵分

第7－1表　大坂両替店の正米切手入替

期　　　　　　間	銀　　高	貸　出　先	利　　足
			貫　匁
宝暦6年12月18日—宝暦7年3月23日	58貫500目	布屋清次郎	1,482.0
12月18日—　　3月23日	65貫目	布屋清次郎	1,820.0
12月26日—　　4月15日	80貫目	布屋清次郎	2,240.0
合　　計	203貫500目		5,542.0
宝暦8年11月11日—宝暦9年2月28日	150貫目	平野屋　嘉右衛門	3,600.0
11月13日—　　3月2日	150貫目	平野屋　嘉右衛門	3,450.0
11月15日—　　4月5日	7貫目	越後屋　庄兵衛	220.5
11月24日—　　3月4日	150貫目	平野屋　嘉右衛門	2,850.0
11月25日—　　2月28日	100貫目	平野屋　亦四郎	1,900.0
11月26日—　　3月朔日	150貫目	天王寺屋喜右衛門	2,700.0
11月26日—　　3月29日	100貫目	平野屋　亦四郎	2,150.0
11月28日—　　2月9日	100貫目	天王寺屋杢兵衛	1,800.0
11月28日—　　2月12日	100貫目	肥前屋　半兵衛	1,800.0
11月28日—　　3月朔日	150貫目	天王寺屋喜右衛門	2,662.5
11月29日—　　2月29日	100貫目	鴻池　四郎兵衛	1,800.0
12月4日—　　2月27日	150貫目	河内屋　勘四郎	2,625.0
合　　計	1,407貫目		27,558.0

出所）「大福帳」（三井文庫所蔵史料　続859，続860，続861，続862）．

が正米切手入替えとして貸し出されている。なお下期末残高でみると、正米切手入替えは宝暦四年に五六六貫目、宝暦五年に七七〇貫目、宝暦七年に二六〇貫目である。なお、この時期には米質貸もなされており、宝暦六年下期末で肥前米貸が二〇〇貫目、平戸餅米・大豆質貸が一二〇貫目、宝暦八年下期末で加州米質貸が三〇〇貫目、筑後米質貸が一四〇貫目となっている。また宝暦四年下期末には米質貸はみられず、宝暦五年下期末で備後米質貸が二二〇貫目、肥前米質貸が七二五貫目、宝暦七年下期で肥前米質貸が二〇〇貫目となっている。この時期には正米切手入替えと米質貸とが並行して行われていた。

正米切手入替えの内容をみると、それは貸出先と米切手蔵とは固定したものではなかった。第7－1表の宝暦六年一二月の布屋清次郎の場合、銀六五貫目の正米切手は、筑前米四〇〇石分で三〇俵切手四〇枚、肥後米四〇〇石分で三〇俵切手四〇枚、明石米二〇〇石分で二〇俵切手二〇枚で、合計して一〇〇〇石分である。(1)銀五八貫五〇〇目の場合も、広島米四〇〇石分で六〇俵切手二〇枚、筑前米四〇〇石分で三〇俵切手四〇枚、明石米二〇〇石分で二〇俵切手二〇枚で一〇〇〇石分であった。なお宝暦八年の内訳は明らかとならないが、宝暦四年一〇月に平野屋嘉右衛門に正米切手入替えで一〇〇貫目を貸し出した場合には、筑前米、加賀米、庄内米、広島米、岡米の切手を質入れしている。

「案文帳」から正米切手入替えの手形案文を示すと次のとおりである。(2)

入替手形之事

一何米何百石　　請取

　但何拾俵切手何枚

一銀何拾貫目　　相渡

右之通切手請取、銀子相渡入替置申所実証也、来何月限銀子請取、切手相渡可申候、勿論日限之内米相庭下直罷成候ハヽ、入越切手ニ而も銀子ニ而成共早速御渡可被成筈ニ相究候、万一滞義有之候ハヽ、此方勝手次第米切手売払、代銀を以右銀子幷利足銀とも致勘定引取可申候、為後日入替手形仍如件

年号月　　越後屋助四郎　印

宛所

この正米切手入替えは米仲買に対して貸し出すものであり、滞った場合の米切手の売却による決済についても記している。三井大坂両替店の取り扱った米切手は九州、四国、中国から北陸、東北の諸藩のものにわたった。

ところが正米切手入替えは宝暦九年以降はみられなくなった。宝暦一〇年下期末の質物貸の残高一六四〇貫目について みると、肥前米質貸が七一八貫目、加賀米質貸が二〇〇貫目、筑後米質貸が一〇三貫目、津山米質貸が一四〇貫

目、岡米質貸が三〇〇貫目、大洲大豆質貸が八五貫目となっている。正米切手入替えはみられず、米質貸の貸付先は正米切手入替えの場合とは異なり、諸藩の蔵元や名代を勤める商人である。

宝暦九年（一七五九）一二月に大坂東町奉行の岡部対馬守は米方年行司、米方両替、三郷町年寄、および十人両替などに対して米切手の質入れについての調査を行い、十人両替に対しては「此節米切手質ニ取置候もの、何町何屋誰方ゟ何国之米切手、銀何程之質物ニ取置候と申儀書付、明四日九ツ時迄之内東御役所江可差出候、尤其節右質切手不残可致持参候」(3)と切手を持参するようにとの申渡しが出された。また同じく十人両替に対して「右米切手質ニ入置候もの共者、買元之儀幷切手番付等委細ニ書付、是又明四日九ツ時迄之内東御番所ニ可差出候」と、質置主、あるいは又質の調査を申し渡している。一二月四日にこのような調査を行ったのは、米切手を二重に質入することで米切手の直段が低下し、米直段そのものが低下することを防ごうとしたためである。当時すでに米価は低下傾向にあり、その抑止のために米切手の取調べに乗り出したのである。三井大坂両替店では「諸国米切手買置候義ハ不及申、質物ニ取置候義、又者質入等仕候義一切無御座候」(4)との書状を町年寄に出したのであるが、この時以降には「目録帳」よりみても、正米切手入替えは引き受けておらず、米質貸に切り換えていったとみられる。正米切手の質物としての信用が低下したとみなければならない。現物米を質入することがより確実な担保としてみられたのである。しかも宝暦一一年ごろから加賀藩、肥前米、岡藩の三藩に集約されていったのである。宝暦一〇年下期の大坂両替店の打利足合計は四七〇貫目余であり、米質貸の利足は銀四五貫目余であった。そのうち加州米質貸の利足は一五貫目余りであった。

次に明和六年（一七六九）の大坂両替店の質物貸を第7―2表からみると、上期の残高一八二二貫目のうち、肥前米質貸が一八〇貫目、岡米質貸が五〇二貫目、加賀米質貸が一一四〇貫目であり、下期の残高一八六二貫目のうちでも肥前米質貸が一八〇貫目、岡米質貸が五四二貫目、加賀米質貸が一一四〇貫目となっている。肥前米質貸、加賀米

第7－2表　大坂両替店の質物貸と利足（明和6年）

期間	銀高	貸出先	米質	利足
明和6年上期				貫　匁
冬季より盆後へ	30貫目	河内屋九兵衛	肥前米質	1,386.0
冬季より盆後へ	60貫目	亀屋彦兵衛	岡米質	3,078.0
冬季より5月19日	140貫目	亀屋彦兵衛	岡米質	4,928.0
冬季より5月19日	52貫目	亀屋彦兵衛	岡米質	1,830.4
冬季より5月19日	107貫目	亀屋彦兵衛	岡米質	3,767.4
冬季より盆後へ	150貫目	河内屋九兵衛	肥前米質	5,000.0
冬季より盆後へ	350貫目	玉屋清蔵	加賀米質	62,784.0
冬季より盆後へ	250貫目	玉屋清蔵	加賀米質	
冬季より盆後へ	300貫目	玉屋清蔵	加賀米質	
冬季より盆後へ	240貫目	玉屋清蔵	加賀米質	
5月15日より盆後へ	150貫目	亀屋彦兵衛	岡米質	7,146.0
5月19日より盆後へ	120貫目	亀屋彦兵衛	岡米質	
5月19日より盆後へ	62貫目	亀屋彦兵衛	岡米質	
5月19日より盆後へ	110貫目	亀屋彦兵衛	岡米質	
明和6年下期				
盆前より春季へ	30貫目	河内屋九兵衛	肥前米質	900.0
盆前より春季へ	60貫目	亀屋彦兵衛	岡米質	2,928.0
盆前より春季へ	120貫目	亀屋彦兵衛	岡米質	22,110.0
盆前より12月晦日	62貫目	亀屋彦兵衛	岡米質	
盆前より春季へ	110貫目	亀屋彦兵衛	岡米質	
盆前より春季へ	150貫目	亀屋彦兵衛	岡米質	
盆前より春季へ	150貫目	河内屋九兵衛	肥前米質	—
盆前より春季へ	350貫目	玉屋清蔵	加賀米質	61,704.0
盆前より春季へ	250貫目	玉屋清蔵	加賀米質	
盆前より春季へ	300貫目	玉屋清蔵	加賀米質	
盆前より春季へ	240貫目	玉屋清蔵	加賀米質	
12月28日より春季へ	45貫目	亀屋彦兵衛	岡米質	
12月晦日より春季へ	57貫目	亀屋彦兵衛	岡米質	

出所）「大福帳」（三井文庫所蔵史料　続875，続876）．

質貸では固定貸となっていた。大坂両替店の明和六年の打利足は上期に二四五貫目余、下期に二三八貫目余と宝暦一〇年ごろより半減している中で、質物貸利足はそれぞれ八九貫目余、八七貫目余と逆に一〇年前より倍増している。しかも加賀藩への米質貸の利足入高が全体の四分の一に当たる六〇貫目余りを占めるほど増加したのである。

注

(1)「御屋鋪質物貸」(三井文庫所蔵史料　追四六)。

(2)「案文帳」(三井文庫所蔵史料　別一六三一)。

(3)「後鑑」(三井文庫所蔵史料　本三三八)。

(4)同右。

第二節　明和八年の借蔵破錠一件

明和期には大坂両替店の経営の中で加賀藩への米質貸は利足の点でその四分の一を占めていた。加賀藩への延為替を加えれば、その割合はさらに大きなものとなる。明和八年下期末には加賀藩蔵元玉屋清蔵への米質貸が銀九五〇貫目、延為替が銀三六三貫目であった。米質貸の内訳は加賀米一万一〇〇〇俵質入で銀三〇〇貫目、同じく一万一〇〇〇俵質入で銀三〇〇貫目、九二〇〇俵質入で銀二五〇貫目、三八〇〇俵質入で銀一〇〇貫目で、質入米は合計して三万五〇〇〇俵である。延為替の引当は一万三〇〇〇俵の加賀米である。そのような中で明和八年(一七七一)に加賀藩が借蔵の錠を破り質米を持ち出す事件がおこった。

明和八年(一七七一)一一月に大坂両替店は加賀藩より質入米を米切手と交換してほしいとの申し出を受け、米質貸の質入米九六〇〇俵と、延為替の質入米一万七二〇〇俵を米切手と交換した。ところが、さらに正米が必要であるから質入米を渡して素貸にするようにとの申し出があったが、大坂両替店ではそれを断っている。

同月に加賀藩の蔵元は、質置主の大坂船町玉屋清蔵と請人の大豆葉町具足屋庄右衛門から京都の河井十右衛門、井川善六、および大坂四軒町の升屋市郎兵衛の三人の新蔵元に交代された(1)。また蔵役人も加藤只之丞、大地助七から小森貞右衛門、加藤八郎右衛門に交代し、そのもとで借蔵破錠が強行された。その記録を次に示す(2)。

同十二月十二日如何之趣意ニて有之候哉、右蔵々之上封幷錠前私共江御断無之御取払、御屋鋪之封錠ニ御仕替被成候付、蔵元之町人江其趣申聞候処、彼者共も打驚早速右御屋鋪江罷出、質物ニ入有之候米ヲ無体ニ錠封御解被成候事、第一御公辺江相済不申趣色々申達候得共、入用故封錠打切引取候と御申ニ而一向無法之申分ニ付、蔵元も可仕様無之由申候ニ付、不得止事同月十三日御月番室賀山城守様御役所江右質物蔵々封錠切払之趣意、蔵元町人幷蔵主共御吟味被成下候様願上候処、早速右質置主幷請人被為召御吟味被成下候処、加州役人之所為ニ而存不申段申上候付、御吟味ニ相成候内、加州御役人も御役所江被為召度々御尋有之候段承知仕候、併於御役所右御役人何と被申上候哉其儀者承知不仕候、然ルニ右御吟味之最中日々右蔵々ゟ米御差出被成、既米高之内五千俵も御出被成候故、日々其趣御役所江願上、右御吟味中ニ米御出シ被成候事歎ケ敷御座候段奉願上候処、同月廿日蔵役人中御召出被為成吟味中出米相成不申段被仰渡候由ニ而廿一日ゟ漸米出シ相止申候、尤同日右質入米差入置候仮蔵々主不残被為召同様ニ被仰渡候事

室賀山城守は大坂東町奉行である。三井両替店は蔵元や蔵主を訴えたが、加賀藩役人の仕業で自分は知らないと答えたので、町奉行は加賀藩役人に尋問したが、その間にも借蔵から米が持ち出され、その差止めを願い出て質米の蔵出しは差止めとなったなどの内容である。一二月一三日には次の訴状を町奉行所に出している(3)。

乍恐書付を以御願奉申上候

平野町三町目

願人　越後屋七郎兵衛

病気ニ付
代　孫兵衛

船町
玉屋清蔵

相手

大豆葉町
具足屋庄右衛門
他国住ニ付代判
宇右衛門儀病気ニ付
代　林右衛門

一船町玉屋清蔵方ゟ大豆葉町具足屋庄右衛門、他国住ニ付代判宇右衛門請判を以、加州米数石質物ニ取之、代り銀相渡、右質米所々ニ借蔵仕差入させ、手前ゟ錠前封印等仕置候御事

一右質入米之儀者、元来松平加賀守様御要用ニ而玉屋清蔵、具足屋庄右衛門儀、右御屋敷御蔵元町人之儀ニ付、右米質物ニ入銀子借入候様右御屋敷ゟ御頼被成候由ニ付、玉屋清蔵ゟ質入ニ相成候段承知仕候ニ付、則右御屋敷御役人中江御届申上、右質物ニ付御屋鋪ニ御申分無之趣御聞届之御一札申請、質物ニ仕代り銀相渡申候、自然限月ニ至銀子相済不申候ハ丶、勝手次第右質入米請取申筈之相対御座候

一右之通ニ而町人ゟ質物ニ取置候儀相違無御座候、然ル所右質物米入置候借蔵之錠前、私方封印付替り候旨、蔵主之者共ゟ申聞候ニ付、驚入早速置主玉屋清蔵、受入具足屋庄右衛門代之者江及相対候処、右錠前封印付替り候儀ハ入組候趣意も有之趣ニ而、何分不分明御座候、自然右質入米之内紛失等有之候而者歎敷奉存候、御慈悲

之上乍恐右玉屋清蔵、具足屋庄右衛門代之者并借蔵主共急速御召出被為成、右封印付替り候儀乍恐御糺被為成下候ハヽ、難有奉存候、以上

明和八年卯十二月十三日

平野町三町目
越後屋七郎兵衛
病気ニ付
代　孫兵衛　印

御

越後屋七郎兵衛は三井大坂両替店の加判名代役の別宅手代で質方名前人である。また一二月二〇日には三井組名代中井嘉平次の名前で延為替貸付の質米持出についても「船町玉屋清蔵、大豆葉町具足屋庄右衛門代宇右衛門江御為替銀相渡置候引当物之内、加州米弐蔵借蔵江差入封印仕候所、封印相違仕候様相見得申候ニ付、当十七日御届奉申上候、然ル所右借蔵之内北安治川弐丁目高間屋五兵衛借蔵之米少々出米有之候段蔵守ゟ承知仕候ニ付、趣意右両人之者共江相対仕候而其訳可奉申上所、右両人之者共此節御咎被為仰付置候ニ付難及相対御座候」(4)との口上書を町奉行所に出している。この二通の書状では、まだ相手が元蔵元の町人二人であり、質米を持ち出したことがその内容となっている。質米の蔵出しについては安永元年正月二一日に差し止められたが、訴えられた玉屋と具足屋は加賀藩役人や新蔵元と対談することもなかなかできなかった。加賀藩国元との交渉が難航したのであるが、同年三月に至り、これまでの蔵元の預り証文に新蔵元請負の奥判をし、当年中の廻米より質米を差し出すとの加賀藩役人の添証文を加えることで内済とするに至った。その内済による訴訟願下げの願書控を次に示す。(5)

乍恐書付を以奉願上候

越後屋七郎兵衛
病気に付
代　孫兵衛

一船町玉屋清蔵方ゟ質物ニ取置候加州米一件ニ付、済方之儀蔵元とも取扱仕度段御願奉申上候所、御聞済被為成下難有奉存候、仍之内済之儀掛合仕、右質米之訳相立米請取申筈、併直様加州御屋敷御入用ニ付御借被成度由ニ御座候

一右米預り証文之儀者質置主、請人証文ニ新蔵元三人奥印仕、御屋敷御役人方添証文御渡被成、右代り米之儀者、当年登新穀を以御渡可被成旨被仰候ニ付、此儀納得仕候、然ハ先達而御願奉申上候儀御下ヶ被為成下候上ニ而、加州御屋敷御役人中并置主請人米預り証文を以右之米貸渡、代り米之儀者当年登新穀を以私方へ請取申筈、尤新蔵元奥印之儀者加州御国元へ一応通達仕候上ニ而印形可仕由申之候、追而印形相済候節御届可奉申上候、右之通相対相済申候得者乍恐右一件御下ヶ奉願上候、願之通御聞済被為成下候ハヽ、難有奉存候、以上

明和九年辰三月十六日

平野町三丁目
越後屋七郎兵衛
病気ニ付　代　孫兵衛　印

（中略）

京釜座通奈良屋町
玉屋次郎右衛門　印

（中略）

堺本在家町

具足屋庄右衛門　　印

（中略）

松平加賀守殿蔵元

京都井筒屋重右衛門

当地代判堂嶋新地中壱丁目

井筒屋善七病気ニ付

代　次兵衛　　印

同蔵元

京都吉文字屋善六

当地代判堂島裏一丁目

肥前屋勘右衛門かしや

吉文字屋嘉兵衛　　印

同蔵元

四軒町

升屋市郎兵衛

病気ニ付

代　文右衛門　印

御

この新米を質物にいれることで内済にするとの願書は、越後屋七郎兵衛のほかに、玉屋次郎右衛門と具足屋庄右衛門の二人の元蔵元と井筒屋（河井）重右衛門[6]、吉文字屋（井川）善六、升屋市郎兵衛の三人の新蔵元が連名、押印の上で大坂町奉行所宛に出されたものである。

ところが同年に加賀藩は四万俵の大坂廻米を行ったので、大坂両替店は質米の催促に行ったところ、江戸屋敷の類焼、廻米の減少を理由に加賀藩は質米を渡すことを断ってきた。内済は反古にされた訳であり、三井両替店としてはそのために解決の途を失い、かつ加賀藩からの延為替、米質貸の利足は得られなくなっていた。安永元年二月の江戸行人坂の火事は多くの大名藩邸を焼失させ、同日暮に小石川辺りより出火した火事により加賀藩の屋敷も焼失した。大名の資金需要はたかまったのであるが、米切手は信用を失っていたために、安永二年二月には幕府は不渡りの米切手は官銀により買い上げ、その蔵屋敷から代銀を取り立てるという御触が出されるほどに米切手を保護しようとした。同時に米切手を引当とする貸付金が滞りとなった場合に、その裁許は名目金裁許と同様となったため、三井両替店は安永二年三月に、勘定所役人中井清太夫から滞り金裁許として町奉行所に出訴することを勧められ、それで済まない場合は江戸に願い出ることを勧められている[7]。三井元之助は御為替三井組として勘定奉行支配下にあったため、出訴の手段としては大坂町奉行所のほかに勘定奉行所と評定所とがあった。しかし安永二年に「宜手筋へ申込一昨年ゟ之難渋申双、御評定所へも御願申上度奉存候得とも年来呉服御用被仰付候義ニ付右様ニも得不仕候[8]」との記録がある。越後屋江戸本店が加賀藩屋敷の呉服御用を勤めていることを配慮して評定所に願い出ることを止めたのである。勘定奉行の対応について、次の記録をみてみよう[9]。

一中井様御着後、次郎右衛門様幷桜井与兵衛江御逢被下候様申込候処、御用多之由ニ而御逢無之候処、四月廿一日被遊御出候之様被仰越候付、次郎右衛門様、与兵衛御召連被遊御出候処、早速御逢彼是御懇意之御挨拶有之、次郎右衛門様ニも於京都同苗とも江御逢被下御懇意被仰下、京大坂名代之者江も何角御懇意被仰下候段申越、難有奉存候段御挨拶被遊候、且又加州御屋敷米質之儀彼是御懇情に思召被仰下難有奉存候旨与兵衛も申上候処、中井様被仰候ハ、右一件於大坂嘉平次、清太郎ゟ委細承り気之毒存候、屋敷之仕方不法千万成事ニ候、右之儀於大坂厳敷致催促不相済候ハ、先達而申下ケ仕段々催促仕候得とも未相済不申段願上候て可然候、山城守殿江最初願出候事故、帰坂之上ならてハ願出候義ハ相成間敷哉、乍然奉行一体之事ニ候得者神谷殿江願出候ても苦かる間敷被存候、兎角厳敷致催促願出之方可然候、惣体正米幷切手等之仕方近来猥ニ相成、右体之不法も致出来候、依而仕法相直り候様御上ニも殊之外御世話被遊候、拙者急ニ罷下候も右之儀付て之事候、御勘定奉行衆江も委細噺置申候、追てハ何れニ一統之被仰出も可有之候、左候得者夫ゟ前に願上置候方宜敷可有之候、仮令願上不申候ても被仰出有之候ハ、一統相片付可申候得とも、おなしくハ夫より前に願上置候方可然候、上之御沙汰ニ相成候てハ加州右掛り役人公儀江之聞得旁其儘にハ被指置かたき筋と被存候、右之趣彼地江申登せ、厳敷及催促願上候様取計可申候、其上ニ而不相済候ハ、御為替引当ニ取置候方ハ御勘定所江願出候ても支配之事ニ候得者訳立可申存候段被仰付段々御懇情被仰下千万難有奉存候

嘉平次とは三井大坂両替店重役中井嘉平次であり、清太郎とは京両替店支配役の五十川清太郎である。また山城守は大坂東町奉行室賀正之であり、神谷とは大坂西町奉行神谷清俊である。勘定所としては、米切手流通統制の上からも加賀藩の借蔵破錠事件を放置できないと考えたであろう。しかし大坂町奉行所では加賀藩を相手に調停することには困難がみられた。「右筋厳敷御裁許被存候様申聞候得とも裁許手ぬるき様被存、全体天満筋不届と御にらみ之御口

振も相聞得候事(10)」と勘定所の中井の態度が記されている。「相手御大身之御事故六ケ敷有之候、乍然右体之不法其儘ニ差置候てハ外様へも移り可申存候へハ御大法も相立不申候と被申聞候付何分宜敷奉願候(11)」と三井両替店としては、勘定所の動向に期待しているが、勘定奉行所や評定所に出訴することはなかったために、大坂町奉行所の調停のみでは進展はみなかった。そこで加賀藩の出入商人で越後屋の年来の得意先でもある和田理助に仲介を頼むことになった。その和田理助を仲介として、三井両替店は未払いの利足の受取りと貸付銀の年賦返済とを求めることにした。それは加賀藩にとっては大坂廻米の石数を定めることと、その中での借銀返済にあてる石数を定めることを意味した。ところで問題は年賦返済を定めるにあたって、銀主が三井のみに限らなかったことである。安永三年正月の次の記録をみよう(12)。

一加州廻米大坂廻り拾万石之内、五千石者江戸廻し積御治定之旨、浜方世話人江披露有之候、借銀方御済方之儀ハ弐万六百石之積相願候処、今年ハ右高ニハ難成、借銀高江壱万五千石御渡可被成旨御国元ゟ之書面

米仲買は一〇万石のうち二万六〇〇石を借銀返済にあてることを求めたが、加賀藩国元よりは一万五〇〇〇石をあてるとの回答で浜方はそれを納得したという。さらに次をみてみよう(13)。

一右之通申登候付、主中様方へも申上思召寄相伺店ニても相談候処、右壱万五千石之内へ入一統之御埒合ニ相成候てハ御為替又ハ正米所持いたし居候処之訳合も立不申、左候ときハ此上又々及公訴候外無之候得とも、左様いたし候時ハ古蔵元江被仰付候而已ニ而蔵役人江急度被仰付も無之候得者、只延々ニ相成候事ニ而詮も有之間敷、其上本店御出入之気味合も有之候得者、旁意脚千万之儀ニ候付、此上ニもいたし見可申ハ加藤氏江与一ゟ音物等ニても為致遂入魂、御為替之訳正米所持之所少々ニても相顕候様、左無之候てハ御名目之訳も立不申候間、与一へ致熟談見可申旨申出、去秋米切手厳敷御触流も有之事ニ候得者、右壱万五千石之割方此節請不申、不残

新切手ニ仕替申請候様相願候ハ、此末之済方如何可有之候哉、且御借銀高凡野(二)万〆ゝ(貫目)計有之候処江、壱万五千石請取候て不残御元入ニ成候時ハ凡廿五年賦ほとに相当候、右壱万五千石不残御元済ニ相成候哉、又ハ其内にてり足も相渡り候事故、外々質米掛り幷嶋勘も納得之趣ニ有之、是ハ右壱万五千石代ヲ一統之割方ニ致得心候哉承合せ候之様及通達候事

三井両替店を含めて、加賀藩の借銀高は二万貫目に及んでいた(14)。一万五〇〇〇石の廻米は当時相場で銀八〇〇貫目に相当していた。そこで無利足償還でも二五年賦となる。安永三年はその一万五〇〇〇石代を借銀高に応じて配分することになるのである。銀主はしたがって加賀藩との間で年賦償還方法について取決めをする必要があったが、銀主が連合して加賀藩と取決めを行う動きはなかった。三井両替店は和田理助に頼んで加賀藩国元に赴かせ交渉にあたらせた。その結果、安永三年（一七七四）一二月に年賦償還方法を取り結ぶことに成功した。

注

（1）「加州質米一件」（三井文庫所蔵史料　続一四三九）。

（2）「大坂表風聞之儀ニ付京都三井組名代之者共江内々承合候処差出候書付写」（三井文庫所蔵史料　別二二四五―七）。

（3）「加州蔵米錠前封印相違ニ付出訴書類」（三井文庫所蔵史料　別一九一九―二九）。

（4）「御用帳」（三井文庫所蔵史料　本三四二）。

（5）「加州蔵米錠前封印相違ニ付出訴書類」（三井文庫所蔵史料　別一九一九―二九）。

（6）井筒屋（河井）重右衛門は加賀藩蔵元だけでなく、「諸御屋敷方御出入御蔵元相勤、其外糸絹問屋商売、江戸表ニ而ハ呉服物太物類商売店も出シ」（「河井十右衛門河井十三郎取組一件」三井文庫所蔵史料　続一四一五―一）といわれる商人で、安永期で京都の両替町二条上ル町西側、東側、室町二条上ル町東側をはじめ一二カ所、大坂で堂島新地など五カ所、江戸で一カ所の家屋敷をもっていた。

（7）「加州質米一件」（三井文庫所蔵史料　続一四三九）。

（8）同右。
（9）同右。
（10）同右。
（11）同右。
（12）同右。
（13）同右。
（14）加賀藩財政に関する研究としては、土屋喬雄『封建社会崩壊過程の研究』（弘文堂書房、昭和二年）が代表的であり、田畑勉「宝暦、天明期における加賀藩財政の意義」（『史苑』三〇巻一号）、同「寛政・享和期における加賀藩財政の構造について」（『地方史研究』二一巻三号）、同「天保・弘化期における加賀藩財政と藩債返済仕法の構造」（『史苑』三四巻一号）などがある。

第三節　安永三年の返済仕法

明和八年（一七七一）に加賀藩が借蔵の錠を破り、質米を持ち出す一件がおこってから、三井両替店としては質米確保、あるいは貸付銀の完済を求めて訴訟上の手続きを求めようとしたが、結局安永三年に和解することになった。加賀藩は大坂廻米のうち大坂銀主の借銀返済に一万五〇〇〇石を当てることになったのである。そして三井両替店からの貸出金については、大坂町奉行所与力牧野平左衛門から次に引用する内容で加賀藩蔵役人加藤八郎右衛門に斡旋があり、三井両替店はそれを受け入れることになった（1）。

一牧野平左衛門殿ゟ加藤八郎右衛門殿へ面談有之候処、質方之埒合之儀ハ去ル卯六月ゟ当午六月迄之り足元銀江
盛込、此当法イ〆ヽ（一貫目）ニ付マシセヽセ（三十二匁二）厘余之積を以可相渡外手段無之由、尤助忠、升平方ハ去巳十二月迄之利を

盛込候割当ニ候得とも、当午半季分たけ規模付被申候之由、仍之与一及返答候ハ質米之儀ハ右之通にて越後屋納得為致可申候、御為替之方功御立候様段々相対之上御為替元銀マ舟カシマ〆ゝ(三百六十三貫目)之処、卯十二月ゟ当午十二迄之り足三十八ケ月分チシウ〆カ舟カシイゝ(八十九貫六百六十一匁)元利合ツ舟カシセ〆カ舟カシイゝ(四百六十二貫六百六十一匁)来未年より一ケ年マシ〆ゝ(三十貫目)宛相渡十五ケ年ニ皆済可致候旨相対相済候付、加藤氏ゟ相対証文取之、此方ニ取置候質証文切手差戻し可申筈ニ相成

米質方では滞り利足を加算した上で、一貫目につき三二匁二厘の割合の三八貫二四三匁余を一年の償還高とするという取決めを行った。また延為替貸付銀については三〇貫目を一年の償還高としたのである。加賀藩蔵役人の加藤八郎右衛門から三井両替店質方名前人越後屋安次郎への新借用証文を次に示す。[2]

借用申一札之事

一　千百九拾四貫百五拾目　　文丁銀

右加州殿、就要用金借用申処実正也、右銀子者今般改法ニ付一ケ年壱貫目ニ付、三拾弐匁弐厘五毛四味宛之図りを以壱ケ年当り三拾八貫弐百四拾三匁三厘壱毛、当年ゟ年々元入銀ニ相渡、来未年ゟ追々無遅滞可相渡候、尤此末一統割方相増候節ハ其割法を以相増可相渡候、仍相対証文如件

安永三年十二月　　加州殿内

加藤八郎右衛門　印

越後屋安次郎殿

新しい借用証文への切替えの内容を示したのが第7－3表である。米質貸では八五〇貫目と一〇〇貫目の滞元高に対して、明和八年六月から安永三年六月までの三八カ月分の利子を加算し、相対元高を一一九四貫一五〇目と定めた。利子率は前者が月〇・六五パーセント、後者が月〇・九パーセントである。また第7－4表の延為替の場合は明和八

年六月から安永三年一二月までの四四カ月分の利子を加算して相対元高を四五〇貫一〇〇目とした。この年賦返済方法では、償還方法が決まるまでの月歩の利子は合算されるが、それ以降の利子はすべて切り捨てられた。この償還方法によると延為替は一五年賦となり、米質貸は三一年賦となる。

ところで三井両替店の加賀藩への質物貸には加入貸という特徴が含まれている。安永三年の一一九四貫一五〇目の米質相対元高のうち、六二貫三五〇目は加入貸であり、両替店の貸付銀は一一三一貫八〇〇目である。第7―5表に示したのは天明六年の加賀藩米質貸の年賦貸残高であるが、九二〇貫目余のうち三井両替店の自らの資金による債権部分は八七二貫目余りであり、四八貫目余が加入預り銀の貸付である。加入貸は三井両替店の大名金融に数多くみられ、主に別宅の資金を加入貸として運用するのである。別宅は加入貸として三井両替店の大名への貸付に加わり、その利益を収取するのであるが、危険負担をも

第7―3表　加賀藩米質貸の相対元高

銀　高	内　訳
貫　匁 850,000.00	米質貸滞元高
209,950.00	此利銀，明和8年6月より安永3年6月まで38カ月
100,000.00	米質貸滞元高
34,200.00	此利銀，同上
1,194,150.00	合計，安永3年米質貸相対元高

出所）「加州質米一件」(三井文庫所蔵史料　続1439).

第7―4表　加賀藩延為替の相対元高

銀　高	内　訳
貫　匁 350,000.00	御為替銀滞元高
100,100.00	此利銀，明和8年6月より安永3年12月まで44カ月
450,100.00	合計，御為替銀相対元高

出所）「加州質米一件」(三井文庫所蔵史料　続1439).

第7―5表　加賀藩米質貸の天明6年残高内訳

銀　高	内　訳
貫　匁 872,034.45	店
15,372.72	中　井
2,882.43	石　井
2,882.43	今治方
9,127.47	中　文
7,205.94	高　孚
6,725.56	高　登
3,843.20	橋　井
920,074.20	合　計

出所）「御屋鋪質物貸」(三井文庫所蔵史料　続2526).

第7－6表　加賀藩米質貸の元本返済

銀高	内訳
貫　匁	
1,194,150.000	安永3年12月米質貸相対元高
38,243.131	安永3年元入(元本返済)高
38,243.131	安永4年元入高
38,243.131	安永5年元入高
38,243.131	安永6年元入高
38,243.131	安永7年元入高
38,243.131	安永8年元入高
38,243.131	安永9年元入高
5,099.084	天明3年元入高
1,274.799	天明6年元銀引捨高
274,075.800	元入銀元銀引捨高合計
920,074.200	天明6年差引残高

出所）「加州質米一件」(三井文庫所蔵史料　続1439).

第7－7表　加賀藩延為替の元本返済

銀高	内訳
貫　匁	
450,100.00	安永3年12月延為替相対元高
30,000.00	安永4年元入(元本返済)高
30,000.00	安永5年元入高
30,000.00	安永6年元入高
30,000.00	安永7年元入高
30,000.00	安永8年元入高
30,000.00	安永9年元入高
4,000.00	天明3年元入高
1,000.00	天明6年元銀引捨高
185,000.00	元入高元銀引捨高合計
265,100.00	天明6年差引残高

出所）「加州質米一件」(三井文庫所蔵史料　続1439).

負わねばならなかった。

安永三年の加賀藩の借銀返済仕法は、その後どのように実施されたであろうか。第7―6表と第7―7表に米質貸と延為替の天明六年までの返済高と差引残高を示した。ともに安永九年まで規則どおり返済され、天明元年（一七八一）、二年には元本返済がなされなくなり、天明三年に若干の返済がなされた。そして天明四年、五年にも全くなされていない。加賀藩において天明元年から大坂廻米が行われなくなったためである。次の加賀藩役人安井左太夫と西永助五郎が三井にあてた「口達之覚」をみてみよう。(3)

口達之覚

前々借入銀年賦ニ相成申分、年賦渡り来月相渡申筈ニ候之処、諸借銀方先今年延引之儀先達而一統相頼候申入候通、国方勝手向連々及難渋、物入も段々差添候上、去年領分凶作ニて別而差支、今年廻米一向無之族ニ候故、右年賦渡り先今年致延引候、此段乍不肖可相頼旨国元ゟ申来候条承知有之候様頼入候、尚又国元ゟ申越候趣も有之様子ニ候間、其儀ハ追而可申談事

天明元年（一七八一）八月のこの口達では加賀藩国元より廻米がないため、来年の年賦金返還を一応延期するとしている。安永九年（一七八〇）には加賀藩領内が凶作となり、そのため大坂廻米ができなくなって、財政は著しく困難に陥っていた。(4)ところが天明元年一二月になり、銀主一統に対して「旧借年賦銀今年分相淀ミ、来年ゟ先当分唯今迄之渡り高三ノ一相渡度候」(5)と、来年度よりの返済額をこれまでの三分の一にすると通告してきた。なお新借銀についても、これまでの利足を元銀に加えた上で年に一回利足だけを支払うということにした。それと同時に示された「口達之覚」(6)においても「当屋敷借用銀年賦ニ相成候分、且近年新借入銀とも今年一向廻米無之候付、元利延引致度候旨先達而相頼置、猶返済方之儀於国元段々僉議有之候へとも、如何共可取計手段無之旨ニ付今年無拠相淀ミ候、来年ゟハ夫々約諾之通可及沙汰候義ニ候之処、近年国方連々勝手向甚難渋江戸表入用方差支、既且領国政務ニも相障候程之体ニ候、然ル処近年此表為登米下直ニて弥不手繰故、不得止事国方ニて致取捌候処、江戸表入用方多く過分之及引当米高ニ候、近年領国凶作に而ハ無之候得とも、跡引ニ相成、来年ゟ為登米之手当一円無之族ニ候、乍然此表江登せ米不致候而ハ不相成事故幾重ニも致工面、少々成とも差登せ可申と種々遂僉議申儀ニ候、如此之勝手振ニ付、新古借銀約諾之通者返済難成候」と、大坂での米価安のために加賀国元で蔵米の売却を行うことと、江戸での入用の増加のために大坂での借銀返済が困難なことを記している。

天明元年に年賦銀を三分の一ずつ返済すると申し渡されたにもかかわらず、第7―6表、第7―7表の示すように

それも実行されなかった。天明三年（一七八三）六月に加賀藩から示された次の「口達之覚」では領内困窮のため同年に一万石の大坂廻米を行い、それを借銀の返済に配分したいとしている。(7)

口達之覚

当屋敷大坂表新古借銀返済方之儀、先達而頼入候通ニ付為引当今年石数廻米可有之儀於国許種々僉議在之候へ共、勝手振難渋至極之儀、先達而各承知之通近年作毛不熟、去年之作毛宜様風聞有之様子ニ候へとも、作体不宜過分取劣ニて償米も有之候へとも行届不申、当春夫食等用米差支又候貸米被申付過分之損毛ニ而以之外差支ニ相成候、大坂表借銀去々年ゟ元利淀申事ニ候へハ諸銀主甚可為難儀候へとも精成を尽、今年壱万石廻米有之候、右壱万石去年之渡方ニ引当割符相渡可申候、右之趣銀主不承知にて若及公訴族致出来候共無是非時節故、右之趣年寄中ゟ加賀守殿聴ニも相達候之旨勝手方主付前田土佐守、村井又兵衛ゟ算用場奉行へ被申渡候之間、右壱万石新古借銀方江可相渡候、然ル上相頼置候仕法ニハ可致不足候得とも可引足手段無之候条、去年之仕法右壱万石ニて相済候様致度候、銀主中納得之儀頼込候様ニ拙者共江下知有之候、一統可為迷惑候へ共右之通相頼候間承知在之候様致度候事

卯六月　坂井善大夫(8)

一万石の廻米は銀七五〇貫目に相当する。また年賦銀三分の一返済は銀八五〇貫目に当たり、天明三年六月の「口達之覚」の申渡しの内容は年賦銀返済の三〇パーセントに当たるのであるが、実際に三井両替店に返済されたのは年賦銀の一三パーセントにすぎない。第7—7表に示されたように御為替銀返済額は四貫目である。それには「御印年賦最初マシ〆ヽ(三十貫目)宛相渡り候処、去寅年ゟ御改法一ケ年シ〆ヽ(十貫目)宛相渡筈之処、右之内へ当年此高相渡残銀追而御渡可被成旨」(9)と説明があった。天明三年七月に加賀藩領内で大洪水があり、一五〇〇カ村が水損を受けたためであるという。

同年は米質貸についても三井両替店分は四貫八三二匁八分五厘にとどまった。

天明四年には領内凶作となり大坂廻米はなかった。翌天明五年にも廻米はなかった。そのため両年には借銀返済はなされなかった。天明四年の加賀藩から三井両替店への年賦返済お断りの「口達之覚」(10)を次に引用する。

口達之覚

今年大坂廻米之儀、当春以来於国許僉議在之候処、右之手当一円不相調是迄及延引候、一統聞及之通近年勝手向難渋至極之上、去年領国三州共往古ゟ無之凶作ニ而、八拾弐万石之損毛公辺江御届有之、不納同事之儀ニ而当春以来三州共用米必至と差支、公務も闕ケ候族三州共漸是迄麁食を以取続候為体、末郡方償米夫食等此節迄渡方差支出作最中之時節取治方難渋至極、右体之事ニ而調達米之手段無之、廻米之否延滞ニ相成候、大坂表借銀引当廻米之儀去丑年新古借銀返弁仕法相極り候之所、其以後近年打続作毛不熟連年不時之物入打重候故、義定も相違ニ相成候、今年之儀は米高不為差登候而者難相成候所、去年之凶作不納同事之儀故心外之事ニ相成候、是迄連年廻米無数、諸銀主不肖之事故責而少石ニ而も為差登度、春来打返情誠を尽候へ共凶年ニ而民食甚乏キ年柄ニ候得者何を以調達可取計手段無之候、依而無是非今年返済方相淀候儀銀主中一統江頼込可申候、皆ニ廻米無之闕年ニ而者存外至極惣分難渋之事ニ候得共、前段之通行詰候故不得止事右之段申越候、後年廻米之儀者作毛次第米高為差登連年之不肖相弁度儀者元来之趣意ニ候之条、銀主中何分ニも納得之儀拙者ゟ頼込候様金沢表ゟ申来候、一統案外之儀可為迷惑儀ニ候得共右之通承知有之様頼入候事

辰五月

八二万石の損毛のために大坂廻米ができず、返済もできない事情を承知してほしいという。天明五年の「口達之覚」(11)においては「去ル丑年御減石已後五ケ年ニ及申内、寅年ゟ御旧借御渡方三ノ一ニ御仕法御頼有之、卯年ニ五千石

代銀を以御割符被仰付、三ノ一之半通之相渡り、其後右三ノ一寅年分之残りさへ相淀、闕年ニ相成、押移当春已来為御登米之御沙汰も無之、甚御難渋至極之御振合ニ御座候、此後とても中々近年ニ御渡方御僉義可有之様ニ者不被存候、近年願書等被差出種々御願有之候得共一向御沙汰無之故、最早御願方之手段も尽候程之義ニ御座候、仍之此度古先納始御旧借御印紙付之分不残被差出、御憐愍願有之候ハヽ、行届候程之義ハ有之間敷候得共、少分ニ而も御会釈可被有之候」と、手段が尽き果てたために、証文をそのまま返してくれれば、そのうち借銀のいくらかでも返すことができるのではないかと記すに至っている。しかし加賀藩としては闕年を明確に打ち出すことはできないために銀主の方から願い出てくれないかというのである。大坂廻米がなされず、借銀返済も全く行き詰まった状況となり、天明五年の加賀藩の借銀は銀一一万七三〇貫目余、金一八万二八〇〇両、米三四万四四〇〇石に達していた。その中で大坂での借銀は銀五万三六〇〇貫目であった(12)。明和四年の借銀高六万貫目よりずいぶん増加している。すでに安永三年の借銀返済仕法は破綻しており、早晩、仕法替えを行わなければならない状況となっていた。

注

(1)「加州質米一件」(三井文庫所蔵史料　続一四三九)。
(2) 同右。
(3) 同右。
(4) 天明元年二月の改作奉行より諸郡御扶持人・十村中への申渡でも「去年御領国一統不作に付、過分之及御償米高に候、元来近年御難渋に付、大坂御廻米も過半御調達を以取計来候処、右御調達御借返之分不残御償米に相成候に付、当春御廻米御手当不致出来」(『加賀藩史料』第九編)とあり、従来よりの藩財政の困難な状況に、天明元年以降凶作による新たな困難が加わった。
(5)「加州質米一件」(三井文庫所蔵史料　続一四三九)。
(6) 同右。
(7) 同右。

(8)「新古御借銀之内へ当年イ《一》万石御割渡可被成旨被仰出候、則別紙書付之趣也、右イ《二》万石御渡方之儀蔵元へ相尋候処、未聢と難相知候へとも三ケ一御渡方凡チ舟《八百五十貫目》サシ〆ゝ程之処、右イ《二》万石代エ舟《七百五十貫目》サシ〆ゝと見て譬ハ年賦銀三ケ一ニてイ〆《二貫目》ゝ可相渡候所エチ舟《七八百目》ゝ位之渡り方ニ可相成哉」(「加州質米一件」三井文庫所蔵史料 続一四三九)。
(9)「加州質米一件」(三井文庫所蔵史料 続一四三九)。
(10)「諸方埒合帳」(三井文庫所蔵史料 別四二二)。
(11)同右。天明五年四月一六日。
(12)田畑勉「宝暦・天明期における加賀藩財政の意義」(『史苑』三〇巻一号)。

第四節 天明六年の仕法替え

安永三年以降の米質貸と延為替銀の元本償還は第7―6表、第7―7表のとおりである。大坂両替店の勘定目録では、貸付残高から償還高をその都度差し引くという決算方法をとらないで、別勘定にプールしているのである。それを第7―8表からみてみよう。御印方とは御為替銀貸付の意味である。元入高は入銀として積み立てられ、それらの合計が一〇〇貫目を超えたところで、米質貸と延為替銀の残高合計が一〇〇貫目ずつ差し引かれることになる。したがって安永五年から九年までに合計四〇〇貫目が差し引かれ、米質貸は九一一貫八〇〇目に、延為替銀は二七〇貫一〇〇目となった。しかし安永三年の返済仕法は天明期になり破綻した。天明元年から元本返済がなされなくなったのである。三井両替店は元本返済を求める願書を出したが、天明三年に若干返済されたのみである。そのような中で加賀藩は天明五年(一七八五)一一月に返済についての新しい提案を行っている。それを次の番状からみてみよう。(1)

大坂無番状之写

第7—8表　大坂両替店の加州御印方・米質方の元本返済と利足積銀

年	内　　　訳	入銀高	出銀高	年末残高
		貫　匁	貫　匁	貫　匁
安永3年	米質方元入(元本返済)高，午年分	36,246.35	—	36,246.35
4年	元入積銀利足	2,883.34	—	
	諸入用	—	1,217.53	37,912.16
5年	御印方元入高，未年分，申年分	60,000.00	—	
	米質方元入高，未年分，申年分	72,492.70	—	
	元入積銀利足	6,683.61	—	
	御印年賦銀貸高引(390貫100目)	—	60,000.00	
	米質年賦銀貸高引(1,091貫800目)	—	40,000.00	
	新出し銀	—	50,000.00	
	諸入用	—	1,017.30	26,071.17
6年	御印方元入高，酉年分	30,000.00	—	
	米質方元入高，酉年分	36,246.35	—	
	新出し銀元済	50,000.00	—	
	元入積銀利足	4,505.20	—	
	御印年賦銀貸高引(360貫100目)	—	30,000.00	
	米質年賦銀貸高引(1,021貫800目)	—	70,000.00	
	諸人用	—	8.90	46,813.82
7年	御印方元入高，戌年分	30,000.00	—	
	米質方元入高，戌年分	36,246.35	—	
	元入積銀利足	2,343.60	—	
	御印年賦銀貸高引(330貫100目)	—	30,000.00	
	米質年賦銀貸高引(951貫800目)	—	70,000.00	
	諸入用	—	760.16	14,643.61
8年	御印方元入高，亥年分	30,000.00	—	
	米質方元入高，亥年分	36,246.35	—	
	元入積銀利足	983.64	—	
	諸入用	—	197.09	81,676.51
9年	御印方元入高，子年分	30,000.00	—	
	米質方元入高，子年分	36,246.35	—	
	元入積銀利足	4,788.00	—	
	御印年賦銀貸高引(270貫100目)	—	60,000.00	
	米質年賦銀貸高引(911貫800目)	—	40,000.00	
	諸入用	—	420.45	52,290.41
天明元年	元入積銀利足	2,360.40	—	
	諸入用	—	20,042.25	34,608.56
2年	元入積銀利足	1,738.80	—	
	諸入用	—	24.70	36,322.66

3年	御印方元入高	4,000.00	—	
	米質方元入高	4,832.85	—	
	元入積銀利足	1,387.30	—	
	諸入用	—	104.40	46,438.41
4年	元入積銀利足	676.20	—	
	牧印返済	10,000.00	—	57,114.61
5年	元入積銀利足	2,154.60	—	59,269.21
6年	元入積銀利足	1,486.80	—	
	御印方元入高	1,000.00	—	
	米質方元入高	1,208.25	—	
	御印元銀265貫100目利足	5,302.00	—	
	米質元銀872貫34匁4分5厘利足	13,080.51	—	
	諸入用	—	2,501.81	78,844.96
7年	元入積銀利足	1,648.50	—	
	御印元銀利足	5,302.00	—	
	米質元銀利足	13,080.51	—	
	諸入用	—	208.20	98,667.77
8年	元入積銀利足	1,867.95	—	
	御印年賦銀貸高引(230貫100目)	—	40,000.00	
	米質年賦銀貸高引(851貫800目)	—	60,000.00	
	諸入用	—	351.05	184.67

出所）「加州質米一件」（三井文庫所蔵史料　続1439）.

加州年賦銀之儀去辰年御廻米無之、諸向共御渡方無之候、又々今年も御廻米無之候ニ付、蔵元存寄申出シ候ハ、御国元近年凶作打続、其上御物入多甚御勝手差支候ニ付、御廻米も無之、御埒合筋此上銀主中へ御頼之手段も尽果候程之事ニ候、此通りニ而ハ中々近年ニ御渡方御手当可有之様ニ者不被存候、依之此度拙者共存付候者、古先納銀幷御旧借共不残証文被差戻候ハヽ、少分ニ而も相応御会釈可有之候、右仕法ハ最初御相対通之高、又々寅年御改法三ケ一渡りニ相成候高ヲ、七ケ年分当暮一時ニ御渡可有之旨御屋敷ニも相伺候所、右之通銀主中納得於有之ハ、御国方へ御申取随分右之通御渡方出来可申段蔵元ゟ相談申掛候得者、右三ケ一之七ケ年分請取ニ而証文高不残済切ニ相成候義、一統不得心ニ而相談出来不申候

これによると加賀藩では近年大坂廻米も行われず、借銀の元本返済もできない状態となっているため、

年々の返済高の三分の一を七カ年分一時に支払うから、それを以て元本の返済を終了したことにしてほしいという内容になっている。三分の一の七年分とは年々返済高二年分と三分の一である。前述した天明五年の闕年案に具体的な数値を書き込んだことになる。それを三井両替店の御為替銀貸高四五〇貫一〇〇目でみると、一八四貫目が返済されていて、残りの二六六貫一〇〇目のうち、年々返済高三〇貫目の三分の一、すなわち一〇貫目の七カ年分の七〇貫目を一時に返すから残り一九六貫一〇〇目を帳消しにしてほしいというものである。米質貸一一九四貫一五〇目の場合は、二七二貫八〇一匁一毛が返済されていて、残高の九二一貫三四八匁余のうち、八九貫二三三匁余を返済するから、八三二貫一一五匁余を棄捐してほしいということになる。

　このような加賀藩の提案に銀主が合意するはずもなく、実施されてもいない。そこで次に天明六年（一七八六）三月に借銀高を一石に付き銀三〇匁の計算に換算し、一年にその石高一〇〇石につき銀二五匁の割合で償還するという方法が示された。その計算方法はすなわち無利足償還で一二〇年賦となる。ところがこの案も実施されなかった。天明六年六月には元本返済を中止し、延為替には年二パーセント、米質貸には年一パーセントの利足のみを渡すとの案が示された。次の無番状をみてみよう(2)。

　大坂無番状之写

一昨日井川店ゟ加州御屋敷江御印并質米年賦証文差出候様申参候ニ付、今日井川店江久次郎罷越、善助へ致面談、右ハ御渡シ方如何相成候哉と尋掛候所、已来御元入無之御印方年セ（二）朱之利足、米質之方年イ（一）朱之利足、下地証文御用ひ御継紙有之、此度御仕法之文言御認当時御役人中御印形被成候由申聞候ニ付、即答申候ハ何分下地之通御元入相成申間敷哉、御為替銀之規模付候様御取計給り候様呉々相頼候所、館入町人重キ証文借り之向キニ而も一統イ（一）朱之利足ニ候得者、御為替銀者格別之義故外並ゟ者イ（一）朱方規模相立、セ（二）朱之利足ニ相成候事ニ有之

候、勿論一統元入之儀者先暫ク相淀ミ申候、又年々勝手振相直し候ハヽ、其節操合相渡り可申哉、是ハ追而相願

見可申旨今年ゟ利足計相渡り候積り可相心得旨被申聞候

これによると米質方の一年の利足は九貫二一三匁四分九厘、延為替の利足は五貫三二二匁となり、合計は一四貫五三五匁四分九厘となる。元本返済の見通しもないために、銀主としては利足のみの受取りを承諾せざるをえなかった。同年一一月には三井両替店の米質方の利足は年一・五パーセントとされた。利足銀受取りの記録は次のとおりである。(3)

一 銀サ〆マ舟セゝ（五貫三百二匁）　御印引残元銀セ舟カシサ〆舟ゝ（二百六十五貫百目）（二）年セ歩之り足当午年分

一 銀シマ〆チシゝサ入イリ（十三貫八十目五分一厘）　米質引残元銀チ舟エシセ〆マシツゝツ入サリ（八百七十二貫三十四匁四分五厘）（一）年イ歩半之り足当午年分

〆銀シチ〆マ舟チシセゝサ入イ厘（十八貫三百八十二匁五分二）

三井両替店は加賀藩より年々一八貫三八二匁余を受け取ることになる。年二パーセントの利足は無利足五〇年賦償還とすることもできたであろうが、(4)そうしなかったのはなぜであろうか。三井両替店では天明七年九月に元入銀の願書を出しているが、米質貸の願書は次のとおりである。(5)

以書付御願申上候

一御屋敷様江私ゟ差上置候銀子当時残元九百弐拾貫七拾四匁弐分、去午年御改法年壱歩半御利足当りヲ以壱ヶ年拾三貫八百壱匁壱分壱厘宛御渡被成下候、元来右銀子之儀は先年御蔵元辻次郎右衛門、具足屋庄右衛門方ゟ段々相頼、御蔵米当分質物ニ被差入度無拠御詰合之御役人中様御頼之趣被申談候付、則両家之証文ヲ以銀子相納猶御役人中様ゟも御一札御渡被下候、然ル所其節御米御入用ニ付返上仕候様被仰下候ニ付、銀子御返済之上御渡可申上と申上候得共、御聞届無之、御米者御蔵出しニ相成、無是非御儀奉存候、依之御公辺ニ相成候儀は御蔵元中能存知之儀故、恐多書許不申上候、然ル処安永三年御改法壱ヶ年銀三拾八貫弐百四拾三匁壱分三厘

壱毛宛安永九年迄御元入御渡被成下候、其後両度御改法被仰出、猶又昨年ゟ前書之通年壱歩半御利足御渡被成下候得共御元入無御座候ニ付、加入等之者ゟ私方へ毎々催促仕難渋至極奉存候、尤去年御改法之節御元入之儀御願申上、御蔵元井川善六方へ精々相頼候処、御仕組も相済候上之儀ニ付、元銀御内下ケ之儀は何れ今年ならてハ御作略難被成旨被申聞候ニ付、先去年ハ右御改法通御請奉申上候、右加入之者共時節柄困窮罷在候ニ付追々相願申候、右申上候趣御聞分被成下、何卒不限多少御元入被成下候様幾重ニも奉願上候、以上

天明七年未九月　　越後屋安次郎　判

笠間九兵衛様

小寺武兵衛様

これらの米質貸や御為替銀の元本返済を求める願書にもかかわらず、この後は元本返済がなされることはなかった。天明八年から寛政一二年までの延為替、米質貸の利足の差引きを第7―9表からみてみよう。寛政五年に延為替（御印）で五貫一〇〇目、米質貸で一九貫〇三四匁四分五厘が元入銀となっており、延為替残高は二六〇貫目、米質貸残高は八五三貫目となったため、利足はそれぞれ五貫二〇〇目、一二貫七九五匁となった。それらの利足も償還高と同様に別勘定に積み立てられたため、寛政五年と八年にはそこから一〇〇貫目ずつ差し引かれた。この差引勘定では、利足入も収益の中には含まれないで、元入銀と同様に取り扱われている。

大坂両替店の目録に表わされた加賀藩の御印方と米質方の残高を示すと第7―10表のとおりである。大坂両替店の御屋敷貸はほかの種目の貸付金が滞りとなり、事実上の大名貸であった場合に付替えられる口座となっていて、加賀藩への延為替、質物貸も安永三年に御屋敷貸に付け替えられていた。御印方と米質方は安永三年には四五〇貫一〇〇目と一一三一貫八〇〇目であった。後者は一一九四貫一五〇目の米質貸相対元高のなかで、加入貸部分を除いた三井

両替店の貸付銀高である。同表にある別預り銀とは大坂両替店の目録では預り方に属し、加賀藩滞り貸高より若干差引きした額が三井京都両替店から融通されていた預り銀である。それは大坂両替店の目録では預かり方に属する。御

第7－9表　大坂両替店の加州御印方・米質方の利足積銀

年	内　　　訳	銀　高	年末積銀高
		貫　匁	貫　匁
天明8年	7月15日残高	184.67	
	御印元銀265貫100目利足	5,302.00	
	米質元銀872貫34匁4分5厘利足	13,080.51	18,567.18
寛政元年	積銀18貫目余利足	505.05	
	御印元銀利足	5,302.00	
	米質元銀利足	13,080.51	37,454.74
2年	積銀37貫目余利足	945.00	
	御印元銀利足	5,302.00	
	米質元銀利足	13,080.51	56,782.25
3年	積銀56貫目余利足	1,677.90	
	御印元銀利足	5,302.00	
	米質元銀利足	13,080.51	76,842.66
4年	積銀76貫目余利足	1,865.85	
	御印元銀利足	5,302.00	
	米質元銀利足	13,080.51	97,091.02
5年	積銀97貫目余利足	2,151.45	
	御印元入銀	5,100.00	
	元入銀利足	204.00	
	米質元入銀	19,034.45	
	元入銀利足	761.38	124.342.30
	別預り之内返済	△100,000.00	24,342.30
	積銀24貫目余利足	100.80	
	御印元銀260貫目利足	5,200.00	
	米質元銀835貫目利足	12,795.00	42,438.10
6年	積銀42貫目余利足	1,073.10	
	御印元銀利足	5,200.00	
	米質元銀利足	12,795.00	61,506.20
7年	積銀61貫目余利足	1,818.60	
	御印元銀利足	5,200.00	
	米質元銀利足	12,795.00	81,319.80
8年	積銀81貫目余利足	1,883.70	
	御印元銀利足	5,200.00	
	米質元銀利足	12,795.00	101,198.50
	別預り之内返済	△100,000.00	1,198.50
9年	積銀1貫目余利足	27.30	
	御印元銀利足	5,200.00	
	米質元銀利足	12,795.00	19,220.80

寛政10年	積銀１貫目余利足５カ月分引	△　10.50	
	御印元銀利足	5,200.00	
	米質元銀利足	12,795.00	37,205.30
11年	御印元銀利足	5,200.00	
	米質元銀利足	12,795.00	55,200.30
12年	御印元銀利足	5,200.00	
	米質元銀利足	12,795.00	73,195.30

出所）「加州質米一件」(三井文庫所蔵史料　続1439).

第７－10表　大坂両替店の加州御屋敷貸と別預り銀

年	御　印　方	米　質　方	別預り銀
	貫　匁	貫　匁	貫　匁
安永３年	450,100.00	1,131,800.00	1,263,000.00
４年	450,100.00	1,131,800.00	1,263,000.00
５年	390,100.00	1,091,800.00	1,163,000.00
６年	360,100.00	1,021,800.00	1,063,000.00
７年	330,100.00	951,800.00	963,000.00
８年	330,100.00	951,800.00	963,000.00
９年	270,100.00	911,800.00	863,000.00
天明元年	270,100.00	911,800.00	863,000.00
２年	270,100.00	911,800.00	863,000.00
３年	270,100.00	911,800.00	863,000.00
４年	270,100.00	911,800,00	863,000.00
５年	270,100.00	911,800.00	863,000.00
６年	270,100.00	911,800.00	863,000.00
７年	270,100.00	911,800.00	863,000.00
８年	230,100.00	851,800.00	763,000.00
寛政元年	230,100.00	851,800.00	763,000.00
２年	230,100.00	851,800.00	763,000.00
３年	230,100.00	851,800.00	763,000.00
４年	230,100.00	851,800.00	763,000.00
５年	220,000.00	761,900.00	663,000.00
６年	220,000.00	761,900.00	663,000.00
７年	220,000.00	761,900.00	663,000.00
８年	200,000.00	681,900.00	563,000.00
９年	260,000.00	853,000.00	563,000.00

出所）「大福帳」(三井文庫所蔵史料　続881～続903),「大坂店目録留」(同　本1752),「五ケ所目録見競」(同　続2678，続2679).

印方と米質方とに一〇〇貫目単位で返済されてきたため、同時に京都両替店からの別預り銀もその都度返済しているのである。寛政八年には御印方と米質方の合計が八八一貫九〇〇目となり、安永三年より七〇〇貫目も減額されてきた。ところが寛政九年下期には第7―10表にみられるように、両者の合計で二三一貫一〇〇目も加算された。その加賀藩貸しの数値を寛政一一年の大坂両替店の貸付銀調査から次に引用する。(6)

〔寛政一一年一二月〕

御屋敷貸之分

不定物

一弐百六拾貫目　　加州御印年賦

右同断

一八百五拾三貫目　　右同所米質年賦

右弐口

〆イ仙舟シマ〆ゝ（二千百十三貫目）

内サ舟サシ〆ゝ（五百五十貫目）　　右弐口打利足積銀

サ舟カシマ〆ゝ（五百六十三貫目）　　京都別預り無利足

〆

但右弐口へ年々シチ〆ゝ（十八貫目）宛相渡り候分積置、銀高舟〆ゝ（百貫目）ニ相満候節別預無利足之口へ返納仕候事

△印

一七拾弐貫三百目　　加州古先納年賦済残　無利

不定物とは引当不足の貸付銀の意味である。大坂両替店の勘定目録において、寛政九年下期に加賀藩貸付銀と引当積銀とをめぐって編成替えが行われているのである。御印方は二〇〇貫目から二六〇貫目に、米質方は六八一貫一〇〇目から八五三貫目に改められ、二三一貫一〇〇目も加算されたのである。それと同時に引当積銀も三一八貫九〇〇目から五五〇貫目に同じ額だけ加算された。貸方の貸付銀と預り方の引当積銀とで加算額が同じであるため、大坂両替店の収支に影響を及ぼさないが、それ以降は貸付銀高を減額させていく決算方法から、貸付銀高は一定で利足を積

み立てていく方法に改められたのである。天明六年の加賀藩の返済仕法替えは、元本返済を中止して利子のみを渡すようになったのであり、勘定目録の記載様式を返済仕法に則して改めたことになる。天明六年から寛政九年の間に積み立てられた御印方、米質方の元銀利足と積銀利足との合計二三一貫目余を引当積銀と御屋敷貸残高との両方に加算したのである。

次に寛政九年以降の加賀藩の年賦引当積銀を第7―11表からみてみよう。加州年賦引当積高と京両替店加印別預りはともに大坂両替店の預り方に表れた数値である。貸方の御屋敷貸の松平加賀守貸御印方は二六〇貫目、米質貸は八五三貫目のままである。積立銀は寛政五年以降年に一七貫九九五匁となり、それが加州年賦引当積に加算されていく。それが定期的に積み立てられていくにともない、加印別預は京都両替店に返却されていくのである。加印別預は天保元年にはすべて清算された。文化一一年（一八一四）からは「大坂表一統借財夫々義定通可相渡処、累年勝手難渋之上近年不時物入多、其上領国打続損毛莫大之水損等有之上、別而昨年不熟ニ付当年弐万石廻米調達必至と難出来、運方如何とも被致方無之ニ付格別之省略等被申付、種々手を尽被遂詮儀候得共、何分如何被致方無之、最早公務をも指支候場ニも至候ニ付」(7)との理由で、文政二年まで利足払いの停止あるいは減額がなされた。

積立銀は天保四年に一一六三貫〇四五匁三分一厘となったところで中止された。御屋敷貸の御印方、米質貸の合計は一一一三貫目で引当積

加州年賦引当積	京両替店加印別預
貫　匁	貫　匁
881,123.64	263,000.00
893,120.31	263,000.00
905,116.98	263,000.00
911,115.31	263,000.00
929,110.31	263,000.00
947,105.31	263,000.00
965,100.31	163,000.00
1,001,090.31	163,000.00
1,019,085.31	163,000.00
1,037,080.31	163,000.00
1,055,075.31	63,000.00
1,073,070.31	63,000.00
1,073,070.31	63,000.00
1,109,060.31	63,000.00
1,127,055.31	—
1,145,050.31	—
1,145,050.31	—
1,163,045.31	—
1,159,524.51	—

第7—11表　大坂両替店の加州年賦引当積と加印別預

年	積　立　高	加州年賦引当積	京両替店加印別預	年	積　立　高
	貫　匁	貫　匁	貫　匁		貫　匁
寛政9年	17,995.00	569,210.30	563,000.00	文化13年	11,996.67
10年	17,995.00	587,205.30	563,000.00	14年	11,996.67
11年	17,995.00	605,300.30	563,000.00	文政元年	11,996.67
12年	17,995.00	623,195.30	563,000.00	2年	5,998.33
享和元年	17,995.00	641,190.30	563,000.00	3年	17,995.00
2年	17,995.00	659,185.30	463,000.00	4年	17,995.00
3年	17,995.00	677,180.30	463,000.00	5年	17,995.00
文化元年	17,995.00	695,175.30	463,000.00	6年	35,990.00
2年	17,995.00	713,170.30	463,000.00	7年	17,995.00
3年	17,995.00	731,165.30	463,000.00	8年	17,995.00
4年	17,995.00	749,160.30	463,000.00	9年	17,995.00
5年	17,995.00	767,155.30	463,000.00	10年	17,995.00
6年	17,995.00	785,150.30	363,000.00	11年	—
7年	17,995.00	803,145.30	363,000.00	12年	35,990.00
8年	17,995.00	821,140.30	363,000.00	天保元年	17,995.00
9年	17,995.00	839,135.30	363,000.00	2年	17,995.00
10年	17,995.00	857,130.30	263,000.00	3年	—
11年	—	857,130.30	263,000.00	4年	17,995.00
12年	11,996.67	869,126.97	263,000.00	5年	—

出所）「目録控」（三井文庫所蔵史料　本1752）．「大坂店目録留」（同　本1788～本1792）．

銀はすでに貸付残高を凌駕していたのである。

注

（1）「加州質米一件」（三井文庫所蔵史料　続一四三九）。

（2）同右。

（3）同右。

（4）大坂の和泉屋伝兵衛は加賀藩へ二五〇貫目の御為替敷銀を貸していたが、天明六年段階で二〇九貫八三四匁七分残っていた。それは同年の仕法替えによって、年一朱の利足払のみとなったのである。利率は異なるが利足払いのみという点は三井両替店からの借銀と同じである。ところが和泉屋から加賀藩への古先納銀二八三貫一三七匁二分八厘に対しては、天明六年に銀一貫目につき年三匁ずつの元入、すなわち三三年賦となったのである（黒羽兵治郎「加賀藩調達金弁済始末」『大阪経大論集』七号）。天明六年の仕法替は大坂町人からの借財に対して一律に定めたのではなく、個別的に内容が定められたと考えられる。

（5）「加州質米一件」（三井文庫所蔵史料　続一四三九）。

（6）「永要録」（三井文庫所蔵史料　本一一〇七）。
（7）「加州質米一件」（三井文庫所蔵史料　続一四三九）。

第五節　天保四年の仕法変更

天明六年（一七八六）に加賀藩の借銀返済仕法替えがなされて以降、第7―11表にみたように文化一一年から文政二年まで返済がなされず、あるいは返済額が減額された時期があったが、天保初年まで利子が積み立てられてきた。天保四年には一一六三貫目余までになった。ところが同年になり加賀藩から再度仕法替えが申し出された。それを次の大坂両替店の重役手代から京都両替店重役手代へ宛てた番状からみてみよう[1]。

一加州御屋敷御印済残銀セ舟カシ〆ヽ《（二百六十貫目）》、年セ《（二）》歩利足渡、米質済残銀チ舟サシマ〆ヽ《（八百五十三貫目）》、年イ《（一）》歩サ《（五）》朱利足渡ニ而、一昨辰年迄相渡り来候処、去巳十一月掛屋具足屋ゟ加州御屋鋪御仕法被仰出候ニ付御頼談申度候間、御一人御出被下候様申来候ニ付、壱人差出候処、右御屋敷近来御勝手向御六ケ敷候之間、色々御取締有之候得共、何分旧借多く、且者臨時御物入夥敷御取続難出来ニ付、此度御一統へ御仕法通御頼申入候、御店へ是迄利付御渡銀弐百六拾貫目之口無利足元入銀壱貫目ニ付拾匁宛、九百貫目之口無利足元入銀壱貫目ニ付七匁宛、当巳年ゟ右之仕法ニ相成候間、宜御承知可被下旨申聞候ニ付、猶店方へ可申聞候得共、右銀子者外方と違訳合有之候間、定而御願可申上儀可有之、（中略）当六月ゟ又々御屋敷へ願込度々罷出候得共御取上ケ無之候、然ル処外方六月末ゟ仕法通請、昨年分銀子受取候方々追々有之候ニ付、具足屋ゟ右之趣申聞、此上者迚も如何体御願立被成候共御聞済有之間鋪、御仕法通御請可被成旨申聞、意却千万成儀ニ候得共無是非御仕法通請可申積、併堂島方古先納之分埒付不申ニ付聞合候処、種々願込罷在候趣ニ付此分成行見合候処、当十月対談相済是又御仕法通請、追々昨年分受取候ニ付当方も最早致方無之、不得止事当月差入御仕法通御請申、此節昨巳年分相渡候処左之通、

一弐貫六百匁　御印済残銀セ舟カシ〆ゝ《(二百六十貫目)》年セ《(二)》歩利付之処、昨巳年分イ〆ゝ《(二貫目)》ニ付シゝツ《(十匁)》、元入渡無利足

一五貫九百七拾壱匁　米質済残銀チ舟サシマ〆ゝ《(八百五十三貫目)》年イ《(一)》歩半利付之処、昨巳年分イ〆ゝ《(二貫目)》ニ付エゝツ《(七匁)》、元入渡無利足

（中略）

右之通受取元入帳合いたし置候、尤一昨年迄年々利足渡之分積銀ニ而元銀脊競相済候ニ付、其余者古先納之口へ積銀ニ致置候義ニ御座候、且前段之仕法ニ相成意却千万併元銀脊競相済、此上之儀と奉存候、何卒以来御仕法通無故障相渡候様希御事ニ御座候、以上

十一月十七日

この番状によると、天保四年一一月に加賀藩から借銀返済仕法の改変がなされ、従来の御印方・米質方合計して一七貫九九五匁の利足渡しを中止し、御印方では年に一パーセントを、米質方では〇・七パーセントを元本返済として渡すということになった。ただし無利足である。天保四年は全国的に凶作となり、加賀藩領でも同様で、財政困難のため借銀返済仕法替えを行ったのであり、(2)三井両替店ではこの仕法替えについて、無利足であること、渡り銀高が減少することの点から何度も加賀藩役所に利足を渡してくれるよう願書を出している。ところがそれらは聞き入れられず、この仕法替えが実施されていった。(3)

天保四年以降の大坂両替店の勘定目録の数値から加賀藩貸付銀に関するものを抜き出したのが第7―12表である。加州年賦引当積と加州年賦元入銀利入建とが預り方に記帳され、加州年賦貸が貸方に記される。加州年賦貸は御屋敷

貸の松平加賀守貸で御印方と米質方、先納銀の合計である。加州年賦引当積も加州御印・米質年賦引当積と加州古先納年賦引当積の合計である。加州年賦貸高と加州年賦引当積高とは天保五年以降一致している。天保五年以降加賀藩から御印方、米質方、先納銀の元入銀として八貫六九八匁九分一厘が渡されるのであり、その額だけ加州年賦元入銀利入建に加算されていき、またその額だけ加州年賦引当積から差引きされるとともに、年々加州年賦貸高も減額されていく。元入銀利入建は安政三年に第7―12表から消えている。それは同年下期に大坂両替店の目録上で不良資産の一部の整理を要銀という積銀項目との相殺によって行った際に、加州年賦三口元入銀利入建塞物引当積の一八六貫目余りと同年分の八貫六九八匁九分一厘も償却に用いられたためである。整理された延為替と質物貸の不良資産は四三一貫目余に及ぶ。したがって御印方、米質方、先納銀の加賀藩の元入銀は同年からは勘定目録の預り方に加算して記載されることはなくなり、慶応三年まで「要銀積」に年々八貫六九八匁九分一厘が加算されていったのである。[4] 加州年賦元入銀利入建に、要銀積に積み立てられ、あるいは相殺された銀高を合計すると慶応三年には二九〇貫五八三匁となるのである。残りの五八一貫八七七匁余が、形式的には明治五年の藩債処分の際に古債として切り捨てられるものであった。ところが第7―12表に明らかなように明治元年に加州年賦貸と加州年賦引当積とは相殺されて勘定目録の上からは消された。加州年賦引当積は天明六年から天保四年までの御為替銀と米質貸に対する利子の積立てを中心とするもので、年賦貸と相殺されるべきものではないが、大坂両替店ではそれらの利子を事実上

加州年賦引当積	加州年賦元入銀利入建
貫　匁	貫　匁
1,011,643.04	151,402.27
1,002,944.13	160,101.18
994,245.22	168,800.09
985,546.31	177,499.00
976,847.40	186,196.91
968,148.49	—
959,449.58	—
950,750.67	—
942,051.76	—
933,352.85	—
924,653.94	—
915,955.03	—
907,256.12	—
898,557.21	—
889,858.30	—
881,159.39	—
872,460.48	—
—	—

第７－12表　大坂両替店の加州年賦貸と加州年賦引当積

年	加州年賦貸	加州年賦引当積	加州年賦元入銀利入建	年	加州年賦貸
	貫　匁	貫　匁	貫　匁		貫　匁
天保４年	1,176,925.66	1,163,045.31	—	嘉永４年	1,011,643.04
５年	1,159,524,51	1,159,524.51	3,520.80	５年	1,002,944.13
６年	1,150,825.60	1,150,825.60	12,219.71	６年	994,245.22
７年	1,142,126.69	1,142,126.69	20,918.62	安政元年	985,546.31
８年	1,133,427.78	1,133,427.78	29,617.53	２年	976,847.40
９年	1,124,728.87	1,124,728.87	38,316.44	３年	968,148.49
10年	1,116,029.96	1,116,029.96	47,015.35	４年	959,449.58
11年	1,107,331.05	1,107,331.05	55,714.26	５年	950,750.67
12年	1,098,632.14	1,098,632.14	64,413.17	６年	942,051.76
13年	1,089,933.23	1,089,933.23	73,112.08	万延元年	933,352.85
14年	1,081,234.32	1,081,234.32	81,810.99	文久元年	924,653.94
弘化元年	1,072,535.41	1,072,535.41	90,509.90	２年	915,955.03
２年	1,063,836.50	1,063,836.50	99,208.81	３年	907,256.12
３年	1,055,137.59	1,055,137.59	107,907.72	元治元年	898,557.21
４年	1,046,438.68	1,046,438.68	116,606.63	慶応元年	889,858.30
嘉永元年	1,037,739.77	1,037,739.77	125,305.54	２年	881,159.39
２年	1,029,040.86	1,029,040.86	134,004.45	３年	872,460.48
３年	1,020,341.95	1,020,341.95	142,703.36	明治元年	—

出所）「大坂店目録留」（三井文庫所蔵史料　本1792～本1797）．

元入銀として処理していたとみることができる。したがって前述した要銀積に加算されたものを含めた加州年賦元入銀利入建の二九〇貫目余が安永三年から慶応三年までの九三年間の利子に相当することになる。

加賀藩は三井両替店からの借蔵破錠を契機とする延為替貸付、米質貸の借銀の年賦返済方法を、安永三年にそれまでの利子を加算して年賦元銀を決め、延為替貸付を一五年賦償還、米質貸を三一年賦償還と定めたのであるが、それは天明初年の領内凶作のために挫折し、その後は天明六年の元本返済なしで年二パーセント（御印）、一・五パーセント（米質）の利子のみを支払う方法と、天保四年の無利足で一パーセント（御印）と〇・七パーセント（米質）の銀高の元本返済を行う方法へと何度か返済仕法を改変しているが、最終的に慶応三年で返済は打ち切られた。その二度の一方的な仕法替えにもかかわらず、利足受取りと元本返済とは結果として同じ意味となった。最終的な受取利足高に相当する銀二九〇貫目余を九三年間で除すと、一年当たり銀三貫目にすぎない。三井両替店の側からには、天明期以降は自己に有利なように年賦返済仕法を改変させる手段は何ら持たなかった。加賀藩の一方的な仕法替えに従うのみであった。

注

（1）「無番控」（三井文庫所蔵史料　別二七九）。

（2）田畑勉氏によると、加賀藩では天保六年から藩債返済仕法を改め、藩債総額九万一八五五貫目のうち、大坂分の無利足年賦元銀残高の三万九二一五貫目には毎年〇・六パーセントに当たる二三五貫目を返済にあて、利足立年賦元銀残高の二万四九五二貫目には二・八パーセントに当たる七一六貫目の利子と、一・九パーセントに当たる四八七貫目の元入銀を当てるとある（田畑勉「天保・弘化期における加賀藩財政と藩債返済仕法の構造」『史苑』三四巻一号）。

（3）大坂の和泉屋伝兵衛が加賀藩に貸した御為替敷銀は、天保四年から無利足で銀一貫目につき五匁の元入れ、すなわち二〇〇年賦と償還方法が定められたのである。これは三井両替店の御印方、米質方の借銀の償還方法より期間が長い。ところが和泉屋の古先納銀は、文政元年にいったん無利足二五〇年賦と定められ、天保四年の仕法替えで無利足五〇〇年賦と償還方法が定められた（黒羽兵治郎「加賀藩調達金弁済始末」『大阪経大論集』七号）。三井両替店の先納銀の償還方法は天保四年に銀一貫目に付き二匁、すなわち五〇〇年賦と定められた。先納銀の償還方法は三井両替店も和泉屋も同じである。

（4）「大坂店目録留」（三井文庫所蔵史料　本一七九五、本一七九六）。

第八章　龍野藩と嶋屋市兵衛

第一節　嶋屋市兵衛手代善助謀判一件

三井大坂両替店の御屋敷貸は、延為替貸付や質物貸が滞りとなり、実質的な貸付先が大名であったため債権回収が不可能となった場合に付け替える口座となっていた。したがって御屋敷貸に記されたは貸付金は無利子であった。ところが文政七年（一八二四）に初めて記載された龍野藩脇坂淡路守への貸付金は利子付きであった。三井両替店と龍野藩への結付きは嶋屋市兵衛の手代善助の謀判一件に由来している。嶋屋市兵衛は、幕府が天明期から大坂町奉行所をとおして公金貸付政策を実施した際には、それを取り扱う融通方の一一名に選ばれるほどの大手の両替商であった。三井大坂両替店が嶋屋市兵衛に延為替を貸し出したのは文政四年四月の二〇〇貫目が最初であった。同年五月に銀一〇〇貫目を、一二月に銀七〇貫目を貸し出して同年末には銀三七〇貫目となり、文政七年までその貸出を更新、継続していた。そして同年四月に三井大坂両替店が嶋屋市兵衛、善助と交渉する過程で謀判であることが明らかになってきた。その記録を示すと次のとおりである(1)。

嶋屋市兵衛手代善助謀判一件

一去ル巳年ゟ玉水町嶋屋市兵衛、同別家善助両判手形を以、居宅抱屋敷拾弐ケ所自分書入引当取之、御印追々取組当時左之通

当四月限
一銀高野敬佐〆ゝ（二十五貫目）

同六月限
一銀高野舟〆ゝ（二百貫目）

同月限
一銀高舟エシ〆ゝ（百七十貫目）
都合マ舟ウシサ〆ゝ（三百九十五貫目）

右之通有之候処、四月限之分者当座貸之応対ニ而限月ニ者急度返済之約束ニ付、其節長兵衛を以掛合候処、御屋敷方用向ニ而甚取紛居候間、暫相待呉候様相頼候ニ付見合掛合候内、六月ニ至候ニ付一緒掛合候処、近々之内六月限之分打銀差出、四月限之分返済可致旨申聞候ニ付、見合掛合候内、七月末ニ至リ右打銀幷元入之分嶋市ゟ此方宛八月五日之延手形差越、右日限迄呑込呉候様善助ゟ頼越候ニ付、不心得存候ニ付、元入打銀之請取書相渡置、右日限ニ嶋市店へ取付ニ遣し候処、善助ゟ手紙を以是ゟ振手形ニ而引替可申間一両日相待呉候様頼越候ニ付、早速長兵衛差遣候処、善助申聞候ハ無拠儀ニ付御店江御渡申候分、私手元ニ而渡方ニ遣候得とも、一両日之内ニ御屋敷ゟ請取候銀子有之候間、暫相待呉候様申聞相頼候ニ付、一両日所急度約束いたし置見合候処、又一両日見合呉候様申聞候ニ付、段々掛合候内延々ニ相成候処、善助私欲筋有之由ニ而、市兵衛ゟ押込、善助所持証文類幷帳面取上ケ、土蔵諸道具封印付、善助親類江預ケ候由承候ニ付、如何共難相分、八月廿三日吉十郎、長兵衛同道嶋

市店江参、手代政七ニ掛合候処、御為替銀取組候儀一切覚不申段申聞候ニ付、御主人へ御面談申度段申入候処、則市兵衛面会之上御為替銀取組之儀申候処、其儀拙者実以存不申候、善助儀私欲筋有之候ニ付、押込致吟味候処、御為替銀も拝借之趣驚入候儀ニ御座候

繰延べを繰り返しているうちに、手代善助は私欲筋、すなわち横領によって嶋屋市兵衛から押込みに処せられていたことがわかった。嶋屋市兵衛店では善助が三井両替店から御為替銀を借りていたことを知らなかったのである。三井両替店から為替手形を見せると謀判であることが明らかとなった。(2)

ところで手代善助の謀判であると判明したが、三井両替店は嶋屋市兵衛への債権を、嶋屋善助への債権へと書き換えることはしなかった。債権の回収をあくまでも嶋屋市兵衛に求めたのである。それと同時に嶋屋市兵衛を町奉行所に出訴する準備をした。嶋屋市兵衛との掛合いの記録を次に示す。(3)

嶋市江追々催促および候処、閏八月四日嶋市ゟ久米七当店江参申聞候は、善助ゟ御屋敷方へ出銀証文高凡マ舟〆ゝ（三百貫目）計有之候間、御店へ御引取被下、残之処親類共ゟ御掛合申上度段申聞候ニ付、此方善助殿江引合者致候得共、御主君目当ニ致取組候得共、印形相違之上は致かた無之、対談行届不申候ハヽ、及出訴、御役所之御下知次第取計候積ニ候得共、此儀者好不申御対談申度、乍併御屋敷御証文類当方へ引取候而者古反同様相成候間

三井両替店は嶋屋市兵衛に掛け合うと、善助には大名からの三〇〇貫目の借用証文があるからそれを引き取ってほしい、残りは親類どもが代わりに返すとの申し出があったが、市兵衛目当ての証文であるから債権の回収のためにあくまでも嶋屋市兵衛と交渉するのである、交渉が行き詰まった場合には嶋屋市兵衛を町奉行所に出訴するとの態度を示した。なお四軒町の伊丹屋三郎兵衛と嶋町一丁目の米屋定次郎が同様の印鑑で取引をしていて、閏八月二一日に嶋屋市兵衛を出訴するとの情報があったために、三井両替店では後訴にならないように、閏八月二〇日に次の訴状を町

奉行所に出した。(4)

乍恐口上

一御為替銀之内、銀高弐百貫目去未十一月廿日限、銀高百七拾貫目当申正月廿日限、銀高弐拾五貫目当申四月廿日限、都合銀高三百九拾五貫目、玉水町嶋屋市兵衛、同手代善助両判手形を以右御銀相渡置候処、日限相済不申候、尤為引当居宅抱屋敷拾弐ヶ所書入取置申候、乍恐右之者共被為召出相済候様被為仰付被下候様奉願上候、以上

文政七年申閏八月廿日

三井組名代
福田吉十郎

御奉行様

翌閏八月二一日の町奉行所での対決では、嶋屋市兵衛と手代久米助、町役人、嶋屋善助の代人が出席し、嶋屋市兵衛は御為替銀には関知せず、取引に同席したこともなく、印鑑も異なることを強調し、御為替銀の返済を断った。嶋屋善助は自ら貯えを持たず、銀一五〇貫目の龍野藩の借状を持つばかりであった。そこで三井両替店は嶋屋市兵衛を相手とするより外なかったのである。嶋屋善助は当時すでに町奉行所で手錠に処せられており、両者で解決しない場合には善助がどのような罰を受けるか知れないとの通知を受けていた。(5)近世の刑法では謀判は死罪に相当していた。(6)嶋屋市兵衛側でも吟味の猶予願いを出していた。三井両替店では善助の一命を質として嶋屋市兵衛と争ったのである。三井両替店では九月三日にも次の訴状を町奉行所に出した。(7)

乍恐口上

一御為替銀之内三口ニ而銀高三百九拾五貫目、玉水町嶋屋市兵衛、同手代善助両判手形を以居宅抱屋敷拾弐ヶ所

引当取之、右御銀相渡置候処、日限相済不申候ニ付去月廿日奉願上、翌廿一日被為召出候処、市兵衛ゟ印形相違之趣を以一向不存段奉申上候ニ付、善助病気候共明廿二日召連可罷出段被為仰渡候処、翌廿二日市兵衛ゟ取調仕度趣を以昨二日迄御猶予奉願上候処、御聞済之上私共江市兵衛ゟ懸合ニ可参儀も有之候ハヽ、其方不念之儀相含ミ引合候様被為仰渡奉畏候、然ル処先月廿三日善助御吟味之儀被為在候ニ付手錠被為仰付候段被為仰渡奉畏候、右市兵衛ゟ引合相待罷在候得共、先月廿九日迄引合無御座候ニ付、玉水町丁内江引合候処、其後市兵衛手代罷越申聞候者、善助御屋敷方江出銀証文高弐百貫目有之候、右証文を以善助親類共ゟ懸合可参間引合為相済候様申参候得共、善助親類共江掛合候筋合ニ無之、重に市兵衛相手取奉願上候儀ニ候間、市兵衛ゟ勘弁を以致聢と候儀承度段返答仕候処、此儀頓着不仕候、尤此度之儀不奉願上候以前、当八月中市兵衛江掛合候節、善助出銀証文高三百貫目余も有之候旨申聞、此間市兵衛差図之由ニ而善助親類共ゟ者百貫目有之趣申聞、今又弐百貫目有之候段申候儀、何共不揃之儀ニ御座候、乍恐右御為替銀最初去ル巳年取組候節市兵衛宅江罷越、善助ニ引合市兵衛印形丁内ニ而引合セ、追々取組仕来候処、此節右印形少々相違之儀御座候段奉驚入、不念之至重々奉恐入候、右善助儀者市兵衛方譜代別家手代日勤之身分ニ而、御公用之節も市兵衛代りニ罷出御用向奉相勤、諸御蔵屋敷様江も代りニ罷出居候義、且市兵衛居宅之内善助名前之所も有之候程之手代ニ付慥ニ存、去ル巳年ゟ当年迄凡四ケ年之間引合罷在候、別而銀高取扱候儀、市兵衛方一同存不申候と申儀何共無覚束儀ニ奉存候、右印形改方不行届之段重々奉恐入候得共、右奉申上候通善助相用ひ召遣候程之儀ニ御座候間、乍恐何卒善助出銀証文銀高三百五六拾貫目も有之候由、并有物等市兵衛方江不残引取同人ゟ右御為替銀高済方応対仕候様、乍恐被為仰付被下置候様奉願上候、御聞済被為下置候ハヽ、広大之御慈悲御為替御用向無滞可奉相勤と難有仕合奉存候、右之段乍恐以書付御願奉申上候、已上

文政七年申九月三日　　　　　　　　　　三井組名代
　　　　　　　　　　　　　　　　　　　　福田言一郎

御

この訴状では御為替銀を嶋屋市兵衛から返済させることを再度訴えたのである。この訴訟では嶋屋市兵衛に返済させようとする三井両替店と、手代善助に返済させようとする嶋屋市兵衛とが対立していた。この訴訟の過程で三井両替店は文政七年閏八月二〇日を最初として、一二月に解決するまでに、九月三日、七日、一一日、二一日、一〇月二日、一二日、二二日、二五日と連続して訴状、願書を町奉行所に出した。そして一二月二二日に内済につき訴訟願下げの願書を出して、町奉行所に聞届けられ訴訟は終了した。九月三日以降も奉行所の吟味とともに、三井両替店は嶋屋市兵衛の資産の調査を進め、次に示す一〇月二日の願書となった(8)。

乍恐口上

一御為替銀之内三口ニ而銀高三百九拾五貫目、玉水町嶋屋市兵衛、同別家手代布屋町嶋屋善助両判手形を以、市兵衛居宅幷抱屋敷、善助抱屋敷共都合拾弐ヶ所引当ニ書入取置、右御銀高相渡置申候処、日限相滞候ニ付去ル閏八月廿日奉願上候、御糺被為成下候処、市兵衛印形少々相違御座候段御答仕候故、厚御憐愍之上御利解被為仰付難有奉存候、依之御猶予之儀双方ゟ段々奉願上及対談候処、市兵衛ゟ銀三拾貫目幷善助親類ゟ銀六貫目、都合銀三拾六貫目御為替銀済方之内江相渡候様申候得共、右銀高ニ而者少分之儀故、何分御銀高江不相応仕甚難渋当惑仕候、然ル処御屋敷様方江出金銀御証文拾四通ニ而金弐千百三両、銀百三拾六貫目、此金銀御証文皆々嶋屋市兵衛名宛ニ御座候、外ニ善助名宛証文金三拾五両、銀弐百五拾三貫九百目有之候、尤右御証文之内引当ニ差入銀高口々ニ而七拾八貫目余他借致罷居候、夫ニ付此度市兵衛幷善助親類ゟ持出し候銀高三拾六貫目と私共ゟも銀子持出シ右他借銀為相済、引当御証文類取集候得者、金銀高都合五百拾九貫目余御座候、此内当冬元利御返済之分も有之候由、且右御証文多分市兵衛名宛有之候間、善助名宛之分共不残市兵衛方江引取、御為替御銀高改証仕下済相成候ニおゐてハ、済方之儀段々ニ請取候様格別勘弁を以取計可仕乍恐奉存候、（中略）尚又先達而銀子成行御尋ニ付、善助ゟ奉申上候内、越前様御屋敷江金千両出金御証文引当差入、私丁内苧屋半兵衛と申者方ニ而銀四拾貫目借受居候段奉書上候ニ付、右半兵衛方ニ而承合候処、右千両之御証文者無之候得共、五六年以前ゟ取組銀高増減有之、当時者越前様御証文五通ニ而金高千九百弐拾五両幷岩国様御証文銀百貫目、此両様引当、市兵衛、善助両名ニ而銀高六拾五貫目貸付有之段申居候、尤右銀高之内元入銀弐拾六貫三百匁余相済、当時差引元利合四拾三貫六百目余貸銀ニ相成、外ニ融通方出銀市兵衛宛枝証文七通ニ而銀高三拾六貫九百四拾匁、越前様御証文市兵衛宛金高百五拾壱両幷家質銀三貫五百匁善助宛証文壱通、右三口引当銀弐拾五貫目、善助一名ニ而貸置有之段半兵衛方申居承知仕候、前文奉申上候始末尚更不審敷乍恐奉存候ニ付、何卒市兵衛、善助御糺之上私共右奉願上候趣意を以対談いたし候様被為仰付被下候ハヽ、御慈悲難有仕合奉存候、右之段乍恐書付を以奉願上候、以上

文政七年申十月二日

三井組名代
福田吉十郎

御

さらに次のように嶋屋市兵衛の資産を調べて町奉行所に出した。従来延為替貸付滞りの場合の訴訟では、書入れした家屋敷を売却した上で、正金銀で受け取るのであるが、この場合は大名の借状を受け取ることを求めざるをえなかった。

乍恐以書付奉申上候覚(9)

一金高百八拾弐両　越前様御証文　嶋屋市兵衛宛
一金高百弐拾壱両　右同断
一金高百八拾両　右同断
一金高六百九拾三両　右同断
一金高七百七拾六両　右同断
一銀高百貫目　岩国様御証文　右同人宛

〆　金千九百五拾弐両
　　銀百貫目

但右御証文六通高麗橋三丁目苧屋半兵衛方江引当差入、当時銀四拾三貫六百目余借受ニ相成御座候

一金高百五拾壱両　越前様御証文　嶋屋市兵衛宛
一銀高弐貫目　植村様江割出枝証文　右同人宛
一銀高三貫三百弐拾目　鍋嶋様江右同断　右同人宛
一銀高拾三貫八百目　伊達様江右同断　右同人宛
一銀高四貫目　佐竹様江右同断　右同人宛
一銀高八貫目　小笠原様江右同断　右同人宛
一銀高三貫四百目　右御同所様江右同断　右同人宛
一銀高弐貫四百弐拾目　間部様江右同断　右同人宛

一銀高三貫五百目　　大和屋四郎兵衛家質証文善助宛

〆
　金百五拾壱両
銀四拾貫四百四拾目

　但右証文九通前同町苧屋半兵衛方江引当ニ差入、銀弐拾五貫目借受ニ相成御座候

一銀高五拾貫目　　龍野様御証文　　嶋屋善助宛

　但此分江戸堀弐丁目武田泉達方江引当ニ差入、銀三貫目借受ニ相成御座候

一銀高五拾貫目　　右同断

　但此分右同町富永惣助方江引当ニ差入、銀弐貫目借受ニ相成御座候

一銀高弐拾貫目　　右同断

　但此分北浜壱丁目天王寺屋幸右衛門方江引当差入、銀四貫四百目借受ニ相成御座候

一銀高六拾貫目　　右同断

　但此分市兵衛方ニ預り相成御座候

一銀高三拾貫四百目　　龍野様御証文　　嶋屋善助宛

　但此分親類方へ預り相成御座候

一銀高三拾貫目　　右同断

　但右同断

一銀高拾貫目　　新唐津様御証文　　右同人宛

　但右同断

一金高三拾五両　　城州宇治木村宗二証文　右同人宛
　　但右同断
惣高
　〆　金弐千百三拾八両
　　　代銀百弐拾八貫弐百八拾目
　　銀三百九拾貫八百四拾目
都合銀五百拾九貫百弐拾目
右之内引当借高
〆銀七拾八貫目余
右之通御座候貸借金銀高書付を以乍恐奉申上候、以上
　文政七年申十月　　三井組名代
　　　　　　　　　　　福田吉十郎○（印消）
　御奉行様

嶋屋市兵衛、嶋屋善助の資産を調査したところ、市兵衛には越前藩や岩国藩などへの貸付金があり、善助には龍野藩への貸付金があった。しかしそれらの多くは大坂町人から借金した際の引当に渡していた。嶋屋善助の龍野藩への貸付は銀二四〇貫四〇〇目に及んでいた。

三井両替店と嶋屋市兵衛との対談の結果、一一月から大名借状の三井への引渡しが始まった。三井京都両替店手代から三井大坂両替店手代への番状にその取決めが記録されている。(10)

無番状京都返書

一嶋屋市兵衛一件、去ル廿一日御日限迄之内、玉水町年寄店表江入来申聞候は、嶋市一件ニ付大ニ御心配御察申候、右ニ付此程市兵衛方江罷越相調候処、実ニ市兵衛存知不申儀、且苧屋半兵衛方江引当差入有之候御屋敷方之御証文之内空証文多、借高差引残少分ニ相成候事ニ候、夫共御望ニ候ハヽ、掛合引取御渡可申候、(中略)御掛り勝部氏被仰候は、三井組ゟ不審之儀申立、市兵衛ゟ不存旨申立、金高百五拾三両之越前様御証文壱通調出候ニ付、右証文と此中申出シ銀高四拾九貫四百目三井組江請取為相済候様願立、右ニ而不承知ニ候ハヽ、御吟味可請段申出候、弥対談行届不申候ハヽ、吟味可致、併勘弁も無之哉之段此方江被仰候ニ付、市兵衛方江申聞ケ承度儀も御座候段御申上候処、左候ハヽ、引取後刻罷出可申段被仰、則下宿ニ而嶋市手代江越前様御証文壱通而已被申出其外之御証文類如何可被成哉之段御掛合候処、嶋市手代申聞候者、最初ゟ御証文類者御望無望故、勝部様ゟ銀済致遣シ候様被仰渡候儀ニ付、御証文ニ者不拘段申聞不致頓着ニ付、又々御役所江此方ゟ申上候者、市兵衛ゟ越前様御証文壱通而已書上ケ、外ニ金銀高五百拾貫目余之御証文類之儀不奉書上儀不得其意候儀ニ御座候段御申上候処、其方者証文類望無之儀兼而申出候儀ニ付、銀済之儀利解申付候段被仰候ニ付、全銀済而已奉願上候儀ニ而も無御座、市兵衛江御証文類引取御為替銀高改証文いたし候様奉願上候儀ニ御座候、然ル処今日之所ニ而者市兵衛ゟ右越前様御証文金百五拾三両と銀四拾九貫四百目持出し、善助一命相助ケ候様申居候得共、全之処御屋敷様方御証文るい買取候姿ニ相成、何共不道理ニ奉存候、右銀高之上江御証文類不残相渡候様被仰付被下置候様御申上候処、市兵衛方江段々御利解被仰付、三井組願銀高致都合候様宜キ証文類相渡可申、夫とも不得心ニ候ハヽ、願人不審之筋致納得候様吟味可致段被仰候ニ付、市兵衛方ゟ勘弁可仕段申上候処、此上延々猶予不相成候間、明後廿七日否哉可申出段被仰渡双方引取、其後玉水町年寄より段々引合有之、且此上不審を以願立候時者市兵衛方も御吟味可請様子、弥御吟味相成而者善助之悪事ニ相究、市兵衛申分相立候儀も難計、幸ひ年寄段々挨拶引合候儀ニ付、御相談御取究左之通、

一銀高七拾貫目　正銀

一銀高弐百六拾貫目　龍野様御証文七通

一銀高拾貫目　新唐津様御証文壱通

一銀高五拾五貫目　善助幷親類連印証文

〆銀高三百九拾五貫目

右之通御埒付被成遣、去月廿七日御役所江双方罷出書付御差上、右取渡中十日計之御猶予御願候処、御伺之上御聞済有之、双方対談行届候段神妙之至ニ思召候段被仰渡候由

一右之通御埒付被成遣、此方願銀高都合不致当地之存寄如何と折角御心配被成候得共、苧屋半兵衛方へ善助ゟ差入有之候岩国様、越前様御証文幷外御屋敷出銀枝証文、夫々手筋を以御聞合候処、空証文多ク、貸高致差引候時者少銀高残ニ相成、且越前様御屋敷之様子も不宜由、旁望無之、且前書之次第ニ而無拠御意却千万なから右之通御埒付被成候儀ニ御座候由、何卒此上龍野様御屋敷引合都合能参、当冬無滞元利御渡方相成候様御同前奉祈候御事と存候、右之段宜々申上候旨致承知候

越前藩、岩国藩の借状は残高の少ない空証文であったために、三井両替店から嶋屋市兵衛、善助への貸付銀三九五貫目の弁済の方法として、七〇貫目を正銀で受け取り、二六〇貫目を龍野藩への借状で、一〇貫目を唐津藩への借状で受け取り、残りの五五貫目を善助とその親類の連印証文による借状を受け取ることで内済としたのである。その内済証文を町奉行所に差し出して、この訴訟は終結した。龍野藩の借状を受け取ることによって、三井両替店は龍野藩

への貸付を開始することになった。

注

(1)「御用帳」(三井文庫所蔵史料　本三四三)。

(2)嶋屋善助の謀判について次のように記録されている。

「如何之印形ニ候哉と相尋候ニ付、御印形は丁内ニ而引合候事ニ候間、相違も可有之間敷存候段申候処、左様候ハヽ引合見申度候間印鑑御見せ被下間敷哉と申聞候ニ付、随分御目ニ掛ケ可申段罷帰、長兵衛印鑑為持遣候処、夜ニ入紛敷候間、明朝参り呉候様申聞、又翌日遣し引合見候処、二画致相違善助謀判いたし候儀ニ相究り候ニ付、長兵衛篤と見届帰申聞候」(「御用帳」三井文庫所蔵史料　本三四三)。

(3)「御用帳」(三井文庫所蔵史料　本三四三)。

(4)同右。

(5)「於御前善助手錠被仰付候様子ニ而、目安方江丁役人付添相廻り掛り、大森一十郎殿、小川甚五右衛門殿被仰候は、善助御吟味之筋有之候得共、市兵衛幷丁内ゟ来月二日迄御猶予相願候ニ付格別之御憐愍を以手錠御預ケ被仰付候、来月二日までに埒付不申候ハヽ、御吟味之上如何体被仰付候儀も難計候間、一同此旨相心得候様被仰渡引取申候事」(「御用帳」三井文庫所蔵史料　本三四三)。

(6)石塚英夫「徳川幕府刑法における謀書謀判」(九州大学『法政研究』四五巻三、四号合併号)。

(7)「御用帳」(三井文庫所蔵史料　本三四三)。

(8)同右。

(9)「嶋屋市兵衛嶋屋善助名宛出銀御証文類書抜」(三井文庫所蔵史料　続四六四―一)。

(10)「御用帳」(三井文庫所蔵史料　本三四三)。

第二節　龍野藩への御屋敷貸

三井両替店は嶋屋善助の龍野藩[1]への貸付証文を受け取ることになったため、文政七年（一八二四）一一月に名代福田吉十郎の名で、龍野藩蔵元米屋平右衛門の手代に次の書状を出した。[2]嶋屋への借状を三井元之助への借状に書き改めることを求めたのである。

口上覚

龍野様御屋敷江奉願上度儀御座候処、私方御縁無御座、押而罷出候儀も何共奉恐入候、右は此度玉水町嶋屋市兵衛殿、同別家手代布屋町嶋屋善助御両人江御為替銀相渡置申候処、相滞候ニ付当閏八月町奉行所江奉願上候処、市兵衛殿善助と縺合候儀御座候而殊之外六ツケ敷相成、善助蒙御咎既一命拘り候程ニ相成、気毒千万存候ニ付、市兵衛殿江段々掛合候処、御屋敷様江善助ゟ御用達被致出銀候御証文、六通ニ而銀高弐百四拾〆匁御座候由、依之右御証文六通市兵衛殿ゟ私方江被相渡候筈ニ御座候、右御証文請取御為替銀私共ゟ操替為相済候儀対談罷成、則其始末町御奉行所江御届申上、近日之内取渡仕候儀ニ御座候、右御証文請取候ハヽ、御屋敷様江罷出、御改証文被成下置候様奉願上度奉存罷在候儀ニ御座候、何卒御取合御役人衆中様方江宜被仰上御執成置可被下候様奉頼上候、以上

申十一月　　　三井元之助名代
　　　　　　　福田吉十郎

米屋幸助様

第８－１表　大坂両替店の龍野藩への貸付金

期　　首	貸付・返済	期　　末	内　　　訳
貫　匁 —	貫　匁 240,000.00	貫　匁 240,000.00	文政７年12月嶋屋善助より譲り請ける
30,000.00	—	30,000.00	古借年賦渡無利
160,000.00	—	160,000.00	中借年賦渡利付　年３分元入３分利足
50,000.00	△10,000.00	40,000.00	新借利付　４月返済　利足月１分
		230,000.00	文政８年上期残高
30,000.00	△　300.00	29,700.00	12月年賦元入　年賦無利
160,000.00	△ 4,800.00	155,200.00	12月年賦元入　年賦利付
40,000.00	△40,000.00	—	10月返済
—	50,000.00	50,000.00	11月新貸付　利足月９厘
—	30,000.00	30,000.00	12月新貸付　利足月９厘
		264,900.00	文政８年下期残高
29,700.00	—	29,700.00	年賦無利
155,200.00	—	155,200.00	年賦利付
50,000.00	—	50,000.00	利足月９厘
30,000.00	—	30,000.00	利足月９厘
—	25,000.00	25,000.00	３月新貸付
		289,900.00	文政９年上期残高
29,700.00	—	29,700.00	年賦無利
155,200.00	△ 4,656.00	150,544.00	12月年賦元入　年賦利付
50,000.00	△50,000.00	—	返済
30,000.00	—	30,000.00	利足月９厘
25,000.00	△25,000.00	—	返済
—	72,000.00	72,000.00	10月新貸付，７ヵ年割済　利足月９厘
—	30,000.00	30,000.00	新貸付　利足月９厘
		312,244.00	文政９年下期残高
29,700.00	△　300.00	29,400.00	年賦元入　年賦無利
150,544.00	—	150,544.00	年賦利付
30,000.00	—	30,000.00	利足月９厘
72,000.00	—	72,000.00	７ヵ年割済　利足月９厘
30,000.00	—	30,000.00	利足月９厘
		311,944.00	文政10年上期残高
29,400.00	—	29,400.00	年賦無利
150,544.00	△10,483.68	140,060.32	年賦元入　年賦利付
30,000.00	—	30,000.00	利足月９厘
72,000.00	△10,290.00	61,710.00	年賦元入，７ヵ年割済　利足月９厘

30,000.00	—	30,000.00	利足月９厘
	96,000.00	96,000.00	新貸付　利足月９厘
		387,170.32	文政10年下期残高

出所）「龍野諸用留」（三井文庫所蔵史料　別1723），「大福帳」（同　続958～続962）.
注）△印は返済された額を示す.

米屋雅七様

そして文政七年一二月に龍野藩から嶋屋善助への借状は、三井元之助への借状に書き換えられたのである。その二四〇貫目の内訳は、第一に三〇貫目が天明五年と寛政元年に貸し出した古借で、「年々三百目宛御元入之筈」(3)で無利足で三〇〇目ずつ受け取る一〇〇年賦であった。第二に一六〇貫目が文政四年と六年に貸し出した中借で、「六朱相渡り内三朱元入、三朱利足」であった。年に六パーセントを受け取り、元入れと利足が三パーセントずつとなる。第三に五〇貫目が文政六年に貸し出した新借で、利足は月一パーセントであった。

三井両替店に引き継がれた龍野藩への貸出を両替店経営からみてみよう。文政七年一二月から一〇年までの龍野藩への貸付金の全体を示したのが第8－1表である。古借は文政八年、一〇年に三〇〇目ずつ年賦償還され、中借は文政八年、九年に三パーセントずつ、一〇年に一〇貫目余が返済された。新借銀五〇貫目は文政八年一〇月に返済されたが、同年秋に五〇貫目と三〇貫目の新貸付が始まり、五〇貫目は九年下期にいったん返済されるが、文政九年には二五貫目と七二貫目、三〇貫目の、文政一〇年には九六貫目の新貸付が始められた。

三井両替店が龍野藩の「立入」を引き受けてまもなく、文政八年（一八二五）一〇月に、領内不作を理由として留守居役から当冬八〇貫目、来年三月に四〇貫目の出銀を求められた。それに対して、三井両替店は次のように返事している。(4)

口上覚

一当冬御約定通、夫々元利御下ケ渡被為成下難有仕合奉存候、然ル処当冬八拾貫目来春四拾貫目御入用御座候ニ付出銀可仕候様被為仰下、則店方京都江も相談仕候処、初而之御用向御請申上度奉存候得共、及御聞も可被為在候通京都主人共不存寄内借多分有之、先達而ゟ右取片付ニ掛り罷在候得共、中々易意ニ埒合付不申誠ニ難渋仕、右ニ付店方取締之一条ニ心配仕罷在候折柄ニ御座候ニ付、御断申上度奉存候得共、幾久御懇命可被為仰下御旨、且者初而之御儀ニ付操合仕右被為仰付候出銀半高に被為成下候様此程ゟ段々御歎奉申上候処、御屋敷様当地春以来臨時御物入被為在候御儀ニ付、何れ右銀高御用達候様入訳被為仰下、来冬御限月ニ者急度御下ケ渡被為成下候様被為仰下候ニ付、誠難渋之折柄ニ御座候得とも、初而之御儀且者思召之程も恐入奉存、色々操合仕左之通

一銀高五拾貫目　　　十一月出銀可仕候

　但来戌十月限

一銀高三拾貫目　　　十二月出銀可仕候

　但来戌十一月限

一銀高弐拾五貫目　　来三月出銀可仕候

　但来戌十二月限

右之通出銀可仕候間、来冬御限月御相違無御座元利御下ケ渡御勘定可被為成下候、扨又向後右様銀高被為仰付候而者誠ニ難渋仕候間、以来者銀高五六拾貫目迄者其年寄操合御用達も可仕候、此度は前文奉申上候通難渋之折柄ニ御座候得共、初而之御儀且者無御拠被為仰下候ニ付、右銀高出銀可仕儀ニ御座候、何卒以来之処者右五六拾貫目迄と被為思召置可被下候、右之段以書付奉申上候、以上

酉十月　　　　　　　　三井元之助名代

福田吉十郎

文政八年一一月に五〇貫目を、一二月に三〇貫目を、九年三月に二五貫目を出銀することを約束したものであり、第8―1表の示したとおりである。そして文政九年一〇月になると、龍野藩から再度出銀の依頼があった。米価の下落や村方への手当金の増加、龍野表の火災などを理由として、一五〇〇両を七年賦で償還することを条件とした出金要請があったのである。しかし三井両替店としてはそのままは応じ切れないため、一二〇〇両の六〇匁替えで七二貫目を七カ年賦償還、利子月九朱（〇・九パーセント）の条件で引き受けた。

文政一〇年一〇月にはまた龍野藩より出銀要請があった。来年より米一七五〇俵を渡すから三五〇〇両を融通してほしいというのである。その貸付銀高についての数度の対談の結果、一五〇〇両の六四匁替えで九六貫目を年六分の利子で年々一五貫目ずつ返すことを条件として出銀することにした。しかも同年一一月に返済される三〇貫目とその利子三貫五一〇匁を差引きして六二貫四九〇匁を渡すことにした。

このように文政七年末には二四〇貫目であった龍野藩への貸付金は、矢継ぎ早の度重なる出銀要請に応じてきたために、第8―1表にみるように文政一〇年下期末には三八七貫目余と六〇パーセントも増してしまった。

次に三井両替店の龍野藩への貸付を利子の点からみてみよう。文政八年には龍野藩への貸出銀の利足合計は一〇貫三七〇目であった。嶋屋善助から受け継いだ新借銀五〇貫目のうち一〇貫目を返した残りの四〇貫目は利子が月一パーセントと比較的高い。古借以外はすべて利子付きである。文政一〇年には利足合計は二一貫五二六匁余、一一年には三〇貫二五二匁余と急増している。同年までは新貸付の利子率は月〇・九パーセントと高利率であったため、龍野藩貸付は大坂両替店経営に大いに貢献した。龍野藩への貸出銀の利足合計は文政一二年には一五貫四三一匁余、天保元年には一六貫一二〇匁余、二年には一六貫九五三匁余であった。

ところで三井両替店は龍野藩の立入りとなって以来、扶持米を受け取っていた。文政八年九月に三井元之助に七人扶持、大坂両替店の支配人福田吉十郎に三人扶持が渡されることになった。(5)なお天保七年の記録によると三井元之助が文政一〇年二月に一〇人扶持となり、天保二年正月に一二人扶持となっている。(6)また福田吉十郎はそれぞれ五人扶持、七人扶持へと加増されていった。さらに天保六年二月には吹田勘十郎にも年々米三俵ずつ渡されることになった。

三井元之助の扶持米受取高は、文政九年一二月には七人扶持で米七石四斗三升五合であり、福田吉十郎は三人扶持で三石七斗一升七合であった。この二人分を合わせると、文政一一年では三井元之助が代銀にして五六八匁、福田吉十郎が三九〇匁五分であって、三井両替店は利子とは別に一貫目前後を扶持米として受け取った訳である。これは少額ではあるが、大名貸の利潤となった。

ところで文政一二年になると貸付金の利子率がそれまでの月〇・九パーセントから月〇・四パーセントに引き下げられている。

すでに文政一一年(一八二八)に三井大坂両替店は龍野藩から借財の五年間元利ともお断りを申し渡されていた。それに対して三井両替店では歎願を繰り返していた。その三通目の願書を次に引用する。(7)

以書附奉願上候

一此度御仕法被為仰出候ニ付、先日被仰渡奉驚入難渋至極仕、其後書面を以奉願上候処、御懇命之御取扱を以御国表江被仰上被下置候処、格別被為思召難有御懇命を以為御手当御扶持方三拾人分被下置候段被為仰下候儀被仰渡、誠ニ以冥加至極難有仕合奉存候、然ル処御仕法之儀者御同様被仰渡、先日書面を以奉申上候次第ニて、難渋至極仕候、依之左ニ奉申上候

一銀九拾六貫目　　昨亥十一月新出金代

此利拾弐貫九拾六匁　　十四ヶ月分九朱御利足
一銀三拾貫目　　昨亥年十一月新出銀
此利三貫七百八拾匁　　十四ヶ月分右同断
一銀三拾貫目　　昨亥十一月新出銀
此利三貫五百拾匁　　十三ヶ月分右同断
一銀六拾壱貫七百拾匁　　一昨戌年出銀昨冬御渡方残
此利六貫六百六拾四匁六分八厘　　十二月分九朱御利足
一銀百四拾貫六拾匁三分二厘　　嶋屋善助ゟ請継追々御渡方残
此利四貫弐百壱匁八分壱厘　　年三朱昨年ゟ元利拾五貫匁御渡方
一銀弐拾九貫百匁　　右同断
年賦三百匁宛御渡方残
〆元銀三百八拾六貫八百七拾匁三分弐厘
利　三拾貫弐百五拾弐匁四分九厘
外ニ八百六拾四匁　　銀拾六貫目当七月出銀六ヶ月分九朱御利足

右之通御利足相成候処、此度皆無御渡方無御座候而者主人共賄料も難差登、店方支配人共并惣手代給料半減ニも可相成、其上京都ニて借受候銀子約定通利足銀是非共為差登候儀ニ而、誠ニ以難渋至極仕候、尤主人共賄料者如何様ニ仕候而成共為差登不申候半而者難相成、左候而者店支配人惣手代難渋至極仕、私一人目差恨可申と心苦労当惑至極仕候ニ付、店方江難申出、依之色々工夫仕候得共、宜勘弁も出不申候、依之何卒当年之処、右御利足丈成共御渡被成下候様一向奉願上候、左候得者店方江申出、程克為致納得度奉存候、右之段御聞済被成下置、御帰国之上宜被為仰上、明年之所厚御取扱被成下置候様精々奉願上候、尤外方御一統江被仰出候趣奉承知候ニ付、店方も御同様被仰出、私共願上御聞済不被下置心得ニ罷在候間、何分右之段御憐愍を以厚御取扱被下置候様、御慈悲奉願上候、以上

文政十一子年十一月　　　　　　　　　　福田吉十郎　印

下津屋謹左衛門様

村田市郎左衛門様

歎願を繰り返した結果、文政一一年にそれまでと同様月〇・九パーセントの利足を受け取ることができた。しかし中借の年賦元入は同年に一時中断している。さらに文政一二年には利子は月〇・四パーセントに引き下げられ、大坂両替店の受取利足は半減した。

三井両替店から龍野藩への貸付銀残高は次第に増加してきて、文政一〇年下期末には三八七貫目余になっていた。第8―2表に文政一〇年以降の大坂両替店の龍野藩への貸付銀を年末の数値で示した。文政一〇年で二九貫一〇〇目の古借は天保五年まで年賦償還されていたが、天保六年に停止した。一四〇貫目余、九六貫目余、六一貫目余の年賦貸付金は文政一一年からいずれも年賦償還が中止となった。それは前述したように、同年に「御借財五ケ年之間元利共御断相成」と利足渡しと元本年賦返済とを断られ、出願の結果、利足渡しは翌文政一二年から月〇・四パーセントに低下するにとどまったが、年賦返済は停止となったのである。文政一一年には一五貫目の年賦貸が始まり、年に銀三貫五〇〇目ずつの償還もなされ、天保元年からは三〇貫目の年賦貸二口が年賦償還され始めた。同表からも明らかなように、天保元年から月割金という新しい形で貸付が始まった。その経緯については天保元年一〇月の次の願書が

年賦貸	六カ年割済銀	月割銀	臨時月割銀	合計
貫　匁	貫　匁	貫　匁	貫　匁	貫　匁
—	—	—	—	386,870.32
15,000.00	—	—	—	401,570.32
11,500.00	—	—	—	397,770.32
8,000.00	—	6,456.50	—	396,426.82
4,500.00	—	6,180.00	—	388,350.32
1,000.00	16,000.00	6,400.00	—	396,770.32
16,000.00	14,000.00	8,800.00	—	405,870.32
—	9,000.00	8,800.00	—	378,570.32
12,800.00	9,000.00	12,000.00	—	394,570.32
12,800.00	9,000.00	8,800.00	—	391,370.32
12,800.00	9,500.00	8,800.00	—	391,870.32
12,800.00	9,500.00	38,800.00	—	421,870.32
12,800.00	9,500.00	8,800.00	—	391,100.00
12,800.00	9,500.00	12,600.00	—	394,900.00
12,800.00	9,500.00	12,600.00	—	388,900.00
12,800.00	9,500.00	12,600.00	34,000.00	412,900.00
12,800.00	9,500.00	12,600.00	12,000.00	380,900.00
12,800.00	9,500.00	33,500.00	12,000.00	400,800.00
12,800.00	9,500.00	33,500.00	12,000.00	399,800.00
12,800.00	9,500.00	33,500.00	12,000.00	398,800.00
12,800.00	9,500.00	33,500.00	12,000.00	397,800.00
12,800.00	9,500.00	33,500.00	12,000.00	396,800.00

示している。(8)

以書附奉願上候

一御屋敷様江近来御館入被仰付未間も無之内、格別御懇命御取扱被為成下難有仕合奉存候、依之追々出銀高ニも罷成候処、去ル亥年御家老様御登坂之節御直々御談被仰下、段々銀高相嵩操合難渋ニ付、御断奉申上候得共、御米御引当ニ而御手堅御約定被成下候ニ付、店方色々操合多分之出銀仕候処、翌子年不存寄同年ゟ五ヶ年之間元利共皆無御断之御仕法被仰出、誠以奉驚入当惑難渋至極ニ付、不顧恐書面ヲ以御歎奉申上候処、厚思召ニ而御利足之内半銀御渡、残御証文ニ而御下ケ被下難有奉存候、然ル所昨年尚又御利足も御断被仰出候ニ付、如何共難仕段々御歎奉申上候処、（中略）江戸御定用御月割之内五百金計出金も仕候ハヽ、御手元御融通ニも相成候ニ付、右等之御操合ヲ以昨年丈

第８－２表　大坂両替店の龍野藩への年賦貸（その１）

年	年賦無利	年賦貸	年賦貸	年賦貸	年賦貸	年賦貸
	貫　匁	貫　匁	貫　匁	貫　匁	貫　匁	貫　匁
文政10年	29,100.00	140,060.32	30,000.00	30,000.00	96,000.00	61,710.00
11年	28,800.00	140,060.32	30,000.00	30,000.00	96,000.00	61,710.00
12年	28,500.00	140,060.32	30,000.00	30,000.00	96,000.00	61,710.00
天保元年	28,200.00	140,060.32	28,000.00	28,000.00	96,000.00	61,710.00
2年	27,900.00	140,060.32	26,000.00	26,000.00	96,000.00	61,710.00
3年	27,600.00	140,060.32	24,000.00	24,000.00	96,000.00	61,710.00
4年	27,300.00	140,060.32	22,000.00	22,000.00	94,000.00	61,710.00
5年	27,000.00	140,060.32	20,000.00	20,000.00	92,000.00	61,710.00
6年	27,000.00	140.060.32	20,000.00	20,000.00	92,000.00	61,710.00
7年	27,000.00	140,060.32	20,000.00	20,000.00	92,000.00	61,710.00
8年	27,000.00	140,060.32	20,000.00	20,000.00	92,000.00	61,710.00
9年	27,000.00	140,060.32	20,000.00	20,000.00	92,000.00	61,710.00
10年	27,000,00	140,000.00	20,000.00	20,000.00	92,000.00	61,000.00
11年	27,000.00	140,000.00	20,000.00	20,000.00	92,000.00	61,000.00
12年	27,000.00	140,000.00	40,000.00		92,000.00	55,000.00
13年	27,000.00	140,000.00	36,000.00		92,000.00	49,000.00
14年	27,000.00	140,000.00	32,000.00		92,000.00	43,000.00
弘化元年	27,000.00	140,000.00	32,000.00		92,000.00	42,000.00
2年	27,000.00	140,000.00	32,000.00		92,000.00	41,000.00
3年	27,000.00	140,000.00	32,000.00		92,000.00	40,000.00
4年	27,000.00	140,000.00	32,000.00		92,000.00	39,000.00
嘉永元年	27,000.00	140,000.00	32,000.00		92,000.00	38,000.00

出所）「大坂店目録留」（三井文庫所蔵史料　本1792～本1794）．

之処者御取計も可被成下段被仰下候得共、此上聊ニ而も出金之儀店方江難申出次第ニ付、御断奉申上候処、段々御手元堅御引当米千五百俵御廻米ヲ以元利御渡可被下御儀定被仰下候ニ付、店方江手丈夫成儀ヲ以色々申談仕候得共、一向不取敢候ニ付、右御月割出金仕候ハヽ、亦明年至り是迄分御訳立被下候御儀も可有之様、何れ御願可奉申上候趣意ヲ以色々仕組申談、京都江も堅キ御儀定幷厚思召之段委細申遣漸承知仕候ニ付、御請申上候、依之当十一月ゟ来卯六月迄月々金五拾両宛同七月金百両、都合金五百両出金可仕候間、御引当米御作方ニ不拘御約定通千五百俵無御相違為御登被成下、元利御勘

定可被下候、（中略）前段之儀可然御取合被成下置候様御願奉申上候、呉々宜御聞取被成下候様偏奉願上候、

乍恐右之段以書付御願奉申上候、以上

文政十三寅年十月

三井元之助名代

福田吉十郎

加集鎌太様

江戸での入用のために五〇〇両を月割で融通し、大坂廻米一五〇〇俵で返済する方法である。天保元年一一月から二年七月までの米代銀月割勘定を第8―3表からみてみよう。天保元年一一月から二年六月まで月に五〇両ずつを、七月に一〇〇両を融通し、一〇月に米一五〇〇俵を龍野藩から受け取り、それを売却して月割金と利子とを清算する訳である。同表によると米代銀が七貫目ほど多かったためにそれを返却している。両替商が江戸送金の費用を融通し、大坂廻米でもってその代銀を弁済するという最も典型的な大名貸の形態である。天保五年の例で月割金の利足を示すと第8―4表のとおりである。天保四年一二月から天保五年一〇月にかけて六度に分けて出金し、一二月に清算するのであるが、天保二年と同様に九月から一二月にかけて合計一五〇〇俵の米を受け取り、それを売却して元利銀にあてるのである。

文政一一年の仕法は五年間限りであったため、天保四年には期限切れとなるが、同年一一月に龍野藩はさらに期限の五年間の延長を申し入れた。天保四年（一八三三）以降はそれまでの五年間と全く同じ訳にも行かず、六一貫目余、二四貫目余の年賦貸の利足をこれまでの〇・四パーセントから〇・五パーセントに引き上げた。「大福帳」の残存する年度で大坂両替店の龍野藩貸利足をみると天保五年、八年、一一年はともに二〇貫目余であった。月割金利足は月〇・八パーセントとなるなど利率は若干回復してきている。

第8－3表　龍野貸御米代銀月割銀勘定（天保2年）

利　足	元　　銀	利率×月数	内　　　　訳
貫　匁	貫　匁		
335.66	3,227.50	0.008×13	天保元年11月出金50両代天保2年11月まで
309.98	3,229.00	0.008×12	天保元年12月出金50両代天保2年11月まで
283.27	3,219.00	0.008×11	天保2年正月出金50両代11月まで
257.60	3,220.00	0.008×10	天保2年2月出金50両代11月まで
231.84	3,220.00	0.008×9	天保2年3月出金50両代11月まで
205.12	3,205.00	0.008×8	天保2年4月出金50両代11月まで
180.04	3,215.00	0.008×7	天保2年5月出金50両代11月まで
154.08	3,210.00	0.008×6	天保2年6月出金50両代11月まで
256.00	6,400.00	0.008×5	天保2年7月出金100両代11月まで
2,213.59	32,145.50		元利合計34貫359匁9厘

米代銀	内　　　訳	勘　　　定	
貫　匁		貫　匁	
11,230.00	10月17日札　400俵代　大和屋庄七買	42,131.35	米代銀
5,525.00	10月27日札　200俵代　米屋藤兵衛買	34,359.09	月割金元利合計
6,975.00	11月3日札　250俵代　難波屋武兵衛買	7,772.26	差上，過上
10,080.00	11月17日札　350俵代　柳屋利三郎買		
8,217.00	11月19日札　300俵代　綿屋庄三郎買	2,213.59	利足合計
42,027.00	小　計　　1,500俵代	104.35	上納銀差引
104.35	御米代之入十三貫四拾三匁五分七厘相掛候ニ付利足上納	2,109.24	天保2年度月割金利足
42,131.35	合　　　計		

出所）「龍野諸用留」（三井文庫所蔵史料　別1723）.

第8－4表　龍野貸月割金の利足内訳（天保5年）

利　足	元　　銀	利率×月数	内　　　　訳
貫　匁	貫　匁		
915.2	8,800.00	0.008×13	天保4年12月より天保5年12月まで
1,664.0	16,000.00	0.008×13	天保4年12月より天保5年12月まで
358.4	6,400.00	0.008×7	天保5年6月より12月まで
128.0	3,200.00	0.008×5	天保5年8月より12月まで
102.4	3,200.00	0.008×4	天保5年9月より12月まで
76.8	3,200.00	0.008×3	天保5年10月より12月まで
3.244.8	40.800.00		合　　　計

出所）「龍野諸用留」（三井文庫所蔵史料　別1723）.

寛政二年から奏者番、翌三年から寺社奉行を勤め、文化一〇年に御免となっていた脇坂中務大輔は、文政一二年一〇月に再び奏者番兼寺社奉行に任ぜられ、天保七年二月から西丸老中格となり、八年七月に老中となった。そのために、また藩財政も困窮していたために、天保中期以降は龍野藩から三井両替店に対して、出金要請が幾度となく繰り返された。天保九年一〇月の留守居役平部専左衛門の「演舌書」では、財政困難になっていて臨時の入用金が必要となっても、領村が困窮してきて、領内の町人、農民から調達することも難しくなって大坂町人から借り入れる以外に手段はなかったのであるが、「割済御調達之儀、偏ニ御頼申入候、然ルニおゐて者割返し銀手当之儀者、来亥年ゟ御領分引請村々納屋米弐千俵ツヽ、別段大坂廻米致し、仕法通年限無相違取計可申候条、何分格別之御勘弁被下候様呉々御頼申入候、以上」(9)と年賦調達金への出金を頼み込んできた。このころには調達講銀を組織することは、資金調達に行き詰まった大名のとる常套手段であった。天保九年（一八三八）一〇月に次に示すように一口五貫目を三〇口で一五〇貫目を集め、年に七パーセントの利子付きで、年に一五貫目ずつ二度、鬮引で年賦返済する仕法を銀主に示したのである。返済には納屋米を大坂廻米にあてるとしている。(10)

調達銀年賦済仕法

此度調達銀年賦済を以御頼申入、銀五貫目を壱口ニ定御出銀被下、都合三拾口御頼申候、尤返済之儀者年々五月、十一月両度ニ致会合年七朱之利足会毎ニ御渡申、元銀者振鬮を以六人江銀弐貫五百匁宛丸五ケ年限左之割合を以返済可致候事

　但初会ゟ五会目迄ニ半方六会目より拾会目迄ニ皆済相成可申事

右返済方為引当増廻米取計、毎年壱石ニ付代銀五拾匁積を以石高相定、元利前書割合通り御渡し可申事

一銀百五拾貫目　　三拾人御調達高

此返済方左之通

亥五月

一銀拾五貫目　　弐貫五百匁宛

六人江相渡ス

〃

一同五貫弐百五拾匁　　御一体江利渡

同十一月

一同拾五貫目　　弐貫五百匁宛

六人江相渡ス

〃

一同四貫七百弐拾五匁　　御一体江利渡

跡右割合卯十一月皆済

それに対して三井元之助名代の福田万右衛門を含む一一人の銀主、立入は、龍野藩留守居平部専左衛門に承諾の口上書を差し出しているのであるが、そのなかでこれまで引き受けてきた講銀が、元銀が据置きとなったままであることを例にあげ、五年間に皆済とするために二〇〇〇石の大坂廻米を確実に行うとの家老の奥印のある証札を渡してほしいとしている。[11]

乍憚口上書

一当四月於江戸表御臨時火急御入用金被為在候ニ付、御領分江可被仰付所、御間ニ合兼候御趣意を以私共ゟ出銀仕候様被仰下、誠無御拠御入用筋恐察仕、銘々操合出銀仕候ニ付、御約定通当〆御限月御皆済可被下候得共、当年御領分御違作其外御入訳御演舌書を以被仰下恐察仕候、右ニ付御別紙御仕法五ケ年御割済調達之儀被仰下、右御割戻し銀御手当之儀者、御領分引請村々納家米弐千俵宛、五ケ年之間別段大坂江増御廻米を以、御仕法通無御相違御取扱可被下旨被仰下承知仕候、依之一同相談仕候所、是迄之御割済講之儀も、当時無御余儀御入割を以、年々御利足者御渡被下置、難有奉存候得共、元銀其儘ニ相成御座候ニ付、一統難渋仕罷在候次第ニ付相談落合兼、殊ニ月八朱之御利足之所、此度者年七朱ニ相成候而者、銘々手元差支甚迷惑至極奉存候得共、此度之御儀定ニおゐて者御相違有御座間敷奉存、且ハ御演舌書之御趣恐察仕、御仕法通五ケ年御割済講承知仕候、然ル上者右御引当米弐千俵別格ニ御建、大坂御廻米御手堅被成下無御相違御割済可被下段、乍恐御家老様、御年寄様御奥印之御証札銘々江御渡可被下候、此段訳而奉願上候、右御年限之内無御拠御差支之筋を以、欠年又者御仕法替等被仰出候而私共立行兼難渋仕候ニ付、以来御入用筋之節御用向被仰付候とも御断申上候外無御座、左候而者御屋敷様御差支之筋可被為在歟ニ乍恐奉存候、都而御約定通御取扱被下置候ハヽ、御蔭を以私共家名相続仕冥加至極難有奉存候儀心魂ニ通し、御用向奉相勤度儀相進候様罷成候道理ニ御座候間、此段御賢察可被下候、右之段乍憚連名を以申上候、宜御取扱可被下候様奉頼上候、以上

戌十一月　　三井元之助名代

福田万右衛門　　印

（以下一〇名略）

平部専左衛門様

この「乍憚口上書」で記された、龍野藩が行い元銀が据え置かれたままの御割済講銀とは、三井両替店が出資した

ものとして、松竹梅二貫目掛講と百両掛講がある。百両掛講は天保五年（一八三四）三月に、焼失した江戸屋敷再建のために金一万両が必要となり、その捻出のために始めたものである。一〇〇両を一口として一〇〇口、一万両を調達するもので、鬮引で八年間にかけて償還することになる。利足は年五パーセントである。平部専左衛門から三井両替店に一〇口金一〇〇〇両を掛けるようにとの話があり、三井両替店ではいったん二〇〇両だけ引き受けるとの書状を出したが、話合いの結果、店表から四〇〇両、六〇人講預ケ銀の内から操替として四〇〇両の八〇〇両を出金することになった。その出金の状況については明らかにならないが、天保七年一二月では二五貫二〇〇目（金四〇〇両、銀六三匁換算）と一八貫九〇〇目（金三〇〇両、同）の掛銀が加入方からなされていて、同月それぞれ一貫二六〇目と九四五匁の利足を受け取っている。これは加入方の出銀であるため第8―2表には表れてこないが、この銀高は嘉永二年まで全く償還されず、同年から若干ずつ償還され始め、嘉永五年からは年に一貫一六三匁一分七厘ずつ償還されることになった。

翌天保一〇年一〇月にも龍野藩大坂留守居平部専左衛門から、藩の収支が一八〇貫目も合わないため、そのうち三〇貫目を三井両替店に一〇年賦償還、年六朱という条件で融通してほしいとの申し出があった。それに対して三井両替店では「是迄古出銀数口御座候内、御元入御断被仰聞、且又御利足申合御引下ケ等之向も御座候得共、何れも其儘殊更御講銀百両掛弐口外ニ弐貫目掛壱口、都合三口者去ル未年ゟ三ケ年之間御元入御断、右之分最早御年限相満御座候得共、矢張今ニ其儘にて御沙汰無之、見世方之者一統会得不仕、何分古出銀御利足者被下置候段難有奉存候へ共、御元入之処御不埒ニ付、此度之御調達之儀相談出来難申[12]」と、古出銀の元本返済がなされていないことを理由に出銀を断っている。

三井両替店の出銀謝絶に対して平部専左衛門は、古借銀の一二貫八〇〇目を元利返済することと、利足を年六朱

（六パーセント）から月六朱（〇・六パーセント）に直すことを条件として三〇貫目の融通と、御為替銀を五〇貫目から六〇貫目に増額することを再度申し出た。三井両替店は新出銀を引き受けるための条件として、三〇貫目の新出銀については利足が月六朱（〇・六パーセント）の場合は五カ年割済とする、月七朱の場合は七カ年割済とする、一四〇貫六〇目三分二厘、六一貫七一〇目、九二貫目の貸付銀からそれぞれ六〇目三分二厘、一貫七一〇目、二貫目を元本返済する、福田吉十郎宛の加入方の銀一六貫目を皆済するなどを提示している。龍野藩の出銀要請をめぐる懸引では、三井両替店は新出銀と古借銀返済とをなるべく見合いとしようとしており、しかも利子率の高い貸付は維持しようともしている。

ところで大坂両替店は龍野藩に対して御屋敷貸とは異なる形態で貸付を行っていた。天保四年以降に千草屋金三郎、中嶋屋藤七宛に御為替銀を四〇貫目から六〇貫目ほど貸し出していたのである。天保六年五月から両名に五〇貫目を貸し出した時の引当は龍野米切手九〇〇石であった。(13) この貸付は商人名宛の貸付であるが、事実上龍野藩宛の貸付であった。千草屋金三郎は龍野藩の名代である。天保二年には千草屋金三郎、中嶋屋藤七宛の龍野木綿を引当とする延為替貸付もなされていた。天保七年六月には龍野米切手引当の延為替は、播磨屋喜兵衛、中嶋屋藤七宛の龍野米切手六〇〇石を引当とする四〇貫目の貸付に切り換えて、その後も継続されていった。三井両替店は債権の保証のない御屋敷貸よりも、訴訟制度の保護の受けられる御為替銀貸付を求めたのである。

天保一一年（一八四〇）四月には、またまた次のような出銀要請の書状が留守居平部専左衛門から届いた。(14)

演舌

年分江戸御定式御月割之儀、以前者米屋、鉄屋両家ニ而引受之処、近来鉄屋者六ケ敷同人引受之分者寄合持ニ相成居候得共、兎角永続難致候ニ附、去ル申年専左衛門江戸表江被召呼、段々御意有之何卒米屋ニ而一手ニ御頼被成度思召被仰出候付、其段及示談候得共、其頃米屋も仕法替之訳も有之、一手持之義者勿論、半方請持之処も仕法替ニ付御断申上候程之義ニ至、（中略）此度御手元者勿論御家中一体格別ニ御減縮之御仕法思召も被為在候趣、（中略）何れ米屋一手ニ引請不相成候とも半方米屋ニ頼入、今半高之処者外御立入之内割合候而成共御頼入被成度、既ニ米屋御呼下御直ニ御頼入可被成思召候得共、御差支之筋も有之ニ付、此度専左衛門江御書取被成下、右之御趣意得と懸勘弁、米屋之処取堅メ、今半高外御立入方之内ニ而及御示談粗聞答申上候様被仰出、（中略）尤半高米屋之処早々申入置候得共、今半高之処千万無覚束、乍去御家老出立御留置被仰下候次第ニ付、不調御断も難申上、無余儀及御相談候、何卒格別之御勘弁を以、右半高之内御加入被下候儀者相成間敷哉、此段御相談申入候

子四月

従来江戸月割金を米屋と鉄屋とで引き受けてきたが、鉄屋が経営困難となり、米屋も辞退の意を表すほどとなっており、半高はなお米屋に頼むことにし、残りの半高の中に加入銀として出資してほしいとの書状である。同年八月から翌年七月までの一年間の月割金の半高は金四五〇〇両で、そのうち金一六〇〇両の出銀を三井に頼んでいる。しかもすでに出金済みの分と約束済みの金一一五七両三歩があるため、残りの金四四二両一歩を出銀してほしいという。

それに対して三井両替店は天保八年の大塩の乱の際に越後屋大坂本店が焼失したことや、翌九年の江戸大火での江戸の店舗が焼失したことを理由として出銀を断った。

龍野藩の平部専左衛門はなお家老脇坂玄蕃の意志であるとして同年五月に再度出銀を要請した。そして出銀高を配分してきた。五七三貫四四七匁一分三厘の江戸月割金のうち、二八六貫七二三匁五分六厘五毛を米屋平右衛門持ちとし、その残りの二八六貫目余のうち、三井に六三貫目を、鉄屋、鴻池、泉屋、米屋、平野屋、塩屋、竹原の七軒に三二貫目ずつ出銀せよという。三井両替店は、この要請にしたがい出銀することとした。

さらに天保一二年（一八四一）八月になって、三井両替店は平部専左衛門より、次の書状にみるように、火急の用として三〇〇〇両の出金要請を受けた。(15)

演舌

淡州様去月十五日被為召被成御登城候処、当秋参向之勅使御馳走御役被蒙仰、恐悦之御事ニ候得共、誠ニ差掛り御入用金三千両急下申来、於龍野表も昼夜秘術と申談候得共、当春巳来御物入続ニ而、不取敢御領分中御用聞之者共種々ニ相働セ候上之儀追々ニ候、如何様ニも手段も可有之候得共、何分差懸り候義、勅使徳大寺大納言様、日野大納言様、来ル十七日京都御発輿ニ相聞江候ニ付、江戸表ニ而も御家督初之儀と申、御代替御改革何角ニ而当座之融通も差支候ニ付、当月四日五日頃迄ニ如何体ニも致調達不差向候半而者御安危之場合ニ候旨無余儀申来り候ニ付、先当座之処如何体ニも御頼談申調達次第差下候様申来、実ニ猶予難相成火急之義ニ付、何共御苦労至極之儀ニ者御座候得共、不取敢御頼談申度御座候之間、呉々乍御苦労今日七ツ時頃より北池太方迄御一統御出浮被下候様偏奉頼候、已上

その三〇〇〇両の江戸下し高の配分は、米屋平右衛門が一〇〇〇両で、三井元之助、鉄屋庄左衛門、米屋三右衛門、平野屋四郎五郎、塩屋六右衛門の五軒が四〇〇両ずつというものであった。三井両替店はこの出金依頼に応じて融通することにした。

ところが翌九月になると、立入六人に対してさらに一万五〇〇〇両の出金要請がなされた。三井の配分高は金二五〇〇両である。その条件は利足が年八朱（八パーセント）で、引当として米六五〇〇俵を元利皆済になるまで廻すということである。三井両替店に対しては出金の条件として、古借銀に対して毎年一〇〇両ずつ元本返済するともしている。三井両替店では、返済残りの四〇貫目を入銀すれば一〇〇貫目だけ出銀要請に応じてもよいとの返事をした。

それに対する平部専左衛門からの返答書を次に示す。(16)

今般御頼談申候一条、御店方御談六ケ敷候ニ付格段之御勘弁を以、古御出銀之内返済残弐拾貫目弐口都合四拾貫目、当冬致入銀候ハヽ、此度御頼申候金高之内江、銀百貫目御調達可被下旨御返答之趣委細致承知、段々御厚配被下候段不一形御深切格別之御働実ニ致深察厚忝、玄蕃初一同致感伏候、右体厚御心配被下候上者彼是も無之、右弐拾貫目二口都合四拾貫目当冬可致入銀候間、百貫目御調達被下候様此上御頼申入候、右引当之儀者聊無相違御約定通廻米払代を以年々御渡可申候

一右迄ニ御心配被下候上之儀ニ付、御店方江対し申入方も無之候得共、今般御頼申入候金高之儀者是迄株々相嵩居候上之儀ニ付、可成丈重サ低ニ致し度種々及差略候得共、右金高相減候而者此度之仕法難出来、無拠御頼申入候次第ニ付、折角御苦労被下候得共差引ニ而者千五百両余之減ニ相成、米屋初其外之処も同様夫々切詰割合頼入候儀ニ付、今更何れニ而可調手段も無之、此補方実々十方暮候ニ付、不得止事今一応御相談申度候者、前段御調達被下候外ニ今千両御調金之儀御頼申度、尤別段御頼申入候儀ニ付当地廻米払米之内千弐百石引当ニ差入、為御替銀之内拝借之積御取計被下候歟、又ハ龍野町人共借受之積ニ成共、別儀之御勘弁を以何卒今一段之処御助力を以、此度之仕法永久之基本相立候様致し度、呉々御汲察被下候様偏ニ御頼申度、不顧御心底之程も猶又押而此段御頼致推参候

一金千両　　　　　廻米引当ニ差入御為替之方御取組被下候ハヽ、左之通

代銀六拾三〆目

大和屋伊左衛門

播　磨　屋　順　蔵

中　嶋　屋　藤　七

但龍野御領分之内、田畑質地差入百姓共連印当地御用達名前差加御取組被下候歟

右両様之内ニ而成共何分御勘弁之程御頼申入候、以上

九月十七日

平部専左衛門

加　集　鎌　太

中井由兵衛様

覚

一六拾貫目　丑十月限御為替

一三拾貫目　同九月限同断

〆

右二口返納、改百五拾貫目御取組可被下哉之事

九月

龍野藩としては古借銀四〇貫目の返済と一〇〇貫目の融通との交換はそのまま受け入れるとともに、さらに金一〇〇〇両（代銀六三貫目）の調達金を求めている。そして六〇貫目と三〇貫目の御為替銀の返納の際に改めて一五〇貫目の御為替銀取組を求めているのである。

三井両替店と龍野藩留守居平部専左衛門との話合いの結果、同年一〇月に一三〇貫目を三井両替店が融通することになった。それに古借銀四〇貫目を加えて一七〇貫目として、一〇年賦年八パーセントの利子付きの手形で一〇五貫

目を、六カ年返済月八朱（〇・八パーセント）利子付きの御為替銀として六五貫目を融通することにした。しかも毎年金一〇〇両ずつ古借銀を返済するという約束付きであった。第8―2表からも天保一二年から年賦銀が毎年銀六貫目ずつ返済され始めた。

天保一三年（一八四二）六月には龍野藩が道中支度金として一〇五〇両必要となり、その半分の五二五両を米屋平右衛門に割り当て、残りの五二五両（代銀三三貫〇七五匁）を八軒の立入に配分し、一軒当たり四貫二〇〇目とした。その八軒とは三井元之助のほかに、鉄屋庄左衛門、鴻池鶴之助、竹原与兵衛、泉屋六郎右衛門、米屋三右衛門、塩屋六右衛門、平野屋四郎五郎の七軒である。

天保一三年一一月には、龍野藩より江戸表へ三二〇貫目を送る必要があったが、四〇貫目はどうしても算段がつかないと、出銀の依頼があり、臨時の月割金として三四貫目を貸し出した。それは第8―2表の示すとおりである。

天保一四年七月にも二〇〇〇両が入用となり、四〇〇両を龍野で調達し、一六〇〇両を米屋と八軒の立入とで分割し、立入は一軒当たり六貫五〇〇目ずつ出銀することになった。文政一二年から寺社奉行として仙石騒動を裁き、天保八年には本丸老中となっていた脇坂安董は天保一二年二月に没し、その子安宅が家督を継いだのが四月であったが、安宅が財政を調べてみると借財が莫大な額に及んでいることが分かり、その整理に取りかかろうとしたが、そのような状況で天保一四年一一月に三井両替店は平部専左衛門より書状を受け取っている。その一部を次に示す。[17]

江戸表当冬諸拝借上納向ヲ初、惣差配六千両遣し不申候而ハ不相済、当地之処者猶又格別之高ニ付、夏以来段々取調候処、何分惣借財元高莫太之銀高ニ及ひ、此姿ニ而打過候而者公務にも果と差支候程之次第ニ付、何分急度改革相立、往々之見習無之而者難相済、尤旦那方参勤前迄ニ其含有之候得共、何ヲ申も初而入部之儀、先前ゟ仕来も有之、彼是不被為任心底、在城中手元而已省略被致種々心配勘弁中参府之時節ニ至、当冬之差配甚六ケ敷最早此上引当無之、借財相増候而者弥以事之破ニも可至、然ルに収納米之内江戸、龍野、大坂三方定式引当米家中扶助、其外諸向手当非常用急米等引去り候得者、残米江戸下シ方ニも引足不申位ニ付、当地惣差引も立兼不容易場合、其上此後公役臨時之取計方秘至と差支可申者眼前之儀、殊ニ当地之儀者各従来之懇志不浅訳と申、如何之成行ニ相成候而者難相済、如何体ニも此上致省略格別之改革可被致積ニ候之処、役人共而已之取計ニも難参、何れ旦那方在城ニ無之而者難被取引、無余儀訳合以当冬江戸下之内可成丈相減当地差配之内江相廻し候之積、其余取締方伺旁拙者出府罷在候内、此度之御役被蒙仰難有儀ニ者候得共、又候差向候入用三千両下し方不取計候半而者難相済、

（中略）

猶此度御役用之儀者当十二月月割之内江御一軒前弐百両宛御増被下候ハヽ、相済候ニ付、此儀者御一同江別段御頼談可申候、何分宜御頼申入候

御役というのは奏者番への就任をさすものと考えられる。財政状態を調べてみると改革の必要性には迫られるが、日常の遣り繰りそのものが破産に近い状況にあり、新たな借り入れなしにはどうにもならなくなっている。大坂町人に調達を求める以外に手段を持たないため、三井元之助をはじめとして鉄屋庄左衛門、泉屋六郎右衛門、鴻池鶴之助、米屋三右衛門、平野屋四郎五郎、塩屋六右衛門、竹原与兵衛の八人の立入に一二貫目ずつをそれぞれの月割銀の増銀として出銀することを求めてきた。三井両替店は臨時月割銀として一二貫目の出銀に応じている。

翌弘化元年四月にも藩財政逼迫のためとして、平部専左衛門から「各様昨冬格別之預御勘弁候上、今更御頼談可申上趣意も無之、唯亡然と日ヲ送り来、昨今生死之堺に付是迄之御懇意にすがり別紙之趣御談申上候」(18)と八軒の立入に八貫目二〇〇目ずつの出銀を求めてきた。

第8－5表　大坂両替店の龍野藩への延為替貸付

期　　間		銀　高	貸　付　先　名　前	利足（利率×月数）
天保10年　より	12月まで	銀30貫目	播磨屋順蔵，中嶋屋藤七	
天保10年12月より	11年5月まで	銀65貫目	播磨屋順蔵，中嶋屋藤七	3貫120目(0.008×6)
天保11年6月より	11月まで	銀60貫目	播磨屋順蔵，中嶋屋藤七	2貫880目(0.008×6)
天保11年6月より	10月まで	銀30貫目	大和屋伊左衛門，播磨屋順蔵，中嶋屋藤七	1貫200目(0.008×5)
天保11年12月より	12年4月まで	銀60貫目	播磨屋順蔵，中嶋屋藤七	
天保11年12月より	12年9月まで	銀30貫目	大和屋伊左衛門，播磨屋順蔵，中嶋屋藤七	2貫640目(0.008×11)
天保12年5月より	10月まで	銀60貫目	播磨屋順蔵，中嶋屋藤七	2貫880目(0.008×6)
天保12年10月より	13年3月まで	銀30貫目	大和屋伊左衛門，播磨屋順蔵，中嶋屋藤七	
天保12年11月より	13年4月まで	銀60貫目	播磨屋順蔵，中嶋屋藤七	
天保12年12月より	13年5月まで	銀65貫目	中嶋屋藤七，円尾屋孫三郎，四ケ田屋惣右衛門	3貫120目(0.008×6)
天保13年4月より	9月まで	銀30貫目	大和屋伊左衛門，播磨屋順蔵，中嶋屋藤七	1貫440目(0.008×6)
天保13年5月より	10月まで	銀60貫目	播磨屋順蔵，中嶋屋藤七	2貫880目(0.008×6)
天保13年6月より	11月まで	銀65貫目	中嶋屋藤七，円尾屋孫三郎，四ケ田屋惣右衛門	3貫120目(0.008×6)
天保13年12月より	14年5月まで	銀30貫目	大和屋伊左衛門，播磨屋順蔵，中嶋屋藤七	1貫440目(0.008×6)
天保13年11月より	14年4月まで	銀60貫目	播磨屋順蔵，中嶋屋藤七	2貫880目(0.008×6)
天保13年12月より	14年5月まで	銀55貫700目	中嶋屋藤七，円尾屋孫三郎，四ケ田屋惣右衛門	2貫673匁6分(0.008×6)
天保14年6月より	10月まで	銀30貫目	大和屋伊左衛門，播磨屋順蔵，中嶋屋藤七	1貫440目(00.8×6)
天保14年5月より	10月まで	銀60貫目	播磨屋順蔵，中嶋屋藤七	3貫360目(0.008×7)
天保14年6月より	10月まで	銀55貫700目	中嶋屋藤七，円尾屋孫三郎，四ケ田屋惣右衛門	2貫673匁6分(0.008×6)
天保14年11月より	弘化元年4月まで	銀30貫目	大和屋伊左衛門，播磨屋順蔵，中嶋屋藤七	1貫440目(0.008×6)
天保14年11月より	弘化元年4月まで	銀60貫目	播磨屋順蔵，中嶋屋藤七	2貫880目(0.008×6)
天保14年11月より	弘化元年4月まで	銀55貫700目	中嶋屋藤七，円尾屋孫三郎，四ケ田屋惣右衛門	2貫673匁6分(0.008×6)

出所）「龍野諸用留」（三井文庫所蔵史料　本1632，別1724）．
注）利足は確認できたもののみ記した．

龍野藩財政の推移については明らかにしえないが、天保期中ごろ以降になると、龍野藩から大坂の立入に対する出銀要請が毎年のように出され、通常の月割金の融通に加えて、藩の借銀は急増していった。新借銀の申し出に対して立入は旧借銀の処分を条件として出しながらも、龍野藩の借銀に応じていくのである。三井両替店は別家などの加入銀を導入するとともに、御為替銀貸付として対応するのである。

天保一〇年から一四年までの大坂両替店の龍野藩への延為替貸付高を示したのが第8—5表である。播磨屋順蔵、中嶋屋藤七への延為替貸付は天保六年から始まり、銀高も増減していたが、天保一一年六月から六〇貫目となり、同じく天保一一年六月より大和屋伊左衛門、播磨屋順蔵、中嶋屋藤七への三〇貫目の延為替が始まり、断続的に嘉永二年まで続いている。さらに天保一二年一二月に中嶋屋藤七、円尾屋孫三郎、四ケ田屋惣右衛門への六五貫目の延為替が始まった。前述したように金一〇〇〇両代銀の延為替であった。天保一二年末からは、大坂両替店は龍野藩に三口銀一五五貫目を融通していた。延為替の利率はいずれも月〇・八パーセントである。中嶋屋、円尾屋、四ケ田屋への六五貫目は当初六カ月返済の取決めであったために、天保一三年一一月に九貫三〇〇目が元入れされて五五貫七〇〇目となり、弘化元年五月には四六貫四〇〇目となったが、その銀高のまま安政二年上期まで継続して貸し付けられ、同期に残り金額が返済された。なお天保一二年一二月の中嶋屋、円尾屋、四ケ田屋への六五貫目の延為替貸付の引当は龍野米一一二〇石であった。播磨屋順蔵、中嶋屋藤七への六〇貫目の延為替は弘化元年に返済され、大和屋伊左衛門、播磨屋順蔵、中嶋屋藤七への三〇貫目の延為替は、嘉永二年まで継続して貸し付けられた。天保一四年一二月には炭川屋善三郎、石橋屋権右衛門、赤穂屋増太郎、俵屋正九郎の四人連判での四〇貫目の延為替が始められた。これも龍野藩への貸付となり、安政四年まで継続された。

三井両替店では龍野藩からの出金要請に対しては、この時期以降御屋敷貸として応じるのではなく、これらのように、町人を貸出相手として龍野米を引当とする、延為替貸付として対応していったのである。

注

(1) 龍野藩の当時の藩主は脇坂安董で、石高は五万一〇八九石である。龍野藩に関しては『龍野市史』第二巻(昭和五六年)を参照。
(2) 「龍野諸用留」(三井文庫所蔵史料 本一七二三)。
(3) 同右。
(4) 同右。
(5) 同右。
(6) 「龍野諸用留」(三井文庫所蔵史料 本一六三二)。
(7) 「龍野諸用留」(三井文庫所蔵史料 別一七二三)。
(8) 同右。
(9) 「龍野諸用留」(三井文庫所蔵史料 本一六三二)。
(10) 同右。
(11) 同右。
(12) 同右。
(13) 「書入控」(三井文庫所蔵史料 本一九六三)。
(14) 「龍野諸用留」(三井文庫所蔵史料 本一六三二)。
(15) 同右。
(16) 同右。
(17) 「龍野諸用留」(三井文庫所蔵史料 別一七二四)。
(18) 同右。

第三節　龍野藩貸付の滞りと年賦償還方法

二七貫目の古借を除いて利子付きであった龍野藩への御屋敷貸も、弘化元年（一八四四）に無利足年賦貸に切り換えられていった。天保一四年までは御屋敷貸利足は年に二〇貫目以上であったのであるが、弘化元年下期の大坂両替店の御屋敷貸利足は二貫五七九匁二分となった。第8－2表の年賦貸のうち、弘化元年には三三貫五〇〇目の月割金を除いたすべての貸付金が無利足となった。それは弘化元年八月に龍野藩が借銀返済仕法を一方的に変更してきたからである。脇坂中務大輔安董は寛政二年から奏者番、翌三年から寺社奉行を勤めていたが、文化一〇年に御免になっており、文政一二年一〇月に再び奏者番兼寺社奉行に任ぜられ、天保七年二月から西丸老中格となり、天保八年七月に本丸老中となった。脇坂安董は天保一二年に没し、その子安宅が家督を相続した。そのため龍野藩では出資が増加したとともに、天保期の領内の凶作にともなう財政困難によって、米屋平右衛門や立入に対して幾度となく出銀を要請し、借財が累積していったのである。立入の一人である三井元之助に対しても幾度となく出銀を求め、年賦貸ばかりでなく、月割金や延為替貸付として形態を変えて貸付金高が増加していった。三井両替店としても龍野藩への月割金や延為替貸付としての貸付は、利子が月八朱（〇・八パーセント）で、当時の平均的利子よりかなり高く、恰好の利益収取の対象となっていた。ところが龍野藩にとってそれらの累積した借財に対して、利足負担に堪えられなくなっていたと言わなければならない。

弘化元年八月に御仕法御建替えと称して「是迄出銀之向新古共五ケ年置居」(1)を打ち出したのである。五年間置居とは元利返済を五年間停止するという意味である。ところが月割金については従来と同様に出銀するようにとしている。

月割金に関する仕法書の主要な部分を示すと次のとおりである。(2)

覚

一去卯十二月ゟ当辰十一月分迄月割道中用共惣高元利合三百三拾貫弐百四拾六匁六分

内

元銀半数　百五拾四〆八百八匁四分四厘

同利足　弐拾貫六百弐拾九匁七分二厘

右丈十二月御渡可申候、残元百五拾四〆八百八匁四分四厘者来ル酉迄中五ケ年ニ割合、一ケ年三拾貫目ツヽ、御請取被下度、尤利足当年分者全ク御渡申候得共、五ケ年賦之分者利足年弐朱之積年々之分証文ニ而御渡申置、五ケ年ニ元銀皆済六ケ年目等皆済可致候之事

一当十二月分、来巳十一月分迄月割道中用共是迄通御引受可被下事

一右五ケ年之間元利皆済迄臨時用者一切御頼申間敷事

この仕法書では、立入の出銀した月割金の三〇九貫目余のうち半分を年末に返済し、残りの半分を五年賦で返済するとしている。なおその利足銀二〇貫目余は年末に渡すことになる。翌年も月割金は従来どおり出銀せよ、五年間は新たな出銀の要請は行わない、その他に月割金の五年間返済には抱屋敷一カ所を売却した代金をあてる、これまで当用の借銀は年二朱の利足を渡し、五年間は元本返済は行わない、年賦銀は無利子とし同じく五年間は元本返済も証文の書改めも行わない、などの内容もある。そのため月割金利子は月〇・六パーセントに切り下げられ、三井両替店の行ったそのほかの龍野藩への貸付銀は無利子となった。そして第8―2表に示されたように、弘化元年から月割金半額の三三貫五〇〇目が未返済のまま残った。同表では五年賦で返済のはずが実際はそのまま嘉永元年まで残っている。

しかも年二朱（二パーセント）のはずが無利子となったのである。弘化二年から四年までの大坂両替店の御屋敷貸利足をみると、弘化二年には一二月現在で五五貫目余の月割金の利足が一貫二六九匁八厘あるのみである。同三年には五〇貫四〇〇目の利足銀一貫八一三匁二分、同四年には四三貫三〇〇目の月割金利足銀一貫七六七匁六分のみである。なお月割金半分残りの三三貫五〇〇目の返済がなされなかったのは、三〇〇貫目相当と見込んだ龍野藩の江戸柳島の抱屋敷の買い手が見つからなかったためである。

弘化元年の龍野藩の仕法書は五年間限りであったために、年限明けの嘉永二年にはまた新仕法を建てる必要があった。そこで無利足で据置きとなっていた年賦貸の整理が検討され、年賦償還仕法が確定した。それを具体的数値からみてみよう。

大坂両替店の「大福帳」でみると、嘉永二年（一八四九）下期に龍野藩への御屋敷貸を整理している。第8—2表の嘉永元年の貸付銀合計三九六貫八〇〇目から古借銀二七貫目を除いた八口三六九貫八〇〇目を、一〇〇貫二〇〇目、一九八貫一〇〇目、三八貫目、三三貫五〇〇目の四口に分割した。(3) そしてそれぞれの年賦返済高を定めたのである。一〇〇貫二〇〇目は一年当たりの返済高が四貫五五五匁で二二年賦となる。一九八貫一〇〇目の一年当たり

金	合	計
両歩朱	貫　匁	両歩朱
—	390,125.00	—
—	383,450.00	—
—	380,675.00	—
—	371,100.00	—
—	359,425.00	—
—	347,175.00	—
—	336,925.00	—
—	326,675.00	—
—	325,425.00	—
—	306,175.00	—
—	295,925.00	—
—	315,675.00	—
—	283,025.00	—
—	273,175.00	—
—	254,925.00	—
—	256,875.00	—
—	237,725.00	—
—	231,975.00	—
—	211,605.00	—
金313	290,305.00	金313
金750-1-2	290,305.00	金750-1-2
金750-1-2	290,305.00	金750-1-2

第8－6表　大坂両替店の龍野藩への年賦貸（その2）

年	年賦無利	年賦貸	年賦貸	年賦貸	年賦貸	月割
	貫　匁	貫　匁	貫　匁	貫　匁	貫　匁	貫　匁
嘉永2年	27,000.00	196,980.00	95,645.00	37,000.00	33,500.00	—
3年	27,000.00	195,860.00	91,090.00	36,000.00	33,500.00	—
4年	27,000.00	194,740.00	86,535.00	35,000.00	33,500.00	3,900.00
5年	27,000.00	192,620.00	81,980.00	33,000.00	33,500.00	3,000.00
6年	27,000.00	190,500.00	77,425.00	31,000.00	33,500.00	—
安政元年	27,000.00	188,380.00	72,870.00	29,000.00	29,925.00	—
2年	27,000.00	186,260.00	68,315.00	27,000.00	28,350.00	—
3年	27,000.00	184,140.00	63,760.00	25,000.00	26,775.00	—
4年	27,000.00	182,020.00	59,205.00	23,000.00	25,200.00	9,000.00
5年	27,000.00	179.900.00	54,650.00	21,000.00	23,625.00	—
6年	27,000.00	177,780.00	50,095.00	19,000.00	22,050.00	—
万延元年	27,000.00	175,660.00	45,540.00	17,000.00	20,475.00	30,000.00
文久元年	27,000.00	173,540.00	40,985.00	15,000.00	18,900.00	7,600.00
2年	27,000.00	171,420.00	36,430.00	13,000.00	17,325.00	8,000.00
3年	27,000.00	169,300.00	31,875.00	11,000.00	15,750.00	—
元治元年	27,000.00	167,180.00	27,320.00	9,000.00	14,175.00	12,200.00
慶応元年	27,000.00	165,060.00	22,765.00	7,000.00	12,600.00	3,300.00
2年	27,000.00	162,940.00	18,210.00	5,000.00	11,025.00	7,800.00
3年	27,000.00	151,500.00	13,655.00	3,000.00	9,450.00	7,000.00
明治元年	27,000.00	151,500,00	13,655.00	3,000.00	9,450.00	85,700.00
2年	27,000.00	151,500,00	13,655.00	3,000.00	9,450.00	85,700.00
3年	27,000.00	151,500.00	13,655.00	3,000.00	9,450.00	85,700.00

出所）「大坂店目録留」（三井文庫所蔵史料　本1794～本1797）.

の返済高は一貫一二〇目で一七七年賦に当たる。三八貫目の一年当たりの返済高は一貫目で三八年賦である。三三貫五〇〇目は年賦返済高はなく、年二分の利子付きである。

嘉永二年以降の大坂両替店の龍野藩への貸付銀を示したのが第8―6表である。嘉永二年の数値の合計は、四口に分割した年賦銀高から同年分の返済高の六貫六七五匁を差引きした数値と年賦無利の二七貫目の合計と等しくなる。第8―6表の嘉永二年の龍野藩への年賦貸は第8―2表の年賦貸の元本を編成替えしたにすぎないもので、利子付きの貸付金は月割金のみである。

三井両替店は別家等から集めて龍野藩に貸し出すことも行っている。加入貸といわれるが、それは一四三貫五〇〇目あった。それは三井両替店の年賦銀一九八貫一〇〇目と合わせて三四一貫六〇〇目として計算されるが、年賦銀は一貫一二〇目であるから、三〇五年賦となる。また講銀については、次のように記されている。(4)

覚

松竹梅講銀卯元入残
一銀六拾四〆七百拾匁

百人講銀卯元入残
一同弐百弐拾九〆弐百七拾五匁

〆銀弐百九拾三貫九百八拾五匁

但壱貫目ニ付三匁七分充ニ割

右者当酉年ゟ年々銀壱貫九拾目充御渡申候間、宜御手引被下候様御頼申入候

龍野藩の行った松竹梅講と百人講（百両講）の残高が二九三貫目余あり、それに対して年に〇・三七パーセントの割合で返済するとしている。二七〇年賦である。三井両替店は松竹梅講残りは九貫五〇〇目あり、百人講は加入方で四四貫一〇〇目あった。

このように龍野藩は嘉永二年（一八四九）から年賦返済を始めたが、三井両替店の一年当たりの返済高は六貫目余りにすぎなかった。そこで嘉永五年（一八五二）に次のような元入銀増額を求める書状を龍野藩に送った。(5)

覚

無利足
一残元銀三百三拾八貫弐百四拾目之内江
壱ケ年ニ御元入銀壱貫百弐拾目

同

一右同断三拾五貫目之内江
　壱ヶ年ニ御元入銀壱貫目
　無利足
一残元銀五拾三貫弐百三匁三分六厘之内江
　壱ヶ年ニ御元入銀百九拾八匁三分弐厘
右之通御座候処、此分三口共当年ゟ今銀壱貫目宛御元入御増被成下候ハ、御為替之口ニ而も銀六拾貫目出銀可仕候、左様無御座候而者迚も店方一統承伏不仕候間、何卒此段御聞済被成下候ハ、前書之通御請可奉申上候、以上

　正月廿八日　　　　　　　　中井由兵衛

　　　高橋佐次右衛門様
　　　中　田　杢　平様

同年正月に龍野藩が、このたび三万両入用となったが、二万両は公儀拝借金を借りることができたため、一万両を割り振って、二〇〇〇両を出金してほしい、と三井両替店に申し出てきた際に、元入銀増額を条件として御為替銀融通に応じたのである。銀五三貫目余は松竹梅講銀である。

嘉永、安政期にかけても、龍野藩から三井大坂両替店への出金要請は幾度もなされた。嘉永六年一〇月には次のように三〇〇〇両の出金を求められている。(6)

　　覚
一金三千両　　　三井元之助殿
　内

千五百両　当冬御出金可被下候、御返済之儀者余内小物成銀を以、来寅ゟ七ケ年賦御決算可申候
千五百両　急参府之節御出金可被下候、御返済之儀者帰府相成候へハ当時ゟ八ヶ年御定式高余程相減し候
　　　ニ付右寛を以御出金被下候、翌年ゟ七ケ年賦御決算可申候
　〆
　　丑十月

これらの執拗な出金要請に対して、同年には一〇〇〇両（銀六三貫六〇〇目）を加入方から融通することとなった。それは七年賦で一年当たり九貫〇八六匁ずつ償還され、安政六年には皆済された。その利子は月七朱（〇・七パーセント）であった。

銀主側の返済要求と龍野藩の出金要求が交差しあい、その妥協として年賦銀返済も徐々に行われていった。嘉永二年の仕法替えの年限が安政元年に切れるため、また年賦銀が検討され、龍野藩は抱屋敷を売却して返済の一部に当てることになった。

安政元年から前回年賦返済の対象とならなかった三三貫五〇〇目の年賦銀も、そのうち二貫目が「御手道具御払代元入ニ被下候」(7)として渡され、残りの三一貫五〇〇目に対して年に一貫五七五匁ずつ二〇年賦で返済されることになった。第8―6表でもそれらの年賦銀が慶応三年まで規則的に返済されていることが明らかとなる。

嘉永二年以降でも大坂両替店では御屋敷貸利足を年に二貫目前後収取している。それはすべて龍野藩への月割金貸付の利足である。第8―7表に嘉永三年から六年までの月割金貸付とその利足を示した。嘉永三年の六八貫目余から五年の三八貫目余まで一一月、一二月の累積貸付銀高に差があるが、利子率は月に〇・六パーセントである。この月割金は天保期のように、大坂両替店が廻米を受け取り、それを売却して元利銀に当てるのではなく、一一月あるいは一二月に大坂両替店が元利銀を受け取ることになる。その月割金としての融通は幕末期まで継続して行っており、元

治元年一一月の月割金の累計は五九貫一〇〇目でその利足は二貫五三二匁であり、慶応元年一一月には同様に、六八貫二〇〇目と二貫八六六匁五分、慶応二年一一月には八六貫六五〇目と二貫九七三匁六分、慶応三年一一月には一一一貫六〇〇目と四貫二六七匁二分となっている。利子はいずれも月六朱である。月割銀高は若干増加しているが、その実質的意味よりも形式化しているとみることができる。

三井大坂両替店から龍野藩への年賦貸の年賦償還は第8―6表の示すとおりである。嘉永二年末に三九〇貫一二五匁あった年賦貸は、慶応三年までに一八五貫五二〇目が償還された。

幕末期にも三井大坂両替店の勘定目録において、龍野藩に対して御屋敷貸として新たな貸付を行っていないことは第8―6表の示すとおりである。しかし龍野藩から三井両替店に対して出銀要請がなされなかった訳ではない。万延元年三月には七年賦という条件で一〇〇〇両の出金要請があり、文久二年六月には利子月七朱、七年賦という条件で一〇〇〇両の出金要請があった。また元治元年には同じく月七朱の利子に七年賦の条件で三〇〇〇両の出金要請があった。慶応二年八月にも七年賦で五〇〇〇両の要請があった。そのような出金要請に対して大坂両替店は御屋敷貸としての出金は行わなかった。その代わりに別家の資金を動員する加入方から出銀したとともに、延為替貸付として出銀した。万延元年には加入方から六〇貫目が七年賦で融通され、年に八貫五〇〇目ずつ償還され、慶応二年には皆済となった。また文久二年には加入方から五〇貫目を二口、一〇〇貫目の融通がなされ、年に二〇貫目ずつ償還され、慶応三年には皆済となったとともに、文久三年に一〇〇貫目と二五貫目が、元治元年に三〇貫目と二五貫目が加入方から御為替銀貸付の名目で貸し出された。幕末期には藩財政も膨張していき、三井両替店は龍野藩の出金要請に対して、加入方資金を導入して対応していったのである。

龍野藩では慶応三年八月に次のように年賦銀返済を計算し、新しい仕法建てを行った。(8)

第8－7表　大坂両替店の龍野藩への月割金貸付

月割金	利足	利率×月数	内訳
貫 匁 5,000.00	貫 匁 330.00	0.006×11	嘉永3年2月より12月まで
8,400.00	504.00	0.006×10	同年　3月より12月まで
10,000.00	540.00	0.006×9	同年　4月より12月まで　加入方
4,000.00	192.00	0.006×8	同年　5月より12月まで
6,500.00	273.00	0.006×7	同年　6月より12月まで
11,600.00	417.60	0.006×6	同年　7月より12月まで　加入方
8,400.00	252.00	0.006×5	同年　8月より12月まで
1,900.00	45.60	0.006×4	同年　9月より12月まで
4,000.00	72.00	0.006×3	同年　10月より12月まで
9,000.00	108.00	0.006×2	同年　11月より12月まで
68,800.00	2,734.20		嘉永3年度合計
13,000.00	936.00	0.006×12	嘉永3年12月より4年11月まで　加入方
2,800.00	184.80	0.006×11	嘉永4年正月より　11月まで
2,800.00	168.00	0.006×10	同年　2月より　11月まで
4,600.00	248.40	0.006×9	同年　3月より　11月まで
5,200.00	249.60	0.006×8	同年　4月より　11月まで
3,000.00	126.00	0.006×7	同年　5月より　11月まで
2,400.00	86.40	0.006×6	同年　6月より　11月まで
4,800.00	144.00	0.006×5	同年　7月より　11月まで
3,500.00	84.00	0.006×4	同年　8月より　11月まで
3,000.00	54.00	0.006×3	同年　9月より　11月まで
2,600.00	31.20	0.006×2	同年　10月より　11月まで
4,600.00	27.60	0.006×1	同年11月分
52,300.00	2,340.00		嘉永4年度合計
3,900.00	304.20	0.006×13	嘉永4年12月より5年11月まで
2,500.00	180.00	0.006×12	嘉永5年正月より　11月まで
2,400.00	158.40	0.006×11	同年　2月より　11月まで
4,500.00	243.00	0.006×9	同年　3月より　11月まで
2,900.00	139.20	0.006×8	同年　4月より　11月まで
2,500.00	105.00	0.006×7	同年　5月より　11月まで
2,400.00	86.40	0.006×6	同年　6月より　11月まで
4,800.00	144.00	0.006×5	同年　7月より　11月まで
3,200.00	76.80	0.006×4	同年　8月より　11月まで
2,600.00	46.80	0.006×3	同年　9月より　11月まで
2,300.00	27.60	0.006×2	同年　10月より　11月まで
4,800.00	28.80	0.006×1	同年11月分
38,800.00	1,540.20		嘉永5年度合計

3,000.00	216.00	0.006×12	嘉永5年12月より6年11月まで
2,000.00	132.00	0.006×11	嘉永6年正月より　11月まで
1,900.00	114.00	0.006×10	同年　2月より　11月まで
4,800.00	259.20	0.006×9	同年　3月より　11月まで
2,600.00	124.80	0.006×8	同年　4月より　11月まで
2,600.00	109.20	0.006×7	同年　5月より　11月まで
2,500.00	90.00	0.006×6	同年　6月より　11月まで
4,900.00	147.00	0.006×5	同年　7月より　11月まで
3,200.00	76.80	0.006×4	同年　8月より　11月まで
4,700.00	84.60	0.006×3	同年　9月より　11月まで
2,200.00	26.40	0.006×2	同年　10月より　11月まで
4,900.00	29.40	0.006×1	同年11月分
39,300.00	1,409.40		嘉永6年度合計

出所）「龍野諸用留」（三井文庫所蔵史料　本1633）.

覚

一銀三百四拾壱貫六百目　古借五口　無利足之高

内三拾五貫百六拾目　嘉永二酉年ゟ同四亥年迄一ヶ年壱貫百弐拾目宛、翌五子年ゟ慶応二寅年迄一ヶ年弐貫百弐拾目宛追々入銀之分引

残三百六貫四百四拾目

内六貫四百四拾目　当年増渡之見込

三百貫目　当年ゟ六拾ヶ年賦一ヶ年五貫目宛

〆

三四一貫目は前述したように、嘉永二年時点での大坂両替店の九八貫一〇〇目の年賦貸と加入銀との合計である。同年まで三五貫一六〇目が返済されており、残りの三〇六貫四四〇目に対して、同年に六貫四四〇目を返却し、三〇〇貫目を一年に五貫目ずつ返済する六〇年賦とするとの計画をたてた。

ところが第8—6表の示すように明治元年以降は龍野藩から三井両替店に対して全く償還がなされていない。

明治五年下期の大坂両替店の勘定目録では、八万四八四五円余が古滞貸として残り、そのうち一万六七五四円余が積立銀から償還され、六万

八〇九一円余が償還されずに不良資産として残ったのである。[9] そのうち、一〇二三円余が脇坂淡路守の年賦貸であった。明治四年で一円を銀二〇〇目で計算しているため、銀二〇四貫目余に相当する金高である。加入方については銀高が不明であるが、三井両替店に大量の円高が滞り高として残ったばかりでなく、加入方として出資した別家等においても、滞り貸が大量に残る結果となった。また同じ明治五年下期の大坂両替店の勘定目録での古滞り貸では脇坂淡路守への月割貸一一七八円余と中嶋屋藤七への龍野御印貸が一〇〇〇円記されている。明治四年より延為替として中嶋屋藤七への貸付が始められていたのである。

明治四年一一月より明治政府によって旧藩債の整理がなされ、天保一四年以前からの古債は切り捨てられ、弘化元年から慶応三年までの旧債と、明治元年以降の新債とが明治政府によって肩代わりされた。龍野藩の一五万三四七六円二九銭三厘の藩債のうち、一二万一五二六円四二銭が切り捨てられ、三万一九四九円八七銭三厘が公債をもって渡された。[10] 三井大坂両替店の龍野藩への年賦貸は、明治元年以降の新貸付を除いて切り捨てられたのである。

注

（1）「龍野諸用留」（三井文庫所蔵史料　別一七二四）。
（2）同右。
（3）「大福帳」（三井文庫所蔵史料　続九九二）。
（4）「龍野諸用留」（三井文庫所蔵史料　本一六三三）。
（5）同右。
（6）同右。
（7）同右。
（8）「龍野諸用留」（三井文庫所蔵史料　本一六三四）。

（9）「大坂店目録留」（三井文庫所蔵史料　本一七九七）。
（10）「藩債輯録」（『明治前期財政経済史料集成』第九巻）。

第九章　仙台藩と平野屋又兵衛

第一節　平野屋又兵衛への延為替貸しの経緯

平野屋又兵衛は大坂の両替商であるが、延享五年（一七四八）版の「難波丸綱目」(1)によると、牧野貞通（笠間藩）、松平豊敷（高知藩）、松平忠刻（桑名藩）の三藩の蔵元として名前があがっていることが確認される。他方で安永四年（一七七五）の「大坂武鑑」(2)では松平陸奥守の名代として長掘富田屋町の平野屋又兵衛の名が用達の安土町一丁目の仙台屋三郎兵衛の名とともに記載されている。天明元年の「大坂武鑑」(3)においても同様である。また寛政一〇年の「大坂武鑑」(4)では松平政千代の蔵元の高麗橋一丁目の尾張屋平介の名と名代の平野屋又兵衛の名が記載されている。平野屋又兵衛は大坂両替商の一人として仙台藩に金銀を融通していたのであるが、上記したように延享五年時の笠間、高知、桑名三藩から仙台藩に御用を集約していった訳で、大坂両替商の仙台藩への金融融通の中心的立場にあった。

三井両替店の平野屋又兵衛への貸出の始まりは元文期ごろで、大坂両替店の勘定目録では元文元年（一七三六）上期の貸出金残高に平野屋又兵衛、平野屋治郎右衛門の連名で八〇貫目の記載が見られる。(5)同二年上期に同じく連名で八〇貫目と五〇貫目の残高となっており、四年上期には連名で合計して三五〇貫目、および平野屋又兵衛への一六〇貫目の残高となっている。元文五年下期からは平野屋又兵衛の名はしばらく見えなくなる。寛政元年の平野屋の願書では取引の始まりは享保期頃であるとしている。「勘定目録」に平野屋又兵衛の名が再度見えるようになるのは寛保三年（一七四三）からであり、その貸出金残高の推移は第9―1表のとおりである。延享、寛延期には三〇〇貫目台であったが、[6] 宝暦三年から急増している。宝暦期に急増した貸出金の内訳を引当から検討してみると、[7] 宝暦三年の三月から七月までの三〇〇貫目と二〇〇貫目の延為替の引当は土佐藩家質証文で、[8] 五〇貫目の引当は薩摩藩の借状であった。宝暦五年の場合は三〇〇貫目が土佐藩の屋敷の引当となり、二〇〇貫目が土佐藩役人の預り手形の引当となっている。この時期には仙台藩への貸出は確認できない。

大坂両替店の平野屋又兵衛への貸出高は宝暦一一年には五〇〇貫目となり、[9] 明和三年には一七〇貫目、一八〇貫目、一五〇貫目の三口の貸出となった。[10] この時期には平野屋への貸出は順調に行われていた。明和七年（一七七〇）から

第9－1表　大坂両替店の平野屋又兵衛への延為替貸高（その1）

年	貸出高	年	貸出高
寛保3年	100貫目	宝暦6年	850貫目
延享元年	280貫目	7年	900貫目
2年	310貫目	8年	600貫目
3年	310貫目	9年	600貫目
4年	310貫目	10年	550貫目
寛延元年	310貫目	11年	500貫目
2年	300貫目	12年	500貫目
3年	330貫目	13年	500貫目
宝暦元年	350貫目	明和元年	500貫目
2年	350貫目	2年	500貫目
3年	750貫目	3年	500貫目
4年	650貫目	4年	500貫目
5年	750貫目	5年	490貫目

出所）（寛保3年～宝暦13年）「目録帳」（三井文庫所蔵史料　本1750，本1751），（明和元年～5年）「究帳」（三井文庫所蔵史料　追39）．

仙台藩の借状を引当とする銀一三〇貫目の貸出が始まった。それに対して翌八年三月には月〇・四パーセントにあたる三貫一二〇目の利足を受け取っている。[11] 仙台藩借状引当の一三〇貫目は以後逓減していき、安永五年には一一三貫目に、同八年には八五貫目となっている。ところで大坂両替店は平野屋から安永五年上期には四九〇貫目の打利足銀一〇貫五八四匁（月利〇・三六パーセント）と一一五貫目の打利足二貫七六〇目（月利〇・四パーセント）の合計一三貫三四四匁を受け取り、[12] 同五年下期に

は同じく四九〇貫目の打利足銀一〇貫五八四匁と一一三貫目の打利足銀二貫七一二匁（月利〇・四パーセント）の合計一三貫二九六匁を受け取った。(13) また安永八年上期にも四九〇貫目の打利足一〇貫五八四匁と八五貫目の打利足二貫〇四〇目（月〇・四パーセント）の合計一二貫六二四匁を受けとっている。(14) ここまではすべて利子付きの貸出となっている。

ところで安永九年（一七八〇）になり大坂両替店の平野屋又兵衛への貸出が滞りとなった。打利足が支払われなくなったのである。平野屋又兵衛は経営の危機に陥った訳である。そして同年一〇月になり平野屋への貸出金の処分案が出された。それを示すと次のとおりである。(15)

一安永九年庚子十月平野屋又兵衛埒合左之通

一四百九拾貫目　御為替

一拾貫五百八拾四匁　亥七月ゟ十二月迄打

一八拾五貫目　御為替　仙台百五拾貫目之証文引当

一弐貫四拾目　亥七月ゟ十二月迄打

〆五百八拾七貫六百弐拾四匁

内

七拾貫目　御池通家屋敷引取

弐拾七貫目　四軒町家屋敷引取

三拾五貫目　西野新田引取

三拾壱貫九百拾匁　土州年賦証文引取

〆百六拾三貫目九百拾匁
引残テ
四百弐拾三貫目七百拾四匁
此引当テ
三百貫目　　居宅四十六間口
御為替証文改借シ　年寄奥印
三拾八貫目　　建具諸道具引当テ
御為替証文証人
八拾五貫目　仙台百五拾貫目証文引当テ　御為替証文
七百拾四匁　　此節端銀請取
〆
一拾貫目　　忠兵衛
孫兵衛　　舟引当テ
此口壱貫目宛　右暮内入返済之筈
〆四百三拾三貫目
当子正月より利足受取候相対也
月壱朱として壱ケ年
五貫百九拾六匁

三貫目　　元入

〆八貫百九拾六匁

但シ元入三貫目之内壱貫目舟質之方拾ケ年ニ請取遣ス筈

御為替銀四九〇貫目、八五貫目と六カ月分の打銀を加えた合計五八七貫六二四匁に対して、家屋敷二カ所と西野新田、土佐藩年賦証文を引き取り清算する案で、残りの四二三貫目余に居宅、諸道具、仙台藩の一五〇貫目の借状を引当として入れて低利で年賦償還しようというのである。この清算案は実行されなかったが、利足払いは実施され、また両屋敷の宿賃を受け取るようになった。天明元年上期の大坂両替店の平野屋又兵衛からの受取高は、四二七貫五〇〇目の半期分の利足の二貫九九二匁五分（月〇・一パーセント）、御池通、四軒町両屋敷宿賃の二貫五三二匁一分六厘、新田子年分二五二匁六分六厘となっている(16)。天明四年下期の平野屋からの打利足高をみると、四一五貫五〇〇目の貸出銀の半期分の利足として二貫四九三匁、および御池通、四軒町両屋敷宿賃の一貫四三一匁六分九厘となっている(17)。その後数年分の「大福帳」を欠いていて、天明七年（一七八七）下期以後では三井大坂両替店では平野屋から全く利足を受け取ってはいない。

安永、天明期は三井大坂両替店にとっては経営的に悪化した時期であって、加賀藩の借蔵破綻一件があって以来収益も低下していったのであるが、天明二年（一八八二）の大坂両替店の窮状を訴えた「書付を以御願申上候(18)」には「差当手前年来之徳意年々差支、流込屋敷も多相成、別而北国屋吉右衛門、平野屋又兵衛等ハ大銀高ニ而五、六拾年以来之徳意ニ御座候処、必至と差支、引当値打余計有之候も段々及不足ニ、就中平又方ハ流込同然ニ而、近来月イ（一）朱之利入ニ相成」と記されている。平野屋又兵衛には大量に貸し出していたためにその滞りによる打撃も大きいものがあった。天明二年正月の調査では貸出高五八五貫目から内済高四五貫目を差し引いた五四〇貫目のうち、抱屋敷二カ所と土佐藩証文が合計して一二九貫目の引当であったために、富田屋町の居宅の引当価額を四一一貫目とした。(19) 仙台藩借状は引当とはなっていない。ところが実際は居宅がそれだけの額の担保とはなりえないために引当不足高をめぐって交渉が続けられることになる。

天明二年には引当に対応する貸出に書換えがなされている。六月一五日に八五貫目、一八〇貫目（居宅引当）、一五八貫目（同上）、九七貫目（抱屋敷引当）、三一貫九〇〇目（土佐藩借状引当）の五口に書き換えられている。(20) 天明二年正月の調査のとおりである。八五貫目は仙台藩への貸出口であるが、引当についてはまだ不明である。

天明七年から寛政二年にかけて大坂両替店の重役手代は平野屋又兵衛から数度願書を受け取っている。天明七年（一七八七）九月に受け取った願書を次に示す。(21)

私方儀去ル子年不計も極難渋之筋出来仕候砌、家名相続難相立候付、先又兵衛始親類共打寄内談之上甚無体之儀御願申上候処、旧年御取引被下候訳合ニ而格別思召被下候、厚御了簡之上願之通早速御聞済被成下、千万忝奉存候、仍而外々ゟ借滞銀も夫々対談年賦等ニ頼込、追々聞済被呉候上、家業再興日々夜々無油断大切ニ相挊候へ共、元来大借其上時節悪敷、下モ方材木諸山共存之外見込違い夥敷損毛在之、且又御屋敷へ懸り御借上銀も打続凶作抔ニ而時々御断被仰出一向相渡不申、彼是最初存意とハ大ニ行違当惑仕候、右之次第ニ付外々応対相済被呉候年賦等ハ一向ニ不埒ニ相成、且又再興已後商用時借銀も有之候之処、是以時々返済相滞、段々被及催促ニ甚気之毒奉存候得共、致方無之故申断致置候、然レ共御店之御約束通り者是迄右之中ゟ格別ニ引抜キ御渡申上候儀ニ御座候、此段御賢察可被下候、右之通ニ而者始終之処、不安堵故先又兵衛存生之内ゟも明暮申出シ心労之余り持病差発、乍申定業とハ療養不相叶去春遠行仕候程之儀御賢察可被下候、依之死跡倅源太郎へ相続相究、又兵衛と相改去年ゟ家事相勤、尚打寄愚慮相尽見候得共、未運来皆々成ス事不手合思惑通り難参、既ニ此節ニ而者必至と差支、

御店ゟ御恩慈ニ奉願候御約束通り御渡銀も難相調、甚以心痛仕候、最早此上者御店御差図次第居所相離候ゟ外仕辺無之、左候時者下モ方借滞銀も相捨り、御屋敷懸り御渡り銀等も自然と遠々敷相成り、此段甚歎ケ敷奉存候、亦候御願申上候儀各様方之思召も如何敷、大ニ赤面仕候へ共、不得止事御願申上候、何卒御憐愍之上宜敷御評議被成下、当又兵衛細クも家名相残、安心之上相続仕候様御執計被成下候ハヽ、時節ヲ相待下モ方貸滞御屋敷方御貸上銀等も追々歎き出、少々宛ニ而も右を以可成りニも相凌、家名相続仕度奉存候、此段各様ゟ御序之砌宜敷被仰上被下度奉希上候、以上

未九月

平野屋又兵衛

幷　親類共

手代共

杉本久次郎様

岡田喜三郎様

竹内文次郎様

平野屋が子年（安永九年）から極難渋となった事情を記して、去年に先代が心労のあまり没し伜が相続したことを記すとともに、借入金の元利返済等について猶予を頼み、家名相続のための援助を願い出ているのである。[22] 具体的な数値については何も記していない。同年一二月には数値を上げて、次のように「御用捨」を願い出ている。

覚

一銀弐拾七貫目也

但四軒町抱屋敷家質也

一同七拾貫目也　　御為替
此引当御池通四丁目抱屋敷書入在
一同七拾貫目也　　右ニ同
此引当仙台様へ御貸し上銀高百五拾貫目之御証文御預ケ申置候
一同三拾壱貫九百目也
此引当土州様へ御貸し上銀高三拾三貫百目之御証文御預ケ申置候
都合四廉
右此儘ニ而何卒此度御引取被成下度御願
一銀三百三拾八貫目也　　御為替
百五拾八貫目　　壱株
百八拾貫目　　壱株
〆
此引当富田屋町私居宅書入在
内百五拾四貫目ハ
右此度何卒御用捨被成下度御願
相残ル百八拾四貫目ハ
是迄之通、富田屋町私居宅書入、御為替御始末ニ而打銀壱ケ月弐朱宛ニ而御取組被成下度御願
右之通宜敷御聞済被成下度偏ニ奉希上候、已上

未十二月　　　　平野屋又兵衛

三井御店中様

五三六貫九〇〇目の貸出金のうち、七〇貫目の引当として仙台藩の一五〇貫目の借状をとったことが確認される。三三八貫目が富田屋町の居宅を引当としていて、そのうち一五四貫目の御用捨を願い出たのである。その額が引当不足高という訳である。三井はそれを認めてはいない。ところで同年一二月の平野屋貸し残高では五〇九貫九〇〇目となり、四軒町屋敷分の二七貫目が減額されている。同屋敷を処分して返済したものと考えられる。

寛政元年（一七八九）二月に平野屋から三井両替店に対して再度願書が出された。それを次に示す。(23)

再願之覚

一七拾貫目之口

此高弐歩ニ而御詫申上候間御了簡之上御済切ニ被成下度御願

一三百三拾八貫目之口

此内江九貫目

去年中土蔵取払代銀を以御立用被下候也

残而三百弐拾九貫目

右ヲ富田屋町町並沽券凡四貫目屋敷と相立

此高凡百八拾四貫目ニ相成ル

相残ル百四拾五貫目

此高何卒御用捨被成下度御願

右之通御聞届被成下候ハヽ、右ニ記有之候沽券百八拾四貫目ニ者、御差図次第之御始末ニ而、月壱朱ツヽ打銀幷年々元入トシテ弐貫匁宛御渡可申上候事

右弐ヶ条之願筋格別之御憐愍を以御聞済被成下候様偏奉願上候

一貴家様私方御取引被下候根元之由緒者、享保之頃にて凡五十年余之御取引、時々御恩借被下候御銀之打銀計も大凡千五百貫目余も御渡申上来り候程之儀、且未御取引不被下候其以前ゟ京都御家御先々代々御主公様ニ者私方先々代々主シと仕、其砌折々御出会申上御入魂ニ被仰下候儀も毎々在之候由、祖父様兼々之噂ニ而承知仕罷在候、其後自然と御疎遠過行候得共、凡七八十年来之御馴染と奉存候、聊此後を此度之願筋之申立仕候儀と者毛頭無之候得共、旧キ御取引と思召被出何卒深キ御慈憐を以右之願御聞届被成下候ハヽ、外々借財之口々者夫々ニ勘弁を以如何様ニも申詫、私手元此上倹約手を尽し可成丈ヶ者家内質素ニ仕、御約定通り年々無間違御渡シ方可仕候、扨亦御諸家様方江之貸上有之銀幷山方仕入下モ辺借滞之口々も此節之極難申立追々少々宛ニ而も手取り候ハヽ、彼是余勢を以細クも家名相続仕度念願ニ有之候、乍併右御願申上候儀御聞届無之時者迚も取続き可仕手段相尽、無是非居所相離レ身上沽却、家名断絶仕候より外仕道無之、左候時者先祖江対し孝之道も相廃り、且私儀者覚悟之事、祖父母兄弟眷属共も同前路頭ニ相立可申と如何計か難ヶ敷奉存候、誠ニ私身分ニとり候而者一所懸命之場、乍繰事家名御取立と被思召宜敷御評議之御吉左右御待奉申上候、御聞届無之内ハ御面倒も不奉顧幾度も罷上、御袖ニすかり太御歎キ申上候心底ニ御座候、書外者尚口上ニ而可奉申上候

寛政元年酉二月

平野屋又兵衛
当時病気ニ付
代判　儀兵衛

（以下三名略）
京都大坂惣御支配御衆中様

富田屋町の居宅を引当とする三三八貫目の貸出金のうち、九貫目を土蔵取払代金で差し引き、残りの三二九貫目のうち富田屋町屋敷代銀一八四貫目を差し引き、残りの一四五貫目の御用捨を願い出たのである。平野屋の居宅の代銀は一八四貫目でしかなく、用捨願いの額だけ担保が不足した訳である。天明二年の調査では四一一貫目が居宅引当となっており、担保を厳密に見るようになったのである。三井と平野屋との間で担保をめぐる交渉がなされていく。寛政元年上期の貸残高は天明七年と同じ五〇九貫九〇〇目であったが、同年下期には七〇貫目が消却されて四三九貫九〇〇目となった。引当の御池通の抱屋敷を処

第9－2表　大坂両替店の平野屋又兵衛への延為替貸高（その2）

年	貸出高			合計
寛政2年	182貫目	31貫900目	217貫目	430貫900目
3年	180貫目	31貫900目	217貫目	428貫900目
4年	178貫目	31貫900目	217貫目	426貫900目
5年	176貫目	31貫900目	217貫目	424貫900目
6年	174貫目	31貫900目	217貫目	422貫900目
7年	172貫目	31貫900目	217貫目	420貫900目
8年	171貫目	31貫900目	217貫目	419貫900目
9年	171貫目	31貫900目	217貫目	419貫900目
10年	169貫目	31貫900目	217貫目	417貫900目
11年	169貫目	31貫900目	217貫目	417貫900目
12年	169貫目	31貫900目	217貫目	417貫900目

出所）（寛政2年～5年）「大福帳」（三井文庫所蔵史料　続896～続903），（寛政6年～12年）「目録控」（三井文庫所蔵史料　本1752）．

分して返済したものと考えられる。そして翌二年四月には一八四貫目、三一貫九〇〇目、二一七貫目の三口合計四三二貫九〇〇目に改められた(24)。寛政二年末以降の平野屋又兵衛への延為替高を示したのが第9―2表である。一八四貫目は年に二貫目ずつ償還されることになる。九二年賦である。この貸出金の改変も引当物と関係がある。寛政三年正月の書入控(25)をみてみよう。

一平野屋又兵衛
安永七年戌十二月御印形

金高二千両　仙台様大坂御蔵屋敷御役人中御借状壱通　金六拾弐匁弐分四厘替

右同断

金高二千両　右同断　同壱通　金六拾壱匁九分替

右同断

金高千両　右同断　同壱通　金六拾壱匁六分五厘替

右同断

金高千両　右同断　同壱通　金六拾弐匁三分三厘替

明和七年寅十一月御印形

銀高百五拾貫目　右同断　同壱通

五口〆　金高六千両　御証文五通

銀高百五拾貫目　(二百十七貫目)セ舟シエ〆ゝ引当

天明二年寅正月御印形

銀高三拾三貫百目　土州様大坂御蔵屋敷御役人中御借状壱通

(三十一貫九百目)マシイ〆ウ舟ゝ引当

長堀富田屋町北側居宅

表口弐拾壱間　(百七十六貫目)舟エシカ〆ゝ引当

裏行弐拾間

土蔵四ケ所　尤六戸前

但三軒役
右同町続屋敷北側
表口弐拾五間六寸
裏行弐拾間
土蔵弐ヶ所　尤三戸前
但四軒役

二一七貫目の引当として明和七年の印形の一五〇貫目と安永七年の印形の六〇〇〇両の仙台藩蔵屋敷役人の借状が上げられている。また三一貫九〇〇目の引当として土佐藩大坂蔵屋敷役人の借状が、一七六貫目の引当として長堀富田屋町の居宅屋敷二軒が上げられている。居宅屋敷は当初一八四貫目の担保とみた訳で、御用捨を願い出ていた一四五貫目分の担保が必要となり、仙台藩の六〇〇〇両の借状を担保として出させることに成功したのである。三井は平野屋の御用捨願いを認めないで、執拗に担保の提出を求め、かつ平野屋の資産調査を行って、平野屋破綻の原因となったとも考えられる仙台藩借状でも引き取ったのである。升屋小右衛門が天保五年に「去冬已来御蔵元ゟ金弐三万両之所御繰廻し奉願上候に付ては、自然御蔵元にて已前之大文字屋、海保、平野屋又兵衛等之如く差支不如意困窮も仕候て願出候と御取受にては乍恐思召之所行違申候」(26)と記しているのは、仙台藩に廻米取り扱いのために資金融通を願い出た際のものであるが、平野屋又兵衛も蔵元として上げられている。それぞれ京都、江戸、大坂で資金調達にあたって同じように破産したのであるが、大文字屋に対してと平野屋に対しては明らかに対応の仕方が異なっていたのである。同史料では「大坂にて旧御蔵元平野屋又兵衛始、油屋彦三郎、長浜屋治右衛門にても皆々貸付候金銀は戻らず入込の金銀は取立兼候より終には衰へ候義にて[27]」と記されている。油屋や長浜屋などの館入も平野屋と同様に身代が傾く結果となったのである。

注

（1）『校本難波丸綱目』（中尾松泉堂、一九七七年）。
（2）「大坂武鑑」（大阪府立中之島図書館所蔵）安永四年。
（3）「大坂武鑑」（大阪府立中之島図書館所蔵）天明元年。
（4）「大坂武鑑」（大阪府立中之島図書館所蔵）寛政一〇年。
（5）「目録帳」（三井文庫所蔵史料　本一七四八）。
（6）「目録帳」（三井文庫所蔵史料　本一七四九）。
（7）「究帳」（三井文庫所蔵史料　追三八）。
（8）大坂両替店の土佐藩への貸出金としては、別に長岡屋十兵衛への家質貸しがある。宝暦七年から松平土佐守蔵屋敷の長岡屋十兵衛に対して、四軒の屋敷を家質として銀六九〇貫目の貸出を開始した。また宝暦八年からは同じく長岡屋十兵衛に対して屋敷を家質とする銀三〇〇貫目の貸出を開始している（「目録帳」三井文庫所蔵史料　本一七五一）。
（9）「目録帳」（三井文庫所蔵史料　本一七五一）。
（10）「大福帳」（三井文庫所蔵史料　続八七三、続八七四）。
（11）「大福帳」（三井文庫所蔵史料　続八七七）。
（12）「大福帳」（三井文庫所蔵史料　続八八四）。
（13）「大福帳」（三井文庫所蔵史料　続八八五）。
（14）「大福帳」（三井文庫所蔵史料　続八八八）。
（15）「諸方埒合帳」（三井文庫所蔵史料　別四二二）。
（16）「大福帳」（三井文庫所蔵史料　続八八九）。
（17）「大福帳」（三井文庫所蔵史料　続八九二）。

(18)「大坂店天明二寅年願書並訳書」(三井文庫所蔵史料　続一五九八―一)。
(19)「永要録」(三井文庫所蔵史料　本一一〇七)。但し符丁を漢数字に改めた。
(20)「大福帳」(三井文庫所蔵史料　続八九一)。
(21)「諸方埒合帳」(三井文庫所蔵史料　別四二二)。
(22)同右。
(23)同右。
(24)「大福帳」(三井文庫所蔵史料　続八九六)。
(25)「書入控」(三井文庫所蔵史料　本一九六一)。
(26)「大文字屋升屋移代留」(宮城県立図書館所蔵)。
(27)同右。

第二節　平野屋又兵衛の身代限り

三井大坂両替店の平野屋又兵衛への御為替銀証文は寛政一〇年(一七九八)九月二〇日限りであったが、返済されることはなかったために、享和元年(一八〇一)四月一五日になり、三井両替店は大坂町奉行所に出訴した。その訴状の写しは次のとおりである(1)。

乍恐書付を以奉申上候

一御為替銀之内三口ニ而銀高四百十八貫九百目、去ル午九月廿日限相究、長堀富田屋町平野屋又兵衛、同手代九兵衛両判手形を以御銀相渡置候処、相済不申候、尤為引当同人家屋敷弐ケ所年寄奥印を以書入ニ取置候、幷平野屋又兵衛ゟ仙台様御蔵屋敷へ御用達金六千両、銀百五十貫目御借状証文五通取置申候、乍恐右之者共被為召

出相済候様被為仰付候被下候様奉願上候

享和元年酉四月十五日

三井組名代

杉本久次郎　印

御

大坂町奉行所目安方ではこの訴状を受け取り、例のとおり六〇日限りを平野屋又兵衛に申し渡した。六〇日の間に借銀高を全額返済せよとの判決である。その期間内に返済されない場合には三〇日の押込みに処せられ、それでも返済されない場合に身代限りに処せられるのであるが、六〇日の間に元金の過半の額が返済されればさらに六〇日間期限が延期されることになる。それでは期間がかかりすぎると判断して、三井大坂両替店では同じ日に再度訴状を提出した。そこでは後半で、「然ル処右日限年経候ニ付証文仕替掛合候得共、対談之通内済難行届精々掛合罷在候内、彼是証文仕替等延引仕候、此段乍恐書付を以御断奉申上候、以上」(2)と記している。

御為替貸付銀は四一八貫九〇〇目で、その引当は家屋敷二カ所と仙台藩の金六〇〇〇両、銀一五〇貫目の借状であった。御為替銀の引当が仙台藩の六〇〇〇両の借状を取ることで一応は揃ったということが大坂町奉行所へ訴状を出すに至った前提である。二度目の訴状の結果四月二一日には身代限りが決定され、五月一五日には身代限り処分が執行された。大坂の慣例に比しても異常にはやい判決と執行であった。

享和元年五月一四日に平野屋又兵衛が五人組、年寄連判で書き出した「平野屋又兵衛身体限家屋敷並家内諸式付帳」(3)には七一点の家財が記されている。家屋敷は表口二一間、裏行二〇間、土蔵四カ所と、表口二五間六寸、裏行二〇間、土蔵二カ所の二カ所であり、大名の借状は六〇〇〇両、一五〇貫目の仙台藩借状と、二貫五三四匁余の秋田藩、一二貫一七八匁余の佐賀藩、一七貫二二二匁余の福山藩の合わせて三一貫九三六匁余りの借状である。(4)三藩の借状は宝暦一一年の幕府御用金の大名への融通金の年賦証文残高である。(5)当初引当としていた土佐藩の借状は返すことになったためにそれらを受け取ることにした。その外は畳九二枚、ふすま五〇枚、障子八〇枚、仏壇、神棚、夜具など家財道具が渡された。平野屋の居宅であった富田屋町の家屋敷二カ所の帳切は六月一九日に終わった。代銀は一六九貫目で、歩一銀は七貫目であった。なお平野屋又兵衛家の生活費として銀九貫目の合力銀を与えている。

大坂両替店の目録では享和元年（一八〇一）上期から「御屋敷貸」中に松平陸奥守への貸高として五二二貫三〇〇目が記載された。同時に預り方にも三〇五貫三〇〇目が「仙台藩御屋敷貸之内引当」として記載されている。仙台藩の平野屋又兵衛への借状をそのままの銀高で三井への借状に書き改めたのである。そのため貸出残高との差額を預り方に記さなければならなかった。御為替銀の引当と、受け取った大名借状、家屋敷代銀との差引きを次の史料からみてみよう。(6)

一平野屋又兵衛御印三口ニ而ツ舟シエ〆ウ舟ゝ(四百十七貫九百目)相滞、右ニ付色々頼筋有之候得共、難取放儀ニ付、当酉四月十五日及出訴、同五月八日此方へ身上限被仰付候、依之右引当之内富田屋町家屋敷六月十九日帳切相済、幷仙台御借状も御屋敷へ掛合候処、此方宛名切替相済申候、且土州年賦証文引当ニ取置候処、無拠訳合有之戻シ遣し、右為代り秋田、肥前、福山右御三屋敷御年賦証文請取之、夫々御届等も相済申候、委細之儀者御用帳ニ書留有之候、右帳合左之通

一舟カシウ〆ゝ(百六十九貫目)　入　富田屋町家屋敷引当分
かし取

一セ舟シエ〆ゝ(二百十七貫目)　入　仙台様御借状引当分
かし取

一　マシイ〆ウ舟ヽ（三十一貫九百目）　入　土州様御借状引当分
かし取
一　舟カシウ〆ヽ（百六十九貫目）　出　富田屋町家代銀
一　サ舟セシセ〆マ舟ヽ（五百二十二貫三百目）　出　松平陸奥守様
かし
一　セ〆サ舟マシツヽチ入チリエも（二貫五百三十四匁八分八厘七毛）　出　佐竹右京大夫様
かし
一　シセ〆舟エシチヽセ入チリツ毛（十二貫百七十八匁二分八厘四）　出　松平肥前守様
かし
一　シエ〆セ舟セシセヽウ入ウリイ毛（十七貫二百二十二匁九分九厘二）　出　阿部伊勢守様
かし
一　マ舟サ〆マ舟ヽ（三百五貫三百目）　入　仙台様御屋敷貸之内引当
但御証文高サ舟セシセ〆マ舟ヽ（五百二十二貫三百目）之内御印元銀セ舟シエ〆ヽ（二百十七貫目）差引過銀也
一　マシカヽイ入カリセ毛（三十六匁一分六厘二）　入　平野屋又兵衛下地損銀之内へ盛込置
但秋田肥前福山三御屋敷御証文高之内御印元銀マシイ〆ウ舟ヽ（三十一貫九百目）引之過銀也

入と記された富田屋町家屋敷、仙台藩借状、土佐藩借状引当の貸出高を合計しても四一七貫九〇〇目であったが、出と記された家屋敷と仙台藩（松平陸奥守）、秋田藩（佐竹右京大夫）、佐賀藩（松平肥前守）、福山藩（阿部伊勢守）の借状高が銀七二三貫二三六匁余であった。土佐藩への貸高と秋田、佐賀、福山藩の借状高はほぼ見合っていたが、仙台藩の借状高と借状引当高との差額は三〇五貫三〇〇目あったために、それは「勘定目録」では預り方に記されて、架空の負債として処理された。

その後の仙台藩への貸出銀はどのようになったであろうか。文化一四年の調査では次のように記されている。(7)

安永之度銀六百拾七貫目之所家屋敷売払元入

一　銀四百拾七貫九百目　　大坂平野屋又兵衛身上限ニ被仰付候

内

銀百六拾九貫目　　富田屋町家屋敷受取

残銀弐百四拾八貫九百目

此所江仙台様銀五百弐拾弐貫三百目御証文請取、最初ハ一ケ年ニ銀壱貫目相渡リ、其後五百目ツヽ又ハ三百目相渡リ候、不相渡候年も御座候

銀八貫三百目　　文化十四丑年迄請取高

一ケ年ニ五百目ツヽ請取居候而ハ四百八十一年余相掛申候

ここでは仙台藩貸高に土佐藩借状引当高が含まれているという不正確さがみられるが、仙台藩より年に一貫目ずつ償還される約束であったことがわかる。しかし一六年後の文化一四年でも三井は八貫三〇〇目しか受け取っていないことになる。三井と仙台藩借状との総括はできないが、上記の寛政元年の史料からも一五〇〇貫目の打金を支払ってきたという内容がみられたが、三井と平野屋との関係ではすでに元本部分を回収してきたといっても間違いではないであろうが、平野屋と仙台藩、あるいは三井と仙台藩との関係では全く滞りのままとなっているのである。

注

（1）「御用帳」（三井文庫所蔵史料　本三四三）。
（2）同右。
（3）同右。
（4）拙稿「三井両替店の御為替銀裁許と家屋敷」（『三井文庫論叢』一四号）。
（5）拙稿「宝暦期の大坂御用金」（『三井文庫論叢』一八号）。
（6）「永録」（三井文庫所蔵史料　本一一九）。
（7）「永要録」（三井文庫所蔵史料　本一一〇八）。

あとがき

本書は、三井文庫の紀要である『三井文庫論叢』に書いてきた論文のなかから、テーマの共通するものを選んで若干スリムにまとめたもので、それらの号数とタイトルは序章に記したとおりである。最初のものが一九号の「三井両替店の大名金融」で、一九八五年発行であるから足掛け一〇年間の仕事ということになる。このような形でまとめるつもりで始めた訳ではないが、史料の面白さにつられてのめり込んでしまった。その期間は集英社版『日本の歴史』第一四巻の執筆期間とも重なり、多方面の分野に移る余裕がなかったために、同じテーマを追究することになったといったところが正直なところかもしれない。この期間には広い視野と狭い専門分野とをともに追究することができた。

本書の内容は三井の大名金融の事例であり、長年の年賦償還が滞ったり、藩政改革のためにお断りとなったり、あるいは謀判一件や身代限りによって大名借状が流れ込んだりといった例を並べ立ててきたが、それが大坂、ないしは京都の両替商の大名金融として一般化できるかどうか自問自答しなければならない。鴻池家や加嶋屋などの高水準の富の蓄積を果たしてきた巨大両替商の場合は、もちろん形態の差異はあるが、このような悲観的なことはないのではないかと質問されることを覚悟している。いうまでもなく大名金融業界に君臨してきた大坂の巨大両替商は、明治政府の行った藩債処分政策によって大打撃を受けたが、江戸時代後期には資産的に行き詰まっていたと見たほうがよいのではないであろうか。近世社会を長期的にみれば都市商人はいつでも倒壊し、いつでも生まれていて、世代交替が常になされているが、大名金融を行う両替商で運良く永続しえた者の中には、多少の才覚はあったかも知れないが、財政窮乏に陥っている大名の側の事情に変わりがなく、三井の大名貸の事例から明らかになったことがらは一般化できるものと考えている。もちろん三井の場合も大名の蔵元などの御用達を通して貸出を円満に終了した事例もたくさんある訳で、それによって経営を維持することができたのであるが、幕藩制社会が長期にわたって存続しえた仕組みのひとつがこの大名金融にあった。大名と両替商との騙しあいのような駆け引きが行われたのである。

なにはともあれ大名金融についていては、まだ二、三の事例が未着手ではあるが、本書をまとめることによって一区切りつけることができた。いまやりかけの仕事があり、これからやってみようと思っていることもある。未知の史料との遭遇を夢見ているが、面白い史料があればそれにのめり込んで、歴史の研究はこんなに楽しいと思えればそれでよいではないか。

吉川弘文館には『新版史料による日本の歩み　近世編』の出版に際して原稿が遅れてご迷惑をおかけしたために、恐るおそるこの本の出版をお願いしたところ、前著『近世三井経営史の研究』に引き続いて引き受けていただいた。同社の関係各位に対して心からお礼を申し上げたい。なお本書は平成七年度文部省科学研究費補助金「研究成果公開促進費」の一般学術図書の交付を受けて出版されたものである。

平成七年一二月

賀　川　隆　行

索　引

ぬ

ね

の

は

ひ

ふ

ほ

ま

み

む

め

も

や

よ

わ

著者略歴

昭和二十二年、福井県武生市に生まれる
昭和四十五年、一橋大学社会学部卒業
昭和五十年、同大学大学院博士課程単位取得退学
現在、財団法人三井文庫研究員

〔主要著書・論文〕

『三井事業史』本篇第一巻（共著）昭和五十五年
　財団法人三井文庫
『近世三井経営史の研究』昭和六十年　吉川弘文館
『崩れゆく鎖国』（日本の歴史　第一四巻）平成四年
　集英社
「箱館産物会所と三井両替店」（『三井文庫論叢』第
　二六号）
「天明五年の大坂御用金と対馬藩」（『三井文庫論叢』
　第二七号）

近世大名金融史の研究

平成八年二月二十五日　第一刷発行

著者　賀《か》川《がわ》隆《たか》行《ゆき》

発行者　吉川圭三

発行所　株式会社 吉川弘文館
郵便番号一一三
東京都文京区本郷七丁目二番八号
電話〇三—三八一三—九一五一〈代〉
振替口座〇〇一〇〇—五—二四四

印刷＝平文社・製本＝石毛製本

近世大名金融史の研究（オンデマンド版）

2017年10月1日　発行

著　者　賀《か》川《がわ》隆《たか》行《ゆき》

発行者　吉川道郎

発行所　株式会社 吉川弘文館
〒113-0033 東京都文京区本郷7丁目2番8号
TEL 03(3813)9151(代表)
URL http://www.yoshikawa-k.co.jp/

印刷・製本　株式会社 デジタルパブリッシングサービス
URL http://www.d-pub.co.jp/

賀川隆行（1947～）
ISBN978-4-642-73327-4